Digital Interaction Hubs für B2B-Kundeninteraktionen

Anna Selent

Digital Interaction Hubs für B2B-Kundeninteraktionen

Innovativer Zugang für digitalen Vertrieb und Marketing

Anna Selent
Nürnberg, Deutschland

Universität St.Gallen
St.Gallen, Schweiz

ISBN 978-3-658-42365-0   ISBN 978-3-658-42366-7   (eBook)
https://doi.org/10.1007/978-3-658-42366-7

Die Deutsche Nationalbibliothek verzeichnet diese Publikation in der Deutschen Nationalbibliografie; detaillierte bibliografische Daten sind im Internet über http://dnb.d-nb.de abrufbar.

Planung/Lektorat: Barbara Roscher
Springer Gabler ist ein Imprint der eingetragenen Gesellschaft Springer Fachmedien Wiesbaden GmbH und ist ein Teil von Springer Nature.
Die Anschrift der Gesellschaft ist: Abraham-Lincoln-Str. 46, 65189 Wiesbaden, Germany

Das Papier dieses Produkts ist recyclebar.

Vorwort

Eine Arbeit, die wirklich relevant ist für das Industriemarketing und die mit den Digital Interaction Hubs einen wesentlichen Schritt im ganzen Dschungel des digitalen Marketings weiterführt.

Prof. em. Dr. Christian Belz, Universität St.Gallen

Mehr als zwei Drittel der Interaktionen im B2B-Kaufprozess werden heute digital ausgeführt. Der spätere Einstieg der Vertriebsbeauftragten in den Kaufprozess schwächt die Einfluss- und Erfolgschancen des persönlichen Vertriebs. Digitale Kundeninteraktionen gewinnen an Bedeutung. Posts in sozialen Medien, Testversionen, YouTube-Videos, Webinare, Whitepapers, Kundenstimmen, usw. – mehrere Dutzende von Touchpoints und die Vielfalt an Interaktionsoptionen überfordern Anbieter in ihrem Versuch die potenziellen Käufer online zu erreichen. Die Herausforderungen sind für viele Industriemärkte typisch.

Das Buch befasst sich mit dem B2B-Softwarekauf, den relevanten Buyer Personas, den kaufbezogenen digitalen Interaktionen und deren Knotenpunkten („Hubs"). Die Erkenntnisse stammen aus der Dissertationsforschung in der Industrie und liefern praxisnahe Konzepte und Inhalte. Neun identifizierte Digital Interaction Hubs (DIHs) als Netzwerk der digitalen Knotenpunkte im B2B-Verkaufsprozess stellen einen innovativen Zugang zu den relevantesten Anbieter-Käufer-Interaktionen dar und reduzieren die Komplexität in der Gestaltung deutlich. Sie bilden das Grundgerüst für einen käufergerechten Online-Auftritt in Form der Webseite des Anbieters und seine digitalen Vertriebs- und Marketingaktivitäten auf externen Plattformen.

Umfassende Gestaltungs- und Handlungsempfehlungen helfen dem Anbieter dabei, die Hubs Schritt für Schritt auf- und auszubauen und optimal im Vertriebs- und Vermarktungsprozess der komplexen B2B-Angebote zur Kundengewinnung einzusetzen. Damit erreichen die Anbieter ihre potenziellen Käufer während des gesamten Kaufzyklus, und zwar unabhängig davon, wann und wie die einzelnen Buyer's Journeys verlaufen.

Das Buch ist optimal als Umsetzungsleitfaden für den (Neu-)Aufbau oder Relaunch der Webseite mit konkreter inhaltlicher Ausgestaltung und vertrieblicher Schwerpunktsetzung, sowie als Nachschlagwerk für Marketing- und Vertriebsverantwortliche, um wertvolle Einsichten und Impulse zu den einzelnen Themen der digitalen Kundeninteraktionen zu erhalten, geeignet.

Zur besseren Lesbarkeit (und Vereinfachung des Sprachduktus) wird hier nur eine Form der Geschlechter verwendet, nämlich die männliche. Dabei sind stets alle geschlechtlichen Identitäten mitgemeint.

Nürnberg   Dr. Anna Selent

Inhaltsverzeichnis

Über die Autorin

Dr. Anna Selent ist Director of CX Digital Transformation for Siemens DI sowie Gast-dozentin an der Universität St.Gallen. Sie promovierte bei Prof. Dr. Marcus Schögel an der Universität St.Gallen. Ihre dem Buch zugrunde liegende Dissertation wurde für relevante, problemorientierte, substanzielle und innovative Ergebnisse mit dem „Christian Belz-Award für realitätsorientiertes Marketing" der Universität St.Gallen ausgezeichnet.

Ausgangslage, Gang der Arbeit und Lösungsansatz

1

Zusammenfassung

Die Digitalisierung der Kundeninteraktionen hat in den letzten Jahren einen Quantensprung gemacht. Soziale Distanz im Rahmen der COVID-19-Krise, verbesserter Zugang zu Informationen, neue technologische Innovationen, Digital Natives als neue B2B-Käufer und der Einfluss von zunehmend reibungslosen Kundenerfahrungen in B2C-Bereich verschieben die Präferenzen der B2B-Käufer immer mehr zu digitalen bzw. digital-basierten Interaktionen. 100 % der B2B-Käufer präferieren es, einen Teil oder die Gesamtheit ihres Kaufs in eigener Regie im Self-Service zu erledigen. Die Gegebenheiten des B2B-Kaufs wie lange Kaufzyklen, mehrere Buyer Personas mit unterschiedlichen Zielen und XaaS-Geschäftsmodelle sorgen allerdings für eine hohe Komplexität in der Gestaltung der relevanten digitalen Interaktionen seitens der B2B-Marketing- und Vertriebsverantwortlichen. Das zwingt Vertriebs- und Marketingteams dazu, die Art und Weise, wie sie mit dem Käufer im Kaufprozess interagieren, anzupassen.

Das Thema wurde im Rahmen einer praxisnahen Dissertationsforschung an der Universität St. Gallen untersucht. Im Kontext des komplexen B2B-Softwarelösungskaufs wurden die relevanten Akteure, ihre Buyer's Journey sowie die kaufbezogenen digitalen Interaktionen und Best Practices von acht Anbietern untersucht. Basierend darauf wurde ein Konzept für Digital Interaction Hubs entwickelt, das einen innovativen Zugang zu den wichtigsten Interaktionen der B2B-Käufer während ihrer Buyer's Journey bietet und die Gestaltungskomplexität für den Anbieter erheblich reduziert.

© Der/die Autor(en), exklusiv lizenziert an Springer Fachmedien Wiesbaden GmbH, ein Teil von Springer Nature 2023
A. Selent, *Digital Interaction Hubs für B2B-Kundeninteraktionen*,
https://doi.org/10.1007/978-3-658-42366-7_1

1

1.1   Ausgangslage und Herausforderungen

Der anhaltende digitale Wandel verändert die B2B-Interaktionen nachhaltig. Die komplexen B2B-Einkaufs- und Verkaufsprozesse erfolgen zunehmend digital (Steward et al., 2019). Das B2B-Geschäft, das früher im Wesentlichen durch physische Präsenztermine und persönliche Interaktionen vorangetrieben wurde, wird aufgrund der Digitalisierungsfortschritte, Veränderungen der Rahmenbedingungen infolge von COVID-19 und dem Wandel im Käuferverhalten immer mehr in die digitale Welt verlagert.

COVID-19 als Beschleuniger der Digitalisierungsfortschritte
In Folge der COVID-19-Krise hat die Digitalisierung sowohl auf Unternehmens- als auch auf Branchenebene einen Quantensprung gemacht. Während der Pandemie haben sich die Kunden stark in Online-Kanäle bewegt, und Unternehmen und Branchen haben entsprechend mit Angeboten der digitalen Kundeninteraktion sowie digitaler oder digital gestützter Produkte und Services reagiert. Die Digitalisierung der Kundeninteraktionen wurde um mehrere Jahre beschleunigt.

▶   Die COVID-Krise hat zu einer erheblichen Beschleunigung der Digitalisierung der Kundeninteraktionen geführt.

Der globale Anteil digitaler Kundeninteraktionen, die Statista zitieren, hat sich von Juni 2017 bis Juli 2020 fast verdreifacht (vgl. Abb. 1.1); damit beschleunigte die Pandemie die weltweite Ausbreitung digitaler Lösungen für Kundeninteraktionen um drei Jahre (McKinsey, 2020, zitiert nach Statista, 2022).

Neben sozialer Distanz im Rahmen der COVID-19-Krise spielen bei dieser Entwicklung weitere Faktoren eine entscheidende Rolle. Dazu gehören der verbesserte Zugang zu Informationen, die sich verändernde Demografie und der Einfluss von zunehmend reibungslosen Kundenerfahrungen in B2C-Bereich.

Sich verändernde Demografie der B2B-Käufer
Da immer mehr Millennials Entscheidungspositionen einnehmen, wächst ihr Einfluss auf den B2B-Einkauf (TrustRadius, 2022; Almquist, 2018; Vasquez & Wadlinger, 2016). Ca. 73 % aller B2B-Einkäufer sind inzwischen Millennials (25–39 Jahre) (Almquist, 2018) (vgl. Abb. 1.2). Fast 30 % von ihnen haben eine leitende Rolle im Kaufprozess (TrustRadius, 2020, 2022). Digital Natives, die mit Internet und Smartphone aufgewachsen sind, recherchieren und qualifizieren ihre Einkaufsoptionen hauptsächlich über die Onlinesuche, Websites von Anbietern, Peers und Kollegen, teilweise ohne Kontaktaufnahme mit einem Verkäufer (Almquist, 2018). Ca. 44 % der Millennials bevorzugen bei B2B-Käufen gar keine Interaktion mit einem Verkäufer (Ramaswami, 2021; Adamson, 2022).

Teilweise betreffen diese Verhaltenstrends die B2B-Käufergesamtheit: McHugh (2018) weist darauf hin, dass die Menschen es heutzutage vermeiden, Telefonanrufe zu beantworten,

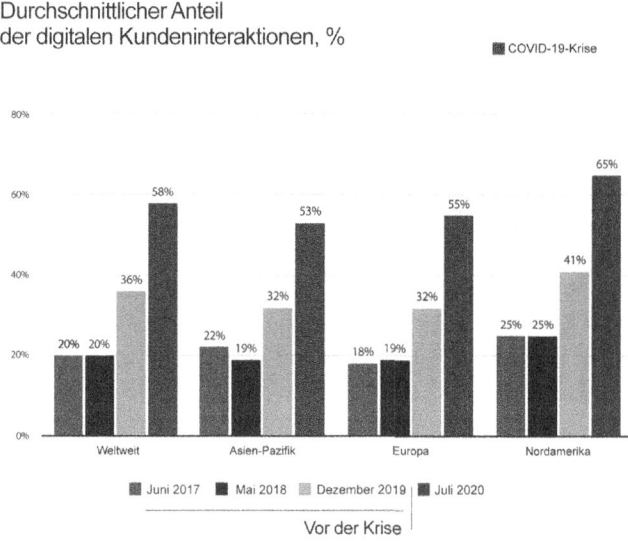

Abb. 1.1 Durchschnittlicher Anteil der digitalen Kundeninteraktionen. (Quelle: McKinsey, 2020; zitiert nach Statista, 2022)

Abb. 1.2 Digital Natives als neue B2B-Käufer. (Quelle: Eigene Darstellung in Anlehnung an Almquist, 2018; Gartner, 2020; Ramaswami, 2021)

 Millennials: Digitale Natives, 25-39 Jahre alt

 73 % aller B2B-Käufer sind Millennials, die ein stark ausgeprägtes digitales Kaufverhalten zeigen

 44 % der B2B-Millennial-Käufer bevorzugen keinen Kontakt mit Sales

und dass sie für Outbound-Nachrichten und Marketing kaum empfänglich sind. Laut Gartner (2020) bevorzugen 33 % aller B2B-Käufer ein verkäuferfreies Kauferlebnis.

Verschiebung der Präferenzen zu digitalen bzw. digital-basierten Interaktionen
Der verbesserte Zugang zu Informationen und der Einfluss von zunehmend reibungslosen Kundenerfahrungen in B2C-Bereich (Whiting, 2020; Steward et al., 2019) sind weitere Faktoren, aufgrund derer die Nutzung der digitalen Kanäle dem persönlichen Austausch mit dem Vertrieb vorgezogen wird. Inzwischen präferieren 87 % der B2B-Käufer es, einen Teil oder die Gesamtheit ihres Kaufs in eigener Regie im Self-Service zu erledigen (TrustRadius, 2022) (vgl. Abb. 1.3).

87 % der B2B-Käufer wollen ihre
Einkäufe teilweise oder ganz
im Self-Service-Format erledigen

Abb. 1.3 B2B-Käufer ziehen Self-Service-Kaufaktivitäten vor. (Quelle: Eigene Darstellung in Anlehnung an TrustRadius, 2022)

Die Untersuchungen von Gartner zeigen eine kontinuierliche Verschiebung der Kundenpräferenzen von persönlichen Verkaufsgesprächen hin zu digitalen Kanälen: B2B-Käufer verbringen lediglich 17 % des gesamten Kaufprozesses mit Vertriebsmitarbeitern verschiedener Anbieter, was etwa 5 % der gesamten Kaufzeit pro Vertriebsmitarbeiter/Anbieter entspricht (Ramaswami, 2021).

Bei der Interaktion mit Vertriebsmitarbeitern bevorzugen 32 % der B2B-Käufer das digitale Format, während 29 % eine persönliche Interaktion bevorzugen (Wunderman Thompson Commerce, 2023, zitiert nach Statista, 2023) (vgl. Abb. 1.4). B2B-Käufer sind nachhaltig dazu übergegangen, einen Mix aus digitalen Self-Service-, traditionellen persönlichen und Remote-Human-Kanälen für ihre kaufbezogenen Interaktionen zu nutzen.

Komplexität der B2B Buyer's Journey
Generell ist der B2B-Kaufprozess durch Langfristigkeit, starke Interaktivität und hohe Komplexität der zwischengeschäftlichen Beziehungen gekennzeichnet (Backhaus, 2003, S. 3 f.). Neue technologische Innovationen verändern das Kundenerlebnis und beeinflussen die Art und Weise, wie Käufer ihre Kaufentscheidungen treffen (Libai et al., 2020). Die Kaufsituationen werden noch länger und komplexer. Im Durchschnitt dauert ein Software-Kaufzyklus in Deutschland ca. 22 Monate und ist in vier Phasen mit unterschiedlichen Teilentscheidungen unterteilt (Gartner, 2020). Längere Kaufzyklen bedeuten, dass potenzielle Käufer in einer längeren Buyer's Journey mit mehr Interaktionspunkten in Berührung kommen – sie haben eine größere Auswahl als je zuvor, wenn es darum geht, wie und wo sie sich engagieren

| 87% | 29% | 32% |

Self-Service-Format   Persönliche Interaktion   Remote-Human-Interaktion

Abb. 1.4 Digital-basierte vs. persönliche Interaktionen im B2B-Kaufprozess. (Quelle: Eigene Darstellung in Anlehnung an Wunderman Thompson Commerce, 2023; zitiert nach Statista, 2023; TrustRadius, 2022)

Anstieg von 17 auf 27 Interaktionen	80 % der Buying-Center haben 3+ Personen	In 43 % der Fälle sind mehrere Abteilungen eingebunden

Zahl der kaufbezogenen Interaktionen steigt	Anzahl der Personen im Kaufentscheidungs- prozess wächst	Kaufabstimmungen werden immer komplexer

Abb. 1.5 Buyer's Journeys werden immer komplexer. (Quelle: Forrester, 2021; Forrester 2019)

(Cornfield, 2021; Forrester, 2019, 2021). Die durchschnittliche Anzahl der gesamten Inter-aktionen während des B2B-Kaufprozesses hat sich dramatisch erhöht, von 17 in 2019 auf 27 in 2021 (Silver, 2021). Hinzu kommt, dass mehrere Personen an den Entscheidungen beteiligt sind. Diese befinden sich alle auf ihrer eigenen Buyer's Journey und verfolgen je nach Rolle unterschiedliche Ziele (Selent, 2019) (Abb. 1.5).

Dies erhöht die Komplexität zusätzlich. Gleichzeitig erweitert sich die Palette der Optionen und Lösungen, die Einkaufsgruppen in Betracht ziehen können.

Die typische Einkaufsgruppe für eine komplexe B2B-Softwarelösung besteht aus sechs bis zehn Entscheidungsträgern, die jeweils mit vier oder fünf Informationen ausgestattet sind, die sie unabhängig voneinander gesammelt haben und mit der Gruppe abgleichen müssen (Toman et al., 2017; Angele et al., 2020; Demand Gen Report, 2022). B2B-Entscheidungsträger nutzen weiterhin mehr Kanäle als je zuvor, um mit Anbietern in Kontakt zu treten (vgl. Abb. 1.6).

Everything-as-a-Service (XaaS) – innovative Geschäftsmodelle

Die digitale Transformation der Geschäftsmodelle für Softwarelösungen bringt neue Aspekte in den Softwareevaluierungs- und Bereitstellprozess. Die zunehmende Verbre-itung von abonnementbasierten Cloud-Nutzungsmodellen in der Industrie beeinflusst den Softwareevaluierungs- und Kaufprozess (Raghavan et al., 2020). Zusammen mit der Plattform-as-a-Service (PaaS) und der Infrastruktur-as-a-Service (IaaS) ist Software-as-a-Service (SaaS) eine der drei Schlüsselbereiche des Cloud-Computing. Dies ermöglicht es Unternehmen, Ressourcen von IT-Hardware, Software und Personalkosten umzuleiten und sie für andere geschäftliche Anforderungen einzusetzen (Vailshery, 2023).

Beim Kauf der IT-Produkte und -Dienstleistungen entscheiden sich die Organisatio-nen zunehmend für eine „Cloud first"-Strategie, wenn es darum geht, neue Softwares zu kaufen oder zu ersetzen (Gartner, 2019). Software-as-a-Service (SaaS) stellt aktuell das größte Marktsegment für öffentliche Cloud-Dienste dar (Gartner, 2022a). Software-as-a-Service-(SaaS-)Anwendungen sind cloudbasierte Anwendungen, auf die über das

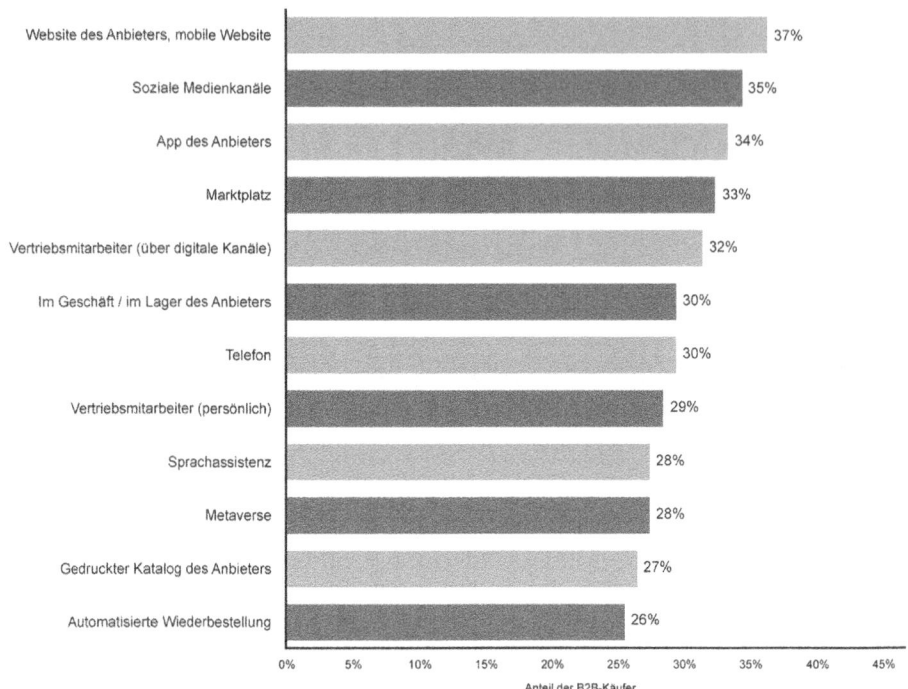

Abb. 1.6 Bevorzugte B2B-Kaufkanäle. (Quelle: Wunderman Thompson Commerce, 2023, zitiert nach Statista, 2023)

Internet zugegriffen wird. Diese werden von den Anbietern verwaltet, die eine „Pay-as-you-go"-Abonnementgebühr erheben (Bhardwaj et al., 2010), während bei „On-Premise"-Anwendungen die Organisation eine Version der Software lokal installieren muss, und eine Softwarelizenz erwirbt (D'Souza et al., 2012; Bhattacherjee & Park, 2014). Raghavan et al. (2020) weisen darauf hin, dass die Zugänglichkeit von Free Trials und Online-Kaufoptionen von SaaS-Lösungen vor allem den Evaluierungsprozess sowie den Bestellvorgang der komplexen Softwarelösungen erleichtert; der Kaufentscheidungsprozess an sich bleibt ähnlich – ein mehrphasiger, von mehreren Personen, Abteilungen und Zielen geprägter Prozess.

Die Digitalisierung der Anbieter- und Käuferprozesse ist im Fokus
Die Verlagerung der Kaufaktivitäten in die digitale Welt, die steigende Anzahl der Buyer Personas mit unterschiedlichen Zielen und Interaktionspräferenzen sowie längere Kaufzyklen bringen die Komplexität des Kaufprozesses auf ein Höchstniveau. Die Anzahl der Touchpoints und Aktivitäten, die dabei infrage kommen und seitens des Anbieters bedient oder aufbereitet werden müssen, übersteigt das Machbare erheblich.

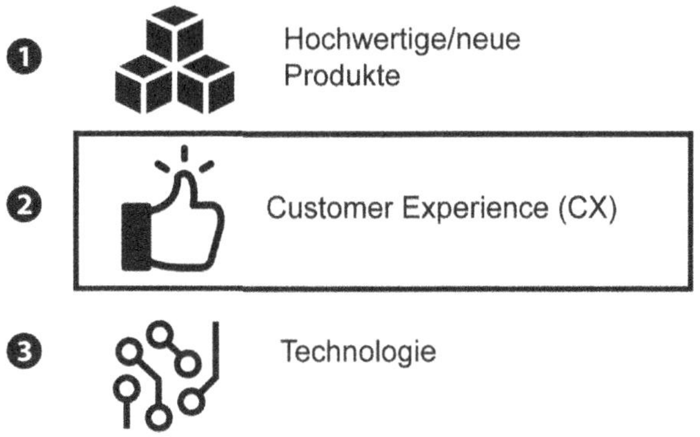

Abb. 1.7 Customer Experience gehört nach Ansicht von CEOs zu den Top-3-Quellen der Wettbewerbsdifferenzierung. (Quelle: Gartner, 2022b, S. 7)

❶ Hochwertige/neue Produkte

❷ Customer Experience (CX)

❸ Technologie

Diese Entwicklungen zwingen Vertriebs- und Marketingteams dazu, die Art und Weise, wie sie auf Kundenbedürfnisse eingehen, anzupassen. Die kritische Rolle der Kundenerfahrungen (Customer Experience) ist erkannt: Nach Ansicht von CEOs gehört die Customer Experience zu den Top-3-Quellen der Wettbewerbsdifferenzierung (Gartner, 2022b, S. 7) (vgl. Abb. 1.7).

Eine erfolgreiche Gestaltung von Anbieter- und Käuferprozessen in einer sich digitalisierenden Wirtschaft steht im Fokus zahlreicher Unternehmen und benötigt praxistaugliche Konzepte. Allerdings schaffen es die Anbieter oft nicht, Käufer mit relevanten Inhalten zu erreichen. Oft steigern sie einfach ihre Internetpräsenz und bieten eine größere Fülle von Informationen. Laut Ramos (2020) finden 57 % der Millennials-Käufer die Inhalte von Anbietern größtenteils nutzlos. Die Käufer erleben eine Flut an Informationen und schätzen es als schwierig ein, hochwertige und vertrauenswürdige Informationen für eine fundierte Kaufentscheidung zu finden (IDG, 2017). Eine Lokalisierung der kaufbezogenen digitalen Interaktionen und deren Knotenpunkte sowie eine Fokussierung der Anbieter darauf sind eine notwendige Lösung für die oben genannten Herausforderungen.

Digitale Interaction Hubs als innovativer Zugang zum B2B-Käufer
Das vorliegende Buch befasst sich mit den kaufbezogenen digitalen Interaktionen der B2B-Softwarekäufer und den digitalen Knotenpunkten („Hubs"). **Neun Digital Interaction Hubs (DIHs)** stellen einen innovativen Zugang zu den relevantesten Interaktionen mit B2B-Käufern in ihren Buyer's Journeys dar. Es ist ein Grundgerüst für die Digitalisierung von Kundeninteraktionen im Vertrieb von komplexen B2B-Angeboten.

1.2 Gang der Forschungsarbeit und Lösungsansatz

Methodisches Vorgehen: Fallstudienforschung
Dem Beitrag liegt eine Dissertationsarbeit zugrunde, die im Jahr 2019 an der Universität St. Gallen publiziert wurde. Die empirischen Erkenntnisse wurden in der Fallstudienforschung, einem offenen Forschungsansatz, gewonnen. Der Fokus lag auf der Untersuchung der „gelebten Realität", der komplexen organisationsbezogenen Situationen, der Prozesse und menschlicher Interaktionen. Die Untersuchung basierte auf 50 Interviews, zwei Gruppendiskussionen, einer umfassenden Dokumentenanalyse sowie der Auswertung von Onlineinhalten wie Unternehmenswebseiten, Online- Communities, und ausgewählter Bereiche der Media-Sharing-Plattformen von acht Anbietern aus der Softwarebranche. Die Durchführung der empirischen Untersuchungen fand in Zusammenarbeit mit einem global aufgestellten Anbieter von Industriesoftwares und dessen Zielkunden, Industrieunternehmen, statt. Der realisierte Forschungsprozess verlief dynamisch und höchst iterativ. Die Komplexität des Untersuchungsgegenstandes ließ sich am besten mit der Kombination verschiedener qualitativer und quantitativer Methoden erforschen.

Forschungskontext: Industriesoftware
Der Software-Kaufprozess ist durch den komplexen mehrstufigen Entscheidungsprozess und eine ausdifferenzierte Beteiligung von mehreren Personen (Buyer Personas) gekennzeichnet. Die erfolgreiche Kundengewinnung und -bindung setzt das Verstehen des Kundenverhaltens und eine intensive Auseinandersetzung mit dem technologischen und geschäftlichen Prozess des Kunden voraus. Die Akquise und Kundenbetreuung wurde traditionell über verschiedene Vertriebskanäle abgewickelt. Eine mehrgleisige Vertriebsorganisation mit Fokus auf persönliche Ansprache und Beratung stellten die Haupttreiber des Verkaufsprozesses dar. Die zunehmende Digitalisierung der Branche, autonome Informationsbeschaffung der Käufer, neue Geschäftsmodelle (SaaS-Lösungen) und ein späterer Einstieg der Vertriebsbeauftragten in den Kaufprozess fordern bestehende Praktiken heraus und schwächen die Einflussmöglichkeiten und Erfolgschancen des persönlichen Vertriebs. Außerdem können die Kunden direkt über den Onlinekanal kaufen, ohne in Kontakt mit Vertriebsbeauftragten zu treten. Die Informationskontrolle auf der Seite der Anbieterorganisation sorgte in der Vergangenheit dafür, dass der Vertriebsbeauftragte von Anfang an in den Kaufprozess der Kunden involviert wurde und sich daran aktiv beteiligte. Dabei hatte er die Möglichkeit, den Kaufprozess mitzugestalten. Die Veränderungen im Zugang zu Information sowie im Kundenverhalten führten dazu, dass der Käufer immer eigenständiger geworden ist und die ersten Phasen des Kaufprozesses ohne die Einbeziehung des Vertriebs durchführt. Digitale Kundeninteraktionen gewannen so an Bedeutung.

Diese Veränderungen tragen zur verstärkten Digitalisierung im Vertrieb und Marketing der (Industrie-)Softwarebranche bei. Die Umstellung der Webpräsenz, die Digitalisierung der zahlreichen Kundeninteraktionen, die Neuzuteilung von monetären und personellen Ressourcen mit Fokus auf digitale Marketingaktivitäten, Projekte zur Optimierung der

Buyer's Journey, die Integration und Koordination der Online und Offline-Vertriebskanäle, Investitionen von vertriebs- und marketingunterstützenden IT-Plattformen und Lösungen sind einige Initiativen bei Anbieterunternehmen. Die Verankerung der Themen „Kundenzentrierung" und „Kundenerlebnis" in der Unternehmensstrategie zeichnet ebenso den Veränderungsprozess aus.

Identifikation der Knoten und Ableitung der Anforderungen an Digital Interaction Hubs

Die zwei Prozesse der B2B-Kaufentscheidung – Informationssuche (siehe Abschn. 2.2 „Buyer's Journey") und Entscheidungsprozess (siehe Abschn. 2.1 „Kaufzyklus (Buying Cycle)") – weisen grundlegende Unterschiede auf. Während der B2B-Kaufprozess den Entscheidungsprozess abbildet und die Informationsbedürfnisse der Käufer strukturiert, spiegelt die Buyer's Journey mögliche Interaktionsformen zwischen dem Anbieter und dem Käufer im Rahmen der Informationssuche wider. Während der Entscheidungsprozess auf einer Organisationsebene stattfindet und eher linear und sequenziell abläuft, finden die Buyer's Journeys personenbezogen statt, und zwar episodisch und teilweise entkoppelt von den Phasen des Kaufprozesses (Kopec, 2015; Molenaar, 2010, S. 14). Dabei können die Informationen im Rahmen einer Interaktion gesammelt werden, die mehrere Phasen des Kaufprozesses betrifft. Die Entkopplung dieser zwei in ihrer Natur unterschiedlichen Vorgänge und die Betrachtung der Buyer's Journey als Informationssuche und Interaktionen aus der Perspektive der Interaktionsepisoden ermöglichen einen systematischen Zugang, um relevante Interaktionen zu erfassen, Digital Interaction Hubs herzuleiten, diese zu analysieren und anschließend im Kaufentscheidungsprozess käuferorientiert zu gestalten (vgl. Abb. 1.8).

Die Studie erforschte die kaufbezogenen digitalen Interaktionen und deren Knotenpunkte im Umfeld der Industriesoftwarebranche und definiert **Digital Interaction Hubs** als innovativen Zugang für den Anbieter, um die Informationsbedürfnisse und Interaktionszüge der Käufer zu adressieren, ihn in seiner Buyer's Journey zu begleiten und ihn positiv zu beeinflussen.

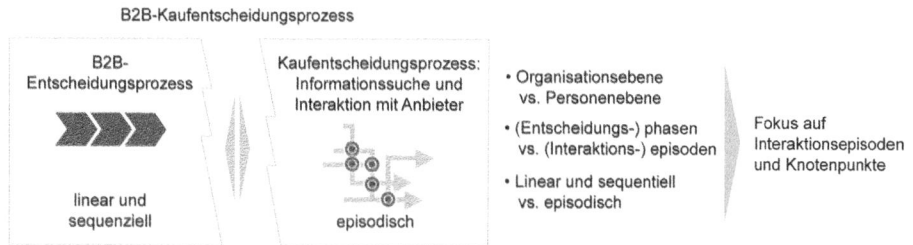

Abb. 1.8 Analysezugang zu Interaktionen. (Quelle: Selent, 2019)

Tab. 1.1 Kombination von Perspektiven im Forschungsvorgehen. (Quelle: Selent, 2019)

Nr	Analysebereich	Anbieter-perspektive	Käufer-perspektive
1	Auswertungen des Webauftritts der Anbieter (Fallunternehmen): Corporate Website, Community, relevante Bereiche der Media-Sharing-Plattform und relevante Aktivitäten des Suchmaschinenmarketings	X	X (Quantitative Daten)
2	Webauftritt-Analyse der Marktführer in Digitalisierung der Kundeninteraktionen (Best Practices): Corporate Websites, Communitys, relevante Bereiche der Media-Sharing-Plattform	X	Indirekt
3	Anbieterinterviews	X	
4	Kunden- und Interessenteninterviews		X
5	Relevante wissenschaftliche Literatur und Praxisberichte (Berichte und Studien von Analystenhäusern)	X	X
6	Anbieterdokumentation	X	X

In einer ganzheitlichen Betrachtung der Käufer und Anbieter wurden relevante Buyer Personas und die kaufbezogenen Interaktionen als Bestandteile der Buyer's Journey identifiziert. Die Interaktionsepisoden und Interaktionsknoten lagen im Fokus der Analyse. Die Erhebung kontextsensitiver Daten durch eine Kombination von multiplen Methoden sowie das Einbeziehen der verschiedenen Perspektiven der beteiligten Akteure und der verschiedenen Interessengruppen waren dabei erfolgskritisch (vgl. Tab. 1.1).

Im Einzelnen geben die Analysebereiche ein Teilbild der Interaktionen und Digital Interaction Hubs wieder und weisen einige Limitationen im Erkenntnisbeitrag auf. Das Zusammenführen der Erkenntnisse und die Ableitung der Schnittmengen bilden die Grundlage zur Ermittlung der Digital Interaction Hubs und ihrer detaillierten Ausarbeitung.

Das Zusammenführen der Ergebnisse konnte nach ihrem Beitrag in einzelne Erkenntnisbereiche unterteilt werden (vgl. Abb. 1.9).

Im Rahmen des realisierten Forschungsprozesses wurde das Vorgehen zur Herleitung und Ausarbeitung der Digital Interaction Hubs definiert und ausgeführt. Dabei steht die ganzheitliche Betrachtung der Digital Interaction Hubs im Fokus. Zuerst wurden die relevantesten Interaktionen abgeleitet, die seitens des Käufers während der Buyer's Journey wahrgenommen wurden sowie eine detaillierte Ausarbeitung der Buyer Personas vorgenommen. Daraufhin wurden im iterativen Prozess die Sammelpunkte der Interaktionen identifiziert und deren primäre Hub-Zuordnung vorgenommen. Im Abgleich der Zwischenergebnisse der Webauftritt-Analysen des Anbieters und ausgewählter Best Practices in mehreren Iterationsschritten wurden neun Digital Interaction Hubs abgeleitet (vgl. Abb. 1.10).

Abb. 1.9 Zusammenlegung der Erkenntnisse aus den Analysebereichen und deren Erkenntnisbeitrag im Forschungsprozess. (Quelle: Eigene Darstellung in Anlehnung an Selent, 2019)

Digital Interaction Hubs als innovativer Lösungsansatz

Das Konzept von „Digital Interaction Hubs" stellt einen innovativen Zugang zu den relevantesten Interaktionen mit B2B-Käufern in ihren Buyer's Journey dar und ist eine wesentliche Weiterentwicklung der bestehenden Ansätze des digitalen B2B-Marketings (vgl. Abb. 1.11).

Digital Interaction Hubs sind ein Grundgerüst für die Digitalisierung von Kundeninteraktionen im Vertrieb von komplexen B2B-Angeboten. Eine Buyer-Persona-orientierte Gestaltung der Digital Interaction Hubs ermöglicht dem Anbieter, die Informationsbedürfnisse der Käufer zu adressieren, um den Kaufprozess optimal zu unterstützen.

▶Bei „Digital Interaction Hubs" handelt sich dabei um virtuelle Plätze, die eine hohe Dichte von kaufrelevanten Interaktionen aufweisen und die internetbasierte Kommunikations-, Transaktions- und Interaktionszentren darstellen.

Bei „Digital Interaction Hubs" handelt sich dabei um virtuelle Plätze, die eine hohe Dichte von kaufrelevanten Interaktionen aufweisen und die internetbasierte Kommunikations-, Transaktions- und Interaktionszentren darstellen. Sie sollen die unterschiedlichen

Identifizierung und Beschreibung der Buyer Personas

Kaufrelevante Interaktionen

Zusammenballung von kaufbezogenen digitalen Interaktionen

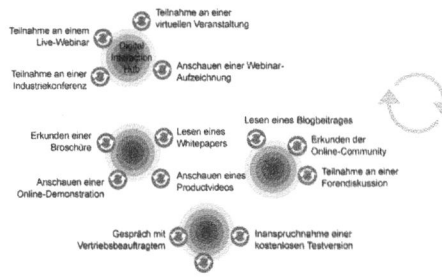

Auswertung der Best Practices

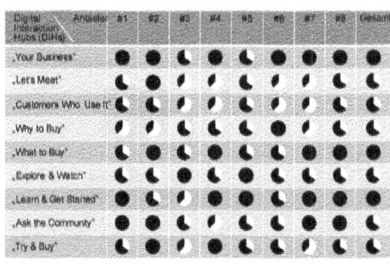

Ableitung der neun Digital Interaction Hubs

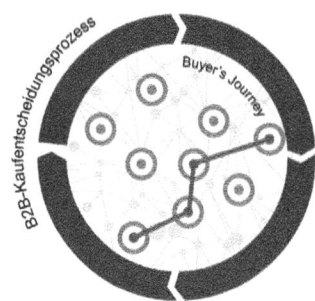

Abb. 1.10 Identifikation und Ableitung der Digital Interaction Hubs. (Quelle: Eigene Darstellung in Anlehnung an Selent, 2019)

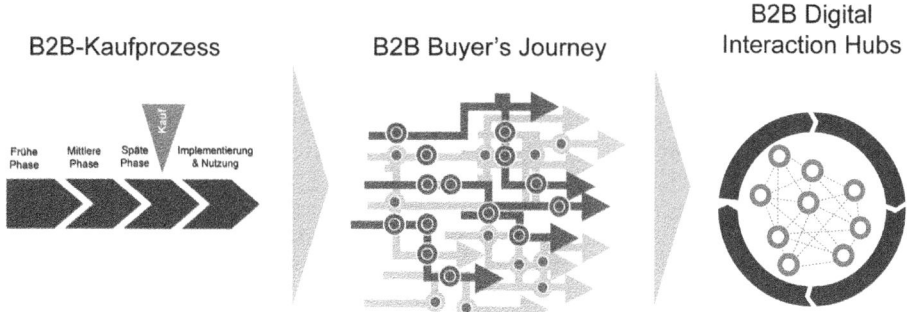

Abb. 1.11 B2B-Kaufprozess: Weiterentwicklung des Erklärungsansatzes. (Quelle: Eigene Darstellung)

Informations- und Interaktionsbedürfnisse der einzelnen Buyer Personas zu Teilentscheidungen adressieren. Erfolgskritisch ist außerdem, dass die Digital Interaction Hubs so gestaltet werden müssen, dass sie flexible Buyer's Journeys von allen relevanten Buyer Personas unterstützen und diese zu weiteren relevanten Hubs navigieren, und zwar unabhängig von der Reihenfolge der einzelnen Interaktionsschritte. Insofern sollten Digital Interaction Hubs eine Art Netzwerk bilden, das in einer strukturierten Suche oder auch in einer gelegentlichen, sporadischen Suche von den Käufern erkundet werden kann, sodass sie ihre Interaktionen bzw. ihre Buyer's Journeys zeit- und hubunabhängig starten oder auch wiederaufnehmen können.

Literatur

Adamson, B. (2022). *Traditional B2B sales and marketing are becoming obsolete.* Harvard Business Review. https://hbr.org/2022/02/traditional-b2b-sales-and-marketing-are-becoming-obsolete. Zugegriffen: 5. Nov. 2022.

Almquist, E. (2018). *How digital natives are changing B2B purchasing.* Harvard Business Review. https://hbr.org/2018/03/how-digital-natives-are-changing-b2b-purchasing. Zugegriffen: 5. Nov. 2022.

Backhaus, K. (2003). *Industriegütermarketing* (7. Aufl.). Verlag Franz Vahlen.

Bhardwaj, S., Jain, L., & Jain, S. (2010). An approach for investigating the perspective of cloud software-as-a-Service (SaaS). *International Journal of Computer Applications, 10*(2), 44–47. https://doi.org/10.5120/1450-1962.

Bhattacherjee, A., & Park, S. C. (2014). Why end-users move to the cloud: A migration-theoretic analysis why end-users move to the cloud: A migration-theoretic analysis. *European Journal of Information Systems, 23*(3), 357–372. https://doi.org/10.1057/ejis.2013.1.

Cornfield, G. (2021). *Designing customer journeys for the Post-pandemic world.* Harvard Business Review. https://hbr.org/2021/05/designing-customer-journeys-for-the-post-pandemic-world. Zugegriffen: 30. Aug. 2022.

D'Souza, A., Kabbedijk, J., Seo, D., Jansen, S., & Brinkkemper, S. (2012). Soft-ware-as-a-service: Implications for business and technology in product software companies. Proceedings of the Pacific Asia Conference on Information Systems (PACIS), AIS, Paper 140. http://aisel.aisnet.org/pacis2012/140. Zugegriffen: 30. Aug. 2022.

Demand Gen Report. (2022). *The 2022 B2B buyer behavior survey report*. Demandbase. https://www.demandgenreport.com/resources/reports/2018-b2b-buyers-survey-report. Zugegriffen: 30. Aug. 2022.

Forrester. (2019). Forrester's 2019 B2B buying survey. In I. Bruce & M. Pregler (2022, 2.4. Mai) (Hrsg.), *Risky business: Defensive decision-making poisons the buyer's journey, making trust mandatory*. [Konferenzbeitrag]. B2B Summit Forrester Research. Online.

Forrester. (2021). Forrester's 2019 B2B buying survey. In I. Bruce & M. Pregler (2022, 2022, 2.-4. Mai) (Hrsg.), *Risky business: Defensive decision-making poisons The buyer's journey, making trust mandatory*. [Konferenzbeitrag]. B2B Summit Forrester Research. Online.

Gartner. (2019). *Gartner forecasts worldwide public cloud revenue to grow 17,5 % in 2019*. Gartner. https://www.gartner.com/en/newsroom/press-releases/2019-04-02-gartner-forecasts-worldwide-public-cloud-revenue-to-g. Zugegriffen: 30. Aug. 2022.

Gartner. (2020). *The future of sales. Transformational strategies for B2B sales organizations*. Gartner.https://bsdinsight.com/wp-content/uploads/2022/01/tu%CC%9Bo%CC%9Bng-lai-cu%CC%89a-ba%CC%81n-ha%CC%80ng.pdf. Zugegriffen: 30. Aug. 2022.

Gartner. (2022a). *Gartner forecasts worldwide public cloud end-user spending to reach nearly $500 billion in 2022a*, Gartner. https://www.gartner.com/en/newsroom/press-releases/2022-04-19-gartner-forecasts-worldwide-public-cloud-end-user-spending-to-reach-nearly-500-billion-in-2022. Zugegriffen: 30. Aug. 2022.

Gartner. (2022b). *2022 Gartner CEO and senior business executive survey in gartner business quarterly, second quarter 2022*. Gartner. https://www.gartner.com/en/insights/gartner-business-quarterly. Zugegriffen: 5. Nov. 2022.

IDG. (2017). *2017 Customer engagement research*. International Data Group. http://www.idgenterprise.com/resource/research/ce-2017-customer-engagement/. Zugegriffen: 23. März 2017.

Kopec, M. (2015). *SiriusDecisions unveils results from new study on B-to-B buying*. BusinessWire. https://www.businesswire.com/news/home/20150514005804/en/SiriusDecisions-Unveils-Results-New-Study-B-to-B-Buying. Zugegriffen: 20. Nov. 2017.

Libai, B., Bart, Y., Gensler, S., Hofacker, C., Kaplan, A., Kötterheinrich, K., & Eike, B. (2020). Brand new world? On AI and the management of customer relationships. *Journal of Interactive Marketing, 51*, 44–56. https://doi.org/10.1016/j.intmar.2020.04.002.

McHugh, M. (2018). The era of the chatterbots. *Computer Reseller News, 7*, 34–35.

McKinsey. (2020). *Average share of customer interactions that are digital before and during the COVID-19 pandemic, by region [Graph]*. Statista. https://www.statista.com/statistics/1248804/share-of-customer-interactions-that-are-digital. Zugegriffen: 10. Juni 2023.

Molenaar, C. (2010). *Shopping 3.0. shopping, the internet or both?* Gower Publishing.

Raghavan, S. R., Jayasimha, K. R., & Nargundkar, R. V. (2020). Impact of software as a service (SaaS) on software acquisition process. *The Journal of Business and Industrial Marketing, 35*(4), 757–770. https://doi.org/10.1108/JBIM-12-2018-0382.

Ramaswami, R. (2021). *Future of sales 2025: Deliver the digital options B2B buyers demand*. Gartner. https://www.gartner.com/smarterwithgartner/future-of-sales-2025-deliver-the-digital-options-b2b-buyers-demand. Zugegriffen: 10. Juni 2023.

Ramos, L. (2020). *Millennials want credible digital content – so give it to them! featured blogs*. Forrester Research. https://www.forrester.com/blogs/millennials-want-credible-digital-content-so-give-it-to-them/. Zugegriffen: 16. Nov. 2022.

Selent, A. (2019). *Digitalisierung von Kundeninteraktionen – „Digital Interaction Hubs" im Vertrieb von Industriesoftware*. Dissertation. Universität St.Gallen.

Silver, S. (2021). *Five perspective shifts Ssales and revenue operations leaders need to make in 2022*. Forrester Research. https://www.forrester.com/blogs/sales-operations-planning-assump tions-2022-takeaways/?ref_search=1305524_1684939189525. Zugegriffen: 23. Mai 2023

Statista Research Department. (2023). *Share of customer interactions that are digital, before and during COVID-19 pandemic*. Statista. https://www.statista.com/statistics/1248804/share-of-cus tomer-interactions-that-are-digital/. Zugegriffen: 16. Juni 2023.

Steward, M. D., Narus, J. A., Roehm, M. L., & Ritz, W. (2019). From transactions to journeys and beyond: The evolution of B2B buying process modeling. *Industrial Marketing Management, 83*, 288–300. https://doi.org/10.1016/j.indmarman.2019.05.002.

Toman, N., Adamson, B., & Gomes, C. (2017). *The new sales imperative. Harvard Business Review, 2*, 118–125. https://hbr.org/2017/03/the-new-sales-imperative.

Trust Radius. (2020). *B2B buying disconnect: Forecasting radical changes in tech buying behaviour*. https://www.trustradius.com/vendor-blog/b2b-buying-disconnect-2021. Zugegriffen: 10. Febr. 2021.

Trust Radius. (2022). *2022 B2B disconnect: The age of the self-serve buyer*. https://www.trustradius. com/resources/assets/2022-b2b-disconnect. Zugegriffen: 10. Febr. 2021.

Vailshery, L. S. (2023). Software as a service – statistics & facts. https://www.statista.com/topics/ 3071/cloud-software-as-a-service-saas/#topicOverview. Zugegriffen: 10. Juni 2023.

Vasquez, A., &Wadlinger, H. (2016). *The next generation of B2B buyers*. Merit. https://madewithm erit.com/reports/Millennial_B2B-Report-Merit.pdf. Zugegriffen: 5. Nov. 2022.

Whiting, R. (2020). *Jellyfish and the Future of B2B Buying*. Forrester. https://www.forrester.com/ blogs/future-of-b2b-buying/. Zugegriffen: 05. Nov. 2022.

Wunderman Thompson Commerce. (2023). *Preferred business-to-business (B2B) purchase channels in five years' time as of 2022 [Graph]*. Statista. https://www.statista.com/statistics/1375907/pre ferred-b2b-purchase-channels-in-five-years. Zugegriffen: 10. Juni 2023.

Ausgewählte begriffliche Grundlagen des B2B-Kaufprozesses

Zusammenfassung

Dieses Kapitel erläutert die relevanten Grundlagen und Konzepte, wie B2B-Kaufprozess, Buyer's Journey, Technologieeinsatz im Kauf- und Verkaufsprozess und Buyer Persona.

Der B2B-Kaufprozess, dazugehörige Aktivitäten und Entscheidungsfindungsprozesse werden in vier übergeordneten Phasen vorgestellt. Dies gibt einen detaillierten Einblick in den Verlauf des Kaufprozesses, phasenbezogene Ziele und Teilentscheidungen. Im nächsten Schritt wird auf die Buyer's Journey eingegangen. Hier stehen die Suche und der Konsum der relevanten Information im Vordergrund. Daraufhin werden die grundlegenden Unterschiede von zwei Prozessen – des B2B-Entscheidungsprozesses und der Buyer's Journey – im Rahmen des B2B-Kaufentscheidungsprozesses aufgezeigt und deren unterschiedliche Bedeutung in der Gestaltung der digitalen Kundeninteraktionen vorgestellt. Der Technologieeinsatz im Kauf- und Verkaufsprozess sowie dessen Einfluss auf die B2B-Marketing- und Vertriebsorganisation gibt den Kontext und Hintergrundwissen. Anschließend werden das Konzept und relevante Merkmale der Buyer Persona sowie deren Beteiligung im Kaufzyklus vorgestellt.

2.1 Kaufzyklus (Buying Cycle)

Der Strukturierung und Einordnung der kaufbezogenen Interaktionen und der Digital Interaction Hubs liegt das generische Modell des Buying Cycles zugrunde, das sich auch in der Praxis etabliert hat (Muther, 2001, S. 15; Toman et al., 2017, S. 122). Der Kaufprozess und dazugehörige Käuferaktivitäten oder Aktivitätsblöcke werden in vier übergeordnete Phasen eingeordnet (vgl. Abb. 2.2). Die käuferbezogene Phasenbezeichnung von Toman et al. (2017) wurde im Kontext des Industriesoftwarekaufs auf eine Implementierungsphase erweitert (vgl. Abb. 2.1):

- frühe Kaufphase (Early Stage)
- mittlere Kaufphase (Middle Stage)
- späte Kaufphase (Late Stage)
- Implementierungs- und Nutzungsphase (After Sales)

Oft wird der Kaufprozess aus anbieterorientierter Perspektive betrachtet, was in der Phasenbezeichnung zu erkennen ist: Awareness, Consideration, Preference und Purchase (Toman et al., 2017, S. 122). Inhaltlich spiegeln sie die gleichen Käuferaktivitäten wider.

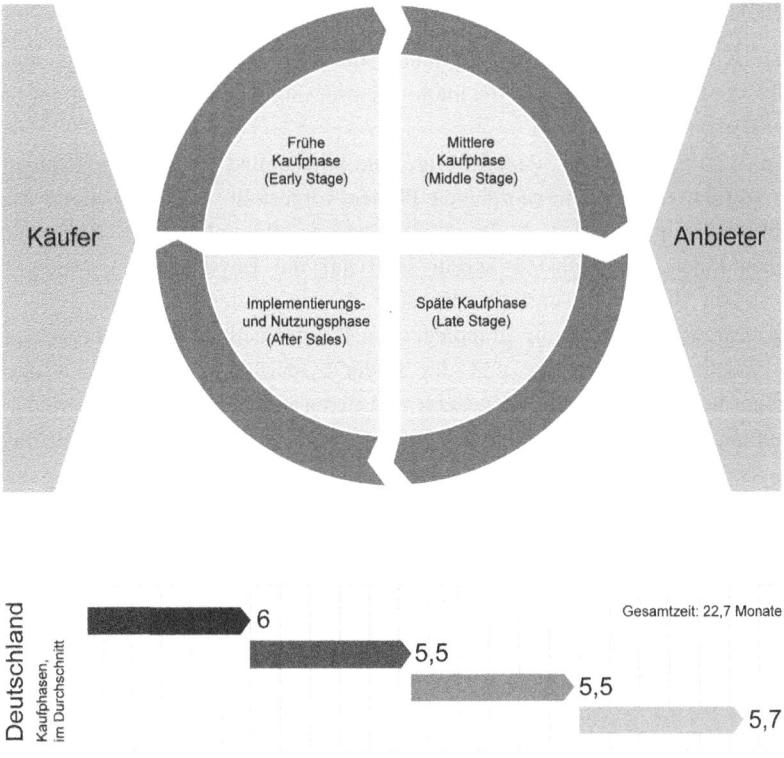

Abb. 2.1 B2B-Kaufzyklus von Industriesoftware. (Quelle: In Anlehnung an Muther, 2001, S. 15; Toman et al., 2017, S. 122; Gartner, 2020, S. 11)

Abb. 2.2 Käuferaktivitäten im B2B-Kaufzyklus der Industriesoftware. (Quelle: Eigene Darstellung)

Frühe Kaufphase (Early Stage)

In dieser Phase sind die Bedürfnisse der Käufer noch nicht operationalisiert (Muther, 2001, S. 15). Unzufriedenheit mit dem aktuellen Status, externe Auslöser oder interne Herausforderungen bringen den Käufer dazu, den Status quo zu hinterfragen und die Bedarfsanalyse zu starten (SiriusDecisions, 2015b, S. 1; McQueen & Teh, 2000, S. 647). In der ersten Phase geht es primär darum, die Herausforderungen zu identifizieren, zu dimensionieren und, bei mehreren konkurrierenden Herausforderungen, zu priorisieren (Toman et al., 2017, S. 122). Dafür werden die ersten vorläufigen Recherchen zu möglichen Lösungsoptionen gemacht (Jadhav & Sonar, 2009, S. 557). Diese helfen bei der Bedürfnisformung. Steigender Konsum von den relevanten Inhalten auf der Website der Anbieter und sozialen Medien, eine Anfrage an die Anbieterorganisation bezüglich eines Gesprächs oder weiteren Informationen sowie die Initiierung des internen Dialoges mit weiteren Akteuren sind typische Kennzeichen für diese Phase (SiriusDecisions, 2015a, S. 1). In diesem Abschnitt des Kaufentscheidungspro-zesses werden auch die ersten vorläufigen Untersuchungen über Softwarefunktionalitäten und technische Merkmale durchgeführt (Jadhav & Sonar, 2009, S. 557). Sobald die Ent-scheidung zur Veränderung der aktuellen Situation getroffen ist, werden die Bedarfsanalysen fortgesetzt und die Anforderungen, der Zeitrahmen und das Budget verfeinert (SiriusDe-cisions, 2015a, S. 2; Harnisch, 2015, S. 26 ff.). Je nach Unternehmen und Kaufsituation wird das Einkaufsteam zusammengestellt, wobei die Fach- und IT-Vertreter sowie relevante Entscheidungsträger und Verantwortliche in das Team eingebunden werden (SiriusDeci-sions, 2015b, S. 1; Harnisch, 2015, S. 26–29; Poon & Yu, 2010, S. 2). Die Vertreter der IT- und Fachabteilungen sind immer ein fester Bestandteil dieses Teams (Harnisch, 2015, S. 28). Darüber hinaus wird in dieser Phase die Geschäfts- und Einkaufsstrategie definiert (Harnisch, 2015, S. 28; Sasserath, 1990, S. 11; Stefanou, 2001, S. 209).

Mittlere Kaufphase (Middle Stage)
In dieser Phase geht der Kunde seine Herausforderungen mit höchster Priorität an (Toman et al., 2017, S. 122). Der Kunde sucht den Kontakt mit den Anbietern, um potenzielle Lösungsansätze für den analysierten Bedarf zu erkunden (SiriusDecisions, 2015b, S. 2). Dabei können Themen wie „Build-versus-Buy"-Optionen, Technologie-gegen-Personen-Lösungen und die Auswirkungen der Integration verschiedener Lösungen mit bestehenden Systemen erörtert werden (Toman et al., 2017, S. 122). Mögliche Fragen beziehen sich auf das Hosting von Software, den Software-Integrationsgrad, Anbieter der besten, maßge-schneiderten Lösungen sowie erforderliche Trainings und Support (SiriusDecisions, 2015a, S. 2). Dies führt zur Steigerung des Käufer-Wissensstandes und so zur Verfeinerung der Anforderungen und internen Einigung über die funktionelle zukünftige Beschaffenheit der Software (Harnisch, 2015, S. 28; SiriusDecisions, 2015a, S. 2; Deep et al., 2008, S. 443). Basierend auf den Anforderungen können die Bewertungs- und Auswahlkriterien sowie die Auswahlmethode definiert werden (Brereton, 2004, S. 78–81; McQueen & Teh, 2000, S. 248–251; Harnisch, 2015, S. 29).

Das Thema der funktionalen und geschäftlichen Anforderungen bei der Auswahl der Software ist in der Literatur stark vertreten. In einer umfangreichen Literaturauswertung entwickelten Jadhav und Sonar (2009) eine Typologie der Auswahlkriterien für die Unter-nehmenssoftware (vgl. Tab. 2.1.), die eine übergeordnete Kategorie der Industriesoftware darstellt (IDC, 2010).

Die Gewichtung der Auswahlkriterien hängt im Wesentlichen von verschiedenen Sta-keholdern ab (Harnisch, 2015, S. 30). Basierend auf den etablierten Anforderungen und Auswahlkriterien führt der Kunde eine weitere Suche nach Informationen zu Produkten und Lösungen durch. Grundsätzlich gibt es zwei Vorgehensweisen in diesem Schritt: eine aktive Suche durch den Kunden oder eine Veröffentlichung einer formellen Ausschreibung (Request for Proposals (RFP)) (Harnisch, 2015, S. 30; Goldsmith, 1994, S. 13; Schrödl, 2012, S. 5 f.). Für eine detaillierte Evaluierung wird eine Shortlist mit den möglichen

Tab. 2.1 Auswahlkriterien für die Unternehmenssoftware. (Quelle: Jadhav & Sonar, 2009)

Funktionale Kriterien	Beziehen sich auf die funktionalen Eigenschaften der Software, Vollständigkeit in Bezug auf die gestellten Anforderungen, Interoperabilität und Anpassungsfähigkeit der Software sowie Sicherheitsstandards und maximale Anzahl gleichzeitiger Benutzer
Qualitätskriterien für Software	Sind Kriterien zur Personalisierbarkeit, Portabilität, Instandhaltbarkeit, Software-Gebrauchstauglichkeit, Zuverlässigkeit und Effizienz der Lösungen
Herstellerbezogene Kriterien	Sind alle Kriterien zu Reputation, Erfahrung und Kompetenzen der Hersteller sowie deren Trainings-, Service- und Supportangebote
Kriterien zu Kosten- und Nutzenfaktoren	Schließen alle mit dem Softwareerwerb verbundenen Kosten und daraus resultierenden direkten und indirekten Nutzen ein
Technische Kriterien	Beziehen sich auf Hardware und Software sowie Systemkonfiguration, wie z. B. Speicherplatz, Rechenleistung oder Arbeitsspeicher
Kriterien zu den Stellungnahmen der technischen und nichttechnischen Quellen	Sind Kriterien, beispielhaft der firmeninternen und externen Experten, Informationen aus Fachzeitschriften und Software-Produktbroschüren oder auch Meinungen der Mitarbeiter und Endanwender
Ausgabekriterien	Beschreiben die Funktionalitäten der Software in Bezug auf die Ausgabe, Darstellung und den Export der Daten sowie Datentransfer über die Schnittstellen in die andere Software

Lösungen bzw. Herstellern erstellt, die die Anforderungen am besten erfüllen, bzw. werden die Optionen ausgeschlossen, die mit technischen Soft- oder Hardwaregegebenheiten nicht kompatibel sind (Jadhav & Sonar, 2009, S. 557).

Späte Kaufphase (Late Stage)
Alle Aktivitäten dieser Phase richten sich auf die Unterstützung der finalen Auswahlentscheidung. Oft engagiert sich der Käufer zum ersten Mal mit dem Außendienstmitarbeiter (Toman et al., 2017, S. 122). Im Rahmen einer Anbieterpräsentation sowie durch den Besuch von Referenzkunden verschafft sich der Käufer einen eigenen Eindruck von der Software (Chau, 1995; Deep et al., 2008). Ebenfalls wird vorgezogen den zukünftigen Nutzer in den Evaluierungsprozess einzubinden und eine empirische Bewertung einer Testversion der Software durchzuführen (Deep et al., 2008; Illa et al., 2000; Patel & Hlupic, 2002).

Anschließend werden die Softwarelösungen in einem Evaluierungsverfahren bewertet und in ein Gesamtranking eingeordnet (Le Blanc & Korn, 1994; Oh et al., 2003; Bhuta & Boehm, 2005; Jadhav & Sonar, 2009). Die Erstellung eines finalen Angebotes mit allen vereinbarten Leistungen und Zeitrahmen schließt diese Phase ab und wird seitens des Käufers für das interne Genehmigungsverfahren genutzt (SiriusDecisions, 2015a, S. 2). Die Faktoren wie Softwarepreise, Anzahl der Lizenzen, Zahlungsplan, Funktionsspezifikation, Reparatur und Wartungsverpflichtungen, Zeitplan für die Lieferung und Kündigungsvereinbarung werden dafür ausgehandelt und in einem Vertrag festgehalten (Illa et al., 2000; Colombo & Francalanci, 2004; Jadhav & Sonar, 2009).

Außerdem umfasst diese Phase die finanzielle Rechtfertigung des Kaufs oder die finale Budgetfreigabe, was beispielhaft durch das Szenario zur betriebswirtschaftlichen Beurteilung einer Investition unterstützt werden kann (SiriusDecisions, 2015b, S. 3). Zu diesem Zeitpunkt trifft der Käufer seine endgültige Entscheidung, unterzeichnet den Vertrag und schreitet mit der Umsetzung voran (SiriusDecisions, 2015a, S. 3).

Implementierungs- und Nutzungsphase (After Sales)
Diese Phase wird in wenigen Quellen als Bestandteil des Auswahl- und Kaufprozesses der Softwarelösungen genannt (Jadhav & Sonar, S. 557; Muther, 2001, S. 15; Palanisamy et al., 2010). Darin geht es primär um die Softwareimplementierung, die Schulung der Mitarbeiter sowie die Nutzung und Wartung der Softwarelösungen. Die Relevanz dieser Phase wurde in explorativen Expertengesprächen erkannt und in Interviews und Expertengesprächen der Fallstudie bestätigt.

2.2   Buyer's Journey bzw. Customer Journey

Mit der Verbreitung des Internets etabliert sich in der Praxis das Konzept der „Buyer's Journey". Unter Buyer's Journey wird eine „Reise" durch die verschiedenen Touchpoints, Kundenkontaktpunkte, verstanden, an denen die Interaktion der Käufer mit dem für sie interessanten Brand, Produkt oder Service, stattfindet (Clark, 2013).

In der akademischen Welt etabliert sich eher der Begriff „Customer Journey", der dasselbe Prinzip allerdings über die Kaufphase hinaus beschreibt. Lemon und Verhoef (2016) definieren Customer Journey wie folgt: „The customer journey is the process a customer goes through, across all stages and touch points, that makes up the customer experience".

Die Interaktionen zwischen einem Kunden und einem Unternehmen sind viele kritische Momente auf der Reise des Kunden bis zum Kauf und danach (Rawson et al., 2013). Diese Interaktion kann alles sein, was irgendeine Art von Information vom Anbieter zum Kunden oder umgekehrt überträgt (Aichner & Gruber, 2017): Dazu gehören der Besuch der Webseite oder der Social-Media-Seite des Unternehmens, ein Gespräch mit einem Vertriebsmitarbeiter per Telefon oder persönlich, das Versenden einer E-Mail oder das

Betrachten eines Fernsehspots. Die Qualität dieser Interaktionen wirkt sich unter anderem darauf aus, wie hoch die Kaufbereitschaft des Kunden ist und wie zufrieden er ist (Aichner & Gruber, 2017).

Die Journey ist keine Wiederholung des Kaufprozesses, sondern eher ein Konzept, das alle erfahrungsbezogenen Elemente der Interaktionen und ihren Ablauf über mehrere Zeiträume und Phasen hinweg umfasst (Steward et al., 2019, S. 296) (vgl. Abb. 2.3).

Im Kontext der Kaufabsicht stehen im Vordergrund die Suche und der Konsum der relevanten Information. Während der B2B-Kaufprozess den Entscheidungsprozess abbildet und die Informationsbedürfnisse der Käufer strukturiert, spiegelt die Buyer's Journey mögliche Interaktionsformen zwischen dem Anbieter und dem Käufer wider. Die

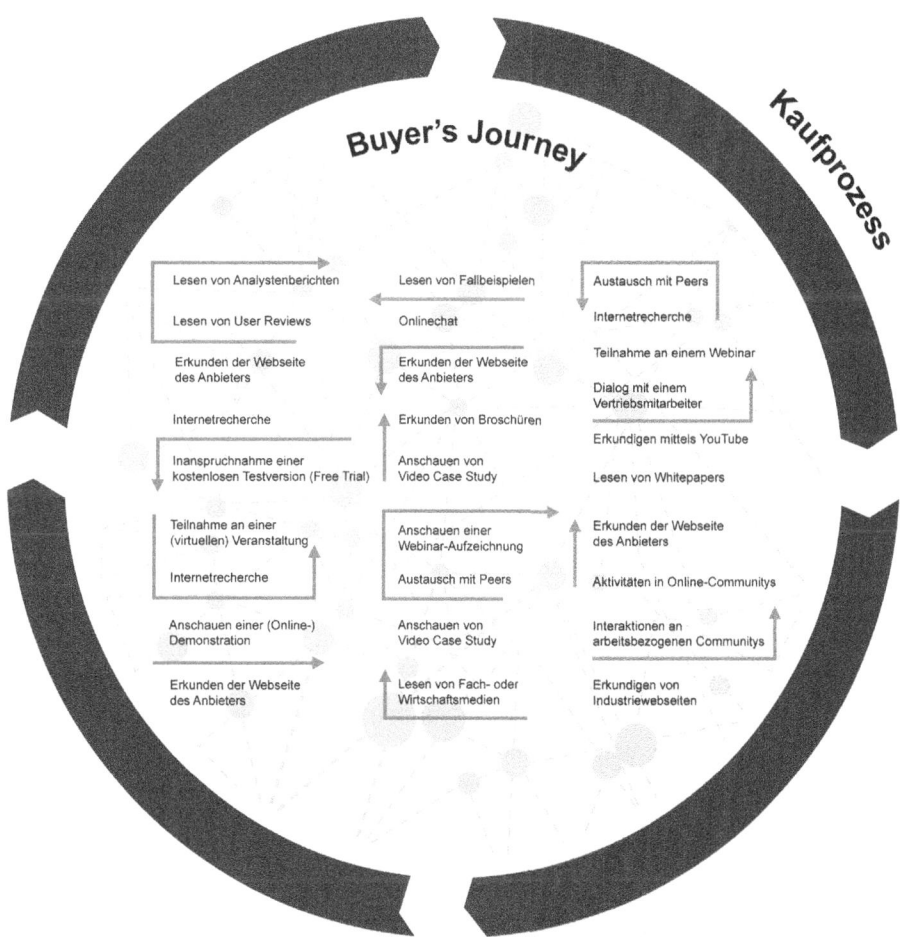

Abb. 2.3 B2B Buyer's Journey. (Quelle: Eigene Darstellung)

Informationssuche ist ein fester Bestandteil des Kaufentscheidungsprozesses und begleitet alle Phasen des Kaufentscheidungsprozesses. Typische Suchsituationen sind dabei die Suche nach Lösungsmöglichkeiten für den identifizierten Unternehmensbedarf, Produktsuche, Suche nach Referenzen, Anbietern und Ansprechpartnern sowie die Suche nach Lösungsvergleichen. Barnes und Adams (2013) schlagen vor, dass die Journey aus Aktivitätsströmen besteht, die nicht zu diskreten Zeitpunkten stattfinden, sondern kontinuierlich stattfinden und sich überschneiden, statt aufeinander zu folgen. Somit können die Informationen im Rahmen einer Interaktion gesammelt werden, die verschiedene Fragen und Phasen des Kaufprozesses betreffen. Während der Kaufentscheidungsprozess linear und sequentiell verläuft, finden die Suche und der Konsum von relevanten Informationen episodisch und teilweise entkoppelt von den Phasen des Kaufprozesses statt (Kopec, 2015; Molenaar, 2010, S. 14).

Daher wird angenommen, dass der B2B-Kaufentscheidungsprozess aus zwei Prozessen besteht, dem Entscheidungsprozess und der Informationssuche, die in der Praxis parallel stattfinden, allerdings grundlegende Unterschiede aufweisen (vgl. Abb. 2.4).

2.3   Technologieeinfluss und -einsatz im Kauf- und Verkaufsprozess

2.3.1   Technologiewellen

Die größten Technologiewellen in der Vergangenheit, die auch als „vorindustrielle Revolution", „industrielle Revolution" und „Informationsrevolution" bekannt sind, beeinflussten die Geschäftsprozesse, die Art und Weise, wie Industriekäufer bzw. -kunden und Anbieter interagieren und dahingehend, welche Rolle sie dabei annehmen (Sheth, 2012, S. 130) (vgl. Abb. 2.4 und 2.5).

Vorindustrielle Revolution
In der Zeit der vorindustriellen Revolution waren die Unternehmen überwiegend klein, lokal, haben direkt mit den Kunden agiert und produzierten die Waren auf dem Gelände, wo sie auch verkauft wurden (Sheth, 2012, S. 130). Produktion, Vertrieb und R&D waren ein Teil der gleichen wirtschaftlichen Einheit (Sheth, 2012, S. 130). Die meisten Informationen über die Produkte, Märkte, Services oder Systeme waren beim Hersteller angesiedelt, er kontrollierte die Information, die der Kunde benötigen konnte und sie wurde durch das Verkaufsteam und andere Kommunikationskanäle verteilt (Schultz, 2012, S. 168). Dies führte dazu, dass der Informationsaustausch herstellerinitiiert, einseitig, teuer und ineffizient war und die Kunden als Folge schlecht informiert waren (Sawhney & Kotler, 2001, S. 386). Sawhney und Kotler (2001) bezeichnen dieses Zeitalter als die „Zeit der Informationsasymmetrie".

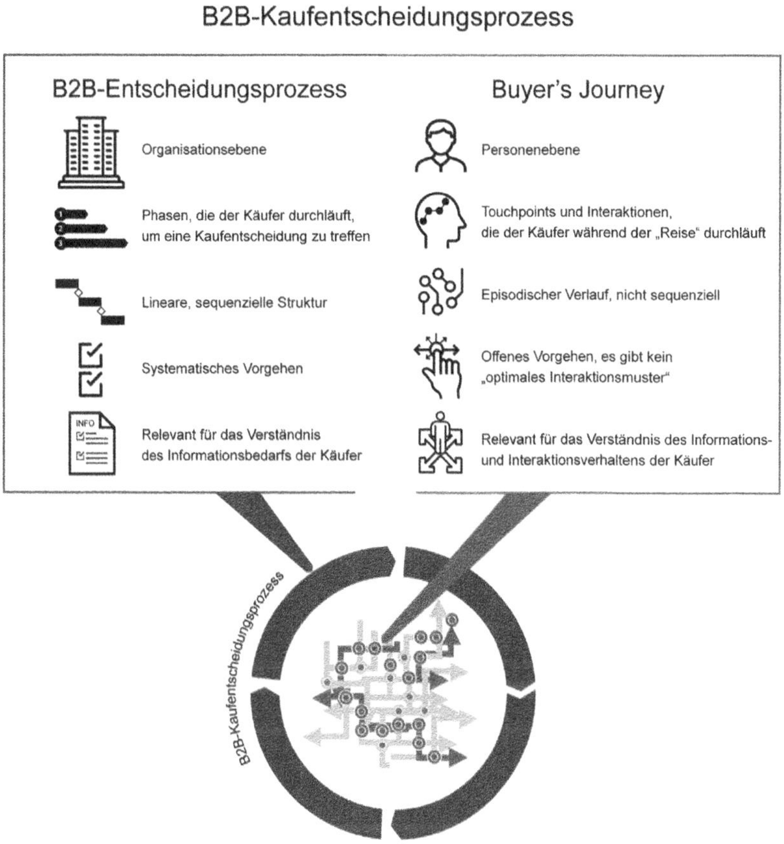

B2B-Kaufentscheidungsprozess

B2B-Entscheidungsprozess

Organisationsebene

Phasen, die der Käufer durchläuft, um eine Kaufentscheidung zu treffen

Lineare, sequenzielle Struktur

Systematisches Vorgehen

Relevant für das Verständnis des Informationsbedarfs der Käufer

Buyer's Journey

Personenebene

Touchpoints und Interaktionen, die der Käufer während der „Reise" durchläuft

Episodischer Verlauf, nicht sequenziell

Offenes Vorgehen, es gibt kein „optimales Interaktionsmuster"

Relevant für das Verständnis des Informations- und Interaktionsverhaltens der Käufer

B2B-Kaufentscheidungsprozess

Abb. 2.4 B2B-Entscheidungsprozess und Buyer's Journey im Rahmen des B2B-Kaufentscheidungsprozesses. (Quelle: Eigene Darstellung)

Industrielle Revolution

In der industriellen Revolution erfolgte die Einführung der Massenfertigung, was den Unternehmen eine signifikante Reduzierung der Herstellungskosten ermöglichte und den Vertrieb zu einer größeren Kundenbasis forcierte (Sheth, 2012, S. 130). Daraufhin nutzte der Hersteller Drittorganisationen für den Vertrieb, wie Distributoren und Einzelhändler und verlor den direkten Kontakt zu vielen seiner Endkunden (Sheth, 2012, S. 130). Mit der Verteilung bzw. dem Outsourcing der Vertriebsaufgaben zu Distributoren, Value-Added-Reseller oder anderen Zwischenorganisationen, konnte der Hersteller den Marktzugang erweitern (Schultz, 2012, S. 168). Ebenso bekamen die Zwischenorganisationen die Aufgabe, die Produktinformation zu sammeln und dem Kunden zur Verfügung zu stellen (Dwyer & Tanner, 2008). Das verlagerte die Macht und Informationskontrolle vom Hersteller auf die geteilte Verantwortung von verschiedenen Vertriebspartnern.

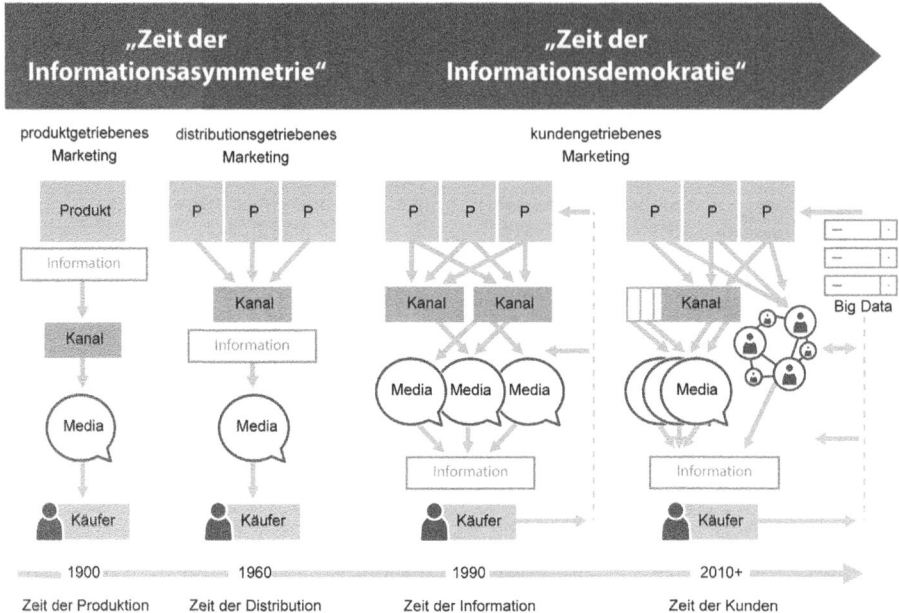

Abb. 2.5 Technologieeinfluss auf Information und Kommunikation und Veränderung des Markt-vorteils im Laufe der Zeit. (Quelle: In Anlehnung an Schultz, 2012, S. 168; Sawhney & Kotler, 2001, S. 386; Forrester, 2013)

Informationsrevolution

Die anhaltende Verbreitung des Internets und der mobilen Technologien beeinflusste die Natur der Information und Kommunikation. Die Fähigkeit des Internets, Informationen zu geringen Kosten verfügbar zu machen, wurde als eine der bedeutendsten Auswirkungen auf den Handelsverkehr identifiziert (Porter, 2001). Über verschiedene Informationsquellen wie z. B. Distributionskanäle, Medien, Blogs und andere Quellen bekommen die Kunden immer mehr Zugriff auf die Produkt- und Marktinformation (Block & Schultz, 2009). Sawhney und Kotler (2001) bezeichnen dieses Zeitalter als „Zeit der Informationsdemokratie". Diese Informationsrevolution bringt eine neue Machtverschiebung hin zu den Kunden (Sawhney & Kotler, 2001, S. 77 ff.). In diesem neuen Marktplatz entscheiden die Kunden, wie, wo, auf welchem Weg und in welchem Format sie die Information erhalten wollen (Schultz, 2012, S. 169 f.). Das führt dazu, dass die Kunden teilweise mit viel besseren Informationen als die Anbietermitarbeiter ausgestattet sind (Sawhney & Kotler, 2001, S. 386). Die Evolution der Online-Communitys forcierte diese Entwicklung; Kunden tauschten die Informationen untereinander aus, auf horizontale Weise, was in dem weiteren Machtverlust über die Marketingbotschaften für den Hersteller resultierte (Berthon et al., 2008, S. 6 ff.; Sawhney & Kotler, 2001, S. 88 f.).

Die zunehmende Verbreitung von mobilen, sozialen und Cloud-Technologien sowie weiteren Werkzeugen für die Onlineinteraktion verstärkt diese Trends. Durch diese Technologien können Kunden und Unternehmen große Mengen an Informationen austauschen und in Echtzeit miteinander interagieren, was zu einem neuen Konzept der Kundenerfahrung führt (Hoyer et al., 2020). Informierte und vernetzte Kunden erwarten einen hohen Grad an Kundenorientierung und suchen Produkte und Dienstleistungen, die auf ihre Bedürfnisse abgestimmt sind (Forrester, 2013). B2B-Käufer machen als Verbraucher bei ihren persönlichen Einkäufen die Erfahrung, dass der Prozess einfach ist und erwarten das Gleiche auch bei B2B-Käufen (Steward et al., 2019; Whiting, 2020).

Weitere interaktive Technologien wie Internet of Things (IoT), deutsch „Das Internet der Dinge", Augmented (AR), Virtual (VR) or Mixed Reality (MR), deutsch „Erweiterte Realität", „Virtuelle Realität" oder „gemischte Realität" und KI-gesteuerte Chatbots, Roboter und virtuelle Assistenten verändern ebenso die Buyer's Journeys und die darin enthaltenen Touchpoints erheblich (Hoyer et al., 2020). B2B-Kunden sind zunehmend mit dem Einsatz von KI und Chatbots vertraut (Leftronic, 2022) (Abb. 2.6).

Trends im Zeitalter des Kunden

Von...	Hin zu
Asymmetrie der Informationen Anbieter wissen mehr als Käufer	**Informationsparität** Käufer wissen das Gleiche oder mehr
Unterschiedliche Sicht auf den Kunden Vertriebsmitarbeiter haben vollständige Kundenhistorie auf ihren Tablets	**Eine einzige, ganzheitliche Sicht auf den Kunden** Unternehmen arbeiten mit einer ganzheitlichen und vollständigen Sicht auf den Kunden
Funktionale Exzellenz Marketing, Vertrieb und Dienstleistungen erfüllen ihre jeweiligen Aufgaben	**Kundenerlebnis** Käufer erwarten eine nahtlose Erfahrung mit einem Unternehmen: was vor und nach dem Verkauf geschieht, ist entscheidend
Multichannel Go-to-Market Fokus auf die Leistungsoptimierung in den einzelnen Kanälen führt oft zu Reibung und Wettbewerb zwischen den Kanälen	**Omnichannel Go-to-Customer** Fokus auf Go-to-Customer-Strategie, die darauf ausgelegt ist, dass der Kunde über mehrere Kanäle gleichzeitig aktiv sein möchte
Verkaufen "Was es ist" Fokus auf produktbezogene Informationen, Funktionen und Leistungen ▶ produktspezifisches Messaging	**Verkaufen "was es tut"** Fokus auf Service- und Kundennutzenversprechen ▶ Messaging, das sich auf Ergebnisse und Resultate beziehen

Abb. 2.6 Trends im Zeitalter des Kunden. (Quelle: Vinogradov, 2022)

2.3.2   Einfluss auf die B2B-Marketing- und Vertriebsorganisation

Dieser durch Informationstechnologie beeinflusste Kontrollübergang über das Produkt- und Marktwissen hin zum Kunden verändert den Bedarf und die Anforderungen an die B2B-Marketing- und Vertriebsorganisation sowie deren Rolle und Fähigkeiten (Schultz, 2012, S. 170).

Einfluss auf die Marketingorganisation
Der größte digital-transformationsbedingte Einfluss für die Marketingorganisation liegt in der Kundeninteraktion. Traditionell hat Marketing die Interaktion und Kommunikation mit den potenziellen Käufern initiiert. In der neuen Marktsituation verändert sich die Rolle des Marketings weg von der kontrollierten hin zur moderierten Interaktion, bis der Kunde ihn zu der Interaktion einlädt (Sawhney & Kotler, 2001, S. 80). Die Rolle des Marketings verändert sich mit den aufgezeigten Technologiewellen von produktgetrieben über distributionsgetrieben hin zu kundengetrieben in der Zeit der „Informationsrevolution" (Schultz, 2012, S. 168). Die klassische Outbound-Kommunikation bringt unter den neuen Marktbedingungen nicht mehr die erwünschten Ergebnisse. Die größten Veränderungen für Marketingorganisationen in Bezug auf die Kundeninteraktion betreffen die Fähigkeiten, mit den Kunden auf eine neue Art zu interagieren und neue Kundensegmente zu erreichen, sowie den steigenden Zugriff auf Daten und die Generierung und Nutzung der Kundendaten.

Einfluss auf die Vertriebsorganisation
Der Einfluss des Internets und des direkten Zugangs zu Informationen betrifft auch die Vertriebsorganisation der Anbieter maßgeblich. Durch die Möglichkeit für die Käufer, die Information, die speziell auf ihre Bedürfnisse und Anforderungen bezogen ist, fast unbegrenzt erhalten zu können, wird die Macht des traditionellen Vertriebssystems stark herausgefordert (Schultz, 2012, S. 170). Je mehr Wissen der Kunde verfügt, umso weniger Kontrolle haben der Anbieter und seine Vertriebsorganisation (Schultz, 2012, S. 170). Die Notwendigkeit, dass der Vertriebsmitarbeiter den Käufer über seine Angebote informiert, hat sich verringert, insbesondere in der Situation, in der der Kauf relativ standardisiert ist, die Kaufoptionen gut bekannt sind und im Internet dokumentiert sind (Mantrala & Albers, 2012, S. 549). 54 % der jüngsten Käufergeneration bevorzugen bei B2B-Käufen gar keine Interaktion mit einem Verkäufer (Adamson, 2022). Diese Art von Interaktion entwickelt sich von beratungslastig zu transaktionslastig und kann über das Internet erfolgen (Mantrala & Albers, 2012, S. 550). Da die Käufer selbständiger, informierter und anspruchsvoller sind, hat der Vertrieb weniger Chancen in der direkten Interaktion mit dem Käufer seine Lösungen zu präsentieren. Ein linearer, in Phasen strukturierter, Flip-Chart-basierter Vertriebsansatz ist nicht mehr möglich, sondern beinhaltet viele Touchpoints, Zweiwege-Interaktionen und Backtracking als Folge der zunehmend gut informierten und vernetzten Interessenten und Kunden. Die Rolle der Vertriebsmitarbeiter verschiebt sich vom „Sales Developer" hin zum „Closer" (Schultz, 2015, S. 12). Der Kaufprozess entwickelt sich von verkäuferabhängig

und verkäufergesteuert hin zu internetabhängig und käufergesteuert (Mantrala & Albers, 2012, S. 541).

Das Kommunikationssystem zwischen dem Käufer und dem Anbieter entwickelt sich von der Kommunikationsdistribution über B2B-Outbound-Marketing hin zum neuen Kommunikationssystem, das Webseiten, Suchmaschinen, Communitys, Blogs etc. umfasst und kommunikationskonsumgetrieben ist (Schultz, 2012, S. 171 f.). Sowohl Käufer als auch Anbieter verlassen sich dabei stark auf den Einsatz der (Internet-) Technologien, um ihre Ziele im Kauf- und Verkaufsprozess zu erreichen (vgl. Abb. 2.7). Insbesondere soziale Medien sind von Natur aus sehr interaktiv und bieten ein effizientes Instrument zum Aufbau besserer Kundenbeziehungen und zum Engagement (Sashi, 2012).

Technologien wie künstliche Intelligenz (AI) (Syam & Sharma, 2018), Virtual Reality (VR) und Augmented Reality (AR) (Flavián et al., 2019) sowie das Internet der Dinge (Aunkofer, 2018) bieten B2B-Unternehmen neue Möglichkeiten zur Verwaltung von Kundeninteraktionen in digitalen Umgebungen. Laut einer Studie von Boomtown (2018) sind 58 % der Unternehmen, die Chatbots einsetzen, B2B-Tech-Unternehmen.

Diese Entwicklungen verursachen eine Diskussion bezüglich der Zukunft des B2B-Vertriebs und -Marketings, da digitale Tools einen immer größeren Teil der Kommunikation zwischen Verkäufer und Käufer abdecken (z. B. Hoar, 2015; Steward et al., 2019).

2.3.3 Internetbasierte Kommunikationsmittel und -kanäle

In Anbetracht der Tatsache, dass die Interaktions- und Kommunikationstechnologien sich in einer permanent fortschreitenden Entwicklung und einem Wandel befinden, ist die Auflistung der aktuell gängigen Kommunikationsmittel und -kanäle zwischen Kunden und Anbieter (vgl. Tab. 2.2.) auf die aktuell gängigsten begrenzt und hat keinen Anspruch auf Vollständigkeit.

Internetbasierte Kommunikationsmittel und -kanäle

2.3.4 Ausblick: Auswirkungen der Technologie

Neue technologische Innovationen verändern das Kundenerlebnis und beeinflussen die Art und Weise, wie Käufer ihre Kaufentscheidungen treffen (Libai et al., 2020). Ebenso haben neue Technologien tiefgreifende Auswirkungen auf die Praxis des Marketings (Grewal et al., 2020). Das Aufkommen von digitalen Onlineanwendungen und Softwares ist in den letzten Jahren enorm gestiegen (vgl. Abb. 2.8), um Kundenerwartungen zu adressieren und den B2B-Verkaufsprozess zu optimieren.

Anderseits fehlen noch die fundierten Erkenntnisse, welche digitalen Tools in der Gesamtbetrachtung des B2B-Kauf- und Verkaufsprozesses den größten Mehrwert bringen,

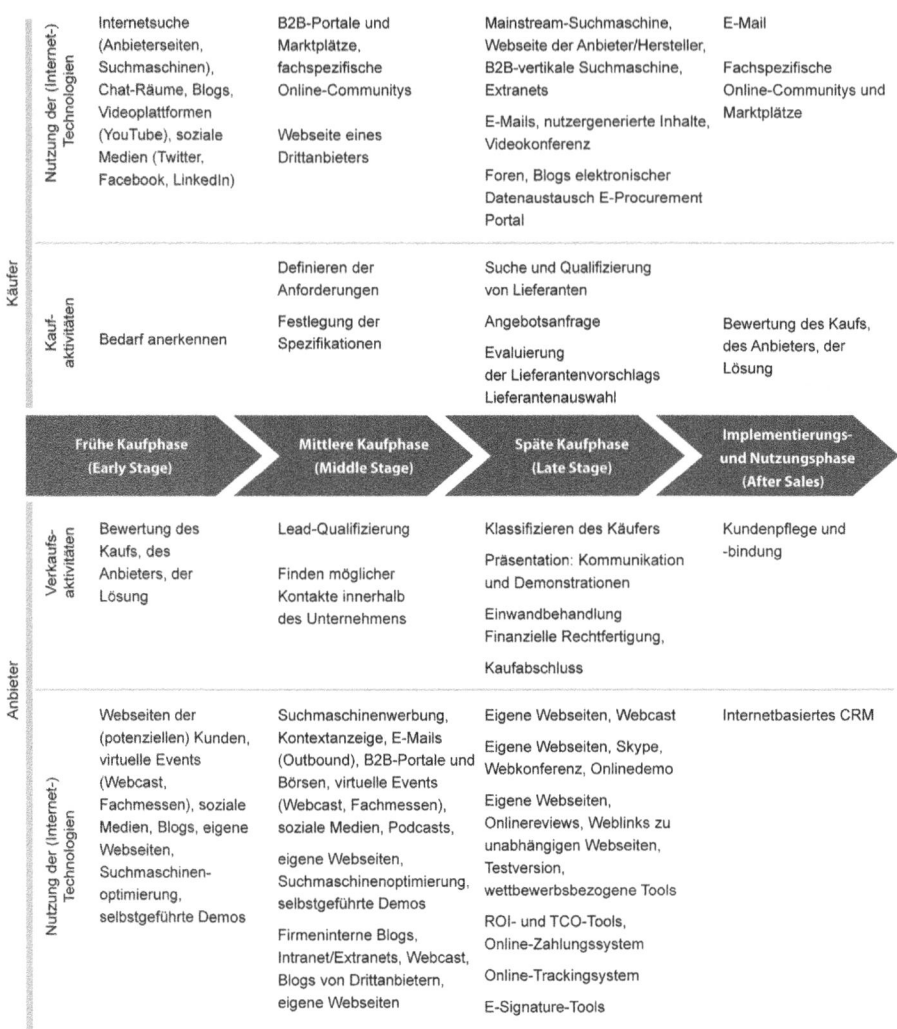

Abb. 2.7 Internet- und Technologieeinsatz im Kauf- und Verkaufsprozess. (Quelle: Eigene Darstellung in Anlehnung an Rusthollkarhu et al., 2022, S. 250 ff.; Mantrala & Albers, 2012, S. 544)

wann und wie sie im Prozess einzusetzen sind und in welchen Kaufphasen die Technologie den Prozess produktiver und effektiver gestalten kann (Steward et al., 2019). Die verwirrende Flut von Anwendungen und Softwarelösungen, die zur Unterstützung und Optimierung des B2B-Verkaufsprozesses verfügbar sind, kann dazu führen, dass Anbieter mit einer Sammlung einzigartiger Programme dastehen, die nicht miteinander integriert werden können und somit einen schwerfälligen und frustrierenden Kaufprozess seiner

Tab. 2.2 Internetbasierte Kommunikationsmittel und -kanäle. (Quelle: In Anlehnung an Jüngst, 2016, S. 86–89)

Unternehmenswebseite	Als Unternehmenswebseite wird die virtuelle Präsenz eines Unternehmens als Gesamtheit aller zusammenhängenden HTML-Seiten im World Wide Web (WWW) bezeichnet. Diesen kompletten Auftritt im Internet repräsentiert das Unternehmen mit seinen Informations-, Kommunikations- und Interaktionsmöglichkeiten. Eine Webseite stellt oft den ersten und wichtigsten Anlaufpunkt für die Interessenten und Kunden dar
Formular	Formulare sind strukturierte Bereiche einzelner Webseiten mit freien Feldern für Informationseintragung. Diese werden für Bestellungen, Anfragen oder Erhebungen verwendet
Landing Page	Webseite, die Werbung für ein bestimmtes Angebot ist, auf die man durch Anklicken einer Werbeanzeige im Internet oder eines per E-Mail versendeten Links gelangt. Typischerweise werden Formulare auf den Landing Pages platziert
Frequently Asked Questions (FAQ)	FAQ sind die häufig gestellten Fragen zu bestimmten Themen einer Webseite, wie z. B. Überblick, Verbote, Nutzungsbedingungen und Anleitungen. Diese werden in Form von Fragen und Antworten aufgebaut und erläutern möglichst in einfachen Worten die wichtigsten Fakten
Unternehmens-portal	Ein (Internet- oder Web-) Portal ist eine webbasierte Applikation, die einen zielgruppespezifischen Zugriff auf personalisierte Inhalte und Funktionen ermöglicht
E-Mail	Eine elektronische Version des Briefes zum Versenden von Textnachrichten und digitalen Daten an einen oder mehrere Empfänger
(E-Mail-) Newsletter	Ein periodisch versendeter Rundbrief bzw. Infobrief an eine Vielzahl an Adressaten (Abonnenten), mit dem Ziel, die aktuellen Nachrichten und Inhalte in Kurzform an eine bestimmte Zielgruppe zu bringen
Feed	Die Feed-Technologie ermöglicht dem Nutzer, sich regelmäßig über die Aktualisierungen einer Webseite informieren zu lassen. Diese Inhalte erscheinen in einer standardisierten und maschinenlesbaren Form

(Fortsetzung)

Tab. 2.2 (Fortsetzung)

Online-Diskussionsforum	Ein Onlineforum ist eine virtuelle Plattform, die dem asynchronen (nicht in Echtzeit) Austausch, der Verbreitung und Archivierung der Informationen, Meinungen, Wissen, Erfahrungen etc. der Teilnehmer dient
Chat	Der Chat (auch Webchat) bietet den Benutzern eine Möglichkeit zum synchronen, textbasierten Austausch, oft zu einem bestimmten Thema. Dieser findet in einem sogenannten Chatraum statt
Videochat	Der Videochat ermöglicht eine Audio- und Videokommunikation in Echtzeit übers Internet zwischen zwei oder mehr Benutzern
Chatbot	Chatbots sind interaktive, dialogfähige Agenten, die sofort auf Texteingaben reagieren. Die Interaktionen können über Websites, Social-Media-Plattformen oder Messaging-Anwendungen erfolgen. Chatbots können mit personalisierten, mithilfe von KI erstellten Antworten reagieren. Oder eine KI erkennt das Thema der Nachricht und der Chatbot antwortet themenbezogen mit vorgefertigten Antworten. Die Interaktion kann mit dem Bot, in einem Live-Chat fortgesetzt werden oder der Nutzer wird auf eine andere Webseite weitergeleitet
Videokonferenz	Eine Videokonferenz ermöglicht mehreren Teilnehmern in Echtzeit visuell und sprachlich miteinander zu kommunizieren sowie Dokumente und andere elektronische Medien zu teilen
Screen-Sharing (Bildschirmübertragung)	Screen-Sharing ermöglicht die Übertragung des eigenen Bildschirms auf einen anderen Rechner für die visuelle Unterstützung der Kommunikation in Echtzeit sowie die Ausführung eines Programms vom anderen Rechner für eine ortsunabhängige Steuerung
Web-based Training (WBT)	Beim Web-based Training werden die Lerninhalte webbasiert orts- und zeitunabhängig vermittelt. Je nach Art kann dies in Echtzeit oder auf Abruf erfolgen
Onlinebewertung	Onlinebewertung oder Kommentierung sind Rückmeldungen oder Veröffentlichungen des Kunden zu einem bestimmten Produkt, einer entsprechenden Funktionalität oder einer Dienstleistung, die in einer vorgegebenen Form oder in einem freien Textfeld stattfinden

(Fortsetzung)

Tab. 2.2 (Fortsetzung)

Blog (Videoblog und Podcast)	Ein Blog ist ein elektronisches Tagebuch, das typischerweise auf bestimmte Themen fokussiert ist. Podcast und Videoblog stellen die multimedialen Formen im reinen Audio- oder Videoformat dar
Wiki	Ein Wiki ist ein offenes Autorensystem, eine Sammlung von Beiträgen zu einem bestimmten Thema, die von den Nutzern selbst bearbeitet, ergänzt oder geändert werden können
Soziales Netzwerk	Soziale Netzwerke sind virtuelle Gemeinschaften auf speziellen Kommunikationsplattformen, die dem Vernetzen, Kennenlernen und Austausch gleichgesinnter Nutzer dienen. Die Kernfunktion von sozialen Netzwerken liegt in der Vernetzung
Newsstream/Timeline	Ein Newsstream oder eine Timeline ist eine chronologische Auflistung von Nachrichten, Tweets, Beiträgen etc. auf einer Webseite oder einer Kommunikationsplattform
Bewertungsportal	Ein Bewertungsportal ist eine Plattform, auf der Produktrezensionen, Tests und Meinungen veröffentlicht werden können, die von interessierten Anwendern kommentiert und diskutiert werden können
Online-Community	Eine Online-Community ist eine virtuelle Gemeinschaft der Nutzer, die in der Regel gemeinsame Interessen haben. Sie definieren sich nicht über die Technik oder die Vernetzung, sondern über den Inhalt, der sie zusammenführt. Die Basis ist dabei meist eine Wissensplattform, an der alle mitarbeiten und ihr Wissen, ihre Meinungen und Erfahrungen austauschen
Media-Sharing- Plattform	Media-Sharing-Plattformen sind Webseiten zum Teilen und Konsum von Medieninhalten wie z. B. Videos, Audio oder Bildern. Dabei können die Nutzer auch als Produzenten agieren
Onlineshop	Ein Onlineshop oder Webshop ist eine Plattform des elektronischen Handels. Dort werden (digitale) Produkte oder Dienstleistungen präsentiert und zum Verkauf angeboten. Dabei wird der Verkauf zum Großteil über das Internet abgewickelt, von der Produktpräsentation bis zum Bestell- und Kaufvorgang

(Fortsetzung)

Tab. 2.2 (Fortsetzung)

Virtuelle/Hybride Messe	Eine virtuelle Messe ist die digitale Version einer realen Messe, die online stattfindet. Eine hybride Messe ist eine Erweiterung der realen Messe durch digitale Inhalte und Funktionen
App	Eine App (Application) beschreibt eine Software, die dem Nutzer bestimmte Funktionen (z. B. Textbearbeitung, Bestellprozesse, Kalkulation etc.) ermöglicht und sowohl auf einem Computer als auch auf dem Mobilgerät ablaufen kann. Eine Unternehmens-App bietet dem Kunden einen Mehrwert, z. B. Informationen zu den angebotenen Produkten und Lösungen oder zusätzliche Services
Online- Terminplanungstool	Ein Online-Terminplanungstool ist eine Software zur vereinfachten Terminplanung. Es ermöglicht den Kunden, eine Selbstbuchung von Terminen bei relevanten Anbietermitarbeitern vorzunehmen und vereinfacht die Planung von Onlinemeetings erheblich

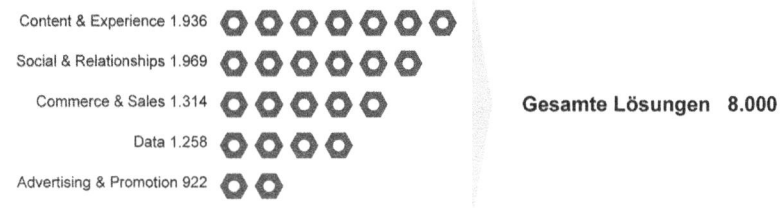

Abb. 2.8 B2B-Sales- und Marketing-Technologie-Universum. (Quelle: Eigene Darstellung in Anlehnung an Brinker, 2020)

Käufer sowie einen erheblichen internen Koordinationsaufwand für die Nutzung solcher Systeme bewirken (Steward et al., 2019).

Nichtsdestotrotz müssen Unternehmen und Manager ihre Managementpraktiken und digitalen Werkzeuge entwickeln, um im digitalen Zeitalter zu überleben und zu gedeihen, da komplexe B2B-Einkaufs- und Verkaufsprozesse zunehmend digital erfolgen (Steward et al., 2019).

▶   Wenn Unternehmen wettbewerbsfähig sein möchten, sollte ihr Technologie-Stack es den Käufern ermöglichen, ihre eigenen Informationen zu finden und ihre eigene Kauf-Erfahrung selbst zu lenken.

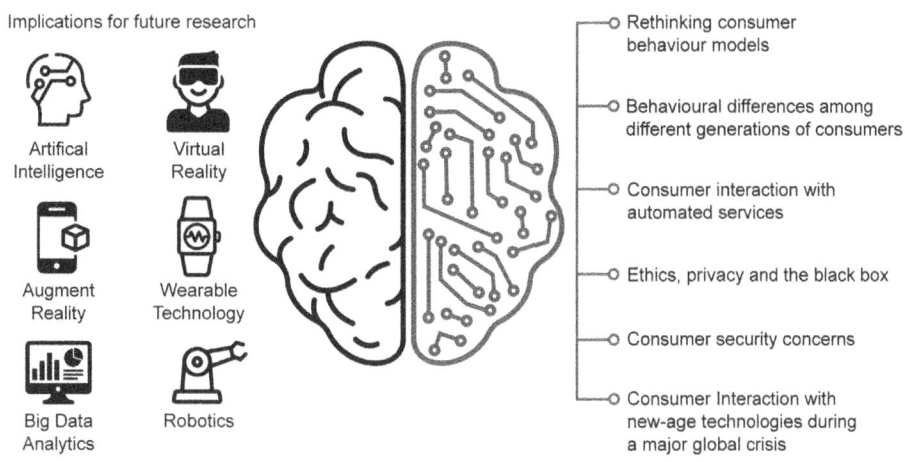

Abb. 2.9 Kundeninteraktion mit Spitzentechnologien. (Quelle: Ameen et al., 2021)

Der Gartner Hype Cycle for Emerging Technologies (Panetta, 2021) identifiziert 30 Tech-
nologieprofile, die in den nächsten fünf bis zehn Jahren erhebliche Auswirkungen auf
Wirtschaft, Gesellschaft und Menschen haben werden. Folgende sechs Hauptbereiche
beeinflussen tiefgreifend das Kundenerlebnis (Ameen et al., 2021) und sind von Managern
aufmerksam mitzuverfolgen (vgl. Abb. 2.9):

2.4 Internetbasierte Interaktion

2.4.1 Internetbasierte Interaktion und Kommunikation – begriffliche Grundlagen

►Interaktion kann als eine Folge aufeinander bezogener und aneinander orientierter
Aktionen angesehen werden, die durch mittelbare oder unmittelbare Kontakte zustande
kommt und zur Beeinflussung von Verhaltensweisen, Einstellungen oder Meinungen
führen kann.
Im Mittelpunkt dieser Arbeit steht die digitale Gestaltung der Kommunikation und
Interaktion im Kontext der Verkaufsanstrengungen und Kaufaktivitäten zwischen den
agierenden Unternehmen im industriellen Softwarebereich. Die Anzahl der ausgeführ-
ten digitalen Käufer-Anbieter-Interaktionen steht in einem direkten Zusammenhang mit

dem Verkaufserfolg (Wanga et al., 2017). Kommunikation und Interaktion sind miteinander verwandte Begriffe, die zahlreiche Facetten haben und multidisziplinär verwendet werden.

Der Begriff Interaktion wird in der Literatur unter Einbeziehung verschiedener Theorien und Konzepte betrachtet und weist somit eine Vielzahl von Definitionen auf, die unterschiedlich komplex, präzise und je nach Sichtweise auf verschiedene Facetten der Interaktion fokussiert sind. Aus Sicht von Homans (1950), dessen Theorie des Austausches bzw. Austauschverhaltens als Ausgangspunkt für die Interaktionstheorie betrachtet wird, kommt eine Interaktion zustande, wenn die Aktivität einer Person der Aktivität einer anderen Person folgt:

> *„When we refer to the fact that some unit of activity of some man follows, or […] is stimulated by some unit of activity of another […], then we are referring to interaction."*

Macharzina (1970) erweiterte Definition betont die physische Gegenwart von interagierenden Personen als optional und legt seinen Schwerpunkt auf das Aktions-Reaktions-Muster, welches er als Interaktionszyklus bezeichnet:

> *„Interaktionen sind […] wechselseitige Beziehungen, die durch mittelbare oder unmittelbare persönliche Kontakte zwischen zwei oder mehreren Menschen in deren Aktivitäten wirksam werden und stets zu einer gegenseitigen Beeinflussung der jeweiligen Verhaltensweisen führen."*

Auch Backhaus (1987) und Kern (1987) sehen eine physische Anwesenheit von Interagierenden als nicht unbedingt erforderlich an, da die Interaktion auch über Medien zustande kommen kann.

Piontkowski (1976) erweitert die Definition der Möglichkeit zur Verhaltensbeeinflussung:

> *„Eine soziale Interaktion liegt dann vor, wenn zwei Personen in der Gegenwart des jeweils anderen auf der Grundlage von Verhaltensplänen Verhaltensweisen aussenden und wenn dabei die grundsätzliche Möglichkeit besteht, dass die Aktionen der einen Person auf die der anderen einwirken."*

Dieser Aspekt wurde von Dorsch (1976) im Hinblick auf Einstellungen und Meinungen erweitert:

> *„gegenseitige Beeinflussung von Individuen innerhalb von und zwischen Gruppen und die dadurch entstehenden Änderungen des Verhaltens oder der Einstellungen, Meinungen etc."*

Zusammenfassend kann Interaktion als eine Folge aufeinander bezogener und aneinander orientierter Aktionen gesehen werden, die durch mittelbare oder unmittelbare

Kontakte zustande kommt und zur Beeinflussung von Verhaltensweisen, Einstellungen oder Meinungen führen kann.

Ähnlich wie Interaktion ist auch Kommunikation ein Konstrukt mit zahlreichen Teilaspekten. Im Allgemeinen werden unter Kommunikation alle Prozesse der Informationsübertragung verstanden, die technische, biologische, physische und soziale Vermittlungssysteme einbeziehen (Pürer et al., 2015, S. 2).

Es besteht Uneinigkeit darüber, in welchem Zusammenhang Kommunikation und Interaktion zueinander stehen. Einige Autoren ordnen Kommunikation der Interaktion unter und interpretieren Kommunikation als eine „spezifische Form der sozialen Interaktion" (Graumann, 1972; Burkart, 1998; Kunczik & Zipfel, 2005). Ähnlich wird Kommunikation als Teilmenge der Interaktion verstanden, weil jede Kommunikation eine Interaktion erfordert (Nerdinger, 2001). Gleichzeitig existieren wissenschaftliche Arbeiten, die das Konstrukt der Interaktion als Spezialform der Kommunikation darstellen, und zwar wenn Interaktion als Ziel der menschlichen Kommunikation beschrieben wird (Berlo 1960, zit. in Merten, 1977, S. 169). Eine weitere Sichtweise betont eine gegenseitige Voraussetzung zwischen Kommunikation und Interaktion: Dabei ist die Kommunikation eine Prämisse zwischenmenschlichen Handelns; Interaktion legt wiederum die Form und den Ablauf der kommunikativen Handlungen fest (Reimann, 1968, S. 74).

Bei der ersten Auslegung ist Interaktion ein Oberbegriff. Aus dieser Perspektive ist Interaktion ein Vorgang, bei dem Verhalten bzw. Einstellungen oder Meinungen der agierenden Akteure beeinflusst werden und die Beeinflussung infolge einer Kommunikation stattfindet. Interaktion ist dabei eine Handlung, wogegen Kommunikation die Inhalte und Bedeutung der Handlung transportiert (Delhees, 1994, S. 12).

Diese Interpretation des Begriffes wird für den Kontext der vorliegenden Arbeit übernommen. Interaktion wird als übergreifender Begriff verwendet, wobei die Kommunikationsaspekte in das Verständnis des Begriffes einbezogen sind.

Bei internetbasierten Interaktionen handelt es sich um eine neue Interaktionsform, die durch den Einsatz neuer Informations- und Kommunikationstechnologien möglich geworden ist. Interaktive digitale Medien ermöglichten und vereinfachten die internetbasierte Interaktion, was dazu geführt hat, dass die Bandbreite der möglichen Interaktionsformen zugenommen hat und die Käufer mehr Kontrolle über die Kommunikationsprozesse gewonnen haben (Hoffman & Novak, 2012). In der B2C-Forschung, die durch einen größeren Fortschritt in der Forschung der Interaktionen gekennzeichnet ist, sind folgende grundlegende Interaktionsformen zu unterscheiden, die auf den vorliegenden Forschungskontext übertragen werden können: Käufer-Käufer- und Käufer-Anbieter-Interaktionen als zwischenmenschliche Interaktion und Käufer-Medien-Interaktionen als Interaktion zwischen Person und Dokument sowie zwischen Person und System (McMilla, 2006). Internetbasierte Interaktionen integrieren elektronisch vermittelte Individual-, Gruppen-

und Massenkommunikation bzw. -interaktion, wobei internetbasiert sowohl die zwischen-menschlichen Interaktionen Käufer-Käufer und Käufer-Anbieter als auch die Käufer-Medien-Interaktion zustande kommen können und im Kontext der vorliegenden Arbeit berücksichtigt werden.

2.4.2   Die relevantesten kaufbezogenen internetbasierten Interaktionen

In einer ganzheitlichen Betrachtung und Analyse der digitalen Interaktionen während des Kauf- und Verkaufsprozesses im Softwarekontext wurden Interaktionen ermittelt, die eine hohe Relevanz für den Kaufprozess oder die Kaufentscheidung aufweisen (Selent, 2019, S. 63 ff.). Die Auswahl ist auf die Interaktionen beschränkt, die entweder ausschließ-lich über oder teilweise mithilfe des Internets durchgeführt werden können. Dabei ist zu beachten, dass die identifizierten Interaktionen in verschiedenen Phasen des Kaufprozes-ses durch verschiedene Buyer Personas in Anspruch genommen werden, die den einzelnen Interaktionen eine abweichende Bedeutung zuschreiben.

Abb. 2.10 stellt die relevantesten Interaktionen dar, die seitens des Käufers während der Buyer's Journey wahrgenommen wurden. Auch die Interaktionen „Teilnahme an einer Veranstaltung wie Industriekonferenz oder Messe", „Dialog mit einem Vertriebsmitarbei-ter oder Produktmanager des Anbieters oder Integrationspartners" und „Austausch mit Peers" sind sehr bedeutsam und können im digitalen Format erfolgen.

Im iterativen Prozess wurde die Zuordnung der identifizierten digitalen Interaktionen überprüft und die Sammelpunkte wurden identifiziert (vgl. Abb. 2.11).

Basierend auf den identifizierten Interaktionen, ihrem inhaltlichen Fokus und der Identifizierung ihrer Staubereiche wurden im Abgleich der Zwischenergebnisse der Webauftritt-Analysen des Anbieters und ausgewählter Best Practices in mehreren Iterati-onsschritten neun Digital Interaction Hubs ermittelt:

* DIH „Your Business"
* DIH „Let's Meet"
* DIH „Customers Who Use It"
* DIH „Why to Buy"
* DIH „What to Buy"
* DIH „Learn & Get Started"
* DIH „Explore & Watch"
* DIH „Try & Buy"
* DIH „Ask the Community"

Die überwiegende Mehrheit der Interaktionen lässt sich diesen DIHs zuordnen. Die nicht zugeordneten Interaktionen befinden sich verstreut auf externen Plattformen und können

Interaktion

Interaktion	
Erkunden der Webseite des Anbieters	Interaktionen an arbeitsbezogenen Communitys
Internetrecherche	Aktivitäten in Online-Communitys oder in Bezug auf (Diskussions-) Foren
Inanspruchnahme einer kostenlosen Testversion (Free Trial)	Erkundigen mittels YouTube
Anschauen einer (Online-) Demonstration	Herausfinden der wertbezogenen Kennzahlen wie Gesamtbetriebskosten, Profitabilität, Produktivität, Amortisation mit Hilfe von ROI-Berechnungstools, einem interaktiven Arbeitsblatt oder anderen Tools
Kundenreferenz (Gespräch mit einem Kunden, Lesen von Fallbeispielen, Anschauen von Video Case Studys etc.)	Lesen von Fach- oder Wirtschaftsmedien, Veröffentlichungen von Verbänden (Industriewebseiten), allgemeine Business-Webseiten)
Lesen von User Reviews	Anschauen von Videos wie detaillierten Produktbewertungen, Produktdemonstrationen, Anleitungsvideos, interaktiven Videos, Produktübersichten etc.
Erkunden von Broschüren und Marketingunterlagen (z. B. Technische oder produktbezogene Dokumentation, Portfoliobroschüren)	Austausch mit Peers
Lesen von Whitepapers	Dialog mit einem Vertriebsmitarbeiter oder Produktmanager des Anbieters oder Integrationspartners
Lesen von Branchenreporte, Analystenberichten	Teilnahme an einer (virtuellen) Veranstaltung wie Industriekonferenz
Teilnahme an einem Webinar, das von einem Anbieter gehostet wird	Onlinechat
Anschauen einer Webinar-Aufzeichnung	Mobile App

Abb. 2.10 Kaufbezogene Interaktionen. (Quelle: Eigene Darstellung in Anlehnung an Selent, 2019, S. 75)

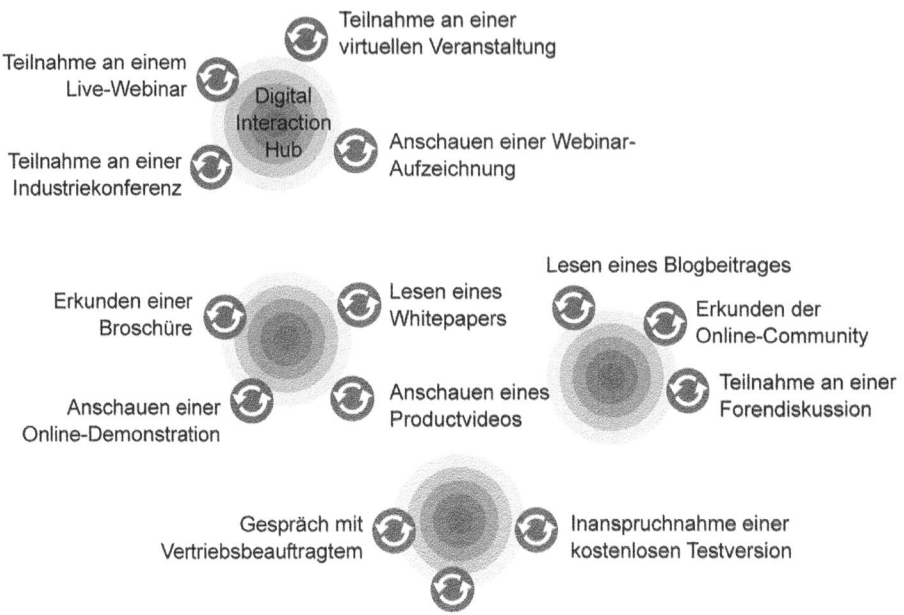

Abb. 2.11 Exemplarische Darstellung der Sammelpunkte der kaufbezogenen digitalen Interaktionen. (Quelle: In Anlehnung an Selent, 2019, S. 75)

in den Marketingmaßnahmen, die den Käufer zu den DIHs führen sollen, berücksichtigt werden (vgl. Abb. 2.12).

Da jeder DIH für mehrere Kaufschritte und mehrere Buyer Personas eine Rolle spielt, lässt sich eine Tendenz in der Nutzung der Digital Interaction Hubs vs. Phasen des Kaufzyklus ableiten (vgl. Abb. 2.13).

2.5 Buyer Persona

2.5.1 Buying-Center-Ansatz und Buyer Persona

Einkäufe im Investitionsgüterbereich basieren auf einem komplexen Meinungsbildungsprozess, da mehrere Akteure des Buying Centers in die Kaufentscheidung involviert sind. Der organisationale Beschaffungsprozess ist ein dynamischer, komplexer und sich ständig ändernder Prozess. Buying-Center-Mitglieder sind selten an allen Kaufaktivitäten beteiligt und haben einen ungleichen Einfluss auf alle phasenspezifischen Teilentscheidungen. Je nach Phase des Entscheidungsprozesses sind unterschiedlich viele Personen aus verschiedenen Stellen des Unternehmens an der Beschaffungsentscheidung beteiligt (Spiegel-Verlag, 1982, S. 11; Ghingold & Wilson, 1998, S. 97).

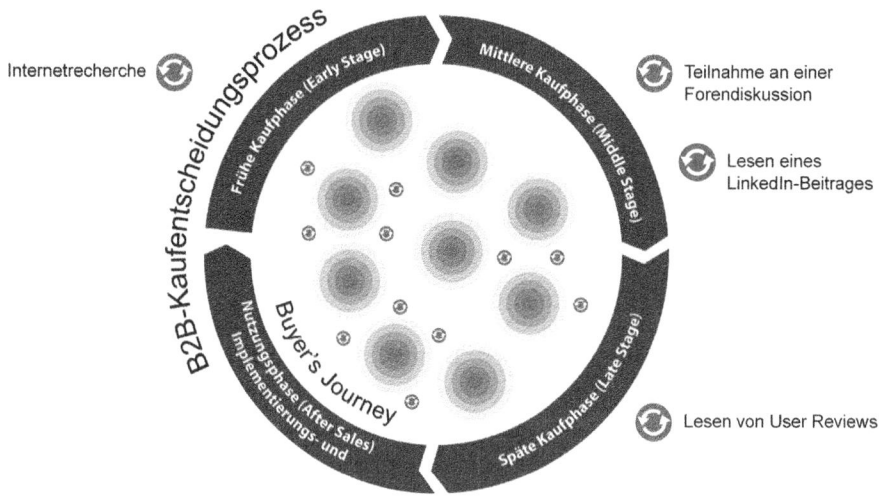

Abb. 2.12 Digital Interaction Hubs in der Buyer's Journey. (Quelle: In Anlehnung an Selent, 2019, S. 77)

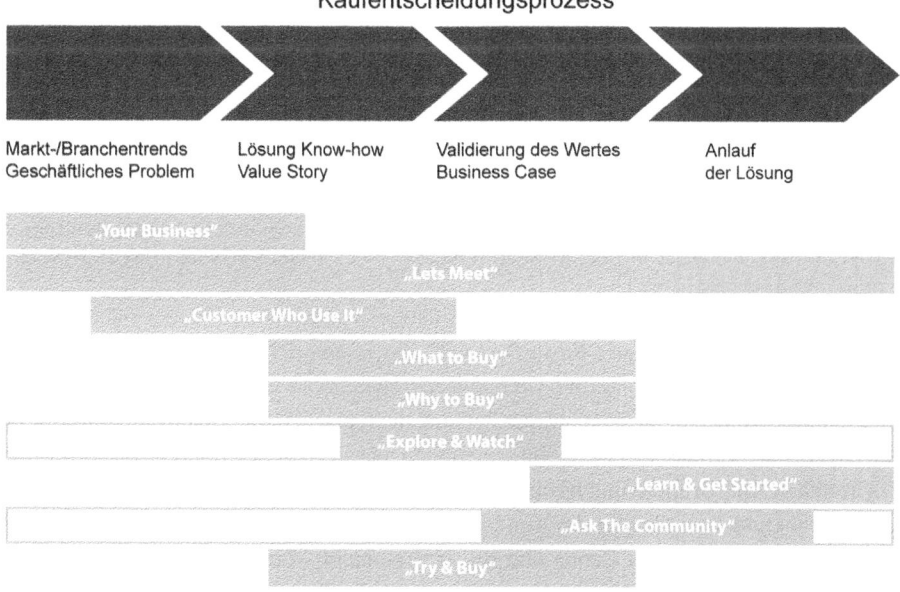

Abb. 2.13 Digital Interaction Hubs in den Phasen des B2B-Kaufzyklus. (Quelle: Eigene Darstellung)

Funktionen und Rollen

Einzelne Buying-Center-Mitglieder weisen meist eine unterschiedliche Wahrnehmung vom Unternehmensbedarf, von Kaufproblemen, Fähigkeiten von Lieferanten und weiteren kaufrelevanten Aspekten auf (Ghingold & Wilson, 1998, S. 96). Diese Unterschiede können sowohl durch Rollen- als auch Funktionszugehörigkeit erklärt sein. Narayandas (2005) weist darauf hin, dass die Interessen der Buying-Center-Mitglieder und somit deren Bedeutung im Kaufprozess durch ihre Funktionszugehörigkeit geprägt sind. Genauso funktionsbezogen ist der Einfluss einzelner Buying-Center-Mitglieder in den verschiedenen Phasen des Kaufprozesses (Backhaus & Voeth, 2014, S. 49). Webster und Wind (1972) schlagen dagegen ein Rollenkonzept vor und identifizieren folgende entscheidungsbeteiligten Teilnehmer bzw. Rollen: Benutzer (User), Einflussnehmer (Influencer), Einkäufer (Buyer), Entscheidungsträger (Decider) und Informationsregulatoren (Gatekeeper). Diese sind ebenso durch unterschiedliche, phasenspezifische Beteiligungen im Beschaffungsprozess sowie Informationsverhalten gekennzeichnet.

Im engen Zusammenhang mit dem Konzept der „Buyer's Journey" etabliert sich in der Praxis das Konzept der „Buyer Persona" (Lemon & Verhoef, 2016, S. 73). Buyer Personas sind verschiedene Käuferpersönlichkeiten, die jeweils unterschiedliche Rollen im kollektiven Vorstoß zu einer Entscheidung spielen (Wizdo, 2015). Im Gegensatz zum Rollenkonzept des Vor-Internet-Zeitalters spielt das Buyer-Persona-Konzept eine große Rolle im digitalen Marketing und Vertrieb.

Es gibt zahlreiche Definitionen des Begriffs „Buyer Persona" in der Praxis. Die folgende aufschlussreiche Definition von Zambito (2013) stellt die wesentlichen Aspekte des Konzeptes zusammen:

> „Buyer personas are research-based archetypal (modeled) representations of who buyers are, what they are trying to accomplish, what goals drive their behavior, how they think, how they buy, and why they make buying decisions. (Today, I now include where they buy as well as when buyers decide to buy)."

Auch Kusinitz (2022) definiert „*Buyer Persona*" als „*a semi-fictional representation of your ideal customer based on market research and real data about your existing customers*".

Somit beschreibt der Terminus Buyer Persona die typischen Merkmale einer Gruppe der realen Kunden. Zugrunde liegen die Informationen, die sich auf den Kaufentscheidungsprozess beziehen. Die Gruppierung basiert auf den Merkmalen, die das Kaufverhalten und die Kaufentscheidung beeinflussen. Im Kontext der vorliegenden Forschungsarbeit stehen ausgewählte Aspekte der Buyer Center und Buyer Persona im Vordergrund, die eine Rolle für das Verständnis der Buyer's Journey spielen und für die Gestaltung der Digital Interaction Hubs von hoher Relevanz sind.

▶ „A buyer persona is a semi-fictional representation of your ideal customer based on market research and real data about your existing customers" (Kusinitz, 2022).

Wesentliche Merkmale von Buyer Personas im B2B-Kaufentscheidungsprozess

○ Funktionen und Rollen

○ Beruflicher Hintergrund

○ Kaufprozessbeteiligung

○ Bedürfnisse und Ziele im Kaufentscheidungsprozess

○ Interaktionsplattformen- und Quellenpräferenzen

○ Content- und Interaktionspräferenzen

Abb. 2.14 Wesentliche Merkmale von Buyer Personas im B2B-Kaufentscheidungsprozess. (Quelle: Eigene Darstellung)

Die relevanten Merkmale für die Beschreibung der Buyer Persona (Wizdo, 2015; Burkholz, 2017, S. 56; Körner, 2021, S. 124) können im Kontext der Digitalen Interaktion Hubs wie folgt zusammengefasst werden (vgl. Abb. 2.14).:

Beruflicher Hintergrund
Dieser Aspekt verweist auf die Funktion und Position im Unternehmen, berufliche Aufgaben, Verantwortlichkeiten und Ziele.

Kaufprozessbeteiligung
Dieser Aspekt zeigt, wie die Buyer Persona in jeder Phase der Entscheidung involviert ist, ihre Rolle und aktive Beteiligung, welche Aktivitäten sie dabei ausführt und welchen Einflussgrad sie auf die Entscheidung hat.

Bedürfnisse und Ziele im Kaufentscheidungsprozess
Das Verständnis der Motivation jeder Rolle ist entscheidend für die Ausrichtung von Messaging, Inhalten und Angeboten auf ihre spezifischen Bedürfnisse. Dieser Aspekt bezieht sich auf die Herausforderungen oder Initiativen, die zu dem Kaufentscheidungsprozess geführt haben sowie auf die spezifischen Bedürfnisse, Ziele und Erwartungen der Buyer Persona im Hinblick auf die Ergebnisse und den Mehrwert nach der Entscheidung. Die für die Buyer Persona relevanten Themen und Entscheidungskriterien beziehen sich auf die Aspekte, die sie im Hinblick auf verschiedene Produkte und Anbieter evaluiert und miteinander vergleicht.

Interaktionsplattformen- und Quellenpräferenzen

Hier geht es um die Präferenzen von Interaktionsplattformen und Quellen, die bei der Informations- und Interaktionssuche von der Buyer Persona genutzt werden, also denen die Buyer Persona am meisten vertraut (Google-Suche, Peer-Empfehlungen, Websites, Messen, User-Community usw.).

Content- und Interaktionspräferenzen

Dieser Aspekt beschreibt die von der Buyer Persona bevorzugten Interaktionen und den Content, also Inhalte und deren Format und beantwortet somit die Frage, in welcher Form die Informationsbedürfnisse der Buyer Persona zu adressieren sind.

2.5.2 Buyer Personas im Kontext der Digital Interaction Hubs

Die Kaufentscheidungen in der Unternehmenspraxis werden in Gruppen (Buying Center, Einkaufsgremium) getroffen und von den Kaufbeteiligten beeinflusst. Es engagieren sich unterschiedlich viele Personen mit unterschiedlichen Rollen und Aufgaben in den einzelnen Phasen des Entscheidungsprozesses: Eine Führungskraft könnte zwar einen Kaufprozess in Gang setzen, die Erkundung der Optionen aber an andere delegieren; ein Endnutzer kann in den Evaluierungsschritt eingebunden werden, kann aber auch erst in der Umsetzungsphase tätig werden (Wizdo, 2015; Foscht et al., 2017). Die Identifizierung und das Verständnis der Kaufbeteiligten im Kontext der digitalen Anbieter-Käufer-Interaktion gewinnen daher immer mehr an Bedeutung. Das Konzept der Buyer Persona greift dieses Problem auf und weist eine wachsende Verbreitung in der Praxis auf.

Die Identifizierung der Schlüsselpersonen als Buyer Persona im Kauf der Industriesoftware und das Verständnis ihrer Informationsbedürfnisse und ihres Informationsverhaltens sind ein wichtiges Ziel im Kontext des vorliegenden Buchs.

Die im Kaufentscheidungsprozess der Industriesoftware beteiligten Akteure können aus Fachbereichen, IT-Abteilungen und dem Einkauf kommen und nehmen verschiedene Rollen und Aufgaben während des Kaufprozesses ein. Die identifizierten Schlüsselrollen im Kontext der digitalen Interaktionen sind Business-Entscheider, Fachentscheider, IT-Entscheider, Endnutzer und Externer Berater (Selent, 2019) (vgl. Abb. 2.15).

Die Anzahl der Buyer Personas und die Rollenaufteilung im Kaufentscheidungsprozess können variieren. Abhängig von Faktoren wie Investitionsgröße, Unternehmensgröße, Formalisierung der Entscheidungsprozesse, Käuferstatus etc. können an einem Kaufprozess zwischen einer und neun Personen teilnehmen. Gleichzeitig kann eine Person mehrere Rollen übernehmen. In einem kleineren Unternehmen kann eine Person z. B. die Fachentscheider- und Business-Entscheider-Rolle übernehmen oder in einem projektbezogenen Geschäft in einer Fachentscheider- und einer Endnutzer/Administrator-Rolle

| | | | | |
| Business-
Entscheider | Fachentscheider | IT-Entscheider | Endnutzer | Externer Berater |

Abb. 2.15 Buyer Personas im Industriesoftwarebusiness. (Quelle: Eigene Darstellung)

auftreten. In großen Unternehmen können mehrere Personen die gleiche Buyer-Persona-Rolle vertreten, z. B. können der Chief Technology Officer (CTO) und der Chief Information Officer (CIO) die Rolle des IT-Entscheiders teilen.

Während des Kaufentscheidungsprozesses sind die Buyer Personas zu unterschiedlichen Graden an den einzelnen Kaufentscheidungsphasen beteiligt (vgl. Abb. 2.16). Der Anfang des Kaufprozesses ist überwiegend durch eine aktive Teilnahme der Business-Entscheider und teilweise der Fachentscheider gekennzeichnet. Falls ein externer Berater im Prozess einbezogen ist, ist seine aktive Teilnahme auch in dieser Phase des Kaufprozesses zu erkennen. An der mittleren Kaufphase (Middle Stage) nehmen vor allem Fachentscheider, IT-Entscheider sowie Business-Entscheider teil. Das Ende der mittleren Kaufphase (Middle Stage) und die späte Kaufphase (Late Stage), die Phase der Bewertung und Kauffinalisierung, werden auch von diesen Buyer Personas am meisten beeinflusst. Außerdem nehmen Endnutzer/Administratoren die Evaluierung des Produktes in dieser Phase vor. In der Phase nach dem Kauf, der Implementierungs- und Nutzungsphase (After Sales), überwiegt die Teilnahme der IT-Entscheider und Endnutzer/Administratoren. (Detaillierte Informationen zu Buyer Personas sind in Kap. 3 zu finden.)

Basierend auf den Ausarbeitungen zu Buyer Personas, wie z. B. Aktivitäten in einzelnen Kaufentscheidungsphasen, Content- und Interaktionspräferenzen sowie Bezug des Contents und der Interaktionen zu den Digital Interaction Hubs, kann die Einordnung der Buyer Personas und Digital Interaction Hubs im Kaufentscheidungsprozess wie in Abb. 2.17 strukturiert werden:

Alle oder mehrere Buyer Personas nutzen wiederholt die identifizierten neun Digital Interaction Hubs in ihrer Buyer's Journey, um ihren Informationsbedarf während des Kaufprozesses zu decken (vgl. Abb. 2.18).

Abb. 2.16 Beteiligung der Buyer Personas im Kaufzyklus. (Quelle: In Anlehnung an Selent, 2019, S. 80)

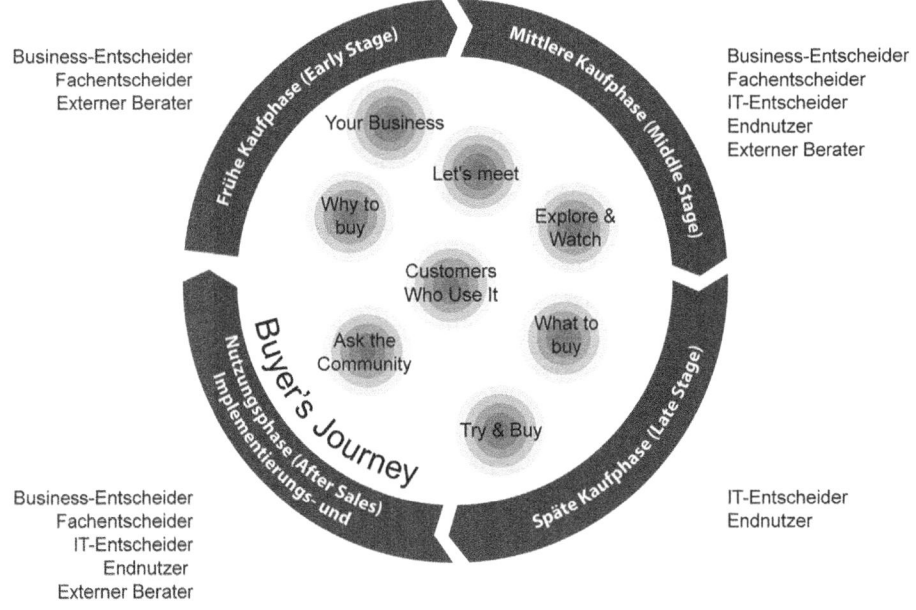

Abb. 2.17 Einordnung der Buyer Personas und Digital Interaction Hubs im Kaufzyklus. (Quelle: In Anlehnung an Selent, 2019, S. 80)

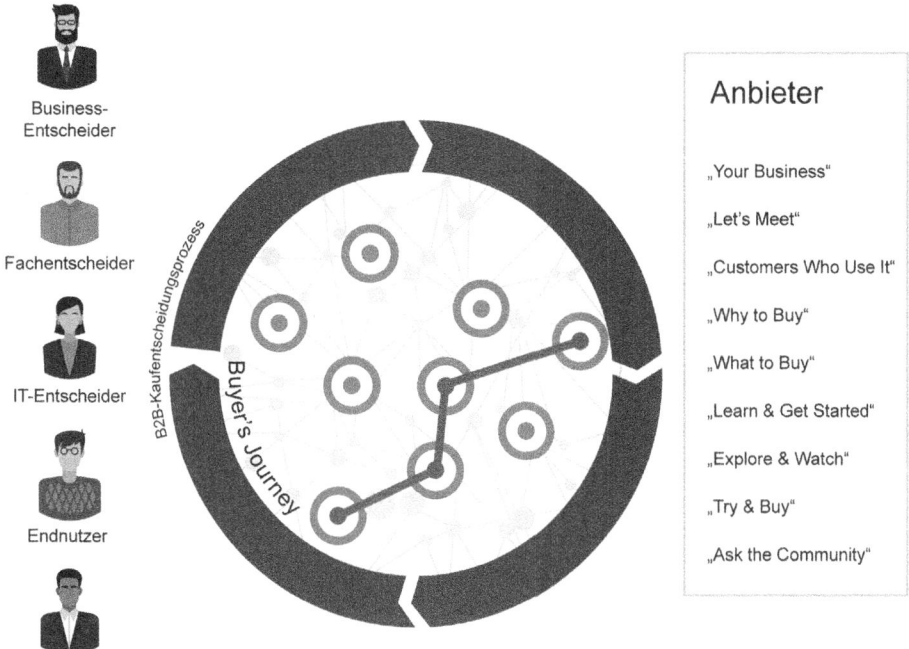

Abb. 2.18 Buyer Personas und Digital Interaction Hubs im Kaufentscheidungsprozess. (Quelle: In Anlehnung an Selent, 2019, S. 80)

Literatur

Adamson, B. (2022). *Traditional B2B sales and marketing are becoming obsolete.* Harvard Business Review. https://hbr.org/2022/02/traditional-b2b-sales-and-marketing-are-becoming-obsolete. Zugegriffen: 5. Nov. 2022

Aichner, T., & Gruber, B. (2017). Managing customer touchpoints and customer satisfaction in B2B mass customization: A case study. *International Journal of Industrial Engineering and Management, 8,* 131–140.

Ameen, N., Sameer Hosany, S., & Tarhini, A. (2021). Consumer interaction with cutting-edge technologies: Implications for future research. *Computers in Human Behavior, 120.* https://doi.org/10.1016/j.chb.2021.106761.

Aunkofer, R. (2018). Connecting the world and reinventing customer centricity. *GfK Marketing Intelligence Review, 10*(2), 54–59.

Backhaus, K. (1987). *Major systems marketing in Europe,* Nr. 8. Arbeitspapiere des Betriebswirtschaftlichen Instituts für Anlagen und Systemtechnologien.

Backhaus, K., & Voeth, M. (2014). *Industriegütermarketing* (10. Aufl.). Verlag Franz Vahlen.

Barnes, H., & Adams, C. (2013). Tech go-to-market: The B2B customer buying cycle for technology products and services. *Gartner Research Report, G00253081*(June), 2–9.

Berthon, P. R., Pitt, L., & Campbell, C. (2008). When customers create the ad. *California Management Review, 50*(4), 6–31. https://doi.org/10.2307/41166454.

Bhuta, J., & Boehm, B. (2005). A method for compatible COTS component selection. In X. Franch & D. Port (Hrsg.), *COTS-based software systems (lecture notes in computer science* (Bd. 3412, S. 132–143). Springer-Verlag.

Block, M. P., & Schultz, D. E. (2009). *Media generations: Media allocation in a consumer-controlled marketplace.* Prosper Publishing.

Boomtown. (2018). *Chatbot statistics: The 2018 state of chatbots.* Boomtown. https://www.goboom town.com/blog/chatbot-statistics-study. Zugegriffen: 29. Aug. 2022.

Brereton, P. (2004). The software customer supplier relationship. *Communications of the ACM, 47*(2), 77–81. https://doi.org/10.1145/966389.966394.

Brinker, S. (2020). Marketing technology landscape supergraphic (2020): Martech 5000 — really 8,000, but who's counting? https://chiefmartec.com/2020/04/marketing-technology-landscape-2020-martech-5000/. Zugegriffen: 5. Nov. 2022.

Burkart, R. (1998). *Kommunikationswissenschaft. Grundlagen und Problemfelder. Umrisse einer interdisziplinären Sozialwissenschaft* (3. Aufl.). Böhlau.

Burkholz, R. (2017). Entwicklung einer Buyer Persona. In U. Hannig (Hrsg.), *Marketing und Sales Automation. Grundlagen – Tools – Umsetzung. Alles, was Sie wissen müssen* (S. 49–58). Springer Gabler.

Chau, P. (1995). Factors used in the selection of packaged software in small businesses: Views of owners and managers. *Information & Management, 29*(2), 71–78, ISSN 0378–7206. https://doi.org/10.1016/0378-7206(95)00016-P.

Clark, D. (2013). *Using social media to map the consumer journey to the customer experience.* MyCustomer. https://www.mycustomer.com/experience/engagement/using-social-media-to-map-the-consumer-journey-to-the-customer-experience. Zugegriffen: 5. Nov. 2018.

Colombo, E., & Francalanci, C. (2004). Selecting CRM packages based on architectural, functional, and cost requirements: Empirical validation of a hierarchical ranking model. *Requirements Engineering, 9*(3), 186–203. https://doi.org/10.1007/s00766-003-0184-y.

Deep, A., Guttridge, P., Dani, S., & Burns, N. D. (2008). Investigating factors affecting ERP selection in made-to-order SME sector. *Journal of Manufacturing Technology Management, 19,* 430–446. https://doi.org/10.1108/17410380810869905.

Delhees, K. H. (1994). *Soziale Kommunikation. Psychologische Grundlagen für das Miteinander in der modernen Gesellschaft.* VS Verlag.

Dorsch, F. (1976). *Psychologisches Wörterbuch.* Verlag Hans Huber.

Dwyer, F. R., & Tanner, J. F. (2008). *Business marketing. Connecting strategy, relationships, and learning* (4. Aufl.). McGraw-Hill.

Flavián, C., Ibáñez-Sánchez, S., & Orús, C. (2019). The impact of virtual, augmented and mixed reality technologies on the customer experience. *Journal of Business Research, 100*(C), 547–560. https://doi.org/10.1016/j.jbusres.2018.10.050.

Forrester Research. (2013). *Competitive strategy in the age of the customer.* Forrester Research. https://www.forrester.com/report/Competitive+Strategy+In+The+Age+Of+The+Customer/-/E-RES59159 Zugegriffen: 26. Dez. 2018.

Foscht, T., Swoboda, B., & Schramm-Klein, H. (2017). *Käuferverhalten. Grundlagen – Perspektiven – Anwendungen* (6. Aufl). Springer Gabler.

Gartner. (2020). *Wie Kunden weltweit Software kaufen – Analyse und Vergleich.* Gartner. https://www.gartner.com/ngw/globalassets/en/digital-markets/documents/global-buyer-journey-e-book.pdf?utm_source=linkedin&utm_medium=cpc&utm_campaign=germany_strategic_global-software-buyer-journey-ebook. Zugegriffen: 18. Nov. 2022.

Ghingold, M., & Wilson, D. T. (1998). Buying center research and business marketing practice: Meeting the challenge of dynamic marketing. *Journal of Business and Industrial Marketing, 13*(2), 96–108. https://doi.org/10.1108/08858629810213315.

Goldsmith, R. F. (1994). Confidently outsourcing software development. *Journal of Systems Management, 45*(4), 12–17.

Graumann, C. F. (1972). Interaktion und Kommunikation. In C.F. Graumann (Hrsg.), *Handbuch der Psychologie: Sozialpsychologie* (Bd. 7 S. 1109–1262). Verlag für Psychologie.

Grewal, D., Hulland, J. H., Kopalle, P. K., & Karahanna, E. (2020). The future of technology and marketing: A multidisciplinary perspective. *Journal of the Academy of Marketing Science, 48*, 1–8. https://doi.org/10.1007/s11747-019-00711-4.

Harnisch, S. (2015). *Einkauf und Einsatz von Unternehmenssoftware. Empirische Untersuchungen zum anwenderseitigen Software-Lebenszyklus.* Springer Gabler.

Heuer, M. (2018). *Do we have it all wrong when it comes to B2B technology buying?* Forrester. https://www.forrester.com/blogs/b2b-tech-buying/. Zugegriffen: 29. Aug. 2022.

Hoar, A. (2015). *Death of a (B2B) salesman.* Forrester Research. https://go.forrester.com/blogs/15-04-14-death_of_a_b2b_salesman/. Zugegriffen: 20. Aug. 2019.

Hoffman, D. L., & Novak, T. (2012). Why do people use social media? Empirical findings and a new theoretical framework for social media goal pursuit. *SSRN Electronic Journal.* https://doi.org/10.2139/ssrn.1989586.

Homans, G. C. (1950). *The human group.* Harcourt, Brace.

Hoyer, W., Kroschkeb, M., Schnittc, B., Kraumed, K., & Shankar, V. (2020). Transforming the customer experience through new technologies. *Journal of Interactive Marketing, 8*(51), 57–71. https://doi.org/10.1016/j.intmar.2020.04.001.

IDC. (2010). *IDC 2010 software taxonomy.* International Data Corporation. https://www.idc.com/2010st/overviewmd.html. Zugegriffen: 12. Okt. 2018.

Illa, X. B., Franch, X., & Pastor, J. A. (2000). *Formalising ERP selection criteria, Tenth International Workshop on Software Specification and Design.* IWSSD-10 2000, San Diego, CA, USA, 2000, pp. 115–122. https://doi.org/10.1109/IWSSD.2000.891132..

Jadhav, A. S., & Sonar, R. M. (2009). Evaluating and selecting software packages: A review. *Information and Software Technology, 51*(3), 555–563. https://doi.org/10.1016/j.infsof.2008.09.003.

Jüngst, J. (2016). *Reifegradmodell zur digitalen Kundeninteraktion im Internet.* Fraunhofer.

Kern, E. (1987). *Der Interaktionsansatz im Investitionsgüter-Marketing.* Arbeitspapier, Westfälische Wilhelms-Universität Münster. www.marketingcenter.de/ias/forschung/AB9.pdf. Zugegriffen: 15. Dez. 2016.

Kopec, M. (2015). *SiriusDecisions unveils results from new study on B-to-B Buying.* BusinessWire. https://www.businesswire.com/news/home/20150514005804/en/SiriusDecisions-Unveils-Results-New-Study-B-to-B-Buying. Zugegriffen: 28. Nov. 2017.

Körner, A. (2021). Roadmap zur marketing automation. In U. Hannig (Hrsg.), *Marketing und Sales Automation.* Springer Gabler. https://doi.org/10.1007/978-3-658-21688-7_5.

Kunczik, M., & Zipfel, A. (2005). *Publizistik: Ein Studienhandbuch* (2. Aufl.). Köln.

Kusinitz, S. (2022). *The definition of a buyer persona [in Under 100 Words].* Hubspot. http://blog.hubspot.com/marketing/buyer-persona-definition-under-100-sr]. Zugegriffen: 5. Nov. 2022.

Le Blanc, L. A., & Korn, W. M. (1994). A structured approach to the evaluation and selection of CASE tools. *Information and Software Technology, 36*(5), 1064–1106. https://doi.org/10.1145/130069.130131.

Leftronic (2022). *41+ must-know chatbot statistics in 2022.* Leftronic. https://leftronic.com/blog/chatbot-statistics/. Zugegriffen: 29. Aug. 2022.

Lemon, K. N., & Verhoef, P. C. (2016). Understanding customer experience throughout the customer journey. *Journal of Marketing, 80*(6), 69–96. https://doi.org/10.1509/jm.15.0420.

Libai, B., Bart, Y., Gensler, S., Hofacker, C., Kaplan, A., Kötterheinrich, K., & Eike, B. (2020). Brand new world? On AI and the management of customer relationships. *Journal of Interactive Marketing, 51,* 44–56. https://doi.org/10.1016/j.intmar.2020.04.002.

Macharzina, K. (1970). *Interaktion und Organisation – Versuch einer Modellanalyse,* Dissertation an der Ludwig-Maximilians-Universität München, München 1970.

Mantrala, M. K., & Albers, S. (2012). The impact of the internet on B2B sales force size and structure. In G. L. Lilien & R. Grewal (Hrsg.), *Handbook on business-to-business marketing* (S. 539–559). Elgar.

McMillan, S. J. (2006). Exploring models of interactivity from multiple research traditions: Users, documents and systems. In L. A. Lievrouw (Hrsg.), *Handbook of new media. Social shaping and social consequences of ICTs* (S. 205–229). Sage Publications.

McQueen, R. & Teh, R. (2000). Insight into the acquisition process for enterprise resource planning software derived from four case Sstudies. PACIS 2000 Proceedings. https://aisel.aisnet.org/pacis2000/49. Zugegriffen: 18. Sept. 2018.

Merten, K. (1977). *Kommunikation: Eine Begriffs- und Prozeßanalyse.* Westdeutscher Verlag.

Muther, A. (2001). *Electronic Customer Care. Die Anbieter-Kunden-Beziehung im Informationszeitalter* (3. Aufl.). Springer.

Molenaar, C. (2010). *Shopping 3.0. Shopping, the internet or both?* Gower Publishing.

Möller, S. (2004). *Interaktion bei der Erstellung von Dienstleistungen.* Deutscher Universitätsverlag.

Narayandas, D. (2005). Building loyalty in business markets. *Harvard Business Review, 83*(9), 131–139.

Nerdinger, F. W. (2001). *Psychologie des persönlichen Verkaufs.* Oldenbourg.

Oh, K. S., Lee, N. Y., & Rhew, S. Y. (2003). A selection process of COTS components based on the quality of software in a special attention to internet. In C.-W. Chung, C. Kim, W. Kim, T. Ling, & K. Song (Hrsg.), *Web and technologies and internet-related social issues — HIS 2003 (Lecture notes in computer science* (Bd. 2713, S. 626–631). Springer.

Palanisamy, R., Verville, J., Bernadas, C., & Taskin, N. (2010). An empirical study on the influences on the acquisition of enterprise software decisions: A practi-tioner's perspective. *Journal of Enterprise Information Management, 23*(5), 610–639. https://doi.org/10.1108/17410391011083065.

Panetta, K. (2021). *5 trends drive the gartner hype cycle for emerging technologies 2020.* Gartner. https://www.gartner.com/smarterwithgartner/5trends-drive-the-gartner-hype-cycle-for-emerging-technologies-2020. Zugegriffen: 29. Aug. 2022.

Patel, N., & Hlupic, V. (2002). A methodology for the selection of knowledge manage-ment (KM) tools. Proceedings of the 24th International Conference on IT, Cavtat, Croatia.

Pierpont, K. (2018). *The cure for categoritis: The siriusDecisions tech stack on a page debuts at techX!.* Forrester. https://www.forrester.com/blogs/siriusdecisions-tech-stack-on-a-page-debuts-at-techx/. Zugegriffen: 29. Aug. 2022.

Piontkowski, U. (1976). *Psychologie der Interaktion, Grundfragen der Interaktion.* Juventa.

Poon, P.-L., & Yu, Y. T. (2010). Investigating ERP systems procurement practice: Hong Kong and Australian experiences. *Information and Software Technology, 52*(10), 1011–1022.

Porter, M. E. (2001). Strategy and the internet. *Harvard Business Review, 79*(3), 62–78.

Pürer, H., Eichhorn, W., & Springer, N. (2015). *Grundbegriffe der Kommunikationswissenschaft* (1. Aufl). UTB.

Rawson, A., Duncan, E., & Jones, C. (2013). The truth about customer experience. *Harvard Business Review, 91*(9), 90–98. https://hbr.org/2013/09/the-truth-about-customer-experience. Zugegriffen: 5. Nov. 2022.

Reimann, H. (1968). *Kommunikations-Systeme. Umrisse einer Soziologie der Vermittlungs- und Mitteilungsprozesse.* Mohr.

Rusthollkarhu, S., Toukola, S., Aarikka-Stenroos, L., & Mahlamäki, T. (2022). Managing B2B customer journeys in digital era: Four management activities with artificial intelligence-empowered tools. *Industrial Marketing Management, 104,* 241–257. https://doi.org/10.1016/j.ind marman.2022.04.014.

Sashi, C. M. (2012). Customer engagement, buyer-seller relationships and social media. *Management Decision, 50*(2), 253–272. https://doi.org/10.1108/00251741211203551.

Sasserath, J. D. (1990). Buying packaged software? – Caveat Emptor! *Industrial Management & Data Systems, 90*(2), 11–13. https://doi.org/10.1108/02635579010140016.

Sawhney, M., & Kotler, P. (2001). Marketing in the age of information democracy. In D. Iacobucci (Hrsg.), *Kellogg on marketing* (S. 386–408). Wiley & Sons.

Schrödl, H. (2012). Purchasing cloud-based product-service bundles in value networks – The role of manageable workload. ECIS 2012 Proceedings. 204. https://aisel.aisnet.org/ecis2012/204.

Schultz, D. E. (2012). B2B marketing communication in a transformational marketplace. In G. L. Lilien & R. Grewal (Hrsg.), *Handbook on business-to-business marketing* (S. 165–181). Edward Elgar.

Selent, A. (2019). *Digitalisierung von Kundeninteraktionen – „Digital Interaction Hubs" im Vertrieb von Industriesoftware.* Dissertation. Universität St.Gallen.

Sheth, J. N. (Hrsg.). (2012). *Legends in marketing. Philip Kotler (Legends in marketing).* Sage.

SiriusDecisions. (2015a). *Observable Outcomes: The buyer-focused sales process. Research Brief.* SiriusDecisions. www.siriusdecisions.com/Research-Articles/O/ObservableOutcomesThe BuyerFocusedSalesProcess. Zugegriffen: 15. Aug. 2016.

SiriusDecisions (2015b). *The siriusDecisions B-to-B buying decision process framework. Research Brief.* SiriusDecisions. https://www.siriusdecisions.com/Research-Articles/T/TheSiriusDec isionsBtoBBuyingDecisionProcessFramework. Zugegriffen: 10. Dez. 2016.

Spiegel-Verlag. (1982). *Der Entscheidungsprozeß bei Investitionsgütern: Beschaffung, Entscheidungskompetenzen, Informationsverhalten.* Spiegel-Verlag.

Stefanou, C. J. (2001). A framework for the ex-ante evaluation of ERP software. *European Journal of Information Systems, 10*(4), 204–215.

Steward, M. D., Narus, J. A., Roehm, M. L., & Ritz, W. (2019). From transactions to journeys and beyond: The evolution of B2B buying process modeling. *Industrial Marketing Management, 83,* 288–300.

Syam, N., & Sharma, A. (2018). Waiting for a sales renaissance in the fourth industrial revolution: Machine learning and artificial intelligence in sales research and practice. *Industrial Marketing Management, 69,* 135–146.

Toman, N., Adamson, B., & Gomez, C. (2017). The new sales imperative. *Harvard Business Review, 95*(2), 118–125.

Vinogradov, P. (2022). *Revenue leaders: Adapt your models to the „Age of the Customer"* The Alexander Group. https://www.alexandergroup.com/insights/revenue-leaders-adapt-your-models-to-the-age-of-the-customer/Zugegriffen: 29. August 2022.

Whiting, R. (2020). *Jellyfish and the future of B2B buying.* Forrester. https://www.forrester.com/blogs/future-of-b2b-buying/. Zugegriffen: 5. Nov. 2022.

Wanga, W.-L., Malthouse, E. C., Calder, B., & Uzunoglu, E. (2017). B2B content marketing for professional services: In-person versus digital contacts. *Industrial Marketing Management.* https://doi.org/10.1016/j.indmarman.2017.11.006.

Webster, F. E., & Wind, Y. (1972). General model for understanding organizational buying behavior. *Journal of Marketing, 36*(2), 12–19. https://doi.org/10.2307/1250972

Wizdo, L. (2015). *B2B buyer journey mapping basics.* Forrester Research. https://go.forrester.com/blogs/15-05-25-b2b_buyer_journey_mapping_basics/. Zugegriffen: 16. Dez. 2017.

Zambito, T. (2013). *What is a buyer persona? Why the original definition still matters to B2B.* Blog-Beitrag. http://tonyzambito.com/buyer-persona-original-definition-ma. Zugegriffen: 12. Jan. 2019.

Buyer Persona in der Unternehmenspraxis

Zusammenfassung

Dieses Kapitel befasst sich mit relevanten Buyer Personas. Die Kaufentscheidungen im B2B-Kaufprozess werden von Personen in Gruppen getroffen, die aus verschiedenen Abteilungen kommen und verschiedene Rollen und Aufgaben während des Kaufprozesses einnehmen. Im Laufe des Kaufentscheidungsprozesses befinden sich alle auf ihrer eigenen Buyer's Journey und verfolgen je nach Rolle unterschiedliche Ziele. Buyer Personas stellen dar, wer die Käufer sind, was sie erreichen wollen, welche Ziele ihr Verhalten bestimmen, wie und wo sie kaufen und wie sie Kaufentscheidungen treffen bzw. zur Entscheidungsfindung beitragen. Im untersuchten Kontext der Industriesoftware sind folgende Buyer Personas in Schlüsselrollen: (1) Business-Entscheider (2) Fachentscheider (3) IT-Entscheider (4) Endnutzer (5) Externer Berater. Diese fünf Buyer Personas werden in dem Kapitel anhand folgender Merkmale im Detail dargestellt: Beruflicher Hintergrund, Kaufprozessbeteiligung, Bedürfnisse und Ziele im Kaufentscheidungsprozess, Interaktionsplattformen- und Quellenpräferenzen, Content- und Interaktionspräferenzen. Jede Buyer Persona erfordert eine bestimmte Kombination aus digitalen Inhalten, Marketing- und Vertriebstools, um eine reibungslose Buyer's Journey zu erleben und zu einer informierten Kaufentscheidung beizutragen. Das Verständnis der relevanten Buyer Personas ist grundlegend für die Gestaltung der digitalen Interaktionen und der Digital Interaction Hubs.

A. Selent, *Digital Interaction Hubs für B2B-Kundeninteraktionen*,
https://doi.org/10.1007/978-3-658-42366-7_3

Vermerk:

Die vorliegende Arbeit basiert auf den Erkenntnissen und Forschungsergebnissen der Dissertation der Autorin mit dem Titel „Digitalisierung von Kundeninteraktionen – ‚Digital Interaction Hubs' im Vertrieb von Industriesoftware". Um die Lesbarkeit zu verbessern und den Fokus auf die Haupterkenntnisse und -ergebnisse zu lenken, wurden Zitierkürzel und spezifische Angaben zu den anonymisierten Interviewpartnern, der Desk-Recherche sowie den analysierten Webseiten weggelassen, mit Ausnahme von direkten Zitaten.

3.1 Buying Center und Buyer Persona in der Unternehmenspraxis

Die Kaufentscheidungen im B2B-Kaufprozess werden in Gruppen – Buying Center – getroffen. Die beteiligten Akteure, Buying-Center-Mitglieder, können aus Fachbereichen, IT-Abteilungen und dem Einkauf sowie der Geschäftsleitung kommen und nehmen verschiedene Rollen und Aufgaben während des Kaufprozesses ein. Im Laufe des Kaufentscheidungsprozesses befinden sich alle auf ihrer eigenen Buyer's Journey und verfolgen je nach Rolle unterschiedliche Ziele (Selent, 2019). Die Kaufbeteiligten beeinflussen den Kaufprozess in unterschiedlicher Weise. Dabei sind sie nicht gleichmäßig in den einzelnen Phasen des Kaufprozesses beteiligt. Zum Beispiel kann ein CEO oder ein Bereichsleiter einen Kaufprozess in Gang setzen, delegiert aber die Recherche und Erkundung der Optionen an einen anderen. Ein Anwender wird in dem Evaluierungsschritt eingebunden, richtig aktiv wird er aber erst in der Umsetzungsphase (Wizdo, 2015a; Foscht et al., 2017). Jedes Käuferprofil – Buyer Persona – erfordert daher eine bestimmte Kombination aus digitalen Inhalten, Marketing- und Vertriebstools, um eine reibungslose Buyer's Journey zu erleben und eine informierte Kaufentscheidung zu treffen.

Viele B2B-Anbieter haben Buyer Personas für Schlüsselpersonen oder Rollen im Kaufprozess entwickelt (LaFond et al., 2022). Bei der Umsetzung in der Praxis segmentieren jedoch die meisten Unternehmen weiterhin auf der Basis grundlegender firmenbezogener Fakten, wie Branchenzugehörigkeit oder Umsatzvolumen (LaFond et al., 2022). Auf der Anbieterseite bedarf es an einer praxistauglichen Übertragung der Erkenntnisse zur Buyer Persona in die CRM-Systeme sowie Segmentierung, Nachfragegenerierung und Aktivitäten des Accountausbaus.

> ▶ Die Gestaltung der Hubs, der Interaktionen und des Contents beginnt bei der Buyer Persona: mit dem Verständnis ihrer Ziele im Kaufprozess, ihrer Fragen, ihres Informationsbedarfes sowie den präferierten Interaktionen in ihrer Buyer's Journey.

Buying-Center-Mitglieder stehen oft im Fokus der Wissenschaft und unternehmerischen Praxis. Die meisten wissenschaftlichen Ansätze, die sich damit befassen, wurden entwickelt, als es noch kein Internet gab bzw. als das Internet noch nicht als eine Informations- und Interaktionsquelle verbreitet war. Eines der bekanntesten ist das Rollenkonzept von Webster und Wind (1972). Demzufolge sind die Rollen der Benutzer (User), Einflussnehmer (Influencer), Einkäufer (Buyer), Entscheidungsträger (Decider) und Informationsregulatoren (Gatekeeper) an der Kaufentscheidung beteiligt.

Mit der Verbreitung des Internets, der mobilen Technologien und den sozialen Medien veränderten sich die Formate der Informationssuche und Interaktionsweise von Einzelpersonen und Unternehmen (Dennis et al., 2009; Greenberg, 2010; Kietzmann et al., 2011; Müller et al., 2018). Die Anzahl der Informationsquellen und Touchpoints ist exponentiell gestiegen (Schultz, 2012, S. 173; Forrester, 2021; Forrester, 2019). In der Praxis etablieren sich die Konzepte der „Buyer's Journey" (siehe Abschn. 2.2) und „Buyer Persona" (Lemon & Verhoef, 2016, S. 73). Im Gegensatz zum bekannten Rollenkonzept des Vor-Internet-Zeitalters spielt das Buyer-Persona-Konzept eine große Rolle im digitalen Marketing und Vertrieb.

„Buyer Persona" beschreibt die typischen Merkmale einer Gruppe der realen Kunden, die als Schlüsselpersonen im B2B-Kaufentscheidungsprozess agieren. Zugrunde liegen die Informationen, die sich auf den Kaufentscheidungsprozess beziehen. Die Gruppierung basiert auf den Merkmalen, die das Kaufverhalten und die Kaufentscheidung beeinflussen.

▶Buyer Persona ist der Archetyp der realen Kunden, die als Schlüsselpersonen im B2B-Kaufentscheidungsprozess agieren. Sie stellen dar, wer die Käufer sind, was sie erreichen wollen, welche Ziele ihr Verhalten bestimmen, wie und wo sie kaufen und wie sie Kaufentscheidungen treffen.

Die Identifizierung der Buyer Personas und das Verständnis ihrer Informationsbedürfnisse und ihres Informationsverhaltens sind wesentliche Voraussetzungen für eine erfolgreiche Gestaltung der Kundeninteraktionen und Digital Interaction Hubs.

Folgende Buyer Personas spielen Schlüsselrollen im B2B-Kaufentscheidungsprozess der Industriesoftware (Selent, 2019) und befinden sich jeweils auf ihrer eigenen digitalen Buyer's Journey (vgl. Abb. 3.1).

- Business-Entscheider
- Fachentscheider
- IT-Entscheider
- Endnutzer
- Externer Berater

Die Anzahl der Buyer Personas und die Rollenaufteilung im Kaufentscheidungsprozess können variieren. Abhängig von Faktoren wie Investitionsgröße, Unternehmensgröße, Formalisierung der Entscheidungsprozesse, Käuferstatus etc. können an einem Kaufprozess zwischen einer und neun Personen teilnehmen. Gleichzeitig kann eine Person mehrere Rollen übernehmen. In einem kleineren Unternehmen kann eine Person z. B.

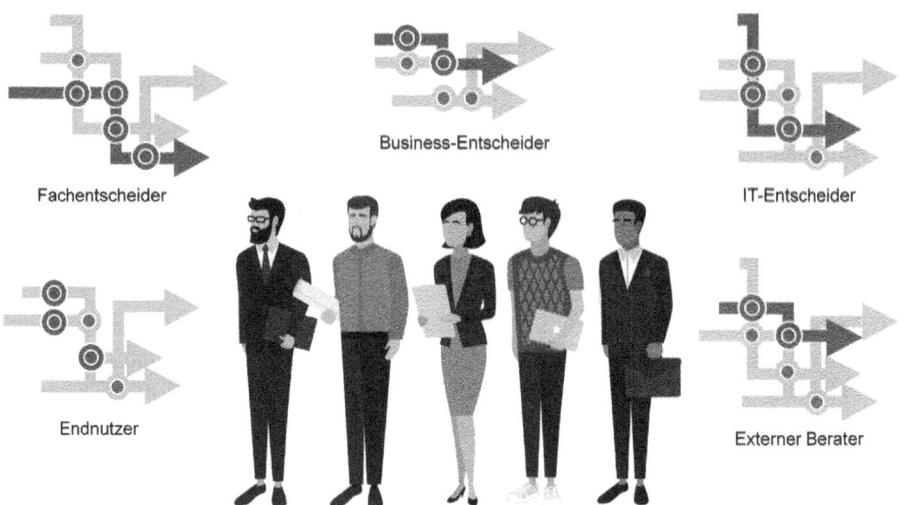

Fachentscheider

Business-Entscheider

IT-Entscheider

Endnutzer

Externer Berater

Abb. 3.1 Buyer Personas und Buyer's Journey im B2B-Kaufentscheidungsprozess der Industriesoftware. (Quelle: Eigene Darstellung)

die Fachentscheider- und Business-Entscheider-Rolle übernehmen oder in einem projektbezogenen Geschäft in einer Fachentscheider- und einer Endnutzer/Administrator-Rolle auftreten. In großen Unternehmen können mehrere Personen die gleiche Buyer-Persona-Rolle vertreten, z. B. können der Chief Technology Officer (CTO) und der Chief Information Officer (CIO) die Rolle des IT-Entscheiders teilen.

Unterschiedliche Marktsegmente und Kaufszenarien unterscheiden sich oft in Investitionshöhe des Kaufs, Dauer des Kaufprozesses, Anzahl der beteiligten Akteure und kaufbezogenen Interaktionen (vgl. Abb. 3.2):

- Ein einfacher Kaufprozess in einem niedrigen Preissegment mit geringem Aufwand und kurzem Zeitrahmen ist durch eine Entscheidung in Form eine Vereinbarung zwischen Einzelpersonen gekennzeichnet und erforderte im Durchschnitt 11 Interaktionen.
- Ein Kaufprozess im mittleren Preissegment, der eine „Abstimmung" durch mehrere Abteilungen oder Kollegen erfordert, benötigt in der Regel 14 Interaktionen.
- Ein komplexer Einkaufsprozess im hohen Investitionsbereich, der abgestuft und phasengesteuert ist, erfordert die Entscheidung auf einer höheren Management- oder Führungsebene, hat durchschnittlich 6 bis 10 beteiligte Personen und resultiert in ca. 17 Interaktionen.

In den letzten Jahren ist die Komplexität der Kaufsituationen weiterhin gestiegen (vgl. Abb. 3.3). Die Anzahl der gesamten Interaktionen während des B2B-Kaufprozesses hat sich dramatisch erhöht, von 17 in 2019 auf 27 in 2021 (Forrester, 2019; Forrester,

Firmentyp/-größe	Großunternehmen	Mittelstand	KMU und Einzelunternehmen
Investitionshöhe	€€€€€	€€€	€
Anzahl der beteiligten Personen	6 bis 10 Personen	3 bis 5 Personen	1-2 Personen
Dauer des Kaufzyklus	Ca. 22 Monate	1-2 Quartale	>1-2 Quartale
Anzahl der Interaktionen	11 Interaktionen	14 Interaktionen	17 Interaktionen

▶ Über 50 % der Interaktionen während des Kaufzyklus sind digital

Abb. 3.2 Unterschiede in Kaufszenarien. (Quelle: Eigene Darstellung)

2021). Auch die Größe der Buying Center und die Anzahl der Kaufsituationen mit der Einbindung mehrerer Abteilungen hat sich vermehrt (Forrester, 2019; Forrester, 2021).

Nicht alle Buyer Personas sind in gleichen Teilen in allen Schritten des Kaufentscheidungsprozesses beteiligt (vgl. Abb. 3.4). Der Anfang des Kaufprozesses – die frühe Kaufphase (Early Stage) – ist überwiegend durch eine aktive Teilnahme der Business-Entscheider und teilweise der Fachentscheider gekennzeichnet. Falls ein externer Berater im Prozess einbezogen ist, ist seine aktive Teilnahme auch in dieser Phase des Kaufprozesses zu erkennen (Selent, 2019, S. 79). In dieser Phase geht es darum, die Herausforderungen zu identifizieren, zu dimensionieren und zu priorisieren (Toman et al., 2017, S. 122). Die ersten vorläufigen Recherchen werden auf der Webseite der Anbieter, in sozialen Medien oder im Dialog mit weiteren Akteuren vorgenommen (SiriusDecisions, 2015, S. 1). Eine Bedarfsanalyse, eine Definition der Anforderungen und vorläufige

Anstieg von
17 auf 27
Interaktionen

Zahl der
kaufbezogenen
Interaktionen steigt

80 % der Buying-
Center haben
3+ Personen

Anzahl der Personen
im Kaufentscheidungs-
prozess wächst

In 43 % der Fälle sind
mehrere Abteilungen
eingebunden

Kaufabstimmungen
werden immer
komplexer

Abb. 3.3 Komplexität im B2B-Kaufentscheidungsprozess ist gestiegen. (Quelle: Forrester, 2019; Forrester, 2021)

Recherchen zu möglichen Lösungsoptionen, technischen Merkmalen und Funktionalitäten werden in dieser Phase unternommen (Jadhav & Sonar, 2009, S. 557; SiriusDecisions, 2015, S. 2; Harnisch, 2015, S. 26 ff.).

An der mittleren Kaufphase (Middle Stage) nehmen vor allem Fachentscheider, IT-Entscheider sowie Business-Entscheider teil. Die potenziellen Lösungsansätze werden erkundet und die funktionalen und geschäftlichen Anforderungen verfeinert. (Detaillierte Informationen zum Kaufprozess, Kaufentscheidungsphasen und Aktivitäten der einzelnen Phasen sind in Abschn. 2.1 zu finden.)

Das Ende der mittleren Kaufphase (Middle Stage) und die späte Kaufphase (Late Stage), die Phase der Bewertung und Kauffinalisierung, werden von allen internen Buyer Personas beeinflusst. Außerdem nehmen Endnutzer/Administratoren die Evaluierung des Produktes in dieser Phase vor – oft in Form einer empirischen Bewertung der Testversion (Free Trial). Leistungen und Funktionsspezifikationen, Preise und Angebote, Wartungsverpflichtungen, Lieferung und Service werden in dieser Phase festgelegt. Die finale Rechtfertigung des Kaufs oder die Budgetfreigabe, was beispielhaft durch das Szenario zur betriebswirtschaftlichen Beurteilung einer Investition unterstützt werden kann, schließt diese Phase ab (SiriusDecisions, 2015, S. 3).

In der Phase nach dem Kauf, der Implementierungs- und Nutzungsphase (After Sales), überwiegt die Teilnahme der IT-Entscheider und Endnutzer/Administratoren. Hier sind die Themen über die Schulungen, Implementierung und Nutzung von Bedeutung.

Rollen der einzelnen Buyer Personas bei der Entscheidungsfindung
In der Regel trifft der Business-Entscheider die finale Kaufentscheidung. Das ändert sich, sobald die Investitionshöhe einen bestimmten Betrag übersteigt oder die Anschaffung

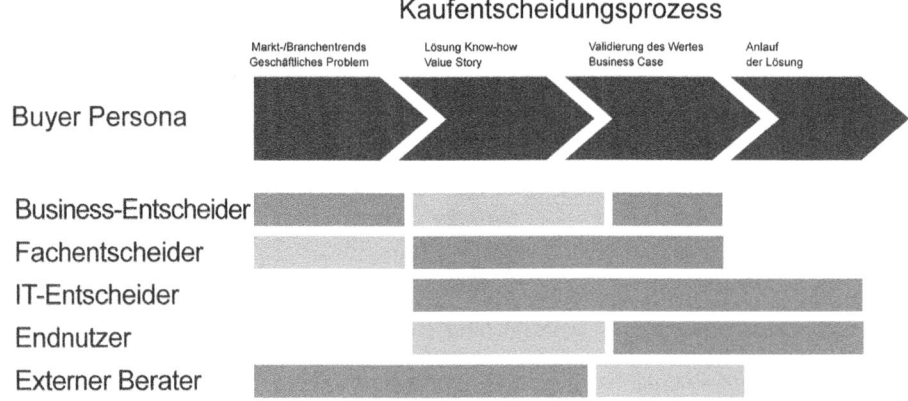

Abb. 3.4 Beteiligung der Buyer Personas in den Phasen des B2B-Kaufentscheidungsprozesses. (Quelle: Eigene Darstellung)

bereichsübergreifend eingesetzt wird. In diesem Fall wird die finale Entscheidung durch das Buying Center getroffen oder es werden Peers bzw. Geschäftspartner hinzugezogen. Business-Entscheider verlassen sich auf das Team, um Recherchen durchzuführen, innovative Lösungen zu finden und die technische tiefgehende Ausarbeitung vorzubereiten. Diese werden dann zur Bewertung dem Business-Entscheider vorgelegt. Der Business-Entscheider fokussiert sich auf die geschäftlichen Auswirkungen des Kaufs, wie beispielhaft Kosten-Nutzen-Analyse, ROI und Betriebskosten.

Der Fachentscheider ist kein letztinstanzlicher Entscheidungsträger. Fachentscheider vertreten ihre Meinung und die Meinung ihres Teams, wenn es um die Bewertung von Technologie geht. Sie beurteilen häufig, wie sich die Entscheidung auf ihr Team und das Unternehmen auswirken wird.

Der IT-Entscheider ist zwar kein letztinstanzlicher Entscheidungsträger, hat aber sehr hohen Einfluss auf die finale Entscheidung. Er fokussiert sich auf die für seinen Zuständigkeitsbereich relevanten Auswirkungen des Kaufs. Dabei sind Themen wie die Integration in bestehende Systeme, Sicherheitsstandards und Branchenvorschriften von Bedeutung. Der IT-Entscheider oder ein bereichsübergreifender Projektleiter arbeitet mit der Rechtsabteilung und dem Einkauf bei der Empfehlung von Anbietern oder Partnern zusammen. Er beeinflusst die Budgets anderer Geschäftsbereiche und trägt dazu bei Einsparungen und Effizienzsteigerungen aufzuzeigen.

Endnutzer sind keine Entscheidungsträger, sie nehmen aber eine wichtige Rolle im Entscheidungsprozess ein, da ihre Meinung in die Evaluierung einfließt und berücksichtigt wird.

Der Externe Berater ist ebenso kein Entscheidungsträger, hat aber sehr hohen Einfluss auf die Auswahlstrategie sowie auf die Anforderungen seinen Kunden.

▶   CEO, CIO und Leiter der digitalen Transformation sind Schlüsselentscheider
      für Technologiekauf und -initiativen.

Die einzelnen Digital Interaction Hubs haben eine unterschiedliche Bedeutung für die einzelnen Buyer Personas (vgl. Abb. 3.5). Das liegt an den Unterschieden in den Kaufaktivitäten der Buyer Personas, ihrem Informationsbedarf sowie ihren Content- und Interaktionspräferenzen. Das muss bei der Gestaltung der Hubs (Content, Sprache, Customer Engagement Tactics etc.) berücksichtigt werden (siehe Abschn. 4.3.2 bis 4.3.10). Folgende DIHs sind für die einzelnen Buyer Personas relevant (vgl. Abb. 3.6):

Für das Verständnis der Buyer's Journey und für die Gestaltung der Digital Interaction Hubs werden die identifizierten Buyer Personas anhand folgender Merkmale dargestellt:

- Beruflicher Hintergrund
- Kaufprozessbeteiligung
- Bedürfnisse und Ziele im Kaufentscheidungsprozess
- Interaktionsplattformen- und Quellenpräferenzen

	Business-Entscheider	Fachentscheider	IT-Entscheider	Endnutzer	Externer Berater
Einfluss auf Kaufentscheidung	hoch	hoch	hoch	hoch	hoch
Fokus	Geschäftliche Auswirkungen des Kaufs	Bewertung von Technologie	Integration in bestehende Systeme, Sicherheitsstandards, Branchenvorschriften	Evaluierung der Lösung	Best-passende Lösung zur Strategie und Anforderungen seinen Kunden

Abb. 3.5 Fokus und Einfluss der einzelnen Buyer Personas auf die Kaufentscheidung. (Quelle: Eigene Darstellung)

- Content- und Interaktionspräferenzen

(Detaillierte Informationen zu den einzelnen Merkmalen sind in Abschn. 2.5.1 zu finden.)

Die Teilbereiche Interaktionsplattformen- und Quellenpräferenzen sowie Content- und Interaktionspräferenzen werden in diesem Kapitel in Kurzform dargestellt, da eine ausführliche Ausarbeitung dieser Inhalte innerhalb der einzelnen Digital Interaction Hubs in Kapitel 4 erfolgt.

3.2   Buyer Persona „Business-Entscheider"

Die Hierarchieebene des Business-Entscheiders hängt von der Größe und Struktur des Unternehmens ab: In kleinen oder mittelständischen Unternehmen kann der Firmeninhaber oder Geschäftsführer in der Rolle des Business-Entscheiders auftreten. In einem Großunternehmen kann diese Rolle der CEO oder eine Person in einer Hierarchiestufe darunter, beispielhaft der Bereichsleiter, übernehmen. In diesem Fall agiert er als ein Bindeglied zwischen Unternehmensführung und Fachbereichen (Abb. 3.7).

Beruflicher Hintergrund
Die Investitionshöhe der Kaufentscheidung ist ein weiterer Faktor, der die Hierarchieebene der Business-Entscheider beeinflusst. Bei einer niedrigpreisigen Investition kann ein Abteilungsleiter die Rolle des Business-Entscheiders übernehmen, bei einer hohen Investition wird es eher ein Mitglied der Geschäftsführung sein. *„Kleinere Einkäufe werden von*

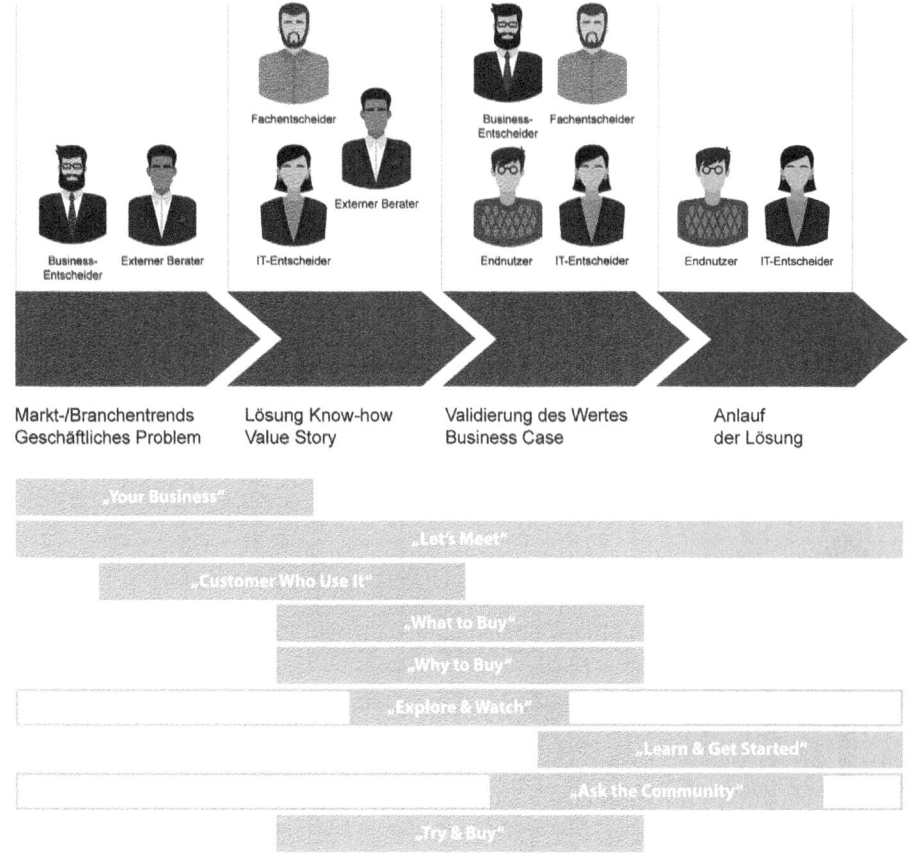

Abb. 3.6 Buyer Personas und Digital Interaction Hubs im Kaufzyklus. (Quelle: Eigene Darstellung)

den jeweiligen Abteilungsleitern getätigt. Die größeren Käufe werden in Vorstandssitzungen besprochen, in denen verschiedene Aspekte wie technische, wirtschaftliche und machbarkeitsbezogene Aspekte bewertet werden. Ich gebe die endgültige Freigabe" (D23, zitiert in Selent, 2019).

Zu den typischen Aufgaben des Business-Entscheiders gehören die tägliche Geschäftsführung oder das Management des Geschäftsbereichs. In seiner Verantwortung liegen die Formulierung der Unternehmensstrategie, die Überwachung und Reaktion auf die Marktbedingungen, die Definition und Pflege von spezifischen Unternehmenskompetenzen, die Verwaltung der Investorenprioritäten und die Allokation von verfügbaren Ressourcen. Einerseits stellt er sicher, dass die Abteilungen und Funktionen der Organisation reibungslos und effizient funktionieren. Anderseits ist der Business-Entscheider für den strategischen und

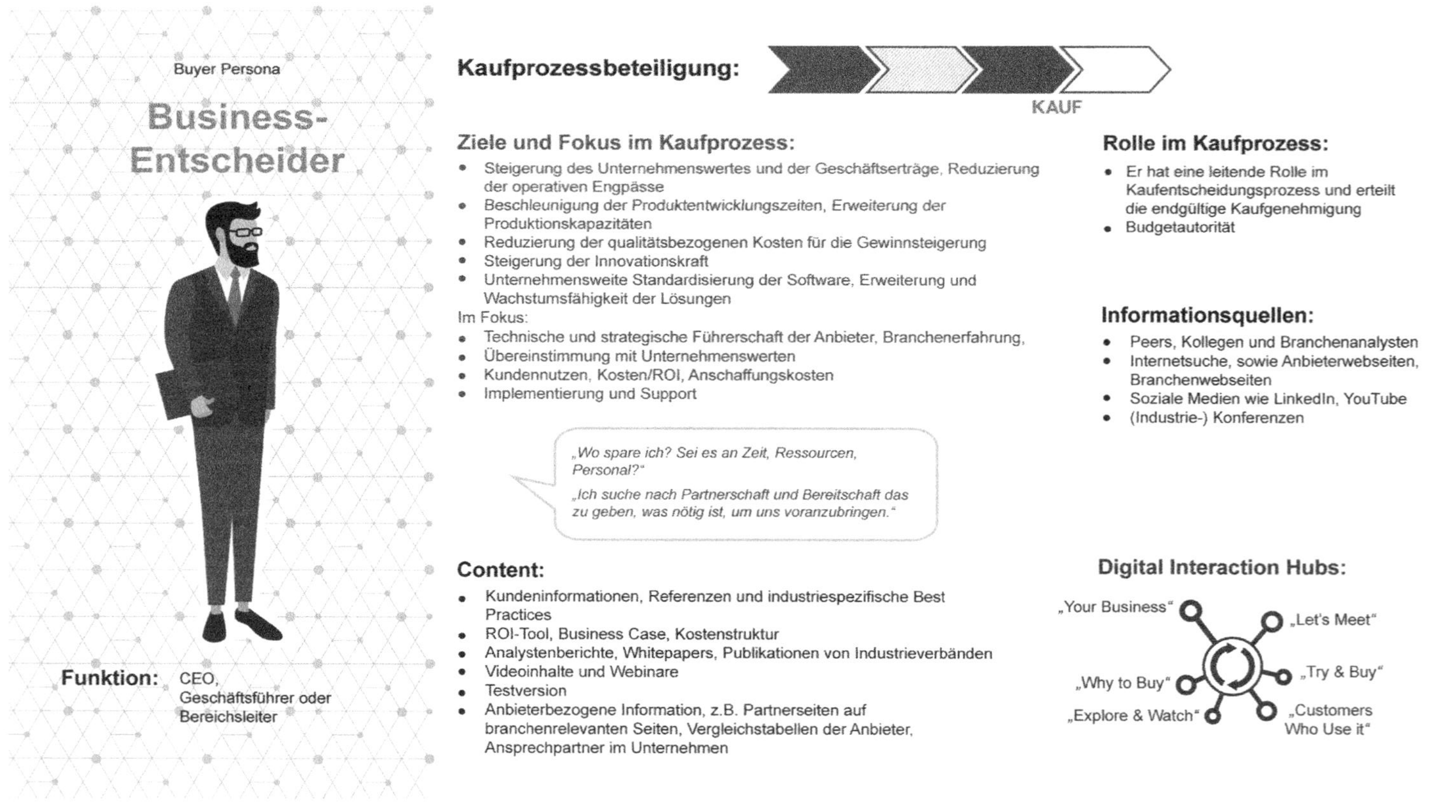

Buyer Persona

Business-Entscheider

Funktion: CEO, Geschäftsführer oder Bereichsleiter

Kaufprozessbeteiligung:

KAUF

Ziele und Fokus im Kaufprozess:

*   Steigerung des Unternehmenswertes und der Geschäftserträge, Reduzierung der operativen Engpässe
*   Beschleunigung der Produktentwicklungszeiten, Erweiterung der Produktionskapazitäten
*   Reduzierung der qualitätsbezogenen Kosten für die Gewinnsteigerung
*   Steigerung der Innovationskraft
*   Unternehmensweite Standardisierung der Software, Erweiterung und Wachstumsfähigkeit der Lösungen

Im Fokus:

*   Technische und strategische Führerschaft der Anbieter, Branchenerfahrung, Branchenkenntnis
*   Übereinstimmung mit Unternehmenswerten
*   Kundennutzen, Kosten/ROI, Anschaffungskosten
*   Implementierung und Support

„Wo spare ich? Sei es an Zeit, Ressourcen, Personal?"

„Ich suche nach Partnerschaft und Bereitschaft das zu geben, was nötig ist, um uns voranzubringen."

Content:

*   Kundeninformationen, Referenzen und industriespezifische Best Practices
*   ROI-Tool, Business Case, Kostenstruktur
*   Analystenberichte, Whitepapers, Publikationen von Industrieverbänden
*   Videoinhalte und Webinare
*   Testversion
*   Anbieterbezogene Information, z.B. Partnerseiten auf branchenrelevanten Seiten, Vergleichstabellen der Anbieter, Ansprechpartner im Unternehmen

Rolle im Kaufprozess:

*   Er hat eine leitende Rolle im Kaufentscheidungsprozess und erteilt die endgültige Kaufgenehmigung
*   Budgetautorität

Informationsquellen:

*   Peers, Kollegen und Branchenanalysten
*   Internetsuche, sowie Anbieterwebseiten, Branchenwebseiten
*   Soziale Medien wie LinkedIn, YouTube
*   (Industrie-) Konferenzen

Digital Interaction Hubs:

„Your Business"   „Let's Meet"

„Why to Buy"   „Try & Buy"

„Explore & Watch"   „Customers Who Use it"

Abb. 3.7 Steckbrief Buyer Persona „Business-Entscheider". (Quelle: Eigene Darstellung)

operativen Gesamterfolg des Unternehmens (mit-)verantwortlich. Er sucht aktiv nach Transformationsgelegenheiten, die im Kauf von komplexen Lösungen oder Produkten resultieren können.

Der Business-Entscheider ist sachkundig, hat oft einen fachlichen Hintergrund und verfügt über ein gutes Verständnis für Technologie und Prozesse, zum Teil auch über das technische Wissen auf Produktebene: „*Ich kenne mich mit dem Programm aus, [...] nicht so im Detail, wie das meine Mitarbeiter tun*" (INT18, zitiert in Selent, 2019). Allerdings liegt sein Interessenfokus nicht auf der Technologie, sondern in den durch die Technologie entstehenden Möglichkeiten zur Strategieumsetzung, zur Steigerung der Unternehmensgewinne oder zur Reduzierung der operativen Engpässe.

Kaufprozessbeteiligung
Der Business-Entscheider hat eine leitende Rolle im Kaufentscheidungsprozess inne und erteilt die endgültige Kaufgenehmigung. Er initiiert Digitalisierungsprojekte oder Transformationsprojekte, die zum Kauf von komplexen Produkten oder Lösungen führen, dabei legt er fest, welche Informationen für die Evaluierung benötigt werden, und verfügt über die Budgetautorität.

Seine aktive Beteiligung in den einzelnen Kaufphasen des Kaufprozesses variiert: Business-Entscheider können das gesamte Projekt übernehmen und in allen Phasen gleichermaßen eingebunden sein: „*Ich bin in alle Schritte des Entscheidungsprozesses involviert*" (D3, zitiert in Selent, 2019), „*[Ich] habe am vorherigen PLM-Kauf teilgenommen, indem [ich] den Prozess organisiert und die Dinge vorangetrieben habe*" (INT40, zitiert in Selent, 2019).

Auch eine punktuelle Teilnahme während des Kaufprozesses ist möglich (Papertsian, 2015, S. 15). Am Anfang der Kaufentscheidung (Early Stage) wird der Business-Entscheider involviert, wenn die Begründung und die Spezifikationen festgelegt werden. Danach wieder am Ende des Kaufprozesses (Middle Stage), und zwar beim Review von Lösungsempfehlungen und Angeboten, als der endgültige Entscheidungsträger. Die aktive Beteiligung der Business-Entscheider in der Endphase (Late Stage), nach den abgeschlossenen Vertragsverhandlungen und dem festgelegten Implementierungsplan, beinhaltet eine letzte Kontrolle, um sicherzustellen, dass die Entscheidung richtig ist. Dabei spielen die früheren Erfahrungen mit dem Unternehmen, Kundenreferenzen und Referenzen des Anbieters eine wichtige Rolle (Kopec, 2012).

Während der Business-Entscheider die finale Kaufentscheidung trifft, arbeitet er mit anderen Gruppen in der Organisation zusammen, die zur endgültigen Entscheidung beitragen. Bei der Beurteilung der Anbieter verlässt er sich auf das Urteil der zuständigen Fachabteilungen. Die ihm unterstellten Mitarbeiter sind im Laufe des Prozesses für die Hintergrundrecherche sowie für die Lieferantenbewertung und -auswahl verantwortlich und geben Empfehlungen ab. Die Ingenieure liefern den Input für eine technische Evaluierung, z. B. in Form einer Bewertung der Produktdemonstration, Einkauf liefert den Input für eine kommerzielle Evaluierung, Operations und IT liefern ebenso ihren Beitrag.

Bedürfnisse und Ziele im Kaufentscheidungsprozess

Der Business-Entscheider interessiert sich für Ideen und Technologien, die das Unternehmen vorantreiben. Dabei lässt er sich länder- und branchenübergreifend inspirieren. Es liegt in seiner Verantwortlichkeit, dass die Organisation und alle Unternehmensbereiche reibungslos und effizient funktionieren, sowie Schritte einzuleiten, um die Unternehmenseffektivität und -effizienz zu steigern. Seine übergeordneten Ziele können wie folgt definiert werden:

- Steigerung des Unternehmenswertes und Maximierung des Shareholder Values
- Beschleunigung der Entwicklungszeiten, um mit den Produkten früher auf den Markt kommen zu können
- Steigerung der Innovationskraft
- Reduzierung der qualitätsbezogenen Kosten für die Gewinnsteigerung

Ziele in Bezug auf die Technologiebewertung:

- unternehmensweite Standardisierung
- Erweiterungs- und Wachstumsfähigkeit der Lösung
- prozessbezogene Anpassungen
- langfristige Produktstabilität und -zuverlässigkeit

Die unternehmensweite Standardisierung der Software ist oft eines der Ziele der Business-Entscheider. Damit kann eine Lösung, die über alle relevanten Bereiche hinweg funktioniert, angestrebt werden. Die Erweiterungs- und Wachstumsfähigkeit der Lösung, die über mehrere Integrationspunkte mit anderen bestehenden Lösungen integrierbar ist, ist dabei eine präferierte Option. Ausnahmen sind die Unternehmen, die als Dienstleistungsunternehmen in der Branche agieren und mit der Industriesoftware projektbasiert für verschiedene Kunden tätig sind. Diese bezwecken Softwarelösungen zu besitzen, die in Kundenprojekten vertreten sind, ungeachtet der Anzahl der Lösungen. Als Nächstes sind die kundenspezifischen Anpassungen wichtig, damit die Softwarelösung den Produktentstehungsprozess beschleunigt. Der Business-Entscheider bezweckt eine Erweiterung der Produktionskapazitäten sowie eine langfristige Produktstabilität und -zuverlässigkeit.

In erster Linie sucht der Business-Entscheider nach dem Mehrwert, den der Anbieter liefern kann. Für die spezifischen Herausforderungen in seiner Industrie sucht er Anbieter mit Branchenerfahrung und nach Beispielen von vergleichbaren Firmen. Aspekte wie technische und strategische Marktführung der Anbieter, Übereinstimmung mit Unternehmenswerten, Implementierung und Support können für den Business-Entscheider von Belang sein. Hohe Relevanz in der Entscheidungsfindung haben für den Business-Entscheider die betriebswirtschaftlichen Aspekte, wie Kosten-Nutzen-Analyse, ROI, Anschaffungskosten oder die Marktreife der Lösung oder Technologie. Insbesondere in der letzten Phase des

Kaufentscheidungsprozesses ist das Thema ROI (Betriebswirtschaftsrechnung) von Bedeutung. Dabei stehen die Kosten- und Zeitersparnisse sowie die Wettbewerbsfähigkeit im Vordergrund (Papertsian, 2015, S. 14).

- Branchenerfahrung, Implementierung, Kosten: „Wer hat denn eigentlich im Umfeld [...], Maschinenbau wäre jetzt bei uns natürlich immer die erste Wahl [...], so eine Lösung installiert? Wie zufrieden ist er mit der Software? Wie zufrieden ist er mit dem Integrator? Was gab es für Probleme? Was gab es für Kostenabweichungen? Was gab es für Leistungsabweichungen?" (INT15, zitiert in Selent, 2019).
- Kundennutzen: „Wo spare ich? Sei es an Zeit, Ressourcen, Personal? Oder wo habe ich einen Kundennutzen, wo es für den viel bequemer wird?" (INT15, zitiert in Selent, 2019)
- Kalkulationsbeispiele für Kosten und ROI: „Was kostet die Investition? Wie lange geht die Amortisation?" (INT15, zitiert in Selent, 2019).
- Einfluss auf die Profitabilität
- Technische und strategische Führerschaft, Innovation und Vorantreiben der Industriefortschritte
- „Ich suche einen PLM-Anbieter, der nicht nur eine gute Lösung, sondern auch eine gute kulturelle und unternehmerische Eignung bietet" (INT40, zitiert in Selent, 2019)
- „Ich suche nach Partnerschaft und Bereitschaft das zu geben, was nötig ist, um uns voranzubringen" (INT40, zitiert in Selent, 2019).

Interaktionsplattformen- und Quellenpräferenzen
Am häufigsten verlassen sich die Business-Entscheider bei initialen Informationsrecherchen auf folgende Quellen (Selent, 2019, S. 84–85):

- Internetsuche – Google-Suchen als erster Schritt, um Informationen über neue Technologien zu sammeln
- Meinung ihres Teams, ihrer Kollegen und von Branchenanalysten
- Gartner, um ein umfassendes Verständnis der Wettbewerbslandschaft und der Marktreife zu erlangen und die Marktführer zu ermitteln
- Plattformen wie Branchenwebseiten
- Online-Communitys und Diskussionsforen
- YouTube
- LinkedIn oder XING-Artikel, um mit Gleichgesinnten auf dem Laufenden zu bleiben
- Webseiten der Hersteller
- (Industrie-) Konferenzen und Messen, um sich mit Gleichgesinnten auszutauschen und Anbieterdemos zu besuchen
- Interaktion mit den Anbietern
- Networking mit Gleichgesinnten, um mehr über Technologietrends zu erfahren und während der Evaluierung Feedback zu potenziellen Anbietern zu erhalten

Content- und Interaktionspräferenzen

Kundeninformationen, Referenzen und industriespezifische Best Practices, welche die Industrieerfahrung des Anbieters belegen, spielen für den Business-Entscheider eine große Rolle. Die industriespezifischen Best Practices sowie Kundenberichte über die umgesetzten Projekte in vergleichbaren Organisationen helfen ihm die Herausforderungen der anderen zu verstehen. Der Business-Entscheider sichtet darüber hinaus gedruckte Produktbroschüren, E-Mail-Newsletter, Whitepapers, Branchenpublikationen und Blogs sowie Wirtschaftsnachrichten und Kundenmagazine. Er nimmt an mehreren Anbieterpräsentationen teil und lässt Anbieter-Live-Demonstrationen durchführen. Die Informationen werden primär in persönlichen Meetings und Gesprächen gesammelt, die Nutzung von digitalen Ressourcen ist im Vergleich zu menschlichen Interaktionen geringer.

Informations- und Interaktionsbeispiele (Selent, 2019, S. 85–86):

- Stellungnahmen von Drittparteien und Analysten, Bewertungen der Technologien von Drittorganisationen, Reviews, Fachartikel, Wettbewerbsanalysen, Vergleichstabellen, Analystenberichte und Publikationen von Industrieverbänden
- Whitepapers
- Best Practices und Fallstudien sowie Beispiele der erfolgreichen Implementierung bei ähnlichen Organisationen; Erfahrungsberichte von Kunden; Best Practices, branchenübergreifend oder mit Fokus auf die Industrie; Fallstudien, die Erfahrungen mit der Industrie belegen; Machbarkeitsanalysen; Kundenzeitschriften
- Videoinhalte und Webinare mit hohem Informationsgehalt; Darstellung der relevanten Fallbeispiele; Produktvorführung, Review von Funktionalitäten in virtueller Live-Interaktion und als Video; Videos auf YouTube
- Produktbezogene Informationen wie Produktbroschüren; produktfokussierte Fachbeiträge oder Fachartikel; Produktvergleich (z. B. zwischen verschiedenen Lösungen); Datenblätter; Produktdemonstrationen, Produktvideos
- Testversion, wobei die Durchführung der Testversion an die Mitarbeiter delegiert wird
- Anbieterbezogene Information, wie Vergleichstabellen von Anbietern; Partnerseiten auf branchenrelevanten Seiten; Ansprechpartner im Unternehmen; Unterlagen des Solution-Partners; Partnerportal für Bestandskunden
- ROI oder anderer betriebswirtschaftlicher Content wie Kalkulationsbeispiele für Kosten; Kalkulationstabelle mit ROI; Kostenstruktur; Angebotsvorlage mit Softwareanforderungen, Hardware und Basispreisen; Tool zur Bewertungsberechnung; ROI-Berechnungstools; Business Case und Finanzpräsentation
- Umsetzungsbezogener Content wie Integrationsplan, Machbarkeitsbericht auf bestehender Plattform und neuer Technologie; Angebot mit Spezifikationen und Zeitrahmen; Optionen für Service und technische Schulungen; Support; Übersichtsvideo zum Trainingsprogramm

Relevante Digital Interaction Hubs
„Your Business" – „Let's Meet" – „ Customers Who Use It" – „Why to Buy" – „Explore &
Watch" – „Try & Buy"

3.3   Buyer Persona „Fachentscheider"

Der Fachentscheider ist zuständig für einen Fachbereich und ein Team der Endnutzer.
Da die Softwarelösungen in verschiedenen Fachabteilungen eingesetzt werden können,
variieren dementsprechend der Fachbereich dieser Buyer Persona und deren Positions-
bezeichnung. Beispiele für Fachentscheider sind VP of Engineering, R&D Director, VP
of Manufacturing, Konstruktionsleiter, Leiter der Produktentwicklung, Projektleiter PLM
und Engineering Manager (Abb. 3.8).

Beruflicher Hintergrund
Zunehmender Wettbewerb, Branchenvorschriften und Kundenanforderungen sind seine
wichtigsten Treiber. Seine Verantwortlichkeiten liegen in folgenden Bereichen (Selent, 2019,
S. 87–88):

- Umsetzung von Geschäftsanforderungen in einer Roadmap für die Produktentwicklung
- Weitergabe der technischen Richtungsvorgaben und Visionen an das Team
- Produktentwicklungsstrategie und ihre Umsetzung
- Bereitstellung von Lösungen, die sich auf Geschäftsziele konzentrieren und diese
  beeinflussen, z. B. Kostenreduzierung, betriebliche Effizienz usw.
- Sicherstellung einer hohen Entwicklerproduktivität bei gleichzeitiger Motivierung des
  Teams und Förderung von Talenten
- Lösung von Problemen, die die termingerechte Ausführung der Projekte beeinträchtigen

Er sucht nach den besten Werkzeugen für sein Team, um beim Entwicklungsprozess einen
Wettbewerbsvorteil zu schaffen. Er möchte strategischer vorgehen und Themen und Initiativen, die das Unternehmen voranbringen, verantworten. Die Empfehlung und der Kauf
neuer Technologien für seinen Bereich liegen oft in seiner Verantwortlichkeit. Dabei kann
er der Champion neuer Produktauswahlen sein und als Hauptsponsor für einen bestimmten
Kauf auftreten (Selent, 2019; Papertsian, 2015, S. 13). Er ist nicht immer ein Produktend-
nutzer, verfügt aber über umfangreiche Produktkenntnisse bzw. hat ein Verständnis von Tools
und Technologien auf dem Markt. Oft hat der Fachentscheider einen linearen Karrierepfad,
beginnt als Endnutzer und arbeitet sich hoch. Das bedeutet, dass er die Herausforderungen, Schmerzpunkte, Frustration des Teams und Endnutzer usw. verstehen kann. Aufgrund
seines Arbeitsaufwands kann er nicht jedes neue Werkzeug selbst ausprobieren und ist auf
die Einschätzung seines Teams angewiesen: „*Letztendlich bin ich der Entscheidungsträger,*

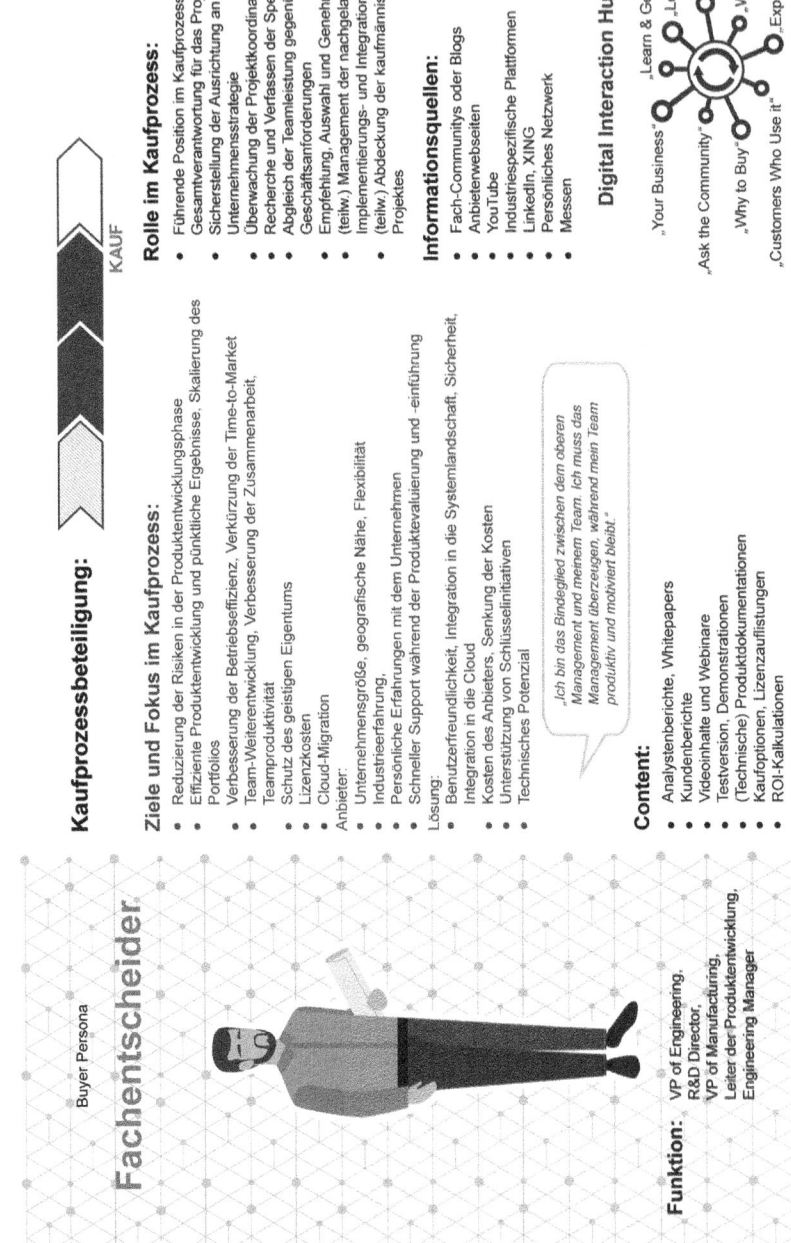

Buyer Persona

Fachentscheider

Funktion: VP of Engineering,
R&D Director,
VP of Manufacturing,
Leiter der Produktentwicklung,
Engineering Manager

Kaufprozessbeteiligung:

KAUF

Ziele und Fokus im Kaufprozess:

- Reduzierung der Risiken in der Produktentwicklungsphase
- Effiziente Produktentwicklung und pünktliche Ergebnisse, Skalierung des Portfolios
- Verbesserung der Betriebseffizienz, Verkürzung der Time-to-Market
- Team-Weiterentwicklung, Verbesserung der Zusammenarbeit, Teamproduktivität
- Schutz des geistigen Eigentums
- Lizenzkosten
- Cloud-Migration

Anbieter:

- Unternehmensgröße, geografische Nähe, Flexibilität
- Industrieerfahrung,
- Persönliche Erfahrungen mit dem Unternehmen
- Schneller Support während der Produktevaluierung und -einführung

Lösung:

- Benutzerfreundlichkeit, Integration in die Systemlandschaft, Sicherheit, Integration in die Cloud
- Kosten des Anbieters, Senkung der Kosten
- Unterstützung von Schlüsselinitiativen
- Technisches Potenzial

„Ich bin das Bindeglied zwischen dem oberen Management und meinem Team. Ich muss das Management überzeugen, während mein Team produktiv und motiviert bleibt."

Content:

- Analystenberichte, Whitepapers
- Kundenberichte
- Videoinhalte und Webinare
- Testversion, Demonstrationen
- (Technische) Produktdokumentationen
- Kaufoptionen, Lizenzauflistungen
- ROI-Kalkulationen

Rolle im Kaufprozess:

- Führende Position im Kaufprozess oder Gesamtverantwortung für das Projekt
- Sicherstellung der Ausrichtung an die übergeordnete Unternehmensstrategie
- Überwachung der Projektkoordination und -umsetzung
- Recherche und Verfassen der Spezifikationen
- Abgleich der Teamleistung gegenüber den Geschäftsanforderungen
- Empfehlung, Auswahl und Genehmigung des Kaufs
- (teilw.) Management der nachgelagerten Implementierungs- und Integrationsservices
- (teilw.) Abdeckung der kaufmännischen Seite des Projektes

Informationsquellen:

- Fach-Communitys oder Blogs
- Anbieterwebseiten
- YouTube
- Industriespezifische Plattformen
- LinkedIn, XING
- Persönliches Netzwerk
- Messen

Digital Interaction Hubs:

„Learn & Get Started"
„Let's Meet"
„Try & Buy"
„What to buy"
„Explore & Watch"
„Customers Who Use it"
„Why to Buy"
„Ask the Community"
„Your Business"

Abb. 3.8 Steckbrief Buyer Persona „Fachentscheider". (Quelle: Eigene Darstellung)

aber ich vertraue meinem Team, dass es mir sagt, was sie wollen und was sie gerne einsetzen werden" (D41, zitiert in Selent, 2019).

In kleineren Unternehmen, insbesondere in Dienstleistungsunternehmen, kann der Geschäftsführer die Rolle des Fachentscheiders übernehmen. Damit füllt eine Person zwei Buyer-Persona-Rollen aus (INT22, INT27, D41). Es kommt ebenso vor, dass die Rolle des Fachentscheiders ein Endnutzer übernimmt (INT41), insbesondere bei einer projektbezogenen Arbeitsweise, wobei die Verantwortung der Person *„stark projektabhängig und sehr schwankend"* ist und die Zahl seiner Teammitglieder sich von *„einem Mitarbeiter bis zu 17 Leuten"* projektabhängig ändert (INT32, zitiert in Selent, 2019).

Kaufprozessbeteiligung

Leiter von Fachbereichen übernehmen zunehmend die Verantwortung für ihre eigenen digitalen Transformationen: Im Jahr 2016 waren 65 % der Technologieentscheidungen von Fachentscheidern beeinflusst (McBain, 2017, S. 2). Der Fachentscheider ist daher ein kritischer Treiber für den Kauf und setzt sich für die neue Produktauswahl ein: *„Ich habe PLM [Projekt] geleitet – ich habe die Kriterien festgelegt und bewertet und das Pilotprojekt durchgeführt"* (INT42, zitiert in Selent, 2019). Der Fachentscheider kann folgende Aufgaben im Kaufprozess übernehmen (McBain, 2017, S. 2; D24, D33, zitiert in Selent, 2019):

- das Einnehmen der führenden Position im Kaufprozess oder das Tragen der Gesamtverantwortung für das Projekt
- die Sicherstellung der Ausrichtung an die übergeordnete Unternehmensstrategie
- die Überwachung der Projektkoordination und -umsetzung
- die Recherche und das Verfassen der Spezifikationen
- der Abgleich der Teamleistung gegenüber den Geschäftsanforderungen und -treibern
- die Empfehlung, Auswahl und Genehmigung des Kaufs
- das Management der nachgelagerten Implementierungs- und Integrationsservices

Der Fachentscheider *„kann sowohl die technische als auch die kaufmännische Seite des Projekts abdecken"* (INT41, zitiert in Selent, 2019), er koordiniert die Erfassung technischer und geschäftlicher Anforderungen, indem er sich mit anderen Gruppen in der Organisation, die zur Kaufentscheidung beitragen, austauscht und über die Ergebnisse seiner Arbeit an die Geschäftsleitung berichtet. In der Zusammenarbeit mit Endnutzern entwickelt er die technischen Anforderungen. Um eine Anbieterauswahl vornehmen zu können, entwickelt der Fachentscheider Kriterien, die die „Shortlist" potenzieller Lieferanten beeinflussen. Erfahrungswerte, Mundpropaganda und Analystenreports werden dabei in die Betrachtung einbezogen (Leinemann, 2011, S. 155). Die Bewertung der Angebote und Anbieter wird in der Abstimmung mit dem IT-Entscheider vorgenommen. Der in der Vergangenheit dominierende Einfluss des IT-Entscheiders verändert sich: Fast ein Drittel der Technologieentscheidungen bereiten die Fachentscheider ohne interne Hilfe oder eine andere Einbindung der IT-Abteilung vor. Stattdessen suchen sie eine externe Beratung, die sie bei Themen wie Sicherheit, Backup, Compliance usw. unterstützt (McBain, 2017, S. 3). Dabei vermeiden sie den Einfluss von IT-Organisationen, die durch Prozesse wie Due Diligence, Politik und Verfahren zu Anforderungs- und Risikobewertungen zur Verlangsamung des Kaufprozesses beitragen (McBain, 2017, S. 3). Im nächsten Schritt werden der Preis und die Spezifikationen ausbalanciert und die Begründung für die interne Genehmigung wird vorbereitet.

Die Entscheidungskompetenz der Fachentscheider bezogen auf die Wahl der Anbieter oder Lösung kann durch die Entscheidungen der Muttergesellschaft, der Kunden- oder Partnerfirmen stark beeinflusst werden: *„Der Einfluss vom Konzern [ist] nicht ganz unerheblich im Sinne von, dass da natürlich strategische Produkte im Einsatz sind. […] Wir [fahren] auf der gleichen Produktlinie wie der Konzern"* (INT15, zitiert in Selent, 2019); *„Es ist durch Kunden, durch Kundenprojekte getriggert"* (INT24, zitiert in Selent, 2019).

Bedürfnisse und Ziele im Kaufentscheidungsprozess
Der Fachentscheider verantwortet die Ausrichtung der Lösungsauswahl an die technischen und geschäftlichen Unternehmensstrategien, dabei soll die Lösung die Schlüsselinitiative(n) des Unternehmens unterstützen (Papertsian, 2015, S. 14; Selent, 2019).

Folgende Themen können für den Fachentscheider von Bedeutung sein:

- Reduzierung der Risiken in der Produktentwicklungsphase
- effiziente Produktentwicklung und pünktliche Ergebnisse
- Produktentwicklungsinitiativen
- Verkürzung der Time-to-Market
- Zeitaufwand für die Lösung mehrerer Problemvariationen
- Anwenderkenntnisse und Weiterentwicklung
- Verbesserung der Zusammenarbeit
- Outsourcing
- Schutz des geistigen Eigentums und die Lizenzkosten
- Skalierung des Portfolios
- Cloud-Migration
- Modernisierung von Altbeständen

Er benötigt weniger komplexe Tools für seine Mitarbeiter, um deren Zusammenarbeit und Produktivität zu fördern, sowie ein Monitoring der Produktentwicklung und -prozesse zu ermöglichen. Dabei richtet er sich an den Digitalisierungsfortschritt in seiner Branche, an die industriespezifischen Best Practices sowie Fallstudien und Integrationsbeispiele.

Sein Ziel ist, dass die ausgewählte Lösung alle technischen, geschäftlichen und Serviceanforderungen erfüllt und sich in die vorhandene IT-Systemlandschaft (Software- und Hardware) integrieren lässt: *„Ich suche nach den besten Lösungen, um unsere Fähigkeiten zu erweitern und zu verbessern, die dabei gut in unsere aktuelle Software integriert werden* *können"* (INT42, zitiert in Selent, 2019). Weitere Kriterien bei der Lösungsauswahl sind für den Fachentscheider eine einfache Bedienbarkeit, Installation und Wartung.

Die Einführung von Softwarelösungen ist mit einem vorübergehenden Produktivitätsverlust verbunden; der Fachentscheider bemüht sich diesen möglichst klein zu halten. Endnutzer-Training, und zwar anfängliche Schulung inklusive der notwendigen Ressourcen und Trainings in der Nutzungsphase, spielen dabei eine wichtige Rolle. Auch die Akzeptanz der Softwarelösung seitens der Endnutzer fließt in die Kaufentscheidung ein: *„Ich vertraue meinem Team, dass es mir sagt, was sie wollen und was sie gerne einsetzen werden"* (D41, zitiert in Selent, 2019). Die operativen kurzfristigen Beeinträchtigungen werden allerdings unter Betrachtung der langfristig angestrebten Vorteile beurteilt: *„ Was ist der Aufwand? Wie ist der Aufwand für einzelne Leute? […] der Schulungsaufwand? […] Migrationsaufwand? […] Punkte, die man dann gerne mal unterschätzt, dass da eigentlich sehr viel Schulung und Migrationsaufwand da ist für die Mitarbeiter. […] am Anfang mal einen kleinen Schritt zurück. […] man steigt ein und hat noch nicht die optimale Performance und die entwickelt sich dann über die Zeit"* (INT15, zitiert in Selent, 2019).

In Bezug auf den Integrationspartner achtet der Fachentscheider auf folgende Aspekte:

- Unternehmensgröße
- geografische Nähe
- Flexibilität
- Erfahrung
- Reaktionszeit
- schneller Support während der Produktevaluierung und -einführung
- persönliche Erfahrungen mit dem Unternehmen

Evaluierungskriterien für die Lösung:

- Benutzerfreundlichkeit
- Integration in die Schlüsselsysteme
- Sicherheit
- Integration in die Cloud
- Kosten des Anbieters, Senkung der Kosten
- Unterstützung von Schlüsselinitiativen
- Unterstützung der Teamproduktivität
- Verbesserung der Betriebseffizienz
- technisches Potenzial

Interaktionsplattformen- und Quellenpräferenzen
Der Fachentscheider bezieht seine Informationen sowohl digital als auch physisch. Er nutzt im Kaufentscheidungsprozess verstärkt das Internet. Seine primären Interaktionsplattformen und Informationsquellen sind (Selent, 2019, S. 91):

- *Suchmaschinen* für ein schnelles Verständnis und eine Übersicht der Technologien und Anbieter
- *Analystenberichte* für ein unabhängiges Verständnis der Landschaft
- (fachspezifische) Foren
- Fach-Communitys oder Blogs, um Mitglieder der Community kennenzulernen und mit ihnen zu interagieren
- Anbieterwebseiten
- YouTube
- industriespezifische Plattformen (z. B. Webseiten der Industrieverbände)
- (teilweise) soziale Netzwerke wie LinkedIn oder XING, um die Artikel von Vordenkern aus Wirtschaft und IT zu lesen
- das persönliche Netzwerk, Kontakte zu den Firmen, die ähnliche Lösungen haben, oder interne Mitarbeiter, um deren Perspektive auf die Technologie zu erfahren
- Messen
- direkter Kontakt mit Anbietern oder Integrationspartnern
- digitale Lernplattformen

Content- und Interaktionspräferenzen

Für den Fachentscheider stellen Kundenbeispiele eine wichtige Informationsquelle dar. Das Interesse richtet sich darauf, wie andere Kunden die Softwarelösung effektiv einsetzen. Er benötigt solide Beispiele dafür, wie sich die Lösung mit anderen Produkten und Plattformen integrieren lässt, und greift auf Whitepapers, Kundenberichte und Videos zurück. Sobald die Anforderungen erfüllt sind, kontaktiert er den Anbieter, um weitere benötigte Informationen zu erhalten. Technische Produktdokumentationen, Spezifikationen und Konfigurationsmöglichkeiten, Demonstrationen, Testversionen und Inhalte des Trainings und Supports sind weitere für den Fachentscheider relevante Ressourcen. Laut IDG (2017b) achtet der Fachentscheider bei den vom Anbieter gestellten Ressourcen insbesondere auf die schnelle Reaktion auf Fragen, Referenzberichte und die Aktualität der digitalen Inhalte (Videos, Whitepapers etc.).

Informations- und Interaktionsbeispiele (Selent, 2019, S. 91):

- Inhalte von Drittanbietern wie Webinare von Drittanbietern, Blogbeiträge, Analysten-Whitepaper oder Analystenberichte
- Kundenbeispiele und Fallstudien
- produktbezogene Information wie Produktpräsentationen, Produktunterlagen, Manuals, Datenblätter, Onlineprospekte, produktspezifische E-Books, technische Produktbroschüren und Tutorials
- Videoinhalte und Webinare, wie Produktvideos, aufgenommene Webinare, Kurzvideos zu speziellen Themen, Videoschulungen mit Lösungseinsatz am konkreten Beispiel, Webinare und Onlinesessions
- Testversionen

- betriebswirtschaftlicher Content wie Kaufoptionen, Lizenzierungen, ROI-Kalkulation
- persönliche webbasierte Interaktionen wie Live-Demonstrationen, Installationsvorführung, Kontakt mit technischem Support

Relevante Digital Interaction Hubs
„Your Business" – „Let's Meet" – „Customers Who Use It" – „Why to Buy" – „What to Buy" – „Explore & Watch" – „Learn & Get Started"– „Ask the Community" – „Try & Buy"

3.4 Buyer Persona „IT-Entscheider"

Typischerweise verantwortet der IT-Entscheider strategische und/oder operative IT-Themen des Unternehmens. Seine Abteilung agiert als eine zentrale Beratungseinheit, also eine Inhaltsberatungsstelle und unterstützt das Unternehmen in allen IT-relevanten Fragen (Abb. 3.9).

Beruflicher Hintergrund
Aufgaben und Verantwortlichkeiten (Selent, 2019, S. 92–93):

- Verstehen der Geschäftsziele und entsprechende Ausrichtung der IT-Strategie, strategische IT-Initiativen, um das Unternehmen voranzubringen und wettbewerbsfähig zu halten
- strategische Beratung von C-Suite- und Business-Führungskräften
- IT-Planung und Innovationsmanagement, Monitoring der Technologietrends
- Ausbau der Unternehmens-Systemlandschaft und Auswahl geeigneter Technologien
- Implementierung von Technologien zur Verbesserung der Informationsverfügbarkeit und des integrierten Systemmanagements, reibungsloser IT-Betrieb
- Überblick und Verwaltung der Daten- und IT-/Softwarelandschaft, Infrastrukturkosten, Reduzierung der Anzahl der verwendeten Tools und der Partner
- Identifizierung und Abschwächung von Risiken in Sicherheitsfragen
- Verstärkung der Governance-Struktur

Seine Jobbezeichnung variiert von IT-Direktor, Director of Technology, IT-Manager, PLM (Global) Projektmanager, CIO, VP IT, Director of Information Systems, Leiter der Informatik, COO, Director of IT, Chief Technology Officer (CTO) bis zu PLM-Manager. In Großunternehmen können mehrere Personen in unterschiedlichen Funktionen diese Buyer-Persona-Rolle einnehmen, z. B. CIO und CTO, wobei sich einige Punkte zwischen dem CIO und CTO unterscheiden. Der CIO ist überwiegend für Prozesse zuständig, die den Informationsfluss unterstützen; der CTO fokussiert sich auf die technologische Infrastruktur und Technologiesuche, die die Wettbewerbsposition des Unternehmens oder seine Agilität gegenüber Marktveränderungen stärken.

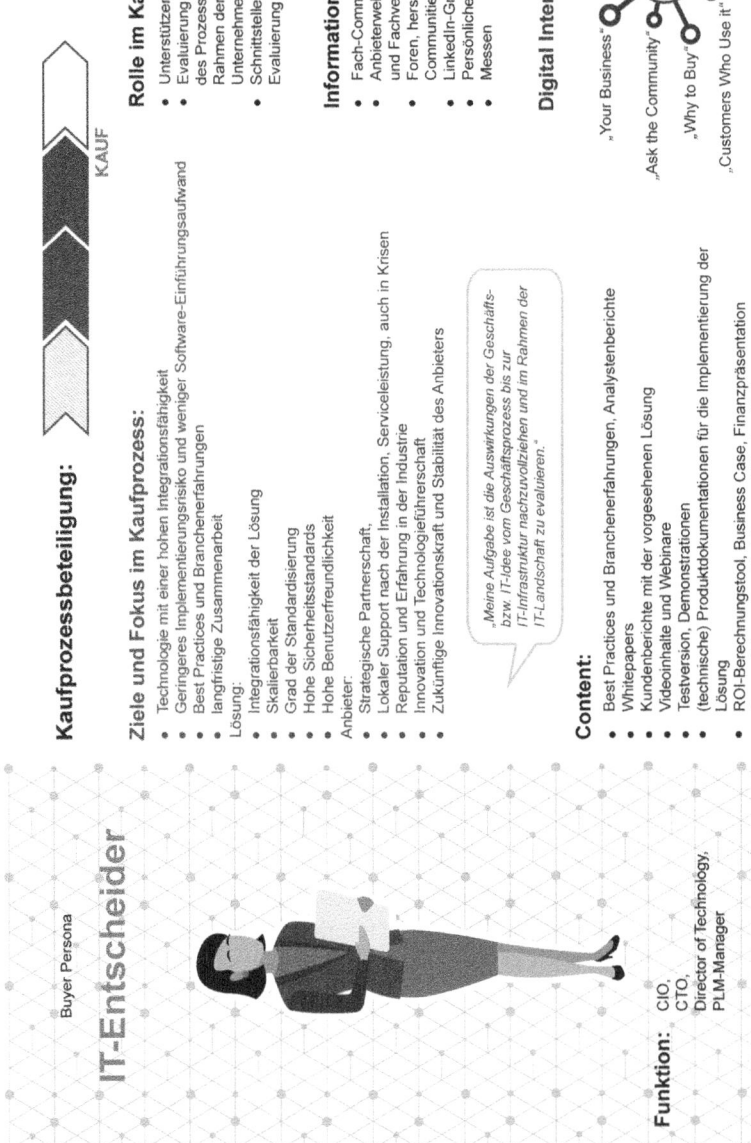

Abb. 3.9 Steckbrief Buyer Persona „IT-Entscheider". (Quelle: Eigene Darstellung)

Zwar hat der IT-Entscheider generell Erfahrung mit dem Einkauf von Software. Oft verfügt er aber über keine Nutzererfahrungen mit dem konkreten Softwareprodukt: „Es handelt sich [...] meistens um neue Themen, die auf uns zukommen. Neue Softwarethemen" (INT13, zitiert in Selent, 2019). Alternativ kann ein IT-Entscheider „speziell für das Projekt" angestellt werden und „später für den Betrieb der Software verantwortlich [sein]" (INT11, zitiert in Selent, 2019). Dabei agiert er in einer Projektmanagerrolle und ist verantwortlich für die Gesamtkoordination und Umsetzung des Projektes sowie die Einhaltung des zeitlichen Rahmens. In diesem Szenario würde der IT-Entscheider über relevante Nutzungserfahrungen und -wissen verfügen oder sich dieses schnell aneignen wollen:„*Da habe ich mich entsprechend darauf vorbereitet. [...] ich war vorher bei einer anderen Firma [...] und aufgrund der Erfahrungen sozusagen, die ich mit dem System habe, wo, ich sage jetzt mal, was gut funktioniert, was schlecht funktioniert, habe ich mich eben entsprechend informiert*" (INT11, zitiert in Selent, 2019).

Kaufprozessbeteiligung

Der IT-Entscheider bringt die IT-Perspektive in den Software-Kaufentscheidungsprozess ein. Oft steigt er auch erst in den fortlaufenden Kaufentscheidungsprozess ein – „*bin eigentlich [...] dazu gekommen, als das Projekt bereits unterwegs war, bis zu einem gewissen Maße*" (INT15, zitiert in Selent, 2019), „*musste nicht mehr [...] suchen*" (INT11, zitiert in Selent, 2019) – und trägt dazu bei, „*für welches System man sich entscheiden würde*" (INT11, zitiert in Selent, 2019). Wenn er in der mittleren Kaufphase (Middle Stage) dem Projekt beitritt, verschafft er sich ein ziemlich genaues Bild über das Grobkonzept der angestrebten Lösung, bevor er den Kontakt zu dem Anbieter sucht. Teilweise wird er auch erst nach der Überlegungsphase, also ab der späten Kaufphase (Late Stage), in den Prozess involviert.

Je nach Größe der Organisation kann die Rolle der IT-Entscheider unterschiedlich besetzt werden.

Während der IT-Entscheider in Großunternehmen ein Teil des Einkaufsgremiums (Buying Center) ist, wobei das Team sich aus Automatisierungs-, Engineering- und Einkaufsleitern zusammensetzt, kann in kleineren Organisationen die Rolle des IT-Entscheiders auch vom Fachentscheider oder Endnutzer/Administrator übernommen werden.

Der IT-Entscheider kann den Einsatz von einem externen Berater initiieren: „*Wir sind dann mit unserem Wissen auf ein Beratungsunternehmen zugegangen, mit dem wir schon öfter zusammengearbeitet haben, wenn es darum geht, eine neue Software auszuwählen*" (INT13, zitiert in Selent, 2019).

Der IT-Entscheider kann in dem Projekt eine unterstützende oder eine führende Position einnehmen. Das hängt von der Komplexität und Einsatzbreite der angestrebten Lösung ab. Bei einer fachbereichsspezifischen Lösung nimmt er eine unterstützende Rolle des Fachbereiches ein: „*Ist ja unsere [...] Kernaufgabe, den Fachbereich Konstruktion [...] zu unterstützen in der Auswahl von einem System*" (INT13, zitiert in Selent, 2019). Unter anderem evaluiert er die Kosten, den Zeitplan und den Prozess für die Integration der von

der Fachabteilung gewählten Technologie. Anderseits kommt es vor, dass der fachspezifische Softwareeinsatz im Fachbereich *„nur eine Teilfunktion"* darstellt und *„dass dieses
Fragment, was uns der Fachbereich an Funktion zugeordnet hat, dass dieses Fragment
eben wirklich nur ein Fragment ist, und [...] das Thema viel komplexer und weiter in den
Ausmaßen zu betrachten"* ist (INT13, zitiert in Selent, 2019). In so einem Zusammenhang ist es Aufgabe des IT-Entscheiders *„mehr Transparenz in diese ganze Thematik zu
bringen"* (INT13, zitiert in Selent, 2019). Dabei agiert er als Schnittstelle zwischen den
Fachabteilungen, dem Führungsteam und dem Anbieter. Er stellt sicher, dass das Projekt an
der übergreifenden Unternehmensstrategie ausgerichtet ist und die Geschäftsanforderungen
berücksichtigt und erfüllt werden.

Der IT-Entscheider bewertet die Auswirkungen der Softwareidee vom Geschäftsprozess
bis zur IT-Infrastruktur und evaluiert diese im Rahmen der IT-Landschaft des Unternehmens.
Die Softwareanforderungen werden in Zusammenarbeit mit Fachabteilungen, z. B. Konstruktion und Automatisierung, anhand der Prozessgestaltung definiert. Danach werden die
*„Anforderungen an die Anbieter verschickt, die dann vor Ort kommen, um eine Präsenta-
tion und eine Demo zu machen"* (INT44, zitiert in Selent, 2019). Die relevanten Lösungen
werden auf ihre Kompatibilität mit dem Netzwerkbetrieb und der Datenbankarchitektur hin
geprüft. Da der IT-Entscheider auch für die Softwareintegration nach dem Kauf sowie den
Support der Lösung im Einsatz zuständig ist, sucht er nach einer Technologie mit einer
hohen Integrationsfähigkeit. Darüber hinaus kann der IT-Entscheider in Themen wie Zeit-
und Kosteneffizienz des Projektes involviert sein. Auch bei der *Vertragssichtung* prüft er, *„ob
das Ganze realistisch und sinnvoll ist"* (INT11, zitiert in Selent, 2019).

Der IT-Entscheider kann als Schnittstelle zum Anbieter agieren. Bei der Evaluierung der
Anbieter oder Integrationspartner übernimmt der IT-Entscheider oft die intensive Bewertung
von seinen Erfahrungen und Kompetenzen. Falls die Lösung über einen externen Integrationspartner bereitgestellt wird, achtet er nach der Installation auf einen lokalen Support.
Es kommt aber auch vor, dass der IT-Entscheider direkt mit dem Hersteller und nicht mit
einem externen Integrationspartner arbeiten möchte.

Bedürfnisse und Ziele im Kaufentscheidungsprozess
Generell sind die Ziele des IT-Entscheiders ein geringerer Zeit- und Kostenaufwand,
gesteigerte Qualität, bessere Zusammenarbeit und dadurch mehr Zeit für Innovationen.
Der IT-Entscheider ist verantwortlich für die Dokumentation der Anforderungen, die
effiziente Implementierung, Schulung und Migration sowie Wartung und Aktualisierungen
der Lösung. Er will das mit dem Projekt verbundene Implementierungsrisiko geringhalten
und sucht nach Best Practices und Branchenerfahrungen. Die Kundenbeispiele mit der vorge-
sehenen Lösung spielen dabei eine wichtige Rolle. Der IT-Entscheider interessiert sich für
die Kunden aus der gleichen Industrie mit vergleichbaren Produkten oder Dienstleistungen
oder aus der regionalen Nähe, um einen Kontakt herzustellen. Der IT-Entscheider initiiert
oft den Austausch mit Anwendern der potenziellen Lösung und sucht die Vernetzung mit
den Peers in der Community.

Bei der Produktauswahl sind für ihn folgende Aspekte von Bedeutung:

- Funktionalität sowie technische Details für die Implementierung der Lösung
- Integrationsfähigkeit der Lösung: Er stellt sicher, dass die ausgewählte Lösung mit der bestehenden Netzwerkinfrastruktur, der Datenbank und dem Kommunikationsprotokoll übereinstimmt; *„die Integrationsfähigkeit zu CAD-Produkten, weil das ist für mich so ein Knackpunkt bei so Systemen, dass die CAD-Integration sauber funktioniert"* (INT11, zitiert in Selent, 2019)
- Skalierbarkeit, falls der Bedarf des Unternehmens wachsen sollte
- Grad der Standardisierung („Out-of-Box"-Funktionalitäten) vs. Anpassungsbedarf
- hohe Sicherheitsstandards, die die Lösung erfüllt
- hohe Benutzerfreundlichkeit mit steiler Lernkurve
- zukünftige Innovationskraft und Stabilität des Anbieters und seines Partnerumfelds, die eine langfristige Zusammenarbeit gewährleistet

Der IT-Entscheider sucht schon vor dem Erstkontakt mit dem Anbieter nach einem detaillierten Grobkonzept. Dabei sind die bedeutendsten Fragen die zu Kosten, Produktvorteile und Risiken.

Eine genaue Einschätzung des Software-Einführungsaufwands ist für IT-Entscheider von hoher Bedeutung: *„ Was ist der Aufwand? […] Wie ist der Aufwand für die einzelnen Leute? Wie ist dann der Schulungsaufwand? Oder täte dann der Migrationsaufwand/das sind ja dann auch immer so Punkte, die man dann gerne mal unterschätzt, dass da eigentlich sehr viel Schulung und Migrationsaufwand da ist für die Mitarbeiter"* (INT15, zitiert in Selent, 2019).

„Das Thema rund um den Support, also die Unterstützung, nachdem oder während dem das Produkt eingeführt wird" (INT15, zitiert in Selent, 2019) ist ein weiterer kritischer Aspekt für IT-Entscheider, da die Planung der Ausfallzeiten sowie der Betrieb der Lösung in seiner Verantwortung liegen. Sein Implementierungsziel ist vor allem, *„die Dinge effizienter gestalten und schnell zu ändern"* (INT45, zitiert in Selent, 2019). Auch das Verständnis zum Training der Mitarbeiter ist dabei von Bedeutung.

Bei der Anbieter-/Partnerauswahl erwartet der IT-Entscheider eine strategische Partnerschaft, um bei einer Vielzahl von Anforderungen und Bedürfnissen unterstützt zu werden. Ein Anbieter, der ein End-to-End-Lösungsportfolio offeriert, ist eine bevorzugte Option. Reputation und Erfahrung in der Industrie, Innovation und Technologieführerschaft sind weitere relevante Kriterien bei der Suche:

- Innovationsfähigkeit: „Das, was vorgestellt wurde, von den Anbietern, was mir am innovativsten vorkam und welches Produkt mir sozusagen rein subjektiv am besten gefallen hat" (INT11, zitiert in Selent, 2019).

- Branchenerfahrung: „Wie viele Kunden haben die, die ein ähnliches Portfolio haben wie wir?" (INT13, zitiert in Selent, 2019). „Und was für mich ganz wichtig ist, ist die Kompetenz im jeweiligen Bereich. Also sprich auch wieder in Richtung technische Erfahrung, wie viele Projekte hat man schon umgesetzt" (INT11, zitiert in Selent, 2019).
- Lokale Nähe: „Weil wir dort natürlich dann lieber jemand aus der Nähe haben, sei es von den Anfahrtswegen her, sei es von der Unterstützung her, halt die ganz/relativ einfachen, auf relativ tiefem Niveau angelegten Bedürfnisse" (INT15, zitiert in Selent, 2019).
- Serviceleistung, unter anderem in Krisen: „Wie gewährleistet ihr dann den Service? Wo habt ihr eure Eskalationszeiten liegen?" (INT13, zitiert in Selent, 2019).
- Gemeinsamkeiten in der Unternehmenskultur: „Wir haben gelernt aus vorhergehenden Projekten, dass die Menschen miteinander harmonieren müssen. Das ist ein ganz, ganz wichtiger Faktor. Nicht nur die Funktionen müssen passen, sondern auch die Menschen" (INT13, zitiert in Selent, 2019).

Interaktionsplattformen- und Quellenpräferenzen
Der IT-Entscheider ist sehr webaffin und nutzt das Internet zu Recherche-, Trainings- und Weiterbildungszwecken. Folgende Informationsquellen werden bevorzugt (Selent, 2019, S. 97):

- Webseiten der relevanten Branchen- oder Fachverbände sowie der renommierten Analystenhäuser
- Webseiten der Anbieter oder Integrationspartner
- soziale Medien wie Foren
- die Benutzerforen der einzelnen Hersteller
- die übergreifenden Communitys
- Blogs
- YouTube
- LinkedIn-Gruppen
- Twitter und XING
- persönliche Kommunikation, wie der Austausch mit Bekannten, Kollegen, Kunden, externen Beratern oder Kontakten aus dem Netzwerk mit Wettbewerbern
- Veranstaltungen, Messen und Trainings

Content- und Interaktionspräferenzen
Der IT-Entscheider greift auf relevante Fallstudien und Produktinformationen zu, um die Erfahrungen des Anbieters in seiner Branche zu verifizieren. Dabei können Referenzkunden die Erfahrungen rund um die Produktumsetzung bekräftigen. Die Information zu Schulungen und Support vor der Implementierungsphase sowie die Testversion der Lösung adressieren ebenso den Informationsbedarf der IT-Entscheider.
Informations- und Interaktionsbeispiele (Selent, 2019, S. 97–98):

- Stellungnahmen von Drittparteien und Analysten wie Analystenberichte, Publikationen in Fachzeitschriften, Artikel von Drittparteien zur Technologie, Analystenbewertungen sowie Vergleichstabellen über die Technologie oder die Anbieter
- Whitepapers
- produktbezogene Information wie Broschüren, Produktseiten, Infographik, detaillierte Spezifikationen und Abbildungen, Produktinformationen im Detail und Produktdemonstrationen
- Videoinhalte und Webinare wie Produktvideos, Videos mit Experten, Videos zum Herunterladen, YouTube-Video.
- Testversionen
- betriebswirtschaftlicher Content wie ROI-Berechnungstools oder ROI-Beispielswerte, Kundennutzen, Risikobewertungsrechner, Business Case, Finanzpräsentation, Kostenanalyse und -vergleich
- Support wie Information über den technischen Support, Leistungsübersicht, empfohlene Trainingskurse, Information zu Produktreleases und Version-Updates, Support Center Content
- Kundenbeispiele und Fallstudien

Relevante Digital Interaction Hubs
„Your Business" – „Let's Meet" – „Customers Who Use It" – „Why to Buy" – „What to Buy" – „Explore & Watch" – „Learn & Get Started"– „Ask the Community" – „Try & Buy"

3.5   Buyer Persona „Endnutzer/Administrator"

Der Endnutzer/Administrator hat meistens einen technischen bzw. ingenieurwissenschaftlichen Hintergrund und ist internet- und technologieaffin. Er befasst sich direkt mit der Softwarelösung, oft übernimmt er auch dessen Verwaltung. Seine Jobbezeichnung kann Engineer, Superuser, Manager CAD, Application Manager, R&D Engineer, Analyst, Konstrukteur bis zum Systemadministrator beinhalten (Abb. 3.10).

Beruflicher Hintergrund
Seine Aufgaben in Bezug auf die verwaltete Lösung sind Instandhaltung der Software und Lösung von technischen Problemen, interne Schulungen zu neuen Softwareversionen sowie eine abteilungsübergreifende Zusammenarbeit: *„Mein Fokus liegt auf der Pflege von [...] [dem Produkt], der Sicherstellung, dass es funktioniert, dass die Leute wissen, wie man es benutzt, der Untersuchung von Patches, der Installation von Patches, der Untersuchung neuer Versionen, der Installation neuer Versionen und der Schulung. Das ist der Hauptfokus. Ich beschäftige mich ein wenig mit der Bereitstellung von PCs für unser Ingenieurteam und arbeite mit der IT an diesen Dingen"* (INT42, zitiert in Selent, 2019).

Buyer Persona

Endnutzer/ Administrator

Funktion: Engineer, Analyst, R&D Engineer, Superuser

Kaufprozessbeteiligung:

KAUF

Ziele und Fokus im Kaufprozess:

- Arbeitsalltag mit dem Technologieeinsatz produktiver und innovativer gestalten
- Zuverlässigkeit der Lösung, Benutzerfreundlichkeit sowie Kompatibilität der Lösung
- Ausgereifte Technologie
- Reaktionsschneller Support über das Telefon und die Webseite

„Meine Aufgaben liegen bei der Recherche und Empfehlungen."

Ich treffe keine Entscheidung, aber ich habe die Möglichkeit, ein Veto einzulegen."

Content:

- Produktbezogene Informationen, wie Produktdemonstrationen, technische Produktdokumentation, Infografiken
- Fachbeiträge zur Produktauswahl, „How to"-Guides, detaillierte Spezifikationen & Zeichnungen, E-Books mit Best Practices, Lösungsdatenblatt
- Videoinhalte und Webinare wie Produkt-demonstrationen, Video-Anwenderbericht oder Video-Fallbeispiel, „Thought Leadership"-Webinar, Webinar zum Produktportfolio, Webinar mit Produktvorführung, Webinar mit Fallbeispiel, Videoschulungen, Webinar mit Vertretern der Fachverbände, Video mit Trainingsübersicht, Videos über einzelne Produktfunktionen
- Produktdemo wie Live-Onlinedemonstrationen oder Demovideos
- Testversion
- Whitepapers
- Fachbeiträge zur Produktauswahl oder produktbezogene Analystenmeinungen
- Anwenderbericht im Text- oder Videoformat, Webinar mit Fallbeispiel
- Support und Training, Video über Service- oder Trainingsübersicht, Information zu Präsenzschulungen

Rolle im Kaufprozess:

Option 1: Einstieg in laufenden Kaufprozess

Option 2 (z. B. bei SaaS-Modellen): eigeninitiierte Evaluierung der Lösung vor dem Kaufprozess oder an dessen Beginn

- Empfehlungen zu den technischen Anforderungen
- Evaluierung der Softwarelösung
- Trifft keine Kaufentscheidung, hat aber die Möglichkeit ein Veto einzulegen

Informationsquellen:

- Internet zur Informationsrecherche, wobei Werbung ignoriert wird
- Fachspezifische Foren und Gruppen in sozialen Medien
- Fach-Communitys (keine Business-Communitys)
- Learning-Platforms wie Udemy, Udacy, Pluralsight
- YouTube für Tutorials und Beispiele / Best Practices
- Webseite des Anbieters
- Peers aus der gleichen Branche
- Kunden, die die Lösung einsetzen
- Technische Ansprechpartner von Anbietern
- Messen oder produktrelevante Konferenzen

Digital Interaction Hubs:

„Learn & Get Started"

„Let's Meet"

„Your Business"

„What to Buy"

„Ask the Community"

„Try & Buy"

„Explore & Watch"

„Customers Who Use it"

Abb. 3.10 Steckbrief Buyer Persona „Endnutzer/Administrator". (Quelle: Eigene Darstellung)

Durch sein tiefes Fachwissen wird er als Experte wahrgenommen. Durch die Nutzung von neuen Lösungen erwartet er eine Vereinfachung seiner täglichen Arbeit, Produktivitätssteigerung und die Möglichkeit in seinen Projekten innovativer zu sein. Persönliche Entwicklung, Arbeitsanforderungen und -herausforderungen sind seine Treiber. Er interessiert sich für Produktivitätstipps und lernt von den Personen, die diese Lösungen anwenden. In der Regel nimmt er an einer Fach-Community teil. Für den täglichen Erfolg mit der Softwarelösung sucht er nach Schulungen und Unterstützung.

Kaufprozessbeteiligung

Häufig wird der Endnutzer/Administrator in den Evaluierungsprozess mit einbezogen, der von anderen Buyer Personas angestoßen wurde. Er steigt in einen laufenden Kaufentscheidungsprozess ein.

Mit dem Aufkommen der SaaS-Modelle und der freien Zugänglichkeit der kostenlosen Testversion (Free Trial) der meisten SaaS-Softwarelösungen ändert sich die Beteiligung der Endnutzer/Administratoren im Kaufprozess – von der Bereitstellung detaillierter Softwareanforderungen bei den Evaluierungen von On-Premise-Software, hin zu proaktiver eigeninitiierter Evaluierung der offen verfügbaren Testversion und teilweise Erwerb des Software-Abonnements (Pedeliento et al., 2019). Ein weiteres Vorgehen wäre, dass sie ihre eigene Informationsrecherche durchführen, die Software bewerten und dann mit dem CIO zusammen arbeiten, um die Software zu erwerben (Raghavan et al., 2020).

Themengebiete von Endnutzer/Administrator sind Empfehlungen zu den technischen Anforderungen, Evaluierung der Softwarelösung sowie eine Stellungnahme, welche Tools für ein bestimmtes Problem am besten geeignet sind: *„Meine Aufgaben liegen bei der Recherche und Empfehlungen [...]. Ich spiele nur eine zweitrangige Rolle bei der Entscheidung selbst. Ich gebe meine Empfehlungen an meine Vorgesetzten ab [...]. Sie verlassen sich auf mich, wenn es um technische Expertise geht"* (D25, zitiert in Selent, 2019).

Auch wenn der Endnutzer/Administrator keine Kaufentscheidung trifft, sind sein Beitrag und Einfluss in den Entscheidungsfindungsprozess durchaus signifikant: *„Ich treffe keine Entscheidung, aber ich habe die Möglichkeit, ein Veto einzulegen, basierend auf Erfahrungen aus der Vergangenheit"* (D27, zitiert in Selent, 2019).

Bedürfnisse und Ziele im Kaufentscheidungsprozess

Der Endnutzer/Administrator ist in erster Linie durch persönliche Entwicklung getrieben und bildet sich weiter, um auf dem Laufenden zu bleiben. Er sucht nach Möglichkeiten, mit dem Technologieeinsatz die Arbeitsbelastung zu reduzieren, um produktiver und innovativer im Arbeitsalltag zu werden (Papertsian, 2015, S. 13; Selent, 2019). Er will die Lösung im Detail im Voraus kennenlernen. Zuverlässigkeit der Lösung, Benutzerfreundlichkeit sowie Kompatibilität der Lösung beeinflussen direkt die Produktivität seiner täglichen Arbeit und sind für ihn sehr wichtig. Die Auswahl der Lösung hängt für den Endnutzer/Administrator davon ab, ob sie für die verbesserte Umsetzung seiner Aufgaben geeignet ist. Für ihn ist es von Bedeutung, dass die Technologie ausgereift ist, sich bewährt hat und stabil läuft.

Insbesondere achtet er auf den reaktionsschnellsten Support über das Telefon und die Webseite. Technische Expertise der Arbeiter, Service und Support sind für ihn von Bedeutung. Beim Anbieter achtet er auf die Branchenerfahrung. Der Endnutzer/Administrator will vom ersten Tag an produktiv und mit anderen Nutzern „connected" sein. Vernetzungsmöglichkeiten und aktive Online-Communitys sind für ihn ebenso von Relevanz.

Interaktionsplattformen- und Quellenpräferenzen
Der Endnutzer/Administrator verfolgt einen praktischen Ansatz und ist auf der Suche nach Dokumentationen, die leicht zugänglich, einfach verständlich und kurz sind. Er vertraut jedoch keinen Forschungs- und Beratungsunternehmen außerhalb des Fachnetzwerkes.

Der Endnutzer/Administrator verwendet für seine Informationssuche folgende Quellen (Selent, 2019, S. 100):

- Internet zur Informationsrecherche, wobei Werbung/Onlineanzeigen ignoriert werden
- fachspezifische Foren und Gruppen in sozialen Medien wie LinkedIn und Telegram
- Fach-Communitys (keine allgemeine oder Business-Communitys)
- Learning-Plattformen wie Udemy, Udacy, Pluralsight
- YouTube für Tutorials und Beispiele/Best Practices
- Webseite des Anbieters, die entweder generell aufgesucht wird oder zur Inanspruchnahme der Testversion
- persönliche Kontakte wie Peers aus der gleichen Branche sowie Kunden, die die angestrebte oder eine ähnliche Lösung einsetzen
- persönliche Kontakte wie technische Ansprechpartner oder Produktexperten, Anbieter oder auch die Vertriebsmitarbeiter
- Veranstaltungen wie Messen oder produktrelevante Konferenzen

Content- und Interaktionspräferenzen
Der Endnutzer/Administrator nutzt regelmäßig digitale Interaktionen und greift auf Content mit starkem Produktfokus wie Webinare, Videos, Produktdemonstrationen und Testversionen zurück. Anwenderberichte und der Austausch mit den Peers auf einer Community oder im Forum sind weitere priorisierte Interaktionen des Endnutzers/Administrators. Er vertraut dem fachspezifischem Fachnetzwerk und -quellen. Für ihn sollten die Informationen leicht zugänglich, verständlich und kurz sein. Er ist sich der Marketingaktivitäten und der Art und Weise, wie das Internetverhalten verfolgt wird, sehr bewusst.
Informations- und Interaktionsbeispiele (Selent, 2019, S. 101):

- produktbezogene Informationen wie Produktdemonstrationen, technische Produktdokumentation, Infografiken, Fachbeiträge zur Produktauswahl, „How to"-Guides, detaillierte Spezifikationen & Zeichnungen, E-Books mit Best Practices, Lösungsdatenblatt, „möglichst einfache, schlüssige Darstellung von so einem Programm"

- Videoinhalte und Webinare wie Produktdemonstrationen, Video-Anwenderbericht oder
  -Fallbeispiel, „Thought Leadership"-Webinar, Webinar zum Produktportfolio, Webi-
  nar mit Produktvorführung, Webinar mit Fallbeispiel, Videoschulungen, Webinar mit
  Vertretern der Fachverbände, Video mit Trainingsübersicht, Videos über einzelne
  Produktfunktionen
- Produktdemo wie Live-Onlinedemonstrationen oder Demovideos
- Testversion
- Whitepapers
- Stellungnahmen von Drittparteien und Analysten wie Fachbeiträge zur Produktauswahl
  oder produktbezogene Analystenmeinungen
- Anwenderbericht im Text- oder Videoformat, Webinar mit Fallbeispiel
- Support und Training, Video über Service- oder Trainingsübersicht, Information zu
  Präsenzschulungen

Relevante Digital Interaction Hubs
„Your Business" – „Let's Meet" – „Customers Who Use It" – „What to Buy" – „Explore &
Watch" – „Learn & Get Started"– „Ask the Community" – „Try & Buy"

3.6 Buyer Persona „Externer Berater"

Gerade wenn es um komplexe Technologieeinkaufsszenarien geht, beauftragen
Unternehmen oft Drittanbieter, die tiefgehende Fachkompetenz in den Geschäftsprozessen
und -zielen des Kunden, der Subindustrie, Technologieplattform und Geografie aufweisen
und zur Agilität und Innovation des Projektes beitragen können (McBain, 2017, S. 8). Als
Gründe der Einbindung von externen Unternehmen in den Technologiekaufprozess nennt
McBain (2017), (Abb. 3.11):

Beruflicher Hintergrund

- fehlende Kenntnisse im eigenen Haus
- Bedarf einer externen Perspektive, um Innovationen voranzutreiben; nach dem Vier-
  Augen-Prinzip können das Geschäftsmodell, die Organisation, Prozesse und Anwen-
  dungen mit anderen Erfahrungen verglichen werden und zu neuem Denken und Best
  Practices führen
- schnellere Projektumsetzung und Technologieimplementierung mit Drittanbietern durch
  Überspringen der internen Bürokratie, die oft mit Risikobewertung und Compliance,
  Richtlinien-, Verfahrens- und Kontinuitätsanforderungen verbunden ist
- Realisierung von Kosteneinsparungen
- Einbindung der Ökosysteme von Partnern und Geschäftsbeziehungen
- Effektivere Organisation und Koordination

Buyer Persona

Externer Berater

Funktion: externer Berater,
Vertreter der Beratungs- und
IT-Dienstleistungsunternehmen
oder Solution Partner der Anbieter,
SaaS-Berater,
branchenspezifischer Dienstleister

Kaufprozessbeteiligung:

KAUF

Ziele und Fokus im Kaufprozess:

- Hochwertige Beratung zu den Unterscheidungsmerkmalen zwischen Anbietern und Lösungen
- Erstellung der Shortlist der Anbieter/Lösungen
- Erfolgreiche und kostenoptimale Beratung

Fokus:

- Stabilität und Erfolgsbilanz der Anbieter, Informationen zu Akquisitionen
- Technologieführung, Unternehmenswerte und strategische Ausrichtung
- Industrieerfahrungen der Anbieter
- Passung der Unternehmenskultur zum Kunden
- Zuverlässigkeit und Effizienz in der Leistung
- Gesamtbetriebskosten, Leistungsnachweise, Investitionsrendite
- Anforderungsanalyse

„Wir helfen oft den Kunden zuerst die Strategie festzulegen und die Anforderungen zu ermitteln."

„Wir geben unseren Kunden die Empfehlungen für die Shortlist."

„Wir wählen die Technologie nicht aus. Wir begleiten den Auswahlprozess."

Content:

- Kaufbezogene Interaktionen, wie ROI-Berechnungstool, Business Case, finanzielle Darstellung
- Whitepapers
- Veröffentlichungen von Verbänden, Fachpublikationen und technischen Artikeln, Vergleichstabellen von Produkten oder Anbietern
- Produktbezogener Content wie Produktbroschüren, Datenblätter zur Produktfamilie und Lizenzstruktur
- Videoinhalte und Webinare
- Kundenbeispiele und Fallstudien

Rolle im Kaufprozess:

- Unterstützung der Kunden bei der Festlegung der Strategie und der Ermittlung der Anforderungen
- Analyse der Fertigungs- und Geschäftsprobleme
- Formulierung der Anforderungen
- Unterstützung der Recherche und der Ausarbeitung von fundierten Entscheidungen
- Begleitung des Auswahlprozesses

Informationsquellen:

- Anbieterwebseite
- Webseiten der Industrieverbände oder Fachpublikationen
- Internetrecherche
- Onlineforen und -Communitys
- Soziale Medien wie LinkedIn und Twitter
- Konferenzen
- Anwendertreffen
- Analystenbriefings

Digital Interaction Hubs:

„Your Business"   „Let's Meet"

„Why to Buy"   „Customers Who Use it"

Abb. 3.11 Steckbrief Buyer Persona „Externer Berater". (Quelle: Eigene Darstellung)

Die Rolle des externen Beraters kann ein unabhängiger, externer Berater (z. B. PLM-Berater), ein Vertreter der Beratungs- und IT-Dienstleistungsunternehmen oder ein Vertriebspartner von Anbietern übernehmen. Hochspezialisierte Fachkenntnisse sind dabei die kritische Voraussetzung für die Einbindung in den Kaufprozess (McBain, 2017, S. 7). Auch ein Dienstleistungsunternehmen, das Ingenieurdienstleistungen (beispielhaft Analyse, Design, Fehlerbehebung) für Käufer bereitstellt, kann die Rolle des externen Beraters übernehmen (D44).

Zu den traditionellen IT-Fachleuten, die zu neuen Technologien beraten, sie implementieren und warten, kommen neue Marktakteure, die diese Rolle übernehmen: SaaS-Berater (Software as a Service) und -Implementierungspartner; branchenspezifische Dienstleister, die ihre Services erweitern; ISVs (Independent Software Vendors) mit zusätzlicher Spezialisierung; „Born-in-the-Cloud-Unternehmen" als Nischenanbieter von Integrationsdienstleistungen; Start-ups.

Eine Person, die in Einkaufsgremien des Kunden die Rolle des externen Beraters übernimmt, hat im eigenen Unternehmen oft die Rolle des Geschäftsführers, Projektmanagers oder technischen Direktors inne. Seine Aufgaben erstrecken sich dabei von der *„Unterstützung der Business-Development-Gruppe, Geschäftsführung, Strategieentwicklung und Mitarbeiterführung"* (INT38, zitiert in Selent, 2019) bis zum *„Consulting der Industrieunternehmen"* (INT38, zitiert in Selent, 2019) in Beratungseinsätzen bei den Kunden.

Der externe Berater sieht sich als *„Vordenker in der Branche"* und *„Business Analyst"* (INT39, zitiert in Selent, 2019). Er verfügt über umfangreiche Erfahrungen und hält sich auf dem Laufenden mit den neusten technologischen Fortschritten, indem er sich mit den *„Softwaretrends, Märkten, Situationen, PLM- und Engineering-Domänen"* beschäftigt (INT39 & D28, zitiert in Selent, 2019). Sein Ziel ist *„eine wertvolle Ressource"* für die Kunden zu sein, indem er *„den Markt, die Konkurrenz und die Kunden versteh[t]"* (INT38, zitiert in Selent, 2019). Er ist technisch orientiert, kennt aber auch die Kostenkalkulation auf Grundlage des Wissens über die Entwicklung und die Kosten verschiedener Produktangebote mehrerer Anbieter (D44, zitiert in Selent, 2019).

Der externe Berater baut Beziehungen zu den verschiedenen Anbietern auf und begrenzt das Risiko, dass seine Empfehlungen nicht erfüllt werden.

Kaufprozessbeteiligung

Der externe Berater unterstützt bei der Auswahl des Tools auf Grundlage der Bedürfnisse des Käufers. Der Einsatz des externen Beraters findet überwiegend am Anfang des Kaufentscheidungsprozesses statt, primär in der frühen Kaufphase und in der mittleren Kaufphase bei der Formulierung der Anforderungen: „Wir helfen oft den Kunden zuerst die Strategie festzulegen und die Anforderungen zu ermitteln" (INT38, zitiert in Selent, 2019). Er ist daran interessiert, die Lösungssuche zeit- und kosteneffizient abzuwickeln.

Des Weiteren analysiert er die Fertigungs- und Geschäftsprobleme der Käufer, um die wichtigsten Lösungsanforderungen zu definieren, und agiert unterstützend bei der Recherche nach Lösungen und der Ausarbeitung von fundierten Entscheidungen. Er ist oft der erste

Ansprechpartner von Kunden, um Empfehlungen für Produkte auszusprechen und die Lösungen und Hersteller zu identifizieren. Der externe Berater kann die Liste der in Frage kommenden Anbieter direkt beeinflussen: „Wir geben unseren Kunden die Empfehlungen für die Shortlist, hier ist eine Reihe von Anbietern, die diese Funktionen bereitstellen können. Wir geben ihnen Kontakte. Wen man ansprechen soll. Um den Evaluierungsprozess zu starten. Wir wählen die Technologie nicht aus. Wir begleiten den Auswahlprozess" (INT38, zitiert in Selent, 2019). Während des Evaluierungsprozesses verlässt er sich auf seine Erfahrungen. Anschließend werden die ausgewählten Optionen auf „Leistungsmerkmale und Funktionen, strategische Vision und Unternehmenskultur" überprüft. Neben dem Einkaufsgremium kommuniziert der externe Berater mit dem oberen Management der Kunden und liefert die Ausarbeitungen für die relevanten Diskussionen.

Das Interesse des externen Beraters variiert je nach dem Schwerpunkt und Ziel seiner Tätigkeit. Beispielsweise, wenn er die Rolle des externen Beraters eines Technologie- und Integrationsunternehmen mit Vertriebsrechten der relevanten Softwarelösungen übernimmt. In diesem Fall kann sich die Kaufprozessbeteiligung auf weitere Phasen bis zum Service nach dem Kauf erstrecken. Neben der beratenden Rolle tritt er somit auch in einer Verkäuferrolle auf. Dabei strebt er nach einer bestmöglichen und objektiven Empfehlung für seine Kunden, wobei er auf die Verbesserung seines Rufes abzielt. Es kommt aber auch vor, dass die Interessen des eigenen Unternehmens neben den Interessen des Kunden stehen und einen Einfluss auf die Empfehlungen haben können. In diesem Fall stehen die Kunden zwar immer noch im Fokus, der externe Berater achtet aber auch auf seine Marge und auf die Profitabilität seines Geschäftes.

Bedürfnisse und Ziele im Kaufentscheidungsprozess
Die Hauptaufgabe der externen Berater ist es, erfolgreiche und kostenoptimale Lösungen zu liefern sowie Engineering-Teams zu leiten. Außerdem bieten sie technische Führung, Projektmanagement und Zusammenarbeit mit betroffenen Bereichen an. Der externe Berater offeriert seinen Kunden eine hochwertige Beratung zu den Unterscheidungsmerkmalen zwischen Anbietern und Produkten. Seine Informationssuche richtet er nach dem Thema und nicht nach dem Produkt, wobei es zu einem späteren Zeitpunkt produktspezifisch werden kann. Er möchte die Alleinstellungsmerkmale der Anbieter verstehen und die Shortlist erstellen. Die für ihn wichtigen Themen im Kaufentscheidungsprozess sind (Selent, 2019; Papertsian, 2015, S. 14):

- Stabilität und Erfolgsbilanz der Anbieter, Informationen zu Akquisitionen
- Technologieführung, Unternehmenswerte und strategische Ausrichtung
- Industrieerfahrungen der Anbieter
- Zuverlässigkeit und Effizienz in der Leistung
- Gesamtbetriebskosten, Leistungsnachweise, Investitionsrendite
- Anforderungsanalyse

Nicht nur die Lösung des Anbieters sollte passen, sondern auch die Unternehmenskultur zum Kunden.

Er interessiert sich für reale Beispiele und Kundeninformationen und möchte verstehen, warum sie die Lösung gekauft haben und wo sie erfolgreich sind.

Interaktionsplattformen- und Quellenpräferenzen
Generell ist der externe Berater sehr offen für digitale Interaktionen und Inhalte. Er sammelt Informationen aus folgenden Quellen (Selent, 2019; S. 105):

- Webseite des Anbieters
- Industrieverbände oder Fachpublikationen
- Internetrecherche
- Onlineforen und -Communitys
- soziale Medien wie LinkedIn und Twitter als gute Möglichkeit für Beobachtungen
- persönliche Quellen wie
- Konferenzen
- Anwendertreffen
- Analystenbriefings

Content- und Interaktionspräferenzen
Informations- und Interaktionsbeispiele (Selent, 2019; S. 105):

- kaufbezogene Interaktionen, wie ROI-Berechnungstool, Business Case, finanzielle Darstellung
- Whitepapers
- Stellungnahmen von Drittparteien und Analysten wie Veröffentlichungen von Verbänden, Fachpublikationen und technische Artikel, Vergleichstabellen von Produkten oder Anbietern
- produktbezogener Content, wie Produktbroschüren sowie Datenblätter zur Produktfamilie und Lizenzstruktur
- Videoinhalte und Webinare
- Kundenbeispiele und Fallstudien

Relevante Digital Interaction Hubs
„Your Business" – „Let's Meet" – „Customers Who Use It" – „Why to Buy"

Literatur

Dennis, C., Merrilees, B., Jayawardhena, C., & Wright, L. T. (2009). e-Consumer Behaviour. *European Journal of Marketing, 43*(9/10), 1121–1139. https://doi.org/10.1108/03090560910976393

Forrester (2019). Forrester's 2019 B2B Buying Survey. In Bruce, I. & Pregler, M (2022, DATE Konferenz). Risky Business: Defensive Decision-Making Poisons The Buyer's Journey, Making Trust Mandatory. [Konferenzbeitrag]. B2B Summit Forrester Research. Online.

Forrester (2021). Forrester's 2019 B2B Buying Survey. In Bruce, I. & Pregler, M (2022, DATE Konferenz). Risky Business: Defensive Decision-Making Poisons The Buyer's Journey, Making Trust Mandatory. [Konferenzbeitrag]. B2B Summit Forrester Research. Online.

Foscht, T., Swoboda, B. & Schramm-Klein, H. (2017). Käuferverhalten. Grundlagen – Perspektiven – Anwendungen (6. Aufl). Wiesbaden: Springer Gabler.

Greenberg, P. (2010). The impact of CRM 2.0 on customer insight. Journal of Business & Industrial Marketing. Journal of Business & Industrial Marketing, 25 (6), 410–419. https://doi.org/10.1108/08858621011066008

Harnisch, S. (2015). *Einkauf und Einsatz von Unternehmenssoftware. Empirische Untersuchungen zum anwenderseitigen Software-Lebenszyklus.* Wiesbaden: Springer Gabler.

IDG. (2017). Role & Influence of the Technology Decision-Maker. Survey, International Data Group. https://www.idg.com/tools-for-marketers/2017-role-influence-technology-decision-maker/. Zugegriffen: 12. Januar 2019.

Jadhav, A. S., & Sonar, R. M. (2009). Evaluating and selecting software packages: A re-view. *Information and Software Technology, 51*(3), 555–563. https://doi.org/10.1016/j.infsof.2008.09.003

Kietzmann, J. H., Hermkens, K., McCarthy, I. P., & Silvestre, B. S. (2011). Social media? Get serious! Understanding the functional building blocks of social media. *Business Horizons, 54*(3), 241–251. https://doi.org/10.1016/j.bushor.2011.01.005

Kopec, M. (2012). How C-Level Executives Validate Their Vendor Choices, SiriusDecisions. https://www.siriusdecisions.com/blog/how-clevel-executives-validate-their-vendor-choices. Zugegriffen 10.Oktober 2017.

LaFond, R., Cohen, J.L. & Rees, K. (2022). Boost B2B Demand Generation Using Enterprise Personas, Gartner. https://emtemp.gcom.cloud/ngw/globalassets/en/marketing/documents/drive-growth-with-b2b-enterprise-personas.pdf. Zugegriffen: 30. August 2022.

Leinemann, R. (Hrsg.). (2011). *IT-Berater und soziale Medien. Wer beeinflusst Technologiekunden?* Berlin: Springer.

Lemon, K. N., & Verhoef, P. C. (2016). Understanding Customer Experience Throughout the Customer Journey. *Journal of Marketing, 80*(6), 69–96. https://doi.org/10.1509/jm.15.0420

McBain, J. (2017). Death of the traditional IT channel. Address new hyperspecialized shadow channels to succeed in the age of the customer. Forrester Research. https://www.forrester.com/report/death-of-the-traditional-it-channel/RES122461?ref_search=1305524_1684939189525.

Müller, J. M., Pommeranz, B., Weisser, J., & Voigt, K.-I. (2018). Digital, Social Media, and Mobile Marketing in industrial buying: Still in need of customer segmentation? Empirical evidence from Poland and Germany. *Industrial Marketing Management, 73*, 70–83. https://doi.org/10.1016/j.indmarman.2018.01.033

Papertsian, M. (2015). B-to-B Alignment: Core Models and Concepts. Wilton, CT: SiriusDecisions.

Pedeliento, G., Andreini, D., Bergamaschi, M., & Salo, J. (2019). End users' purchasing task involvement, power and influence strategies in organizational buying. *Journal of Business & Industrial Marketing, 34*(1), 150–165. https://doi.org/10.1108/JBIM-01-2018-0037

Raghavan, S. R., Jayasimha, K. R., & Nargundkar, R. V. (2020). Impact of software as a service (SaaS) on software acquisition process. *The Journal of Business and Industrial Marketing, 35*(4), 757–770. https://doi.org/10.1108/JBIM-12-2018-0382

Schultz, D. E. (2012). B2B marketing communication in a transformational marketplace. In G. L. Lilien & R. Grewal (Hrsg.), *Handbook on business-to-business marketing* (S. 165–181). Cheltenham: Elgar.

Selent, A. (2019). Digitalisierung von Kundeninteraktionen – „Digital Interaction Hubs" im Vertrieb von Industriesoftware. Dissertation. Universität St.Gallen.

SiriusDecisions. (2015). Observable Outcomes: The Buyer-Focused Sales Process. Research Brief. Wilton, CT: SiriusDecisions. https://www.siriusdecisions.com/Research-Articles/O/ObservableOutcomesTheBuyerFocusedSalesProcess. Zugegriffen: 15. August 2016.

Toman, N., Adamson, B. & Gomez, C. (2017). The New Sales Imperative. Harvard Business Review, 95 (2), 118–125. https://hbr.org/2017/03/the-new-sales-imperative. Zugegriffen: 30. September 2018.

Webster, F. E., & Wind, Y. (1972). General Model for Understanding Organizational Buying Behavior. *Journal of Marketing, 36*(2), 12–19. https://doi.org/10.2307/1250972

Wizdo, L. (2015a). B2B Buyer Journey Mapping Basics. Forrester Research. https://go.forrester.com/blogs/15-05-25-b2b_buyer_journey_mapping_basics/. Zugegriffen: 16. Dezember 2017.

Digital Interaction Hubs im B2B-Kauf- und Verkaufsprozess: Nutzung und Gestaltung

Zusammenfassung

Das Ziel dieses Kapitels ist die Digital Interaction Hubs (DIHs) vorzustellen und ihre praktische Anwendung im Unternehmenskontext zu erläutern. Zuerst wird eine Herleitung von Kaufprozess und Buyer's Journey hin zu Digital Interaction Hubs (DIHs) dargelegt. Die DIHs werden in mehreren Kaufschritten von verschiedenen Buyer Personas wahrgenommen. Demzufolge sollten sie eine Art Netzwerk bilden, das in einer strukturierten Suche oder auch in einer gelegentlichen, sporadischen Suche von den Käufern erkundet werden kann, sodass sie ihre Interaktionen bzw. ihre Buyer's Journeys zeit- und hubunabhängig starten oder auch wiederaufnehmen können. Als eine Art Netzwerk der digitalen Knotenpunkte stellen diese Hubs einen neuen Zugang zu Anbieter-Käufer-Interaktionen dar. Dieses Ansatz ermöglichen dem Anbieter eine Fokussierung bei der Digitalisierung von Kundeninteraktionen im Vertrieb von komplexen B2BAngeboten. Nachdem das Konstrukt „Digital Interaction Hub" vorgestellt wurde, wird auf einzelne Hubs eingegangen. Die neun Digital Interaction Hubs im B2B-Kauf- und Verkaufsprozess sind: Your Business – Let's Meet – Customers Who Use It – Why to Buy – What to Buy – Explore and Watch – Learn & Get Started – Ask the Community – Try & Buy. Diese werden anhand folgender Merkmale im Detail und mit Beispielen beschrieben: Hub-Content-Strategie, Relevanz für die Buyer Personas, Einsatz im Kaufprozess sowie Gestaltungsmöglichkeiten in der Praxis (Hub-Content-Architektur und Navigation, Buyer Engagement Tactics, kritische Erfolgsfaktoren und Navigation Patterns).

Vermerk:

Die vorliegende Arbeit basiert auf den Erkenntnissen und Forschungsergebnissen der Dissertation der Autorin mit dem Titel „Digitalisierung von Kundeninteraktionen – 'Digital Interaction Hubs' im Vertrieb von Industriesoftware". Um die Lesbarkeit zu verbessern und den Fokus auf die Haupterkenntnisse und -ergebnisse zu lenken, wurden Zitierkürzel und spezifische Angaben zu den anonymisierten Interviewpartnern, der Desk-Recherche sowie den analysierten Webseiten weggelassen, mit Ausnahme von direkten Zitaten.

4.1   Von Kaufprozess und Buyer's Journey hin zu Digital Interaction Hubs

Angesichts der aufgezeigten Herausforderungen in der Praxis (siehe Abschn. 1.1) gelingt es vielen Anbieterunternehmen nur ungenügend, die digitalen „Schauplätze" – Interaktionszentren ihrer potenziellen Käufer – im Kaufprozess vollständig zu identifizieren und käufergerichtet mitzugestalten. Damit wird das Ziel, die Informations- und Interaktionsbedürfnisse der Käufer während des gesamten Kaufzyklus zu adressieren, nur ungenügend erreicht.

Die virtuellen Plätze, die eine hohe Interaktionsdichte aufweisen und kaufrelevante Interaktionen zwischen dem Anbieter und dem Käufer hosten, werden in der Folge als „Digital Interaction Hubs" (DIHs) definiert.

Um Zugang zu Analysemöglichkeiten der digitalen „Schauplätze", der Digital Interaction Hubs, zu erhalten, werden der Kaufprozess und der Informationsgewinnungsprozess entkoppelt betrachtet. Während der Kaufentscheidungsprozess linear und sequenziell verläuft, findet die Suche nach und der Konsum von relevanten Informationen episodisch und teilweise entkoppelt von den Phasen des Kaufprozesses statt (Kopec, 2015; Molenaar, 2010, S. 14) (vgl. Abb. 4.1). In diesen Episoden entstehen kaufbezogene Interaktionen, die physisch oder digital, in Echtzeit oder zeitversetzt stattfinden können. Der Informationskonsum und die Verarbeitung der komplexen Inhalte erfolgt gleichzeitig und schubweise: Der Käufer kann eine Suche in einer Internetsuchmaschine durchführen oder zu einem Verkaufsgespräch gehen und diese eine Interaktion könnte ihm genügend Informationen zu mehreren kaufbezogenen Fragen oder Kaufphasen liefern (Kopec, 2015).

Das Verständnis dieser beiden Prozesse trägt zur Ermöglichung einer käufergerechten Gestaltung der Kommunikation und Interaktion bei. Diese Prozesse sind relevant, um einerseits die Informationsbedürfnisse und andererseits das Informations- und Interaktionsverhalten der Käufer zu verstehen. Die Entkopplung dieser zwei in ihrer Natur unterschiedlichen Vorgänge und die Betrachtung der Buyer's Journey als Informationssuche und Interaktionen aus der Perspektive der Interaktionsepisoden ermöglichen einen systematischen Zugang, um relevante Interaktionen zu erfassen, Digital Interaction

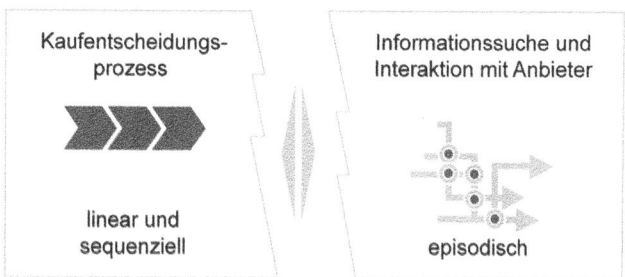

Abb. 4.1 Prozess vs. Episoden: Kaufentscheidungsprozess vs. kaufbezogene Interaktionen. (Quelle: Eigene Darstellung)

Hubs herzuleiten, diese zu analysieren und anschließend im Kaufentscheidungsprozess käuferorientiert zu gestalten (siehe die Details zum Gang der Forschungsarbeit in Abschn. 1.2).

Die Käufer entscheiden, wann und wie sie ihre Interaktionen durchführen, die Inhalte konsumieren und mit einem Anbieter interagieren. Deshalb sollten die Anbieterunternehmen sicherstellen, dass die Informationsbedürfnisse und Interaktionspräferenzen der Käufer adressiert werden, um sie während des Kaufprozesses zu erreichen und in der Kaufentscheidung positiv zu beeinflussen – und zwar unabhängig davon, ob sie Interaktionsschritte nacheinander ausgeführt haben oder nicht.

Demzufolge sollten die Digital Interaction Hubs eine Art **Netzwerk** bilden, das in einer strukturierten Suche oder auch in einer gelegentlichen, sporadischen Suche von den Käufern erkundet werden kann, sodass sie ihre Interaktionen bzw. ihre Buyer's Journeys zeit- und hubunabhängig starten oder auch wiederaufnehmen können (vgl. Abb. 4.2).

4.2   Das Konzept „Digital Interaction Hub" (DIH)

Das vorliegende Buch befasst sich mit den kaufbezogenen Interaktionen zwischen dem B2B-Käufer und -Anbieter und mit Hubs – internetbasierten Kommunikations-, Transaktions- und Interaktionszentren –, in denen die für den Kaufprozess kritischen Interaktionen zwischen dem Anbieter und Käufer stattfinden. Diese werden in der Folge unter dem Begriff „Digital Interaction Hub" (DIH) beschrieben.

4.2.1   Konzept und Eigenschaften der Digital Interaction Hubs

Ein Digital Interaction Hub (DIH) ist ein mehrdimensionaler Interaktionsknoten, ein begrenzter virtueller Raum, in dem kaufbezogene Interaktionen direkt oder indirekt zwischen dem Anbieter und dem Käufer unter Verwendung des Mediums Internet

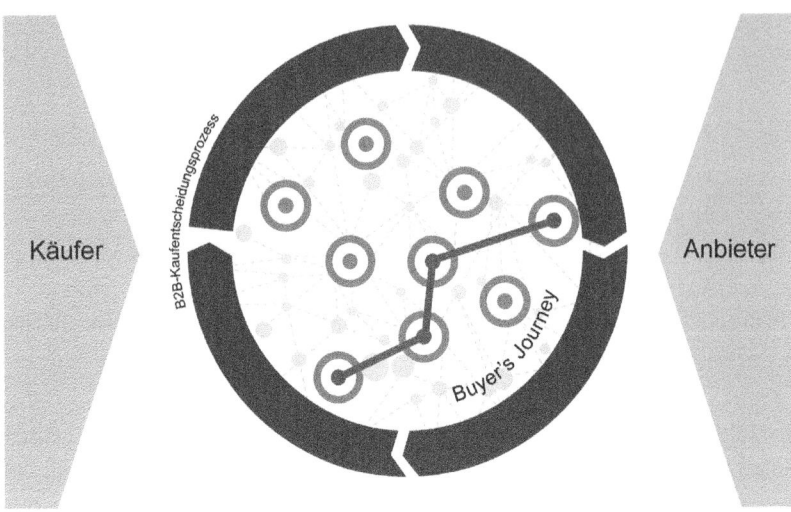

Abb. 4.2 Netzwerk der Digital Interaction Hubs im Kaufentscheidungsprozess. (Quelle: Eigene Darstellung)

stattfinden und der durch eine hohe Nutzungsintensität und Kaufentscheidungsrelevanz gekennzeichnet ist.

Die DIHs werden in mehreren Kaufschritten von verschiedenen Teilnehmern des Kaufzyklus (Buyer Personas) wahrgenommen. Dabei hat die Buyer Persona das Ziel, sich verändernde Informationsdefizite zu beheben. Je nachdem, wie gut die Interaktion die Informationsdefizite abdeckt, können während der Buyer's Journey mehr oder weniger Interaktionen stattfinden, die unterschiedlichen Einfluss auf die Kaufentscheidung haben.

Die DIHs spielen eine wesentliche Rolle beim Hosten und Gestalten dieser (webbasierten) Interaktionen und sind somit für den Anbieter eine optimale Gelegenheit, sich im Kaufprozess zu engagieren und ihn aktiv zu beeinflussen.

Die auf dem DIH stattfindende Interaktion zwischen dem Anbieter und Käufer kann direkt oder indirekt geschehen. Dabei variieren die Interaktionen von einem Self-Service-Format, wie dem Herunterladen und Lesen des Anwenderberichts oder dem Anschauen des Produktvideos, über die aktive Interaktion mit dem Anbieter in einem Webchat bis zur Interaktion mit Nutzern einer Community durch das Mitführen einer Diskussion. Dementsprechend hat der Anbieter die Möglichkeit, sich passiv oder aktiv in die Interaktion einzubringen und die Interaktion direkt oder indirekt zu beobachten und zu moderieren.

▶ **Definition** Ein **Digital Interaction Hub (DIH)** ist ein mehrdimensionaler Knoten, ein begrenzter virtueller Raum, in dem kaufbezogene Interaktionen direkt oder indirekt zwischen dem Anbieter und dem Käufer unter Verwendung des Mediums Internet stattfinden und der durch eine hohe Nutzungsintensität und Kaufentscheidungsrelevanz gekennzeichnet ist.

Wesentliche Merkmale des Digital Interaction Hubs sind:

- hohe Nutzungsintensität und Kaufentscheidungsrelevanz für mehrere Buyer Personas
- Vorkommen bei den Überschneidungen des Kauf- und Verkaufsprozesses
- Adressierung der Informationsdefizite der Käufer während des Kaufprozesses in der Form, dem Format, dem Umfang und zu dem Zeitpunkt, die von ihm präferiert werden
- Adressierung der Teilentscheidungen im Kaufprozess
- spielen für mehrere Kaufschritte eine Rolle und kommen in mehreren Interaktionsepisoden zum Einsatz
- Multidimensionalität der Gestaltung

4.2.2 Dimensionen des Digital Interaction Hubs

Ein Digital Interaction Hub setzt sich aus mehreren Dimensionen zusammen. Die Identifizierung und Verknüpfung der für den Käufer relevanten Dimensionsausprägungen unter Berücksichtigung der kaufbezogenen Einflussfaktoren ergibt eine hohe Komplexität für den Anbieter.

Erfolgskritisch bei der Gestaltung der Digital Interaction Hubs ist nicht nur die Identifizierung der einzelnen Dimension und deren Ausprägungen, sondern vielmehr deren Einsatz- und Gestaltungsvariationen unter holistischer Betrachtung der relevanten Einflussfaktoren.

Ein DIH setzt sich aus verschiedenen Dimensionen zusammen (vgl. Abb. 4.3). Die hohe Käufernutzungsintensität und Kaufentscheidungsrelevanz sind auf die zielführende Zusammensetzung der einzelnen Dimensionen zurückzuführen.

4.2.2.1 Interaktionsangebot

Diese Dimension beschreibt das für den DIH relevante Informations- und Interaktionsangebot, gibt einen Einblick in die Interaktivitätsmöglichkeiten und die Interaktivität (Gegenseitigkeit im Austausch) und beschreibt den Typ der realisierten Interaktionen. Die Option zu interagieren, schließt die Möglichkeiten einer Interaktion mit den Inhalten, dem Anbieter oder anderen Nutzern ein. Die digitalen Interaktionen können in folgende Gruppen aufgeteilt werden (vgl. Tab. 4.1).

Am Anfang der Buyer's Journey werden tendenziell digitale nichtmenschliche Interaktionen wahrgenommen; eine menschliche Interaktion könnte als unerwartetes Kommunikationsmittel auffallen und weniger positiv aufgenommen werden (White, 2015). Das führt zur Annahme, dass sich je nach Informationsbedarf und Informationsverhalten der Buyer Persona die Bereitschaft zur Interaktion mit dem Anbieter ändert. Daraus lässt sich schließen, dass der Käufer einen unterschiedlichen Interaktivitätsgrad an einzelnen Digital Interaction Hubs wünscht. Dementsprechend sollten Interaktionsmodelle realisiert werden, die relevante und gewünschte Interaktionstypen unterstützen.

Interaktionsangebot

Informations- und Interaktionsangebot des DIH: relevante kaufbezogene Interaktionen variieren von webgestützt/Self-Service-Format (z.B. Lesen von Berichten, Anschauen von Referenzvideos) über automatisiert (interaktives Tool zur ROI-Berechnung), sozial (Forumdiskussion), bis zu personalisiert (Onlinechat), virtuelles Live-Meeting

Interaktionsplattform

Infrastruktur des DIH: (Interaktions-)Plattformen als virtueller Ort des DIH, wie Webseite des Anbieters, Social-Media-Plattformen, Media-Sharing-Portale etc. sowie Interaktionskanäle als Gestaltungskomponenten, wie z.B. Onlinechat, Landing Page, Telefon

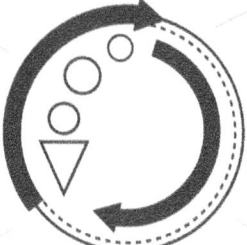

Buyer Engagement Tactics

Inbound- und Outbound-Marketingmaßnahmen erregen die Aufmerksamkeit der Käufer und bringen diese zum DIH, wie z.B. SEO, Google AdWords, Landingpage-Optimierung, Social Media Marketing, E-Mail-Marketing etc.

Content

Inhaltsgehalt und -format des Informations- und Interaktionsangebotes (Themenauswahl, Sprache und Gestaltung)

Navigation Patterns: Next-Best-Interaction

Vernetzung von einzelnen DIHs in die verschiedenen Navigationsschemas berücksichtigt den Buyer-Persona-spezifischen Interaktions- und Informationsbedarf

Abb. 4.3 Dimensionen eines Digital Interaction Hubs. (Quelle: Eigene Darstellung)

4.2.2.2 Interaktionsplattform

Diese Dimension erschließt Interaktionsplattformen und Interaktionskanäle als Infrastruktur des DIH. Im Kontext dieser Arbeit werden die DIHs untersucht, die seitens des Anbieters aktiv und eigenständig gestaltet werden können (DIHs auf anbietereigener Plattform), und DIHs, zu deren Gestaltung der Anbieter bedingt beitragen kann (DIHs auf anbieterfremden Plattformen). Bei der Analyse und Einordnung der Quellen wird zwischen den Interaktionsplattformen als virtuellem Ort der DIHs und relevanten Distributions- und Interaktionskanälen als Gestaltungskomponenten unterschieden. Beispiele für Interaktionsplattformen sind anbietereigene Unternehmenswebseiten, Media-Sharing-Portale, Social-Media-Plattformen etc. Als Interaktionskanäle können Telefon, E-Mail, Landingpage, Onlinechat (Interaktionskanäle), Chatbot, Kollegen etc. bezeichnet werden.

Unternehmenswebseite als Drehpunkt der Interaktionen
Die Unternehmenswebseite stellt den Kern der Unternehmens-Onlinekommunikation dar (Kreutzer, 2014, S. 95). Laut Untersuchungen des B2B-Käuferverhaltens ist die Unternehmenswebseite eine der wichtigsten Interaktionsplattformen im Kaufentscheidungsprozess

Tab. 4.1 Digitale Interaktionstypen. (Quelle: Eigene Darstellung)

Interaktionstyp	Beteiligte	Kurzbeschreibung	Beispiel
Webgestützte Interaktion	Human- Digital	Interaktionen mit niedriger Interaktivität, eher einseitige Kommunikation. Die Informationen werden über das Web bereitgestellt, der Käufer interagiert mit den Inhalten in einem Self-Service-Format	Lesen von Berichten, Anschauen von Referenzvideos oder Webinaren on Demand
Automatisierte Interaktion	Human- Digital	Die über das Web bereitgestellten Inhalte sind ebenso in einem Self-Service-Format abrufbar und ermöglichen eine Interaktion mit hoher Interaktivität durch Interaktionselemente wie simulierte oder virtuelle Umgebung oder den Einsatz von durch den Käufer kontrollierten Instrumenten	Interaktives Tool zur ROI-Berechnung, Produktkonfigurations-tools, Testversion oder Online-Produktdemonstration
Asynchrone Interaktion	Human-[web]-Human	Eine zeitversetzte (asynchrone) Interaktion mit mittlerer Interaktivität	Kontakt- bzw. Dialogmöglichkeit über E-Mail oder Anfrageformular
Soziale Interaktion	Human–Human	Eine Interaktion mit hoher Interaktivität in Form der aktiven Nutzerbeteiligung, Nutzung sowie Generierung kollektiven Wissens	Interaktion in einer Community oder Forumsdiskussion

(Fortsetzung)

Tab. 4.1 (Fortsetzung)

Interaktionstyp	Beteiligte	Kurzbeschreibung	Beispiel
Live-Interaktion	Human–Human	Eine Echtzeitinteraktion über einen Onlinekanal, die einen Dialog zwischen dem Käufer und dem Anbieter sowie eine direkte Reaktion auf die Kundenfragen ermöglicht. Sie ist überwiegend an mehrere Käufer gerichtet und ermöglicht eine hohe Interaktivität	Teilnahme am Live-Webinar oder an einer Live-Produktdemonstration
Personalisierte Live-Interaktion	Human–Human	Eine Echtzeitinteraktion über einen Onlinekanal, die einen aktiven Dialog zwischen dem Käufer und dem Anbieter fördert. Sie ist überwiegend an einen Käufer gerichtet und durch eine hohe Interaktivität gekennzeichnet. Der Anbieter hat hohe Kontrolle über den Informationsaustausch, sodass eine auf den Käufer zugeschnittene Erfahrung möglich ist	Individuelle Beratung über den Onlinechat, eine personalisierte Produktdemonstration, technischer Support über Skype oder Live-Meetings etc.

(de Martini & Rediker, 2017, S. 25; Halchak, 2017, S. 7; Bryan, 2018). Mehr als die Hälfte der B2B-Käufe beginnen online direkt auf bestimmten Unternehmenswebseiten (Halchak, 2017, S. 7).

Mit Unternehmenswebseite ist der gesamte Webauftritt des Unternehmens gemeint: alle dazugehörigen Webseiten, Dokumente und weitere Ressourcen, die über eine einheitliche Navigation verbunden und erreichbar sind (Kreutzer, 2014, S. 95). Die Funktionen der Unternehmenswebseite sind im Wesentlichen die Bereitstellung von Informationen, die Möglichkeit zur Interaktion mit Interessenten und Kunden sowie die Möglichkeit für

Online-Kauftransaktionen (Kreutzer, 2014, S. 102 f.). Mögliche Bestandteile der Unternehmenswebseite sind die Bereitstellung von Informationen zu Unternehmen, Produkten und Services sowie die Möglichkeit zu weiteren Informationsanfragen, ein Onlineshop für direkte Bestellungen, ein Händler- oder Filialfinder, Produktfinder und Produktkonfigurator, Verlinkung zu den sozialen Medien, Communitys, Blogs oder Media-Sharing-Plattformen, Registrierungsmöglichkeiten für Veranstaltungen, Newsletter oder Download-Angebote sowie Interaktions- und Kontaktmöglichkeiten mit Unternehmen. Der Aufbau der Unternehmenswebseite gibt die Anbieterperspektive in Bezug auf die interessenten- und kundenrelevanten Interaktionen wieder.

Dabei legen die B2B-Käufer besonderen Wert auf folgende Aspekte und haben damit auch entsprechende Erwartungen an die Anbieterwebseite (Anderson, 2019, S. 9) (vgl. Abb. 4.4):

- Relevanz der Inhalte, die sich direkt auf Käuferunternehmen beziehen können (97 % der B2B-Käufer)
- 96 % der B2B-Käufer erwarten Inhalte, die auf die Bedürfnisse ihrer Branche eingehen und Fachwissen auf ihrem Gebiet vermitteln
- Für 97 % der B2B-Käufer muss die Zugänglichkeit des Contents (z. B. ohne Registrierungsformular) gewährleistet sein

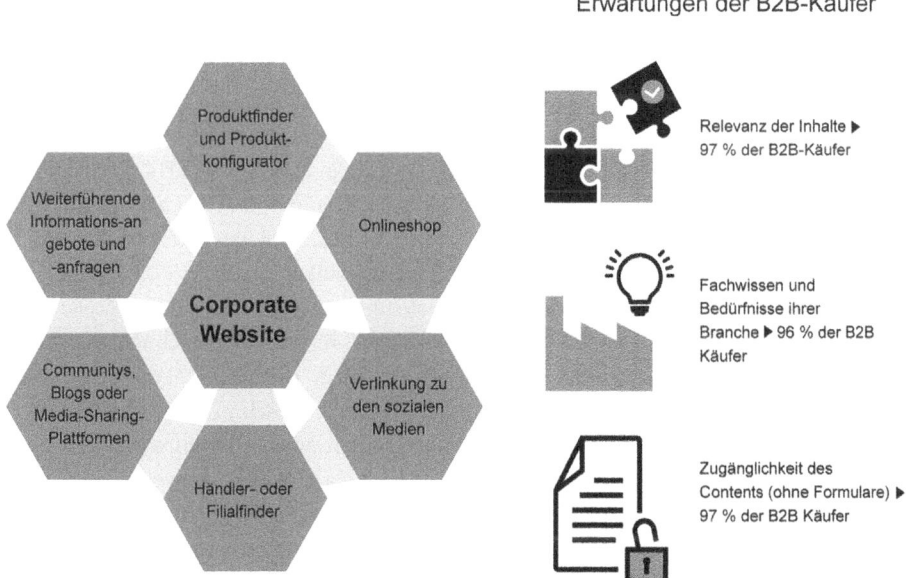

Abb. 4.4 Unternehmenswebseite als Drehpunkt der Interaktionen und Erwartung der Käufer. (Quelle: Eigene Darstellung in Anlehnung an Kreutzer, 2014, S. 96; Anderson, 2019, S. 9)

4.2.2.3   Content

Content bezeichnet Inhalte, jede Art von Information, in vielen verschiedenen Formaten, wie z. B. Videos, Texte, Grafiken, Folien etc., die durch ein bestimmtes Medium, im Wesentlichen über das Internet, verbreitet werden und über das der Nutzer (der Webseite) gekommen ist, um zu lesen, zu lernen, zu sehen oder zu erleben (Handley & Chapman, 2012, S. 21; Halvorson & Rach, 2012, S. 13; Holliman & Rowley, 2014, S. 279). Wertvoller Content wird als nützlich, relevant, überzeugend und zeitlich passend beschrieben (Holliman & Rowley, 2014, S. 269). Das Ziel ist, bei den Käufern an der richtigen Stelle in ihrem Kaufentscheidungsprozess Interesse zu wecken und auf sich zu ziehen, sodass sie dazu ermutigt werden, ein Geschäft abzuschließen (Holliman & Rowley, 2014, S. 285).

Die inhaltliche Komponente des DIH spielt eine große Rolle. Der Inhalt soll einen Mehrwert bringen, indem er den Käufern hilft, sich in bestimmten Bereichen zu verbessern oder ein spezifisches Problem zu lösen (Holliman & Rowley, 2014, S. 284). Laut einigen empirischen Studien suchen die Käufer Informationen zu folgenden Themen: aktuelle Themen auf dem Markt, Marktbedingungen, Anbieterperformance, Fähigkeiten und Kompetenzen des Anbieters, Kaufbedarf und Marktgrenzen, Informationen zu Problemlösungen generell, typische Käufer und Nutzer der Lösung, Produktlösungen sowie Preis und weitere Kosten (Holliman & Rowley, 2014, S. 283; Bunn, 1993a, b; Aarikka-Stenroos & Makkonen, 2014, S. 350).

Die Priorisierung der Themen sowie der spezifische inhaltliche Fokus, z. B. ein technischer oder betriebswirtschaftlicher, unterscheiden sich je nach Buyer Persona, ihren Problembereichen und Interessen sowie ihrer Position in der Buyer's Journey. Das erfordert das Verständnis des Informationsbedarfs des potenziellen Käufers und seines Kaufzyklus (Holliman & Rowley, 2014, S. 269).

Darüber hinaus spielen die Gestaltung und das Format, in dem die Informationen ausgetauscht werden, eine Rolle (Content-Asset-Typ). Die Präsentation der Inhalte soll über die Käuferbrille und in seiner Sprache erfolgen (Holliman & Rowley, 2014, S. 285). Laut einer empirischen Untersuchung sind die wertvollsten Content-Asset-Typen für die B2B-Käufer Analystenberichte, Verkaufspräsentationen, Fallstudien, interaktive und statische Broschüren und veröffentlichte Artikel (de Martini & Rediker, 2017, S. 30). Vor allem die erfahrungsbasierten Informationsquellen, wie Fallstudien, spielen dabei eine große Rolle (Aarikka-Stenroos & Makkonen, 2014, S. 350). Eines der zu berücksichtigenden Merkmale der ausgewählten Formate ist die „shareability", d. h. die Möglichkeit, den Content problemlos und uneingeschränkt zu verteilen (Holliman & Rowley, 2014, S. 283).

Der Informationsgehalt und -umfang der DIHs kann an den spezifischen Erwartungen, Zielen und Aufgaben der jeweiligen Buyer Persona ausgerichtet werden, um einen erkennbaren Mehrwert zu bieten. Persona-Content-Präferenzen variieren je nach Kaufphase. Beispielhaft kann sich ein IT-Entscheider in der frühen Phase des Kaufzyklus mit Analystenberichten, Fallstudien und einer Publikation beschäftigen, ein Video erst in der mittleren Phase konsumieren und ein Nutzenrealisierungstool kurz vor dem Kauf in Anspruch nehmen (de Martini & Rediker, 2017, S. 31).

Besonders wertvollen Content versehen die Anbieter mit einem Registrierungsformular („gated content"), was die Erfassung der Kontaktdaten der Käufer ermöglicht und anschließend käuferspezifische Marketingmaßnahmen seitens des Anbieters aktiviert.

4.2.2.4 Buyer Engagement Tactics

Buyer Engagements Tactics sind Inbound- und Outbound-Marketingmaßnahmen, um die Aufmerksamkeit der Käufer zu erreichen, diese zum DIH zu bringen und digitale oder persönliche Interaktion zu initiieren oder fortzuführen. Um ein Zusammenbringen von Käufer und DIH zu ermöglichen und zu fördern, müssen seitens der Anbieter regelmäßig verschiedene Marketingtaktiken umgesetzt werden.

Aktivitäten des *Inbound-Marketings* richten sich auf das Ziel, vom Käufer gefunden zu werden, also auf eine aktive Suche durch den Käufer und eine optimierte Internetpräsenz des DIH mit Zugang über die Vernetzung und Viralität. Die einzelnen Maßnahmen sind darauf ausgerichtet, eine bessere Platzierung in den Suchergebnissen zu erreichen, die Aufmerksamkeit der Besucher zu erregen und diese zum Digital Interaction Hub zu führen.

Outbound-Marketing läuft über die aktive Ansprache und die direkte Bewerbung durch den Anbieter und reaktives Verhalten seitens des Käufers. Voraussetzungen dafür sind die Käufer und seine Kontaktdaten zu kennen und gemäß Datenschutz-Grundverordnung kontaktieren zu dürfen.

Ein wesentlicher Unterschied zwischen diesen Taktiken liegt darin, dass der Anbieter mit *Outbound-Marketing* schon bekannte Firmen/Personen adressiert und die Informationsgestaltung an die Zielgruppen, personenbezogen und individuell anpassen kann (zielgruppenspezifische Ansprache). Bei *Inbound-Marketing-Maßnahmen* können sowohl bekannte als auch neue Kontakte adressiert werden. Damit ist diese Art von Maßnahmen unverzichtbar für die Neukundengewinnung.

Beispiele der Maßnahmen sind in der Tab. 4.2 zu finden.

Tab. 4.2 Maßnahmenbeispiele der Buyer Engagement Tactics. (Quelle: Eigene Darstellung)

	Kurzbeschreibung	Maßnahmenbeispiele
Inbound- Marketing-taktiken	Helfen dem Käufer den Anbieter über digitale Kanäle zu finden	SEO, SEA, Content Syndication, WCM/WCO (Web Content Management und Web Content Optimization), Landingpage-Optimierung (z. B. Mobile, Navigation, Call-to-Action), Social Media Marketing
Outbound-Marketing-taktiken	Anbieter geht aktiv auf die aktuellen und potenziellen Kunden zu	E-Mail-Marketing, Content Promotions, Social-Media-Werbung etc.

Die „Suche im Internet" zählt zu den wichtigsten Interaktionen im Kaufentscheidungsprozess (de Martini & Rediker, 2017, S. 25; Lachenmaier, 2017, S. 18). Die
Platzierung der DIHs in den Suchergebnissen auf der ersten Trefferseite ist daher von
großer Bedeutung für die Anbieter, um vom Käufer gefunden zu werden. Dafür wird
Suchmaschinenmarketing (SEM, Search Engine Marketing) eingesetzt. Dazu gehören
Suchmaschinenoptimierung (SEO, Search Engine Optimization) und Suchmaschinenwerbung (SEA, Search Engine Advertising):

- Suchmaschinenoptimierung schließt alle Aktivitäten ein, die auf eine bessere Platzierung einer Webseite in den organischen Trefferlisten der Suchmaschinen ausgerichtet
  sind. Diese Suchergebnisse werden basierend auf einem Algorithmus der Suchmaschine auf den Trefferlisten geordnet (Kreutzer, 2014, S. 250).
- Suchmaschinenwerbung zielt ebenso darauf ab, eine höhere Position in den Trefferlisten zu erreichen, im Bereich, in dem die Plätze über Auktionsprozesse ersteigert
  werden (Kreutzer, 2014, S. 194).

Mögliche auf DIH ausgerichtete SEO-Optimierungsmaßnahmen im Contentbereich sind
(Selent, 2019):

- Keywords Recherche für einzelne Themen des DIH und Optimierung der Übersichtsseite und der einzelnen Unterseiten des DIH
- Multimedia-Optimierung des Contents in Form von Bildern und Videos
- deutliche Handlungsaufforderung (Call-to-Action) zur Wahrnehmung automatisierter
  oder Live-Interaktionen
- Querverweise zu dem relevanten Content auf anderen DIHs mithilfe von internen
  Verlinkungen
- strategische Verlinkung: Einsatz von Backlinks, hereinführenden Links von einer anderen externen Website, z. B. in den DIH „Ask the Community" oder relevanten
  fachspezifischen Webseiten

Weitere Inbound-Marketingmaßnahmen sind Social-Media-Taktiken wie Blogbeiträge
oder Posts in relevanten externen Communitys, z. B. in produktspezifischen Foren, Beiträge auf der LinkedIn-Seite der Anbieter oder der Produktcommunity und die Erstellung
von Posts in relevanten Community-Gruppen mit Verlinkung zu der relevanten Interaktion
oder Übersichtsseite (Selent, 2019).

Immer mehr an Bedeutung gewinnen die Plattformen zum Vergleich der Softwarelösungen. Diese Online-Marktplätze unterstützen Käufer bei der Auswahl von Softwares
und agieren als Vermittler zwischen Käufern und Technologieanbietern. Neben der Unterstützung bei der Auswahl von Softwares stellen immer mehr Marktplätze den Bereich für
Nutzerbewertungen bereit. 44 % der Käufer bei kleinen und mittelgroßen Unternehmen

geben an, dass negative Nutzerbewertungen einer der Hauptgründe für den Ausschluss eines Anbieters aus der Auswahl sind (Gartner, 2020, S. 9).

Online-Marktplätze als „Suchmaschinen für Softwarelösungen"

Abhängig von der Art der Lösung stehen auf dem Markt zahlreiche Softwarelösungen und Anbieter zur Auswahl. Eine intensive Auseinandersetzung und ein fundierter Vergleich der Lösungen sind erst nach einer Marktrecherche und einer groben Eingrenzung der Optionen möglich. In den ersten Schritten der Marktrecherche wird versucht die Lösungen herauszufiltern, die wesentliche Anforderungen, wie Branchenausrichtung, Technologie und funktionale Ausstattung, Supportstrukturen und Branchenkompetenz möglichst gut im Standard abzudecken. Die Erstellung einer Kurzliste oder auch eines Lastenheftes benötigt seitens der Käufer Erfahrungen, Ressourcen sowie Fachwissen zur Bedarfs- und Prozessanalyse. Online-Marktplätze sind externe Plattformen zur Unterstützung bei der Softwareauswahl und stellen hierfür strukturierte Recherchemöglichkeiten bei der Vorauswahl der in Frage kommenden Lösungen und Anbieter dar oder auch bei der Erstellung der Lastenhefte oder bei Ausschreibungsverfahren. Je nach Plattform werden alle registrierten Softwarelösungen und Anbieter nach hinterlegten Kriterien bewertet, die einen Suchalgorithmus bilden. Die Bewertungskriterien können Folgendes beachten:

- Kundenzufriedenheit
- Bedienoberfläche
- Funktionalität
- Produktsupport
- Preis/Leistung
- Technologie
- Brancheneignung
- Weiterempfehlungsrate

Beispiele dafür sind www.trovarit.com, www.softwarecheck.de, www.softguide.de und www.capterra.com. ◄

LinkedIn als Plattform für Anbieter-Käufer-Interaktionen

LinkedIn ist aktuell eine der am relevantesten Social-Media-Plattformen im B2B-Bereich (Kreutzer et al., 2020, S. 248; Hughes & Reynolds, 2016, S. 28; Keinänen & Kuivalainen, 2015; Siamagka et al., 2015). Die Plattform ist durch ein hohes Mitgliederwachstum im Vergleich zu den anderen „Beruflichen Netzwerken" in deutschsprachige Region gekennzeichnet (Behrens, 2021, S. 490; Bialek & Scheppe, 2021; LinkedIn Corporation, 2022). Zahlreiche Fachkräfte und Entscheidungsträger vernetzen sich auf LinkedIn zur Pflege von beruflichen Kontakten und zum digitalen

Austausch im beruflichen Kontext. Mit mehr als 830 Mio. Mitgliedern und über 58 Mio. registrierten Unternehmen (Rabe, 2022) bietet das soziale Netzwerk eine optimale Plattform für Vertriebs- und Marketingaktivitäten. Dabei haben die Unternehmen die Möglichkeit, Kontakte für das Unternehmen zu knüpfen und sich virtuell über berufliche und fachliche Themen auszutauschen (Behrens, 2021, S. 490). Die Zugänglichkeit der Namen und Positionen von echten Entscheidungsträgern und Käufern innerhalb einer Organisation ermöglicht eine gezielte und Buyer-Persona-spezifische Ansprache und Vertriebsinitiativen.◄

4.2.2.5 Navigation Patterns: Next-Best-Interaction

Käufer interagieren in jeder Phase des Entscheidungsprozesses unterschiedlich mit den Anbietern, daher verläuft die Buyer's Journey anhand unterschiedlicher Interaktionsmuster. Mehrere Navigationsschemata zwischen den Digital Interaction Hubs sind erforderlich, um die Bedürfnisse der Käufer zu erfüllen. Eine auffallende Vernetzung der ausgewählten DIHs bzw. eine andere Art von Navigation, die auf die relevanten Buyer Personas und anstehende Kaufteilentscheidungen ausgerichtet ist, spielt eine besonders wichtige Rolle in der Unterstützung der Buyer's Journey. Das Ziel ist es, den Informations- und Interaktionsbedarf in wenigen Interaktionen möglichst vollständig abzudecken und den Kaufentscheidungsprozess zu fördern und zu beschleunigen. Navigation Patterns können als eine Weiterentwicklung und Customizing der Navigation der Webseite betrachtet werden. Einerseits sollen sie den Webseitenbesucher dabei unterstützen, den gewünschten Inhalt schnell zu finden, indem ihm die nächstbeste Interaktion (Next-Best-Interaction) nahgelegt wird; anderseits gehört die Verlinkung einer Webseite zu den wichtigsten Rankingfaktoren in den Suchmaschinenalgorithmen, um in der Onlinesuche sichtbar zu sein und schnell gefunden zu werden (Google, 2018d).

Einordnung und begriffliche Abgrenzung „Digital Interaction Hub"

Das Konstrukt „Digital Interaction Hub" zeigt begriffliche Verwandtschaften und inhaltliche Überlappungen mit den Begriffen „Touchpoint", „Interaktionsplattform" und (digitale) „Informationsquellen". Die Einordnung der Begriffe in den Kontext der Käufer-Anbieter-Interaktion lässt die Differenzen in den Perspektiven erkennen: Während „Touchpoint" eine anbieterlastige Sichtweise darstellt, wird „Informationsquelle" aus Käufersicht definiert; die „Interaktionsplattform" schließt beide Sichtweisen ein. Der Digital Interaction Hub vereinigt die Eigenschaften aller drei Konstrukte und zeigt sowohl die Käufer- als auch die Anbietersicht (vgl. Abb. 4.5).

Der *Touchpoint* bezeichnet alle Berührungspunkte des Anbieters mit dem Käufer und weiteren Zielgruppen. Touchpoints können als Schnittstellen zwischen Anbieter und Käufer definiert werden, an denen der Anbieter und der Käufer aufeinandertreffen und der Käufer die Leistung des Anbieters beim Kauf und bei der Nutzung erlebt und einen Eindruck vom Anbieter gewinnt (Wirtz, 2007, S. 396; Walser, 2006, S. 40). Der Unterschied zwischen Digital Interaction Hub und Touchpoint liegt in der Nutzungshäufigkeit und der Relevanz für die Kaufentscheidung. Während der Begriff „Touchpoint" alle Berührungspunkte einschließt, sind nur wenige davon als Digital Interaction Hub zu bezeichnen. Einer der wichtigsten Touchpoints ist die Unternehmenswebseite des Anbieters. Die Unternehmenswebseite umfasst den gesamten Webauftritt eines Unternehmens, kann je nach Ziel

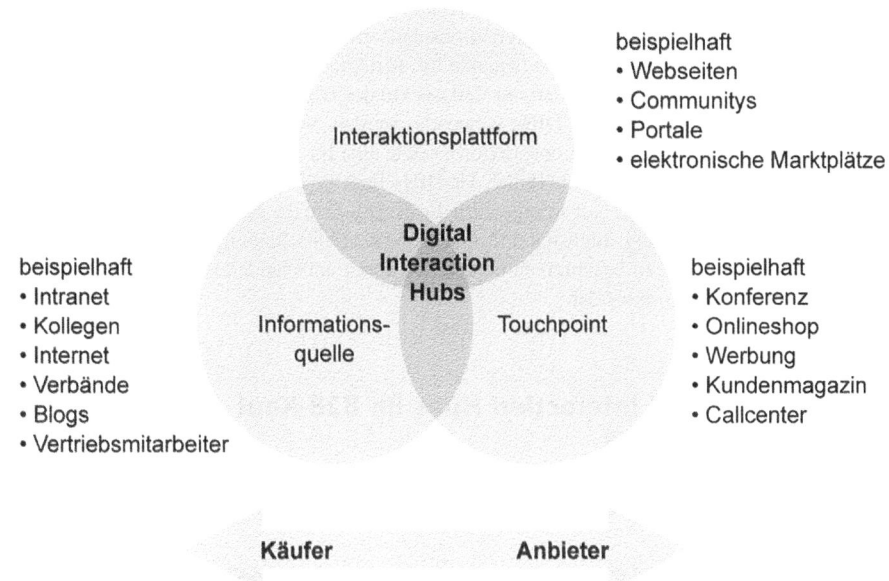

Abb. 4.5 Begriffliche Einordnung aus der Käufer- und Anbieterperspektive. (Quelle: Eigene Darstellung)

und Aufbau weltweit angesteuert werden und ist in der Regel sehr umfangreich (Kreutzer, 2014, S. 95). Die Nutzung und Relevanz der einzelnen Bereiche der Unternehmenswebseite variiert sehr stark. Einige Seiten bzw. Knoten von thematisch und technisch zusammenhängenden Seiten ergeben Digital Interaction Hubs. Die Unternehmenswebseite beinhaltet daher mehrere Digital Interaction Hubs.

Die *Informationsquellen* werden aus der Käuferperspektive beschrieben. Im Rahmen des Kaufprozesses haben B2B-Käufer Aufgaben, die die Sammlung und Analyse von Informationen erfordern, wie die Festlegung von Bewertungskriterien für potenzielle Anbieter und die Identifikation von Alternativangeboten auf dem Markt; dabei können die Informationsquellen als Anlaufstellen für diese Informationen bezeichnet werden (Webster, 1965, S. 372 f.). Die diversen Informationsquellen können in kommerzielle vs. unkommerzielle, persönliche vs. unpersönliche und interne vs. externe Quellen aufgeteilt werden (Moriarty & Spekman, 1984). Die Digital Interaction Hubs sind einzelne Informationsquellen, die ebenso eine hohe Nutzungshäufigkeit und Relevanz für die Kaufentscheidung aufweisen und seitens der Anbieter aktiv (mit)gestaltet werden können.

Die *Interaktionsplattform* ist eine Art der Infrastruktur für einen Informationsaustausch und kann als ein *„internetbasierter, virtueller Raum aufgefasst werden, der den beteiligten Akteuren verschiedene Dienste zur Verfügung stellt, die sie zur orts- und zeitunabhängigen Kommunikation befähigt, einschließlich des zweckorientierten und zielgerichteten Informationsaustauschs"* (Ihlenburg, 2012, S. 11). Damit ist eine anbieterunabhängige (neutrale) oder anbietereigene Plattform gemeint, welche die gesamte Internetplattform bzw. Webseite mit allen Hardware-, Software- und Dienstleistungskomponenten sowie Kommunikationsfunktionen, -kanälen und -diensten umfasst (Ihlenburg, 2012, S. 11). Die Anforderungen an die Interaktionsplattform sind Kommunikation, Information und Identifizierung/Personalisierung der einzelnen Anwender (Ney, 2006, S. 78). Ausprägungsformen der Interaktionsplattform sind virtuelle Gemeinschaften (Communitys), Portale und elektronische Marktplätze (Ney, 2006, S. 91 ff.). Die Interaktionsplattform ist eine Dimension der Digital Interaction Hubs und beschreibt die zugrunde liegende Infrastruktur.

Die oben genannten Begriffe erfassen nur Teilaspekte des Digital Interaction Hubs und können als Kategorien zur Beschreibung der DIHs verwendet werden. Somit kann der Digital Interaction Hub als ein Touchpoint, eine Interaktionsplattform sowie eine Informationsquelle beschrieben werden. Ein wichtiges Unterscheidungsmerkmal der DIHs liegt in deren Anzahl, Nutzungsintensität und Kaufentscheidungsrelevanz. Nur wenige virtuelle Treffpunkte der Käufer und Anbieter, die sich durch eine hohe Käufernutzungsintensität und eine große Kaufentscheidungsrelevanz abheben, sind als Digital Interaction Hub zu beschreiben und stellen somit entscheidende digitale Schnittstellen des Kauf- und Verkaufsprozesses dar.

4.3   Neun Digital Interaction Hubs im B2B-Kauf- und Verkaufsprozess

4.3.1 Übersicht und Kurzbeschreibung der Digital Interaction Hubs

Es wurden neun Digital Interaction Hubs ermittelt, die in mehreren Kaufphasen und bei mehreren Buyer Personas zum Einsatz kommen (vgl. Tab. 4.3). Sie werden von allen relevanten Buyer Personas (Käuferpersönlichkeiten) genutzt, um ihren Informationsbedarf zu verschiedenen Zeitpunkten des Kaufprozesses zu decken. Diese Digital Interaction Hubs stellen einen neuen Zugang zu Anbieter-Käufer-Interaktionen dar. Eine Fokussierung der Anbieter auf diese neun DIHs ermöglicht es, die relevanten Buyer Personas während des gesamten Kaufprozesses zu erreichen, ihre wesentlichen Informationsbedürfnisse und Interaktionspräferenzen zu adressieren und somit aktiv an der Kaufentscheidung teilzunehmen – und zwar unabhängig davon, wann und in welcher Reihenfolge die Interaktionsschritte der Buyer's Journey ausgeführt worden sind.

▶   **Strukturelle Unterschiede der Digital Interaction Hubs und ihre Stellung im Kaufprozess** Alle Digital Interaction Hubs beinhalten diverse kaufbezogene Interaktionen und spielen für mehrere Kaufschritte eine Rolle. Die identifizierten Digital Interaction Hubs sind durch ihre inhaltliche und strukturelle Heterogenität gekennzeichnet. So sind z. B. einige DIHs inhaltlich relativ stark definiert und wirken spezifisch, andere sind dagegen inhaltlich offen und thematisch übergreifend. Auch die Unterschiede in der physischen Interaktionsplattform der DIHs (anbietereigene vs. anbieterunabhängige Interaktionsplattform) stehen für deren Heterogenität. Die unterschiedlichen Qualitäten der DIHs haben zur Folge, dass die gleichen Dimensionen bei verschiedenen DIHs eine unterschiedlich starke Ausprägung, Relevanz und Gewichtung haben. Die Erfolgsfaktoren variieren je nach DIH und sind in den oben aufgeführten verschiedenen Dimensionen zu betrachten.

Tab. 4.3 Übersicht und Kurzbeschreibung der neun Digital Interaction Hubs. (Quelle: Eigene Darstellung)

Digital Interaction Hub (DIH)	Beschreibung
Your Business	**Im Fokus: Insights & Trends, Industrien und Lösungen** Informative Inhalte und Interaktionen rund um aktuelle und käuferrelevante Trends und Herausforderungen, die übergreifend oder nach Käufersegmenten – nach Branchen (z. B. Schiffsbau), nach Funktion (z. B. CIO) oder nach Geschäftstyp (z. B. für Start-ups) – strukturiert sind Ziele dieses Hubs sind die Anknüpfung an käuferrelevante Themen, die Heranführung der Käufer an das Produkt- und Serviceangebot der Anbieter und die Darstellung des potenziellen Mehrwerts, der durch Referenzen und Analystenberichte belegt wird Typische Themengebiete sind (Branchen-)Trends, Digitalisierung, Cloud & AI, Technologien & Innovationen sowie marktspezifische Herausforderungen und Fragestellungen Segmentspezifisches Know-how und exklusive Insights sind hier essenziell, um den Expertenstatus zu belegen und den Mehrwert der Lösungen käuferrelevant zu kommunizieren. Optimale Formate sind Berichte, Ratgeber, Marktstudien oder Beiträge von externen Experten, Verbänden oder Analystenhäusern. Eine dynamische und kontextbezogene Bereitstellung der Inhalte gewährleistet die Relevanz und unterstützt die weitere Buyer's Journey Interaktionsplattform: Anbieter-Webseite
Let's Meet	**Im Fokus: Digitale und physische Events, on Demand** Inhalte und Interaktionen rund um physische und digitale Veranstaltungen: Ankündigung von und Registrierung für bevorstehende Events, Aufzeichnungen der digitalen Veranstaltungen, Veranstaltungssuche. Webinare stellen die meistgenutzte Interaktion im Kaufprozess dar (Selent, 2019). Die pandemiebedingte Begrenzung von Events auf rein digitale Formen wird diese Art der Kundeninteraktion nachhaltig beeinflussen und eine verstärke Nutzung digitaler Formate im Kaufzyklus nach sich ziehen. Neue Formate wie z. B. hybride Events werden viele physische Veranstaltungen ersetzen Durch Registrierungen bietet dieser Hub die Möglichkeit, anonyme Interessenten zu erfassen und einen direkten Kontakt zwischen dem Vertrieb und dem potenziellen Käufer herzustellen, um so weitere käuferspezifische Interaktionen zu initiieren. Generell bietet dieser Hub eine große Bandbreite an möglichen Interaktionen zwischen Anbieter und Käufer Interaktionsplattform: Anbieter-Webseite

(Fortsetzung)

Tab. 4.3 (Fortsetzung)

Digital Interaction Hub (DIH)	Beschreibung
Customers Who Use It	**Im Fokus: Kundenreferenzen** Bereitstellung der erfahrungsbasierten Inhalte in Form von Berichten, Fallstudien, Videointerviews sowie Kundenauflistungen mit Logos oder Zitaten der unterschiedlichen Buyer Personas. Die Breite der Gestaltungsoptionen zeichnet diesen Hub aus. Kundenbeispiele sind für alle Buyer Personas relevant. Die unterschiedlichen Interessenschwerpunkte der Buyer Personas sollten sich in einer interaktiven Suchfunktion, einer Ansprache in der „Sprache des Marktes" und entsprechendem inhaltlichem Fokus widerspiegeln Interaktionsplattform: Anbieter-Webseite
Why to Buy	**Im Fokus: Begründung und Validierung des Kaufs** Inhalte und Interaktionen rund um die Themen zur Begründung und Validierung des Kaufs Zur *Validierung der Anbieterauswahl* werden Themen wie Zukunftsorientierung, Innovation und Technologieführerschaft, strategische Ausrichtung und Roadmaps, Industrieerfahrungen, Differenzierungsmerkmale und Kundenmeinungen sowie Stellungnahmen der Analysten und Marktberichte in den Vordergrund gestellt Die *Auswahl der Integrationspartner* wird durch Expertise und Industrieerfahrungen, geografische Nähe und Unternehmensgröße sowie Referenzprojekte unterstützt Die *Validierung des Kundennutzens* unterstützt die Lösungsauswahl und wird in Form von marktspezifischen Kennzahlen oder kundenbezogenen Abschätzungen vermittelt. In die Abschätzung des Kundennutzens fließen unter anderem die Ermittlung des ROI, Analystenmeinungen, Business Cases, die Steigerung der betrieblichen Effizienz, die Verbesserungen der Time-to-Market, die Reduzierung der Produktionskosten und die Qualitätssteigerung mit ein Interaktionsplattform: Anbieter-Webseite

(Fortsetzung)

Tab. 4.3 (Fortsetzung)

Digital Interaction Hub (DIH)	Beschreibung
What to Buy	**Im Fokus: Produkte, Lösungen, Services** Zusammenstellung der produkt- und lösungsbezogenen Inhalte und Interaktionen, wie Produktbeschreibungen und -demonstrationen oder Unterlagen mit Funktionalitätsbeschreibungen Der inhaltliche Fokus liegt unter anderem auf Funktionalitäten, Standardfunktionalitäten, Kompatibilität und Integrationsfähigkeit, Bedienbarkeit, Skalierbarkeit, Produktivität der Lösung, Machbarkeit und Adressierung der geschäftsspezifischen Anforderungen sowie Stellungnahmen von unabhängigen Experten und Kunden Dies ist einer der umfangreichsten DIHs, der einer käuferorientierten Strukturierung und gekennzeichneten Adressierung der Buyer-Persona-spezifischen Fragen und Interaktionspräferenzen bedarf Eine Verbindung zum Ansprechpartner für produktbezogene Fragen, z. B. über eine digitale Live-Interaktion, unterstützt die Buyer's Journey und ermöglicht die Integration des Vertriebsmitarbeiters in den Kaufprozess Interaktionsplattform: Anbieter-Webseite

(Fortsetzung)

Tab. 4.3 (Fortsetzung)

Digital Interaction Hub (DIH)	Beschreibung
Explore & Watch	**Im Fokus: Video-Content** Bereitstellung von Videoinhalten mit unterschiedlichem thematischem Fokus, die eine Verbindung und Involvierung der Buyer Persona mit dem Produkt, der Brand oder dem Anbieterunternehmen fördern. Dazu gehören Produktübersichtsvideos, Demonstrationen, Video-Fallstudien, Aufzeichnungen der Veranstaltungen etc. Die zentrale Anforderung ist es, ein personalisiertes, interaktives und zielgerichtetes Videoerlebnis zu liefern. Dieser Hub kann auf der Unternehmenswebseite platziert werden, überwiegend ist er aber auf externen Media-Sharing-Plattformen (z. B. YouTube) aufgebaut. Abhängig von der Ziel-Buyer-Persona haben die Videos einen unterschiedlichen Fokus und Detailgrad: von industriespezifischen Videos, Video-Fallstudien oder breitgefassten Webinaren für Business-Entscheider und IT-Entscheider über „Look and Feel" der Lösung für Fachentscheider bis hin zur Darstellung der einzelnen Funktionen für End User/Administratoren. Da dieser Hub nur Interaktionen in einem Self-Service-Format unterstützt und sich oftmals auf einer umfassenden externen Plattform befindet, ist die Sichtbarkeit und Auffindbarkeit der Videos für die relevante Buyer Persona entscheidend Interaktionsplattform: externe Media-Sharing-Plattform
Learn & Get Started	**Im Fokus: Training & Support nach dem Kauf** Inhalte und Interaktionen rund um den erfolgreichen Lösungsanlauf und Einsatz nach dem Kauf sowie Trainingsbedarfsanalyse und verschiedene Modelle des User-Enablements, E-Learning und kundenspezifische Lernangebote, Produktimplementierung und Softwarewartung sowie Supportmodelle Insbesondere für IT-Entscheider und Endnutzer/Administratoren ist dieser DIH von hoher Bedeutung Interaktionsplattform: Anbieter-Webseite

(Fortsetzung)

Tab. 4.3 (Fortsetzung)

Digital Interaction Hub (DIH)	Beschreibung
Ask the Community	**Im Fokus: Benutzer-Community** Einrichtung und Verwaltung einer Internetplattform zur Kommunikation und Interaktion zwischen den Nutzern (Communitys, Blogs, Gruppen in den sozialen Netzwerken); Aufbau und Betreuung einer Community zur Kundenvernetzung, Förderung der aktiven Nutzerbeteiligung, Dialoge sowie Erzeugung und Nutzung des kollektiven Wissens Interaktionsplattform: externe Social-Media-Plattform oder anbietereigene Community-Plattform
Try & Buy	**Im Fokus: Trials & Onlinestore** Interaktionen mit Test- und Demoversionen gehören zu den wichtigsten Interaktionen während der Buyer's Journey Ziele des Hubs sind die Unterstützung der Kunden in der praktischen Evaluierung der Software mithilfe von Produktdemonstrationen und Testversionen des Produktes, die Bereitstellung der Inhalte rund um die Pakete, Lizenzierungen und Kaufoptionen sowie unterstützende Inhalte zur Förderung des abschließenden Kaufschrittes Eine Möglichkeit der 1-to-1-Interaktionen mit technischen Experten sichert eine positive Produkterfahrung. Interaktive Gestaltung des Warenkorbs beschleunigen den Kaufprozess bei diesem Hub Interaktionsplattform: Anbieter-Webseite

Diese Unterschiede können anhand der Digital Interaction Hubs „What to Buy", „Ask the Community" und „Explore & Watch" deutlich gemacht werden:

Der DIH „What to Buy" ist stärker inhaltlich geprägt und auf produktbezogene Themenkomplexe (Überblick, Funktionalitäten, technische Ressourcen) begrenzt. Die Inhalte sind stark definiert und der DIH wirkt damit spezifisch. Die Dimension „Content" spielt eine führende Rolle. Die Erfolgsfaktoren dieses DIH liegen in der Buyer-Persona-spezifischen Informationsgestaltung oder Ansprache. Der Gestaltungsspielraum der Anbieter ist in allen Dimensionen hoch.

Der DIH „Ask the Community" ist im Gegensatz dazu inhaltlich offen, da die Inhalte durch Nutzer oder Mitglieder und nur in geringem Maße vom Anbieter generiert werden. Die Themen dieses Hubs sind breit gestreut und der DIH ist inhaltlich übergreifend. Die Erfolgsfaktoren liegen in der Förderung der aktiven Nutzerbeteiligung und Erhöhung der Visibilität des DIH. Der Gestaltungsspielraum der Anbieter ist gering auf der Inhaltsebene, aber hoch in der Errichtung und Verwaltung der Plattform, der Sammlung und Wiederverwendung der generierten Inhalte sowie der Aktivierung des Kundenengagements und der Beteiligung z. B. durch ein Belohnungssystem.

Der DIH „Explore & Watch" stellt Videoinhalte zu verschiedensten Themen zur Verfügung und ist ebenso inhaltlich übergreifend. Der Content ist begrenzt auf das Videoformat. Physisch befindet sich der DIH auf einer der anbieterunabhängigen Interaktionsplattformen mit Social-Networking-Charakter – YouTube. Der Kanal kann zwar individuell gestaltet werden, die Gegebenheiten der Plattform können indes nicht geändert werden und sind zu beachten. Die Erfolgsfaktoren sind ansprechende Videos und die Visibilität des DIH, damit spielen die Dimensionen „Content" und „Buyer Engagement Tactics" eine wichtige Rolle. Der Gestaltungsspielraum der Anbieter ist begrenzt und liegt hauptsächlich in der Videogestaltung und -optimierung für Suchmaschinen.

Diesen Unterschieden zufolge hat jeder DIH einen unterschiedlichen Gestaltungsfokus und -grad und benötigt eine dedizierte Gestaltung.

4.3.2   Digital Interaction Hub „Your Business"

Der Steckbrief des DIH „Your Business" (Abb. 4.6) stellt in einem Überblick alle zentralen Aspekte und Schlüsselelemente kompakt dar.

4.3.2.1   Hub-Content-Strategie

Das Geschäft des Kunden, sein „Business", steht im Vordergrund des Digital Interaction Hubs „Your Business". Informative Inhalte zu aktuellen kundenrelevanten Trends und Herausforderungen je Industriesegment (z. B. Automotive, Banking), Funktionstätigkeit (z. B. CIO) oder Geschäftstyp (z. B. Start-ups) sorgen für Wiedererkennung und Relevanz auf der Seite der Kunden. Segmentspezifische typische Themengebiete sind Branchen- und Technologietrends sowie marktspezifische Herausforderungen und Fragestellungen.

Ziele dieses Hubs sind die Anknüpfung an käuferrelevante Themen, die Heranführung der Käufer an das Produkt- und Serviceangebot und die Darstellung des potenziellen Mehrwerts, z. B. durch Referenzen und Analystenberichte. Segmentspezifisches Know-how und exklusive Insights sind essenziell, um den Expertenstatus zu belegen und den Mehrwert der Lösungen käuferrelevant zu kommunizieren.

„Informative Inhalte, die umfassende Sachverhalte aufzeigen" (D31, zitiert in Selent, 2019) stehen im Fokus dieses Digital Interaction Hubs. Der DIH adressiert die Themen, die einen starken informativen Charakter haben und sowohl inhaltlich als auch in der Strukturierung der Information nach Kunden- oder Marktsegmenten orientiert sind. Die Anknüpfung der für die Käufer relevanten Themen an das (segmentspezifische) Angebot der Anbieter ist das Hauptziel des DIH. Die Adressierung der aktuellen Topthemen

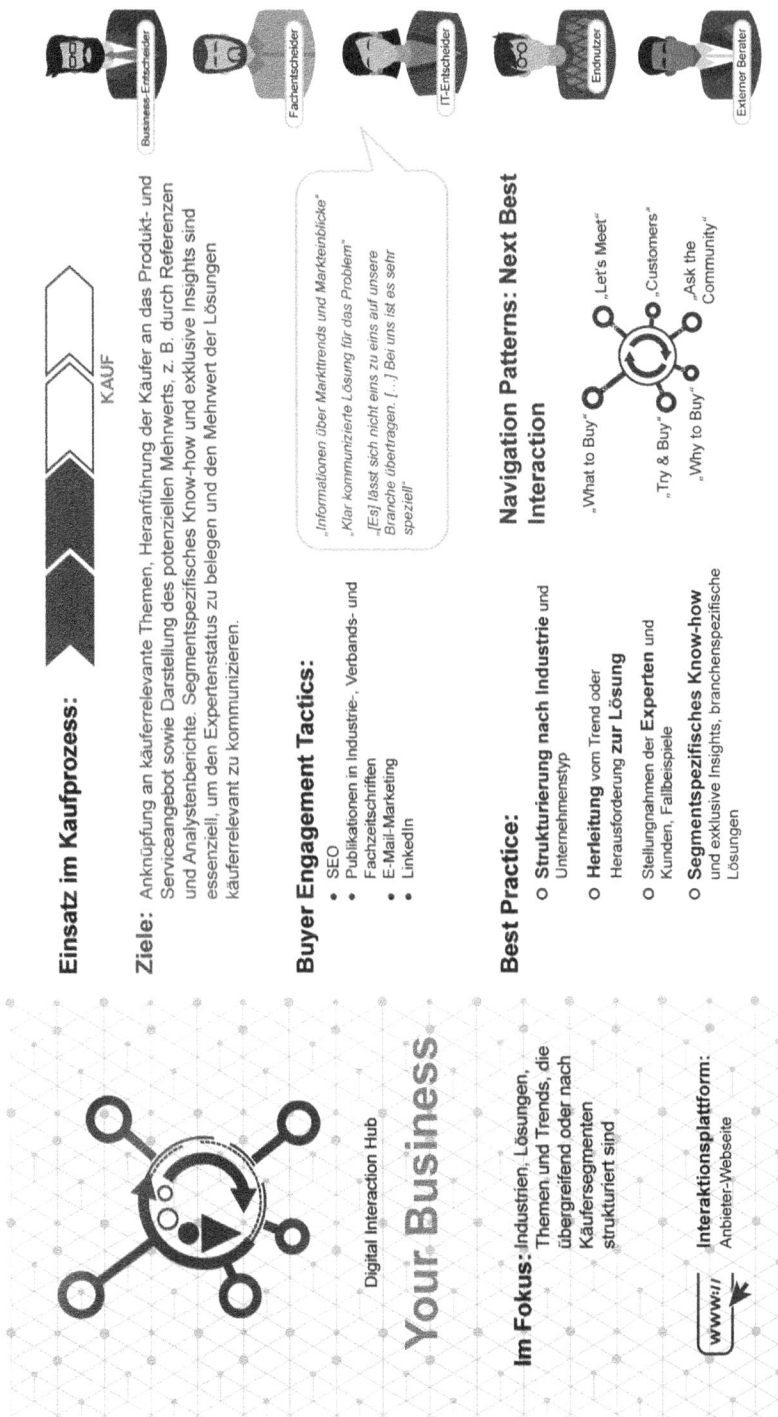

Einsatz im Kaufprozess:

Ziele: Anknüpfung an käuferrelevante Themen, Heranführung der Käufer an das Produkt- und Serviceangebot sowie Darstellung des potenziellen Mehrwerts, z. B. durch Referenzen und Analystenberichte. Segmentspezifisches Know-how und exklusive Insights sind essenziell, um den Expertenstatus zu belegen und den Mehrwert der Lösungen käuferrelevant zu kommunizieren.

„Informationen über Markttrends und Markteinblicke"

„Klar kommunizierte Lösung für das Problem"

„[Es] lässt sich nicht eins zu eins auf unsere Branche übertragen. [...] Bei uns ist es sehr speziell"

Buyer Engagement Tactics:

- SEO
- Publikationen in Industrie-, Verbands- und Fachzeitschriften
- E-Mail-Marketing
- LinkedIn

Best Practice:

o **Strukturierung nach Industrie** und Unternehmenstyp

o **Herleitung** vom Trend oder Herausforderung **zur Lösung**

o Stellungnahmen der **Experten** und Kunden, Fallbeispiele

o **Segmentspezifisches Know-how** und exklusive Insights, branchenspezifische Lösungen

Navigation Patterns: Next Best Interaction

„What to Buy" „Let's Meet"

„Customers"

„Try & Buy" „Why to Buy" „Ask the Community"

Digital Interaction Hub

Your Business

Im Fokus: Industrien, Lösungen, Themen und Trends, die übergreifend oder nach Käufersegmenten strukturiert sind

Interaktionsplattform: Anbieter-Webseite

www.ii

Abb. 4.6 Steckbrief des DIH „Your Business". (Quelle: Eigene Darstellung)

soll bei dem potenziellen Käufer das Interesse auslösen bzw. bestärken und zu weiteren Schritten im Kaufentscheidungsprozess bewegen.

Hub-Bezeichnungen wie „Industrien", „Branchen", „Branchenlösungen", „Geschäftsbereiche" oder auch „Insights" sind an die Kundensegmentierung geknüpft und unterstützen die Buyer's Journey auf der Webseite.

Die Informationen variieren von übergreifenden Themen und Trends, aktuellen Veränderungen auf dem Markt durch politische, technische oder gesetzliche Ereignisse und deren Auswirkungen auf das Käufergeschäft, bis zu marktsegmentspezifischen Fragestellungen. Typische Beispiele der übergreifenden Inhalte sind Themen wie mobiles Arbeiten, Internet der Dinge (IoT – Internet of Things), Cloud und künstliche Intelligenz (KI). Die Themen können sowohl auf einer übergreifenden Ebene formuliert werden, wie „Digitalisierung in der Industrie", als auch spezifische Marktsegmente adressieren wie „Digitale Transformation im Mittelstand".

Übergreifend für alle Käufer, strukturiert nach Kunden- und Marktsegmenten sowie als Kombination daraus, sind mögliche Darstellungsvariationen von Inhalten und Interaktionen. Wichtig ist, dass der Käufer sich im dem angesprochenem Marktsegment wiedererkennen kann. Die darauffolgende Überleitung zu den Produkt- und Serviceangeboten der Anbieter stellt die Verbindung zwischen dem Geschäft des Käufers und dem Anbieterangebot dar. Segmentspezifisches Know-how und exklusive Insights sind notwendig, um den Expertenstatus der Anbieter zu belegen sowie Mehrwert für den Käufer zu kommunizieren, was in Form von Kundenreferenzen, Analystenstudien oder Marktstudien verstärkt wird.

Typische Kundensegmente sind Industrien und Subindustrien, Funktionen im Unternehmen, Unternehmensgröße und -typ. Die Herausforderungen, Ziele und relevanten Prozesse dieser Kunden- oder Marktsegmente sind vergleichbar und werden für die Anknüpfung an das Anbieterangebot angewendet. Granularität der Segmentierung spielt eine kritische Rolle in der Käuferwahrnehmung der Inhalte. „[Die Lösung] lässt sich nicht eins zu eins auf unsere Branche übertragen. […] Bei uns ist es sehr speziell" (INT32, zitiert in Selent, 2019).

Die Käufer erwarten von einem Anbieter den höchsten Grad an Spezialisierung in seinem Segment, was bedeutet, dass man über Kompetenzen verfügen sollte, die auf die Branche selbst, die Kundengröße und das Segment, die Subbranche, die geografischen Nuancen und die Anwendung von Businesstechnologie zugeschnitten sind (McBain, 2017), was sich ebenso in der Darbietung des Contents widerspiegeln sollte. „Klar kommunizierte [Software-] Lösung für das Problem" (D24, zitiert in Selent, 2019) sowie „öl- und gasindustriespezifische Inhalte, die das Portfolio danach einordnen" (D31, zitiert in Selent, 2019) helfen dem Käufer eine Reihe von Alternativen („consideration set") zu identifizieren. Die Homogenität der adressierten Ziele und Herausforderungen innerhalb der einzelnen Kunden- oder Marktsegmente, insbesondere Industriesegmente, ist dabei entscheidend für die wahrgenommene Relevanz der darauffolgenden Lösungen. Mangelnde Branchenkenntnisse können im Gegenzug ein Hindernis für weitere Schritte im Kaufentscheidungsprozess werden.

4.3.2.2 Relevanz für die Buyer Personas

Die Inhalte des Digital Interaction Hubs sind für alle Buyer Personas von Relevanz und der Hub wird gleichermaßen vom Business-Entscheider, Fachentscheider, IT-Entscheider, externen Berater sowie teilweise vom Endnutzer/Administrator aufgesucht. Zur Kommunikation der Relevanz und des Mehrwertes sollen die Kundenzitate aus den realisierten Projekten ebenso vom Business-Entscheider, Fachentscheider und IT-Entscheider kommen und durch die Jobbezeichnung, z. B. Geschäftsleitung (Business-Entscheider) oder Produktionsleiter (Fachentscheider) oder HR-Partner (Endnutzer/Administrator), als solche erkennbar sein.

„We are in the midst of a technology revolution. With [Lösung], we can adapt faster, act smarter, and achieve better outcomes." [Name], **Managing director mortgage distribution,** [Firmenname]

„By consolidating onto one platform, you are 1) operationally making it better and more cost-effective, and 2) you're providing a better experience for the consumer." [Name], **Director of Demand and Integrated Marketing Technology,** [Firmenname]

„By being able to access data and reports in real time, field engineers can intervene promptly whenever issues arise, improving the customer experience and strengthening our reputation as a trusted energy provider." [Name], **Managing Director,** [Firmenname]

An Beispielen innerhalb der Softwarebranche ist zu erkennen, dass die Nutzung einer High-Level-Ansicht für den Business-Entscheider von Bedeutung ist, dazu zählen etwa Lösungen, um die Produktionskapazitäten zu erweitern, oder Praktiken innerhalb der Branche sowie aus anderen Branchen. Dabei werden übergreifende Fragestellungen der Industrie, relevante Technologien und Trends sowie mögliche Lösungsansätze aufgegriffen.

Auch der *Fachentscheider* strebt nach Verständnis der branchenspezifischen Best Practices und Fortschritte, jedoch sucht er ausdrücklich nach detaillierten Informationen, wie beispielhaft nach Anleitungen mit relevanten Normen, Standards und Checklisten.

„Erfahrung in dieser Branche" ist insbesondere für den IT-Entscheider und den Endnutzer/Administrator von Bedeutung.

Für den externen Berater ist es von Interesse, dass ein *„Verständnis über den Markt, den Wettbewerb und die Kunden"* (INT38, zitiert in Selent, 2019) vorhanden ist, um als eine *„wertvolle Quelle"* wahrgenommen zu werden und den Kunden *„Trends und Herausforderungen für PLM- und Engineering-Bereiche"* zu liefern (INT39, zitiert in Selent, 2019). Sein Interesse liegt ebenso in dem Verständnis der *„vertikale[n] spezifische[n] Anwendung von […] Technologien"* (INT39, zitiert in Selent, 2019).

4.3.2.3 Einsatz im Kaufprozess

Die im Rahmen des DIH „Your Business" gesuchten Informationen können in die frühe Kaufphase (Early Stage) und die mittlere Kaufphase (Middle Stage) eingeordnet werden (vgl. Abb. 2.13 Digital Interaction Hubs in den Phasen des B2B-Kaufzyklus). Die Inhalte unterstützen sowohl die ersten vorläufigen Untersuchungen, um potenzielle Lösungsansätze für den analysierten Bedarf zu erkunden (SiriusDecisions, 2015, S. 2), als auch die Aktivitäten der mittleren Kaufphase (Middle Stage) wie die Erstellung der Liste der Alternativen.

4.3.2.4 Gestaltungsmöglichkeiten in der Praxis

4.3.2.4.1 Hub-Content-Architektur und Navigation

Dieser Digital Interaction Hub wird auf der Unternehmenswebsite der Anbieter aufgesucht, optimalerweise sollte er von der ersten Navigationsebene zugänglich sein, die horizontale Navigationsleiste eignet sich bestens dafür.

Mögliche Bezeichnungen zur Navigation auf der Webseite sind „Industrien", „Lösungen", „Geschäftskunden", etc.

Folgende Bestandteile, Content- und Interaktionselemente eignen sich zum Erreichen der Hub-Strategie:

- Strukturierung des Angebotes nach Lösungen in Bezug auf Industrien, Funktion, Unternehmensgröße und -typ bzw. nach Themen und Trends
- Contentformate wie Videoberichte, Artikel, Infografiken, Branchenresearch, Whitepapers, statische oder interaktive Broschüren
- Stellungnahmen der technischen und nichttechnischen Quellen wie Analystenberichte, Blogbeiträge, Expertenbeiträge
- Validierungsinhalte wie Kundenzitate, Kundeninterviews, Case Studies

Da die meisten Interaktionen dieses Digital Interaction Hubs eine einseitige Kommunikation unterstützen und in einem Self-Service-Format konsumiert werden, ist die Interaktivität dieses DIH niedrig.

Die Interaktionskanäle (Telefon, E-Mail oder Chat-Funktion) für eine Kontaktaufnahme mit dem Vertrieb können als Standardfunktion der Website oder in Form einer Handlungsaufforderung („Call-to-Action") auf dem Hub integriert werden.

4.3.2.4.2 Interaktionsplattform

Der Digital Interaction Hub befindet sich in der Regel auf der ersten Ebene der Anbieter-Website. Die zusätzlich eingebetteten Interaktionskanäle sind vor allem Chatbereich, Kontaktformular und teilweise die Share-Tasten.

4.3.2.4.3 Content

Bei der Nutzung und Erstellung von Content sollte der Fokus darauf gerichtet werden, ein relevantes Thema oder eine Herausforderung mit einem kritischen Geschäftsproblem zu verknüpfen und den Käufer dahin zu leiten, eine Lösung in Betracht zu ziehen (SiriusDecisions, 2018, S. 2). Damit soll Relevanz für den Käufer geschaffen werden.

Die Inhalte des DIH können dafür nach den folgenden Merkmalen strukturiert und dargestellt werden:

- Industrien
- (Buyer Persona) Funktionen
- Unternehmensgröße und -typ
- Übergreifende Themen und Trends

Strukturierung nach Industrien

Innerhalb des Kaufentscheidungsprozesses stellen industriebezogene Inhalte und „Branchenlösungen" einen Ansatzpunktpunkt für den Käufer dar: *„Wie wir zu der Shortlist kommen [...]. Erstens, es ist die Industrie. [...] Viele davon [Anbieter] sind branchenspezifisch ausgerichtet. Sie haben diejenigen, die sich auf die Prozessindustrie konzentrieren und nicht auf die diskrete [Fertigung], Sie haben vielleicht andere"* (INT38, zitiert in Selent, 2019).

Eine sehr verbreitete Vorgehensweise ist die Strukturierung der DIHs nach Industrien und die damit verbundene Beschäftigung mit den Käuferfragen: *„Was machen sie in meinem Bereich? In meiner Branche?"* sowie *„Hat der Anbieter Erfahrung in dieser Branche und in dieser Anwendung?"*. Diese Vorgehensweise konnte bei allen analysierten Best Practices beobachtet werden. Nicht nur die reale Welt wird dabei als Informationsquelle genutzt, sondern auch die digitale Welt. *„Weil man oftmals auch [...] über die Branche geht und mal branchenfremd oder ich sage mal innerhalb der Branche Gespräche führt mit anderen Unternehmen. Und so eigentlich ich sage mal nicht nur in der virtuellen Welt, sondern in der Realität auch mal Informationen einholt, um herauszufinden, was hat bisher Anwendung gefunden, branchenfremd oder auch in der gleichen Branche"* (INT32, zitiert in Selent, 2019).

Strukturierung der einzelnen Industrien kann sowohl an die Standard-Klassifikationsschemata angelehnt werden oder im Zusammenhang mit dem Softwareeinsatz den jeweiligen Industriezweigen zugeordnet werden. Im zweiten Fall können Industrien auf ähnliche Weise mit Softwarelösungen adressiert werden, wenn sie ähnliche oder vergleichbare Herausforderungen und Abläufe vorweisen können.

Die Tiefe der Segmentierung ist dabei von übergreifenden Kategorien wie Handel, Medien, Finanzwesen, Fertigung etc. und der granularen Unterteilung in Industriezweige wie Einzelhandel, Großhandel, Konsumgüter, Automobilhersteller, Automobilzulieferer, Motorräder etc. abhängig. Branchenspezifisch angepasste Lösungen demonstrieren „die

Erfahrungen und Verständnis der wesentlichen Branchenanforderungen" der Anbieter und kommunizieren käuferrelevant den Mehrwert.

Strukturierung nach Funktion
Ebenso weit verbreitet ist die Strukturierung nach Geschäftsbereichen, wie Vertrieb, Kundenservice, Marketing, IT etc. oder nach Funktionen, beispielhaft Geschäftsleiter, CFO, CIO, Vertriebsleiter, Student, Lehrer etc. Die Verknüpfung mit der Softwarelösung findet in diesem Fall über die Hauptaufgaben und Herausforderungen der Funktionen oder Bereiche statt.

Strukturierung nach Unternehmensgröße und -typ

Beispiel

Beispiel der Herleitung von der Funktion zur Lösung:

- Titel: Lösungen nach Geschäftsbereich, Marketing
- Video „Der Weg zu intelligentem Marketing beginnt mit personalisierten Customer Journeys" (Teaser und Link zum Anschauen)
- Kundenzitat: „Mithilfe von Salesforce bieten wir jedem Fan sein perfektes Erlebnis." Alexander Jobst, Vorstand Marketing, FC Schalke 04 (Link zum vollständigen Referenzbericht)

Anknüpfung an relevante Lösung:

- Video „Begeistern Sie Ihre Kunden bei jeder Interaktion mit Ihrer Marke" (Teaser und Link zu detaillierten Informationen über CRM-Lösungen)
- Auflistung der Kundennutzen:
  - Verstärken Sie die Interaktion mit Kunden dank einer integrierten Plattform, die Vertrieb, Kundenservice und Marketing vereint
  - Leiten Sie Ihre Kunden entlang der gesamten Journey – vom Erstkontakt bis zur Weiterempfehlung
- Relevante Analystenberichte von HBR, Forrester und Gartner (Titel und Link zum vollständigen Bericht)
- Relevante Kundenbeispiele und Zitate: „Erfahren Sie mehr darüber, wie Marketingexperten ihre Kunden durch eine nahtlose Kundenerfahrung begeistern – dank Salesforce" (Zitate und Link zum vollständigen Referenzbericht)

Anknüpfung an alle Lösungen:

- Alle Produkte ansehen (Link zum Produktbereich)◄

Unterschiedliche Lösungsansätze oder Prozesse können durch die Unternehmensgröße oder den Typ erklärt werden. Die Anbieter sprechen diese gesondert in Abhängigkeit von Relevanz und Größe an. Eine Möglichkeit ist alle Segmente in ihrer Ansprache zu berücksichtigen, wie z. B. Großunternehmen, Mittelstand, Start-ups und Kleinunternehmen. Jedoch ist es auch möglich, dass nur ausgewählte Segmente angesprochen werden, beispielhaft kleine und mittelständische Unternehmen.

Beispiel

Beispiel der Herleitung von der Unternehmensgröße zur Lösung:

*   Titel: Software für kleine und mittelständische Unternehmen
*   Whitepapers zu den Themen „Digitalisierung im Mittelstand" und „Mittelstand. Mit der Cloud zu mehr Geschäft" (Teaser und Links zum Herunterladen)
*   Analystenreport „Vier IDC-Ratgeber für den Mittelstand im digitalen Wandel" (Teaser und Link zum Herunterladen)
*   Webinar „Cloud – Der Schlüssel für die erfolgreiche Digitalisierung im Mittelstand" (Kurzbeschreibung und Link zum Webinar)

Anknüpfung an relevante Lösungen:

*   Video „Digitalisierung für den Mittelstand mit … Software" (Video und Infografik zu den Lösungen)
*   Titel: „Vernetzen Sie Ihre Prozesse unternehmensweit und vereinfachen Sie sich die Arbeit. ERP und digitaler Kern; Personalwesen; Kundeninteraktion und Handel; Cloud- und Datenplattformen" (Verlinkung einzelner Lösungen zu relevanten Unternehmensbereichen)
*   Relevante Kunden- und Projektbeispiele: „…-Kunden und ihre Erfolge" (Kurzbeschreibung, Links zu vollständigen Berichten oder Videos sowie zu weiteren Referenzen)
*   Angebot für den Download einer Testversion: „Software für den Mittelstand – Digitale Reife evaluieren und passende Software auswählen" (Kurzbeschreibung und Link zum Herunterladen)◄

Strukturierung nach Themen und Trends
Der Zugang für den Bereich der Trends und übergreifende Themen wird über den DIH „Your Business" oder über zentrale Einstiege (Homepage) ermöglicht.

Übergeordnete Themen, die adressiert werden, sind beispielhaft „Intelligent Enterprise", „Machine Learning", „Chancen der Digitalisierung", „Künstliche Intelligenz", „EU-Datenschutz-Grundverordnung", „Product Lifecycle Management (PLM)", „Blockchain" usw.

Die Buyer Persona äußert dabei ihr Interesse durch generelle Fragen wie *„ Was ist PLM? "* bis zu speziellen Fragestellungen über Technologieentscheidungen, IT/OT-Konvergenz, Daten als Entscheidungsgrundlage oder Ähnliches.

Beispiel

Beispiel der Herleitung von Themen und Trends zur Lösung:

- Titel: DSGVO: So bleiben Sie wettbewerbsfähig. Die neue Verordnung wird angewandt. Nutzen Sie Ihre Zeit sinnvoll, um Ihren Wettbewerbsvorsprung zu schützen
- „Was ist DSGVO?" (Kurzbeschreibung)
- „Langfristig denken. Vorbereitung auf die DSGVO unter Bewahrung der Wettbewerbsfähigkeit" (Link zum Erklärungsvideo)
- On-Demand-Webinar „Die Datenschutz-Grundverordnung technisch realisieren"
- Das Wichtigste zur DSGVO in 15 min. Infomaterialien für die ersten Planungsphasen (Infomaterialien wie Referenzberichte, Blogbeitrag und Interview)

Anknüpfung an relevante Lösungen:

- „Warum … für DSGVO-Compliance?" (Auflistung der Kundennutzen)
- Unsere Lösung für die DSGVO (Teaser und Link zum relevanten Produktbereich)
- „Was bedeutet die DSGVO für CEOs, CFOs und CIOs?" (Aufzeichnung der Themenrelevanz für verschiedene Funktionen)◄

4.3.2.5 Buyer Engagement Tactics

Der DIH „Your Business" lässt sich tendenziell an dem Anfang der Buyer's Journey einordnen und bietet einen hohen Textgehalt. Deshalb eignet er sich besonders für die Suchmaschinenoptimierung und Suchmaschinenwerbung. Dadurch können die Inhalte nach dem Pull-Prinzip von Interessenten und Kunden gefunden werden.

Die Buyer Persona nimmt ebenso Publikationen von einzelnen Content-Assets in Industrie-, Verbands- und Fachzeitschriften wahr.

Die Bewerbung von ausgewählten Interaktionen über E-Mail-Marketing und Social-Media-Platzierungen, z. B. auf LinkedIn.

4.3.2.6 Navigation Patterns: Next-Best-Interaction

Eine Navigation zu Next-Best-Interaction soll aus den einzelnen Beiträgen zu inhaltlich relevanten Produkt- und Kundenberichten, Webinaren, Blogbeiträgen etc. erfolgen (vgl. Abb. 4.7).

Abb. 4.7 Navigation Patterns des DIH „Your Business" (Quelle: Eigene Darstellung)

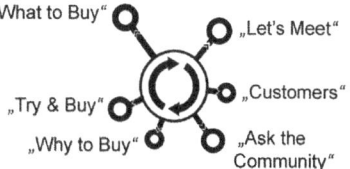

Navigation Patterns: Next Best Interaction

„What to Buy"   „Let's Meet"
„Try & Buy"   „Customers"
„Why to Buy"   „Ask the Community"

4.3.2.7 Kritische Erfolgsfaktoren

Bei umfangreichen Digital Interaction Hubs ist eine klare, selbsterklärende Strukturierung des Contents oder eine dynamische (adaptive), kontextbezogene Bereitstellung von Inhalten entscheidungskritisch.

Dieser datengetriebene Ansatz für Inhalte und Bereitstellungsmechanismen sorgt dafür, dass für jeden einzelnen Käufer ein für ihn zugeschnittenes Erlebnis geboten wird. Dabei bedient er sich an dem individuellen Profil eines jeden Kunden, das durch frühere Interaktionen und bekannte Präferenzen erstellt wird (Johnson, 2017).

Dadurch wird gewährleistet, dass die Relevanz des Inhalts und die damit verbundene Lösung vorhanden ist.

Von besonderer Bedeutung sind Inhalte, die auf Stellungnahmen von technischen und nichttechnischen Quellen basieren. Dazu zählen Personen oder Organisationen, die eine hohe Reputation und eine große Bekanntheit in der Branche oder branchenübergreifend genießen. Beispielhaft dafür sind Berichte von externen Experten, Beiträge in der Fachpresse sowie Beiträge von Verbänden und Analystenhäusern:

- Forrester- oder Gartner-Bewertungen der Technologie
- Informationen von Fachverbänden und Branchenpublikationen, die einen auf dem Laufenden halten und über die Fortschritte in der Technologie informieren
- Berichte in Verbands- und Fachmedien, die beispielhaft die IT/OT-Konvergenz und den Wert von IT-Managern bei Entscheidungen zur Digitalisierung oder Automatisierung diskutieren
- Analystenberichte
- „IDC-Ratgeber für den Mittelstand: ERP der Zukunft", Empfehlungen vom Analystenhaus IDC
- „Cloud-Bedrohungsbericht 2018 von …", Bericht von einem der größten Wirtschaftsprüfungsunternehmen
- „Nachrichten und Trends von Branchenexperten"

4.3.3   Digital Interaction Hub „Let's Meet"

Der Steckbrief des DIH „Let's Meet" (Abb. 4.8) stellt in einem Überblick alle zentralen Aspekte und Schlüsselelemente kompakt dar.

4.3.3.1 Hub-Content-Strategie

Der digital Interaction Hub „Let's Meet" bietet dem Käufer die Möglichkeit sich über die digitalen, hybriden oder physischen Veranstaltungen zu informieren und daran teilzunehmen. Die pandemiebedingte Begrenzung von Events auf rein digitale Formate hat diese Art der Kundeninteraktion nachhaltig beeinflusst und zieht eine verstärke Nutzung digitaler Formate im Kaufzyklus nach sich. Neben etablierten digitalen Formaten wie z. B. Webinaren ersetzen neue Formate wie z. B. hybride Events viele physische Veranstaltungen oder verändern und erweitern diese nachhaltig. Veranstaltungen, ob digital, hybrid oder physisch, stellen weiterhin die meistgenutzte Interaktion im Kaufprozess dar (Parry & Ferron, 2022; Mills & Rampley, 2022; Selent, 2019).

Die Interaktionen, die eine Teilnahme an der physischen oder digitalen Veranstaltung oder einem Webinar darstellen, gehören zu den wichtigsten in der Buyer's Journey über alle Kaufphasen hinweg (Mills & Rampley, 2022, S. 5; Selent, 2019). Die Pandemie, Lockdowns und die Einschränkungen der sozialen Interaktion brachten einen großen Innovationsschub in die B2B-Veranstaltungsbranche, der es jahrelang an Innovationen mangelte (Copans, 2022).

Folgende Formen der Veranstaltungen können im Rahmen des Kauf- bzw. Verkaufsprozesses zum Einsatz kommen:

- physische Veranstaltungen wie Messen, Fachveranstaltungen, Seminare, Produkteinführungen oder -releases, Anwenderkonferenzen, Kundentage etc.
- Hybridform, wobei physische Veranstaltungen mit einer digitalen Komponente erweitert werden wie beispielhaft die Veranstaltungen mit Video-Liveübertragung in Echtzeit oder die Videoaufzeichnung der Gesamtveranstaltung oder von einzelnen Vorträgen für den zeitversetzten Abruf im Web
- digitale Veranstaltungen wie On-Demand-Webinare, Live-Webinare, virtuelle Messen, Webseminare, Produktdemonstrationen (live und on Demand) etc.

Virtuelle und hybride Veranstaltungen sind inzwischen ein fester Bestandteil des Marketingmix. Die physischen Veranstaltungen sind tendenziell kleiner und lokaler geworden, mit dem Ziel Entscheidungsträger der potenziellen Kunden in diesem Format zu erreichen.

Die zentralen Merkmale der einzelnen Events sind in Tab. 4.4 beschrieben.

Zwar ist die Zahl der Teilnehmer der physischen Veranstaltungen tendenziell rückgängig, indes spielen die physischen Veranstaltungen laut den Interviews mit Interessenten und Kunden weiterhin eine große Rolle. Die überwiegende Mehrheit der Interviewpartner

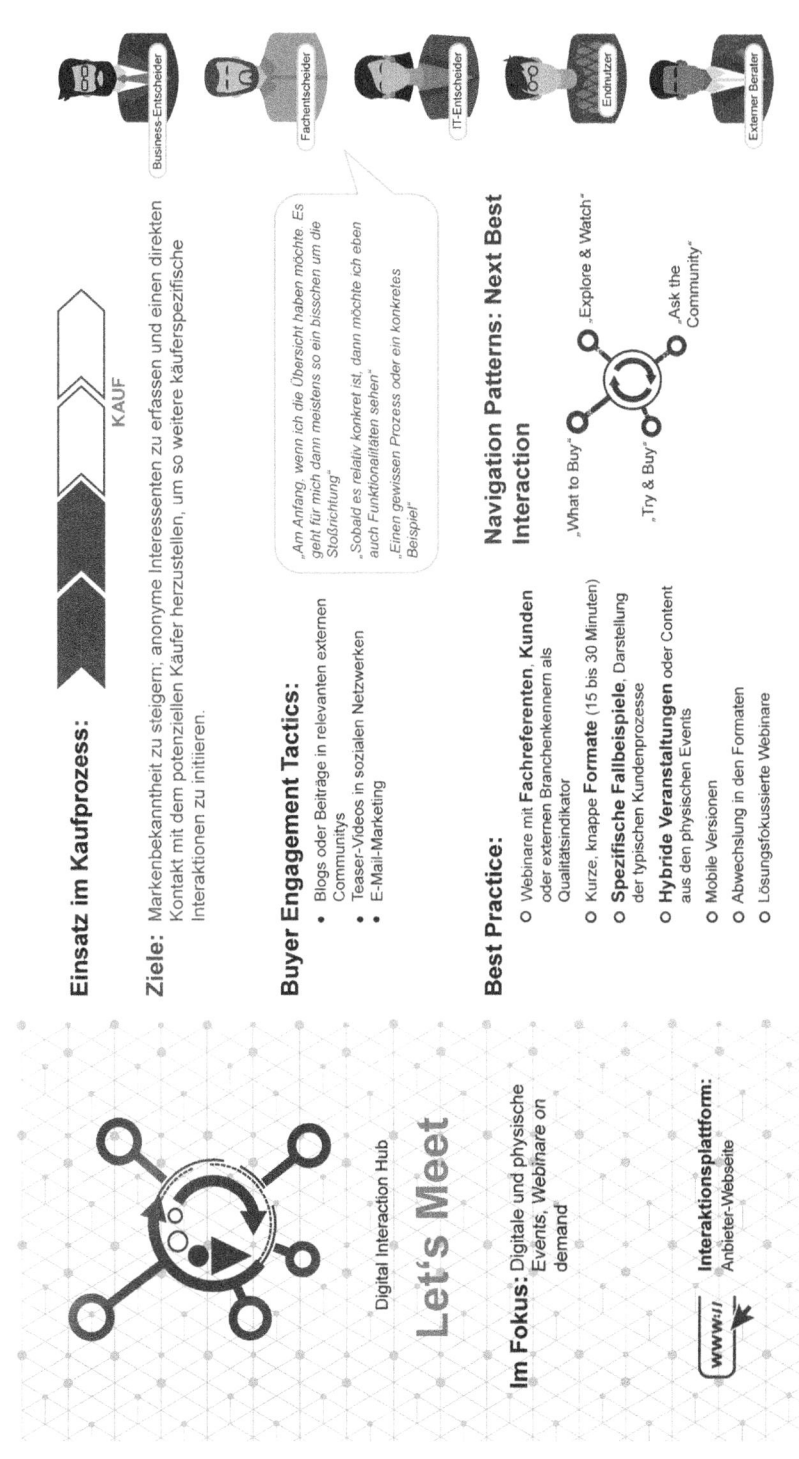

Abb. 4.8 Steckbrief Digital Interaction Hub „Let's Meet". (Quelle: Eigene Darstellung)

Tab. 4.4 Typen von Veranstaltungen. (Quelle: Eigene Darstellung)

Typ der Veranstaltung	Dauer	Form	Veranstalter, Quelle	Gestaltungs-grad für Anbieter	Kosten	Anbieter-Käufer-Interaktion
Messe	1 bis mehrere Tage	Physisch, Hybrid	Drittanbieter	Mittel	Hoch	Mittel
Virtuelle Messe	1/2 bis mehrere Tage	Digital	Anbieter oder Drittanbieter	Hoch	Mittel	Mittel
Industrie-konferenz	1 bis mehrere Tage	Physisch, Hybrid	Drittanbieter	Mittel	Hoch	Mittel
User-Event	1 bis mehrere Tage	Physisch, Hybrid	Drittanbieter oder Anbieter	Niedrig oder hoch	Niedrig oder hoch	Hoch
Kundenevent	1/2 bis mehrere Tage	Physisch, Hybrid	Anbieter	Hoch	Hoch	Hoch
Partner- Veranstaltung	1/2 bis mehrere Tage	Physisch, Hybrid	Anbieter oder Partner	Mittel	Niedrig bis mittel	Mittel bis hoch
Live-Webinar	30–60 min	Digital	Anbieter	Hoch	Niedrig	Mittel
On-Demand-Webinar	15–45 min	Digital	Anbieter	Hoch	Niedrig	Niedrig

erwähnt Messen, Fachveranstaltungen oder andere Formen der physischen Veranstaltungen als eine relevante Informationsquelle im Kaufentscheidungsprozess, aber auch als eine Quelle, um sich generell im beruflichen Kontext zu informieren. Das Networking – der Austausch mit den Peers aus anderen Unternehmen sowie der direkte Kontakt zu Anbietern und Integrationspartnern – sowie das Wissen der Strategien und Neuerungen „aus erster Hand" sind die Hauptinteressen der Besucher (Selent, 2019, S. 122).

Bei den physischen Veranstaltungen während der Buyer's Journey dominieren Messen: Die überwiegende Mehrheit der Interviewten nutzt diese Form der physischen Interaktion, *„um [sich] einen Überblick [zu] verschaffen"* (INT11, zitiert in Selent, 2019), *„um den strategischen Blick zu behalten"* (INT15, zitiert in Selent, 2019), *„um neuste Entwicklungen und Vergleiche"* auf Lösungsebene zu erhalten (INT21, zitiert in Selent, 2019), um sich neutral, ohne den direkten Kontakt zum Anbieter, über die Lösungen zu informieren und um sich Lösungen *„vorführen [zu] lassen"* (INT29, zitiert in Selent, 2019).

Eine hybride Form von physischen und digitalen Veranstaltungen kommt immer mehr zum Einsatz. Dabei geht es um eine physische Veranstaltung, die durch digitale Videoübertragungen im Internet erweitert wird. Auch die Bereitstellung von aufbereiteten Aufnahmen oder Videos von Vorträgen zum Abruf ermöglicht eine digitale Teilnahme für einen breiteren Kreis der Kunden und Interessenten. Dabei kann von Vorteilen beider Veranstaltungsformen profitiert werden. Das Ziel der Anbieter ist es, die Wirtschaftlichkeit des physischen Events zu steigern sowie die Einflussbreite des Events zu erhöhen und zu verlängern. Dieses Format ist allerdings mit hohen Kosten verbunden und nur für wenige hochrelevante Veranstaltungen sinnvoll, wie beispielhaft jährliche Kundenmessen, Entwicklerkonferenzen, einen Produktlaunch oder Ähnliches.

Zunehmend besuchen die Kunden digitale Veranstaltungen wie etwa Webinare. Für Kunden bedeutet dies, dass der Zeit- und Kostenaufwand stark reduziert wird. Bei einem Format „on Demand" ist dazu die Flexibilität von großem Vorteil. Inhaltlich variieren Webinare von übergreifenden Themen der Industrien, die durch Experten und Analysten vorgestellt werden, bis zu produktspezifischen Inhalten und Produktdemonstrationen durch einen technischen Produktexperten.

In einer empirischen Untersuchung stellten Wanga et al. (2017) fest, je mehr sich ein Unternehmen mit den digitalen Interaktionen des Anbieters wie Webcasts oder digitalen Inhalten auf der Anbieterwebseite beschäftigt, desto mehr Leads und Opportunities können in dem Unternehmen gewonnen werden. Typischerweise erfassen die Anbieter die Kunden-Kontaktdaten bei der Webinar-Registrierung, wandeln einen anonymen Interessenten in einen „Lead" und haben damit die Möglichkeit, weitere physische oder digitale Interaktionen käuferspezifisch zu initiieren.

Außer einer vertriebsprozessunterstützenden Kundeninteraktion liegen die Vorteile der digitalen Veranstaltungen in dem effektiveren Sammeln von Daten: Es können mehr Informationen als je zuvor erfasst werden, was bei der Entwicklung der personalisierten Veranstaltungserlebnisse hilft (Bizzabo, 2021).

4.3.3.2 Relevanz für die Buyer Personas

Dieser Digital Interaction Hub ist für alle Buyer Personas relevant (Selent, 2019), jedoch unterschieden sich die Präferenzen nach Form und Inhalten je Buyer Persona:

- Der *IT-Entscheider* weist eine etwas höhere Nutzung der digitalen Veranstaltungen in Form von Webinaren oder On-Demand-Webinaren auf. Vor allem in der mittleren Kaufphase (Middle Stage) des Kaufentscheidungsprozesses nutzt der IT-Entscheider das Webinar als ein schnelles und effizientes Mittel, um *„rein übersichtshalber"* (INT11, zitiert in Selent, 2019) einen Eindruck zu gewinnen.
- Der Business-Entscheider, der nicht punktuell, sondern im gesamten Kaufprozess teilnimmt, betont einen erkennbaren Mehrwert des Webinars als Voraussetzung für seine Teilnahme: *„Ich habe auch Webinars, bei denen ich zusage. […] Webinars, […] bei denen der Informationsgehalt ziemlich hoch dann ist, nutze ich auch"* (INT15, zitiert in Selent, 2019). Generell haben physische Veranstaltungen eine höhere Relevanz für den Business-Entscheider.
- Die Endnutzer/Administratoren sind die häufigsten Teilnehmer bei produkt- oder fachspezifischen Webinaren. Endnutzer/Administratoren ohne bestehende Kundenbeziehungen nutzen die produktbezogenen Webinare, *„wo [das] System gezeigt wird"* (INT11, zitiert in Selent, 2019), für die Einarbeitung in die Software, für die Evaluierung der Software im Kaufentscheidungsprozess und teilweise als Training.
- Die Fachentscheider verwenden diesen Digital Interaction Hub, um Informationen über die Präsenzveranstaltungen wie Konferenzen zu erhalten. Der Fachentscheider ist ebenso ein Nutzer der digitalen und Live-Veranstaltungen.

4.3.3.3 Einsatz im Kaufprozess

Generell gehört die Teilnahme an Veranstaltungen, physisch oder digital, zu den wichtigsten Interaktionen in der Buyer's Journey über alle Kaufphasen hinweg. Dabei unterscheiden sich die bevorzugten Formate. Zu Beginn wollen sich die Käufer weiterbilden und nehmen an Industrieveranstaltungen, persönlich oder virtuell, teil. In den nächsten Phasen suchen sie eher nach kleineren, eher diskussionsorientierten Veranstaltungen wie Onlineforen (Mills & Rampley, 2022, S. 5; Selent, 2019, S. 123–125):

- frühe Kaufphase (Early Phase): Industriekonferenz (virtuell oder physisch), vom Anbieter gehostetes Webinar, vom Anbieter gehostete Konferenz oder Seminar (virtuell oder physisch)
- mittlere Kaufphase (Middle Stage): Industriekonferenz (virtuell oder physisch), vom Anbieter gehostete Konferenz oder Seminar (virtuell oder physisch), vom Anbieter gehostetes Live-Webinar

- späte Kaufphase (Late Stage): vom Anbieter gehostetes Onlineforum oder Diskussion, Industriekonferenz (virtuell oder physisch), vom Anbieter gehostete Konferenz oder Seminar (virtuell oder physisch)
- Implementierungs- und Nutzungsphase (After Sales): produktbezogene Webinare, Kundenveranstaltungen

Die Webinare sind in allen Phasen des Kaufentscheidungsprozesses vertreten und werden von den Kunden als eine der meistgenutzten Interaktionen bewertet (SiriusDecisions, 2015, S. 3 f.; Parry & Ferron, 2022, S. 23). Jedoch ist die frühe Kaufphase (Early Stage) durch eine deutlich stärkere Nutzung gekennzeichnet: 34 % der Käufer nutzen Webinare in der frühen Kaufphase (Early Stage) und jeweils 14 und 13 % in den folgenden Phasen (de Martini & Rediker, 2017, S. 23).

Auch die Auswertung der thematischen Schwerpunkte der Webinare bestätigen diese Tendenz: Die überwiegende Mehrheit der Webinare fokussiert Themen wie industriespezifische Trends und Herausforderungen, Herausforderungen des Fachbereichs oder einer Funktion sowie Themen mit einem strategischen und visionären Schwerpunkt (Selent, 2019, S. 124):

- *„Track & Trace für die Lebensmittelindustrie"*
- *„Transform Your Business: Finance and HR Together in the Cloud"*
- *„Machine Learning: Principles and Practice"*
- *„Smart Manufacturing Services 4.0"*

Diese Webinare unterstützen einen IT- oder Business-Entscheider sich *„breit zu informieren"*, und zwar *„am Anfang, wenn ich die Übersicht haben möchte. Es geht für mich dann meistens so ein bisschen um die Stoßrichtung: In welche Richtung möchte ich dann laufen, damit ich mir eine Meinung bilden kann dazu?"* (INT15, zitiert in Selent, 2019). Die Ergänzung dieser Art von Webinaren durch ein Fallbeispiel ist eine häufig verwendete Taktik der Anbieter, so etwa das Webinar *„Transformation für Hochschulen – Ein Erfahrungsbericht der bpc AG"*.

Wenn der Kaufprozess fortgeschritten ist, sind es die Lösungen und Funktionalitäten, die im Fokus der Webinare liegen: *„Sobald es dann relativ konkret ist, dann möchte ich dann eben auch Funktionalitäten sehen"* (INT15, zitiert in Selent, 2019). Diese werden oft anhand der Beispiele vorgeführt: *„Da wurde es an einem einfachen Bauteil gezeigt"* (INT19, zitiert in Selent, 2019).

- *„Sales Cloud Demo, Start-ups und kleine Unternehmen"*
- *„Cyber Resiliency in 5 Phasen – Lösungsbeispiele & Best Practices"*

Im nächsten Schritt können die Webinare eingesetzt werden, um funktionsspezifische Themen für Fachentscheider oder Endnutzer/Administratoren vorzuführen, beispielhaft den Datentransfer aus einem anderen System und *„wie die Daten verwendet [werden] können"* (INT19, zitiert in Selent, 2019). Beispiele der Anbieterangebote sind: *„Master Data Governance in hybriden Landschaften: Zusammenspiel von SAP S/4HANA und Cloud-Applikationen, am Beispiel von C4C und Ariba".*

Für den Endnutzer/Administrator spielt ein technisch versierter Fachreferent und weniger ein Vertriebsmitarbeiter eine wichtige Rolle. Auch für den Business-Entscheider, der aktiv an allen Phasen des Kaufentscheidungsprozesses teilnimmt, sind ein *„Onlineseminar, durchgeführt vom Produktmanager"* und die Möglichkeit, *„spezifische Fragen zu der Anwendung"* zu stellen, relevante Interaktionen. Der Fachreferent kann beispielhaft Positionen wie Business Development Manager, Solution Engineer oder IT Management Consultant einnehmen.

4.3.3.4 Gestaltungsmöglichkeiten in der Praxis
4.3.3.4.1 Hub-Content-Architektur und Navigation
Basierend auf der Auswertung der Best Practices und den Erkenntnissen aus den Interviews sind folgende Content- und Interaktionselemente oft Bestandteile des Digital Interaction Hubs „Let's Meet":

- ein Kalender mit bevorstehenden Veranstaltungen
- eine Sammlung der On-Demand-Webinare und -Videos mit einer Suchfunktion oder Einordnungsstruktur, die eine schnelle Suche der relevanten Inhalte ermöglicht
- interaktive Suchfunktion
- eine Hervorhebung der ausgewählten physischen und digitalen Veranstaltungen durch auffällige Platzierung und Gestaltung
- Landingpages der einzelnen Webinare und Veranstaltungen mit Details und Registrierungsformular
- Kontaktmöglichkeiten (über Chat, telefonisch, per E-Mail)

Folgende Interaktionen können auf diesem Digital Interaction Hub realisiert oder initiiert werden:

- Teilnahme an einer Industriekonferenz
- Teilnahme an einer vom Hersteller veranstalteten Konferenz
- Besuch einer Messe
- Teilnahme an einem Live-Webinar
- Anschauen eines Webinars on Demand
- Teilnahme an einer virtuellen Veranstaltung
- Teilnahme an einem virtuellen Rundgang
- Teilnahme an einer Peer-Networking-Veranstaltung
- Besuch einer Vertriebsveranstaltung
- Teilnahme an einem Executive Briefing

Der Reziprozitätsgrad dieses Digital Interaction Hubs hängt vom Format der ausgewählten Interaktion ab. Bei der Nutzung der Suchfunktion oder auch durch das Anschauen von einem On-Demand-Webinar erfolgt eine automatisierte Interaktion. Die Teilnahme an einem Live-Webinar ermöglicht eine Echtzeitinteraktion und realisiert damit eine Live-Interaktion. Die eingebauten Interaktionsmöglichkeiten wie Chat-Fenster für mögliche Fragen, Umfragetools für die kurzen Umfragerunden oder Feedback unterstützen die Live-Interaktion und erhalten die Aufmerksamkeit der Teilnehmer. Die Registrierung für einen physischen Event löst bei der anschließenden Teilnahme eine physische soziale Interaktion aus.

4.3.3.4.2 Interaktionsplattform

Dieser Digital Interaction Hub kann typischerweise auf der zweiten Ebene der Anbieterwebseite gefunden werden, wobei Unterschiede zwischen einer prominenten Platzierung und einer etwas weniger ausgeprägten Platzierung zu erkennen sind (Selent, 2019, S. 126). Die zusätzlich eingebetteten Interaktionskanäle bei allen Anbietern sind die Share-Tasten, um das Teilen des einzelnen Events über die geläufigen sozialen Medien für die Webseitenbesucher zu ermöglichen.

4.3.3.4.3 Content

Auf dem DIH „Let's Meet" sind die Veranstaltungen durch die Einträge im Veranstaltungskalender sowie die Beschreibungen der bevorstehenden Veranstaltungen in Bezug auf Inhalte, Zielgruppe und organisatorische Details auf der dedizierten Landingpage zu finden. Die Darstellung eines erkennbaren Mehrwertes und der erwarteten Zielgruppe gehört zu den wichtigen Gestaltungselementen:

- *„Zusammen mit unseren Kunden und Partnern möchten wir Ihnen ein komprimiertes Fachwissen vermitteln, Best Practices mit Ihnen teilen und aufzeigen, wie Sie einen konkreten Mehrwert für Ihr Unternehmen erzielen können"*
- *„Dies ist eine reine Anwenderveranstaltung"*
- *„Forum für Finanzmanagement und GRC"*

Format

Die Veranstaltungen können in folgende Kategorien der Teilnahme aufgeteilt werden:

- Präsenzveranstaltungen
- hybride Veranstaltungen (Präsenzveranstaltungen mit Live-Übertragung oder On-Demand-Aufzeichnungen)
- digitale Veranstaltungen (live oder on Demand)

Die physischen Veranstaltungen erleben einen Umbruch. Die Anzahl der Präsenzveranstaltungen ist zurückgegangen und sie verändern sich des Weiteren in ihrem Format und ihrer Gestaltung: *„Sie sind […] abgespeckt, alles muss kürzer und mundgerechter werden"* (INT10, zitiert in Selent, 2019). Allerdings nehmen die darauf spezialisierten Experten an, *„je mehr digitale Interaktion steigt, desto mehr steigt der Bedarf nach persönlicher Kommunikation"* (INT10, zitiert in Selent, 2019) und *„je mehr man mit Kunden nur digital interagiert, umso mehr wollen die Kunden ein Gesicht dazu haben"* (INT10). Auch die Käufer bestätigen die Wichtigkeit der physischen Events. Die Präsenzveranstaltungen bleiben ein fester Bestandteil der Kundeninteraktion. Bei den physischen Veranstaltungen sind vor allem die Industriemessen eine stark verbreitete und kaufrelevante Interaktion, die *„Einblicke […] in die neuesten Entwicklungen"* (INT21, zitiert in Selent, 2019) ermöglicht. Die Aufzeichnungen der Messeauftritte ist eine von den Anbietern genutzte Taktik, um daraus den Content für die digitale Interaktion zu erstellen und den Wirkungsradius des Messeauftritts zu erhöhen.

Hybridveranstaltungen sind eine vielversprechende Form der Kundeninteraktion, die beide Welten verbindet. Die Möglichkeit, die Veranstaltung entweder virtuell oder persönlich zu besuchen, erhöht die Reichweite der Veranstaltung und erreicht die Kundensegmente, die entweder nicht bereit oder nicht in der Lage sind, persönlich zu den Veranstaltungen zu reisen. Größere Reichweite und Besucherzahlen sind die größten Vorteile dieser Veranstaltungsart (Bizzabo, 2021). Insbesondere große Events mit hohem Informationswert kombiniert mit der Zeit- und Kosteneffizienz der digitalen Alternative erreichen die Kunden dort, wo sie sich am wohlsten fühlen. Bei dieser Veranstaltungsform ist der Großteil des Contents für physisches und digitales Publikum gleich. Die digitalen Formate können sowohl im Livestream als auch on Demand erfolgen. Um eine Differenzierung für die Teilnehmer zu schaffen, können für das virtuelle Publikum exklusive Inhalte wie exklusive Interviews und Erlebnisse nur für die digitale Umgebung bereitgestellt werden. Die Teilnehmer vom physischen Teil des hybriden Events profitieren von moderierten Diskussionen zwischen den Teilnehmern, Expertengesprächen in kleinen Gruppen, Networking- und Sonderveranstaltungen.

Auch die Veranstaltungen mit einem klaren physischen oder digitalen Fokus können von einer Erweiterung um die zweite Komponente profitieren (vgl. Abb. 4.9). Eine Präsenzveranstaltung kann um eine Event-App erweitert werden, um die kontaktlose Registrierung zu erleichtern sowie mehr Interaktionen und digitales Networking (z. B. durch Kommentare und Diskussion zu den Vorträgen) auf der Veranstaltung zu fördern. Weitere Beispiele der digitalen Interaktionen bei physischen Veranstaltungen sind Event-Bots sowie Augmented- oder Virtual-Reality-Elemente am Stand. Ein virtuelles Event kann durch die Einbindung einiger physischer Interaktionen interaktiver und persönlicher gestaltet werden: Beispiele dafür sind Viewing-Partys und Workshops rund um die gewonnenen Erkenntnisse im Anschluss an den digitalen Event oder der Versand von Proben für die Verkostungsaktivitäten während des digitalen Events.

Forrester unterscheidet zwischen vier hybriden Veranstaltungsmodellen (Bizzabo, 2021) (vgl. Tab. 4.5).

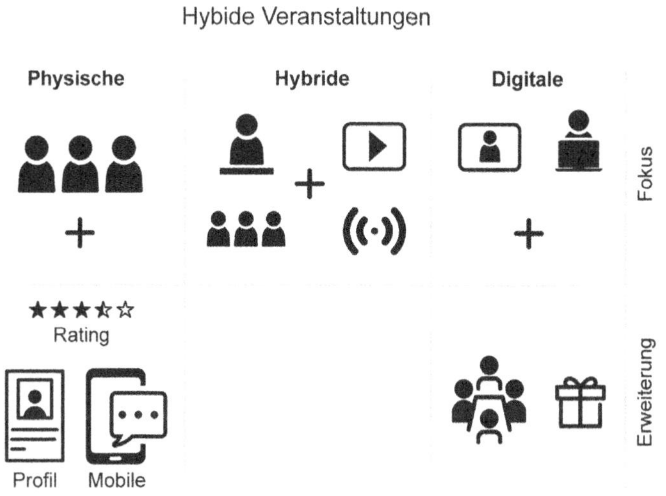

Abb. 4.9 Aktuelle Veranstaltungsformate. (Quelle: Eigene Darstellung)

Tab. 4.5 Hybride Veranstaltungsmodelle. (Quelle: In Anlehnung an Bizzabo, 2021)

Simultan:	„Echtes Hybrid-Event", da sie sowohl Live- als auch virtuelle Teilnehmer einschließt, die die Veranstaltung gleichzeitig erleben, egal wo sie sich befinden
Live-Studio-Publikum:	Bei diesem Format bestehen die Teilnehmer aus einem kleineren Teilnehmerkreis, der das Event physisch erlebt, und einem virtuellen Publikum. Diese Form ist vergleichbar mit einer Talkshow
Zeitversetzt/On Demand:	Das Publikum vor Ort erlebt die Veranstaltung und die Inhalte live, das virtuelle Publikum hat zeitversetzt Zugriff auf den Content – on Demand –, was von einigen Minuten bis zu mehreren Tagen bedeuten kann
Hub and Spoke:	Bei dieser Art von Veranstaltung sitzen die Redner gemeinsam in einem Studio und erstellen Inhalte in Fernsehqualität, während das Publikum aus der Ferne auf die Inhalte zugreift

Digitale Veranstaltungen wie On-Demand-Webinare, Live-Webinare, virtuelle Messen, Webseminare, Produktdemonstrationen (live und on Demand) sind weiterhin ein fester Bestandteil der Buyer's Journey und benötigen eine klare inhaltliche Fokussierung, um die Buyer Personas zu erreichen.

Inhaltlicher Fokus
Bei der inhaltlichen Aufbereitung des digitalen Contents ist es entscheidend die Informationsbedürfnisse der Buyer Personas zu berücksichtigen. Business-Entscheider und

IT-Entscheider interessieren sich auf den Messen und Veranstaltungen für die Fragen *„In welche Richtung geht das? Was kommt neu auf den Markt"* (INT15, zitiert in Selent, 2019). Ein Videoreview von der Messe oder ein Highlight-Video kann die Informationsbedürfnisse der Business-Entscheider adressieren und deren Suche nach *„technologischer und strategischer Marktführerschaft"* unterstützen. Dedizierte Videoaufzeichnungen von Showcases, Präsentationen von ausgestellten Exponaten oder Produkt-Highlights stellen einzelne technologische Entwicklungen und Innovationen in den Fokus und adressieren damit den Informationsbedarf der Fachentscheider und Business-Entscheider.

Der IT-Entscheider hat oft keine oder wenig Erfahrung mit dem konkreten Softwareprodukt: *„Es handelt sich […] meistens um neue Themen, die auf uns zukommen"* (INT13, zitiert in Selent, 2019). Live-Webinare oder On-Demand-Webinare, die eine Produktvorstellung und Produktfunktionalitäten als Thema haben und die *„Lösung im Einsatz"* enthalten, werden vom IT-Entscheider oder auch vom Fachentscheider als relevant wahrgenommen. Die lösungsfokussierten Webinare können sowohl eine generelle Übersicht bieten, wobei *„das System gezeigt wird, rein übersichtshalber"* (INT11, zitiert in Selent, 2019), als auch die speziellen Themen beleuchten, die sich je nach Buyer Persona unterscheiden. Die Darstellung des typischen Kundenprozesses und die Einbindung von Beispielen können ein Erfolgsfaktor für IT-Entscheider sein: *„weil ich die Funktionalität für einen gewissen Prozess oder für ein bestimmtes oder relativ konkretes Beispiel sehen will"* (INT15, zitiert in Selent, 2019). Weitere spezielle Themen können die Ziele des IT-Entscheiders generell und nicht nur im Kaufentscheidungsprozess adressieren und somit sein Interesse wecken:

- lehrreiche Webinare mit Themen rund um Daten und Datenzentralisierung
- Sicherheitsrisiken und industrielle Cybersicherheitsstandards
- Gesamtsystemlandschaft bzw. hybride Landschaften und Datenhandhabung

Als relevante Beispiele für den IT-Entscheider sind zu nennen: ein Onlineseminar mit dem Fachexperten als Referenten und dem inhaltlichen Fokus auf Sicherheits-, Zuverlässigkeits- und Funktionsmetriken sowie die Beantwortung anwendungsspezifischer Fragen oder Videoaufzeichnungen einer Diskussion der IT-Experten aus der IT-Perspektive.

Bezogen auf die konkreten Lösungen und die *„Funktionen der einzelnen Komponenten"* sucht der IT-Entscheider oder auch der Endnutzer/Administrator nach mehr Informationen vor der Implementierungsphase in Form von kurzen Videos: *„Ich muss schon im Voraus verstehen, wie es funktioniert"* (INT43, zitiert in Selent, 2019). Diese Inhalte werden bevorzugt über Interaktionen in einem Videoformat, also Webinare on Demand oder Video-Produktdemonstrationen, konsumiert. Diese Kurzvideos sind auf dem Digital Interaction Hub „Explore & Watch" oder „What to Buy" platziert. Auf sie kann als Empfehlung nach einem generell gehaltenen Produkteinführungswebinar durch Verlinkung aufmerksam gemacht werden und das kann somit die Buyer's Journey der IT-Entscheider und Endnutzer/Administratoren aktiv unterstützen.

Der Business-Entscheider sucht im Webinar ebenso nach einer Möglichkeit, eine Übersicht zu erhalten und die *„Stoßrichtung"* zu bekommen, damit er sich *„eine Meinung bilden kann"* (INT15, zitiert in Selent, 2019). Das Thema Branchenerfahrung spielt dabei eine große Rolle. Der Business-Entscheider sucht nach einem Anbieter, *„der unsere Probleme versteht und die Lösung anbietet".* Industriespezifische Best Practices sowie Kundenberichte über die umgesetzten Projekte in vergleichbaren Organisationen helfen dem Business-Entscheider die Herausforderungen zu verstehen. Erfahrungsberichte der Kunden über das, was sie machten, wie das funktionierte und wie gut es funktionierte, sind die bevorzugten Inhalte des Business-Entscheiders. Ein Video-Fallbeispiel oder eine Aufzeichnung eines solchen Kundenvortrages bei einer Präsenzveranstaltung und die anschließende Darbietung im Web adressieren die Bedürfnisse des Business-Entscheiders und validieren die Industrieerfahrung der Anbieter. Fallbeispiele aus der eigenen geografischen Region oder dem eigenen Land wurden dabei als bevorzugt genannt.

Ein zusätzlicher relevanter Aspekt ist die Bewertung der Technologie durch neutrale Drittorganisationen. Das kann in Form einer virtuellen Webinar-Serie, gehostet vom Verband, die eine konkrete Fallstudie hervorhebt, oder eines Webinars mit einem renommierten Experten als Referenten umgesetzt werden. Die Verbände und Peers sind häufig genutzte Informationsquellen im Kaufentscheidungsprozess (vgl. Abb. 2.10 Kaufbezogene Interaktionen). Dies kann bei der Gestaltung des Webinars für Business-Entscheider berücksichtigt werden. Eine Webinar-Serie mit Vertretern der Fachverbände, wobei die Fallbeispiele der konkreten Industrie und tiefere Einblicke in die Lösung dargestellt sind, ist ebenfalls von Interesse für den Fachentscheider und Endnutzer/Administrator.

Da sowohl Business-Entscheider als auch IT-Entscheider begrenzte Zeitressourcen für die Recherche einsetzen, delegieren sie einzelne Aufgaben an ihre Mitarbeiter: *„Man versucht [...] die Mitarbeiter dann zu nutzen, die das Wissen dann holen"* (INT15, zitiert in Selent, 2019). Durch die Nutzung von Produktdemonstrationen oder Testversionen kann sein Team die Anwendung der Softwarelösungen lernen. Business-Entscheider nehmen diese Option in Anspruch und geben sie an die Mitarbeiter intern weiter, auch im Zusammenhang mit dem Webinar.

Die Endnutzer/Administratoren sind insbesondere an produktbezogenen Webinaren interessiert: Produktportfolio und einzelne Lösungen. Eine kurze Produktvorführung in der Mittagszeit, die im amerikanischen Raum als „Lunch and Learn"-Session bekannt ist, ist eine gängige physische Interaktion zu diesem Zweck. Eine digitale Alternative kann ein Angebot für eine virtuelle Vorführung und die Diskussion mit Fachexperten oder Produktmanagern zur Entwicklung der Lösung sein.

Webinare, die auf die „ersten Schritte" mit der Lösung fokussiert sind, unterstützen die Kunden bei den ersten Versuchen mit der Lösung, beispielhaft in einer Produkttestphase, und stellen damit sicher, dass diese erfolgreich verläuft:

- *„Salesforce Tech Lounge: Einführung in Visual Workflow"*
- *„[Softwarelösung]: Erste Schritte"*

Abb. 4.10 Navigation
Patterns des DIH „Let's Meet".
(Quelle: Eigene Darstellung)

4.3.3.5 Buyer Engagement Tactics

Die Anmeldung bei einem Event geht in den meisten Fällen mit einer Registrierung auf der Website einher, bei der die Kunden-Kontaktdaten in ein Formular eingepflegt werden.

Diese Taktik ermöglicht dem Anbieter die anonymen Besucher als „Lead" zu erfassen. Ein potenzieller Kunde in einem Lead-Status steht für eine erfolgreiche Kontaktanbahnung und ist ein wichtiger Schritt im Kauf- und Verkaufsprozess. Der Interessent signalisiert seine Offenheit für eine nichtanonyme Interaktion mit dem Anbieter. Für den Anbieter ermöglicht es eine personalisierte Interaktion zu initiieren und den konkreten Interessenten in dessen Buyer's Journey mit weiteren Taktiken und Interaktionsangeboten zu unterstützen.

Relevante Buyer Engagement Tactics sind Inbound-Marketingmaßnahmen auf sozialen Medien wie etwa folgende:

- Blogs oder Beiträge in relevanten externen Communitys, z. B. in produktspezifischen Foren, Beiträge auf der Facebook-Seite der Anbieter oder der Produktcommunity sowie die Erstellung von Posts in relevanten LinkedIn-Gruppen mit Verlinkung zu dem relevanten Event oder zur Übersichtsseite.
- Erstellung eines Werbevideos in Form einer Webinar-Vorschau. Ein kurzes Teaser-Video auf dem DIH „Explore & Watch" auf YouTube mit Einblicken in die Webinar-Inhalte, verbunden mit einer Handlungsaufforderung und dem Link zur Registrierung. Diese Art von Maßnahmen wird eher für die produktfokussierten Webinare eingesetzt.

Aktivitäten im Bereich des E-Mail-Marketings, wie zielgruppenspezifische E-Mails an anbietereigene oder externe Kontaktlisten, sind ein weiteres breit eingesetztes Instrument, um das Buyer Engagement zu fördern.

4.3.3.6 Navigation Patterns: Next-Best-Interaction

Siehe Abb. 4.10

4.3.3.7 Kritische Erfolgsfaktoren

Die größte Herausforderung besteht darin, die Aufmerksamkeit und das Engagement der Teilnehmer von digitalen Formaten, vor allem bei Hybridveranstaltungen, über die gesamte Dauer aufrechtzuerhalten (NTT, 2021). Kurz gehaltene Inhalte, interessanter, relevanter und exklusiver Content von hoher Qualität und mit einem Mehrwert sorgen dafür, dass die Teilnehmer mit ihrer Aufmerksamkeit und/oder ihrem Geld bezahlen. 20- bis 30-minütige Vorträge oder Workshops, eine Begrenzung der Dauer der Veranstaltung für die digitale Komponente auf etwa fünf Stunden sowie Livestreaming von Keynotes und Künstlerauftritten sind einige erfolgreiche Beispiele einer hybriden Konferenz (Mills & Rampley, 2022).

Im Laufe der letzten Jahre sind auch die Webinare immer kürzer geworden (INT35, zitiert in Selent, 2019). *„Die Zeit, die man bereit ist zu investieren, […] ist viel geringer geworden in unserer schnelllebigen Zeit"* (INT10). Die Anbieter bieten die Webinare überwiegend in einer Länge zwischen 20 und 45 min an. Die Kommunikation der Länge ist teilweise ein Teil des Nutzenversprechens des Webinars: *„Webinar-Serie: Tiefe Expertise in Kleinteilen für Vielbeschäftigte"*. Einige Befragungen der Technologieentscheider stellen noch eine kürzere Aufmerksamkeitsspanne der Käufer fest: Die maximale Länge für technologiebezogenen Content beträgt zwischen 10 und 16 min für Webinare, detaillierte Produktübersichtsvideos, Interviews mit Produktexperten oder Ähnlichem (IDG, 2016, S. 10). *„Kurz, knappe Formate"* (INT10) gelten auch für die Optimierung der Videos für Mobilgeräte, da die Kunden *„Videos, die ich auf meinem Handy anschauen kann"* (INT44, zitiert in Selent, 2019) wünschen.

Bei hybriden Veranstaltungen und der Erstellung des digitalen Contents für den zeitversetzten Abruf sind diese Kriterien in Verbindung mit den Aspekten, die für physische Veranstaltungen wichtig sind, entscheidend. Impressionsbilder, die Übertragung der Stimmung, Kundeninterviews oder kurze Statements können in einem digitalisierten Format ebenso zur Geltung kommen, wie bei einem physischen Event. Die Beiträge sollen dabei auf wesentliche Botschaften reduziert werden und einzeln oder auch in inhaltlichen Teilen abrufbar sein. Netzwerkmöglichkeiten und der Austausch mit den Peers aus anderen Unternehmen sind die wichtigsten Punkte für die Besucher von physischen Events, was bei der Gestaltung des digitalen Netzwerks berücksichtigt werden muss.

Je nach Anbieter kann die Zahl der angebotenen Veranstaltungen, digitale und physische, von Dutzenden bis zu einigen Hundert reichen. Eine einfache und zielführende Einordnungsstruktur oder Suchfunktion adressiert den Bedarf nach einer einfachen Navigation und die Möglichkeit, die *„korrekten Informationen schnell [zu] finden"* (INT43, zitiert in Selent, 2019). Die eingesetzten Suchoptionen ermöglichen eine thematische (z. B. Software-as-a-Service, AI, Compliance), Buyer-Persona-bezogene (z. B. Produktionsleiter, Geschäftsführer) oder lösungsbezogene Suche.

Ein Großkunde, der eine hohe Investition tätigt, ein Berater, der für seine Kunden eine kompetente Hilfestellung bieten will, aber auch ein Entscheider im Kleinunternehmen wünschen sich vertrauenswürdige Quellen. Sie erwarten eine realistische Kommunikation, die eine kritische Sicht auf die Lösung darstellt. Ausschließliches *„Gut. Gut. Gut"* wird als Werbecontent wahrgenommen. Das ist einer der Gründe, warum die Interaktion mit Peers durchgehend als eine der wichtigsten Informationsquellen genannt wird, da sie die

Aspekte der Vertrauenswürdigkeit und Vollständigkeit des Bildes aufgreift. Vor allem die physischen Veranstaltungen liefern den Rahmen, in dem die Anbieter eine Interaktion und einen Austausch zwischen den Peers ermöglichen können. Dieser Aspekt muss explizit in der Beschreibung der Veranstaltungen und in den Buyer Engagement Tactics erwähnt werden. Auch bei Webinaren mit Kunden- oder Expertenteilnahme sollte dieser Punkt klar kommuniziert werden.

4.3.4 Digital Interaction Hub „Customers Who Use It"

Der Steckbrief des DIH „Customers Who Use It" (Abb. 4.11) stellt in einem Überblick alle zentralen Aspekte und Schlüsselelemente kompakt dar.

4.3.4.1 Hub-Content-Strategie

Bereitstellung der erfahrungsbasierten Inhalte in Form von Berichten, Fallstudien, Videointerviews sowie Kundenauflistungen mit Logos oder Zitaten der unterschiedlichen Buyer Personas steht im Fokus des Digital Interaction Hubs „Customers Who Use it". Für alle Buyer Personas gilt das Gleiche: Kundenbeispiele haben eine hohe Relevanz. Dabei ist es von Bedeutung die Ansprache in der „Sprache des Marktes" zu formulieren und je nach Interessenschwerpunkt den entsprechenden inhaltlichen Fokus von relevanten Personen widerzuspiegeln und dies mit Zitaten zu belegen. Sprich ein IT-Entscheider wird eher durch die Meinung eines IT-Entscheiders überzeugt als von einer ROI-Berechnung, die eher für den Business-Entscheider von Relevanz wäre.

Bei dem DIH „Customers Who Use It" steht die Vermittlung von Empfehlungen und positiven Aussagen der bestehenden Kunden im Fokus. Inhaltlich werden Themen wie die Beurteilung der realisierten Projekte und umgesetzten Lösungen, Beschreibungen der ursprünglichen Herausforderungen, Details der Zusammenarbeit sowie wesentliche Ergebnisse und Erfolge in den Vordergrund gerückt. Dieser ist auch unter den Bezeichnungen Kundenberichte, Referenzen, Kundenerfolge, Erfolgsgeschichten, Projekte, Erfahrungsberichte, Anwendungsbeispiele, Anwenderberichte, Kundenstimmen, Kunden-Spotlight, Reviews, Customer Testimonials und Case Studies zu finden.

Bei dem Einsatz von Kundenempfehlungen wird von Referenzmarketing gesprochen; es ist insbesondere im B2B-Marketing ein etabliertes Instrument. Das Ziel von Referenzmarketing ist vor allem die Neukundengewinnung. Die bisherige Forschung hat eindeutig gezeigt, dass Informationen von externen Drittquellen wie Kundenreferenzen, Empfehlungen und Reputation von den Käufern am meisten geschätzt werden (Money, 2000; Brashear-Alejandro et al., 2010; Brossard, 1998). Quellen, wie oben beschrieben, bieten dem Leser nicht nur Fachwissen und Erfahrungen, sondern auch eine neutrale Beurteilung und damit kritischen Input für komplexe Kaufentscheidungen (Brossard, 1998; Brashear-Alejandro et al., 2010).

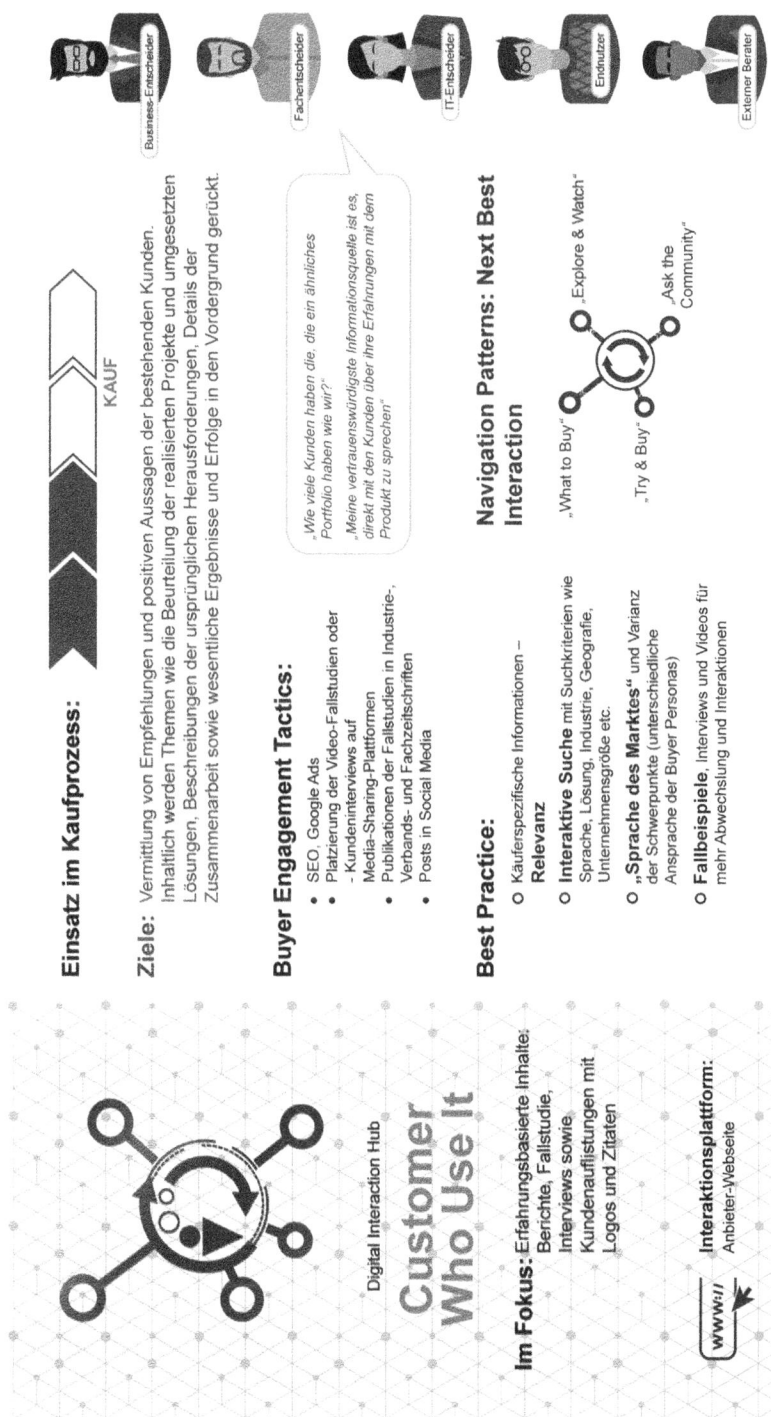

Abb. 4.11 Steckbrief des DIH „Customers Who Use It". (Quelle: Eigene Darstellung)

Ein typischer Bestandteil des Kaufentscheidungsprozesses ist die Identifizierung und Klärung von Bedürfnissen und Zielvorstellungen aus Sicht des Käufers (Makkonen et al., 2012). Besondere Bedeutung hat dies für komplexe Dienstleistungen und Lösungen. Der Verkäufer muss sich aktiv mit der Erstdiagnose sowie der Bedarfs- und Diagnosespezifikation beschäftigen und überdenken, welches Angebot den Käufer schlussendlich überzeugen würde. Nur so kann ein optimaler Wert mit dem Projekt erzielt werden (Aarikka-Stenroos & Jaakkola, 2012).

Die erfahrungsbasierten Informationen der Fallstudien, Referenzen und anderen Quellen helfen dem Käufer ein Verständnis über die folgenden Faktoren zu erlangen (Aarikka-Stenroos & Makkonen, 2014, S. 345 ff.):

- relevante Bedürfnisse
- Definition der verfolgten Ziele und Werte
- erforderliche Rahmenbedingungen und Ressourcen
- Begrenzung der Anzahl von Lösungs- und Anbieteralternativen
- Bewertung der Fähigkeiten der Anbieter
- Vorantreiben der Problemlösung und des Kaufs
- proaktive Vorbereitung auf die Zukunft und Probleme ähnlicher Art

Eine zentrale Frage des Kaufentscheidungsprozesses für alle Buyer Personas ist, ob der Anbieter Erfahrungen in der käuferrelevanten Industrie hat. Als wichtigste Quelle gelten dabei Fallstudien und Kundenreferenzen (Halchak, 2017, S. 7; Demand Gen Report, 2016, S. 5). Käufer wünschen sich „*reale Kundenbeispiele*" (INT45, zitiert in Selent, 2019), die außerdem aus der gleichen Branche kommen bzw. vor ähnlichen Herausforderungen stehen: „*Ähnliche Unternehmen sind wichtig: wer produziert hochvariante Produkte*" (INT13, zitiert in Selent, 2019); „*Kunden und Erfahrungen von Kunden aus der gleichen Branche sind sehr wichtig*" (INT44, zitiert in Selent, 2019). Relevante Fallbeispiele sind eine geeignete Lösung, um seine eigene Expertise und Erfahrung darzulegen.

4.3.4.2 Relevanz für die Buyer Personas

Eine hohe Relevanz der Fallstudien und Kundenberichte lässt sich bei allen Buyer Personas feststellen: Business-Entscheider, IT-Entscheider, externer Berater, Fachentscheider und Endnutzer/Administrator.

Business-Entscheider betonen die Wichtigkeit der Kundeninformation: „*Die [...] Kundeninformationen auf der Website sind sehr wichtig*" (INT44, zitiert in Selent, 2019); „*Referenzthematik, Referenzen, Best Practice [...]. Ja, das wäre jetzt so ein Punkt für mich, der eine große Rolle spielt, das ist zum Teil dann schwieriger, dafür lernen sie dann erst aus Erfahrung mit demjenigen in der Zusammenarbeit, oder vielleicht über Referenzen*" (INT15, zitiert in Selent, 2019). Der DIH „Customers Who Use It" wird vom Business-Entscheider genutzt, um Erfahrungswerte in seiner Branche zu überprüfen: „*Ich möchte wissen, dass [...] [der Anbieter] Erfahrung in meiner Industrie hat"* (INT44, zitiert in Selent, 2019).

Die Möglichkeit sich direkt mit bestehenden Kunden auszutauschen und sich ein Feedback zur Projektabwicklung und Lösungsimplementierung einzuholen ist eine bedeutsame Interaktion für den Business-Entscheider: *„Meine vertrauenswürdigste Informationsquelle ist es, direkt mit den Kunden über ihre Erfahrungen mit dem Produkt zu sprechen"* (INT44, zitiert in Selent, 2019); *„es war sehr wichtig, mit den Kunden zu sprechen [...], ob sie zufrieden waren"* (INT44, zitiert in Selent, 2019). Der Käufer kann bei diesem Prozess unterstützt werden, indem ihm Referenzensuchfunktionen nach Branchen und geografischer Position zur Verfügung gestellt werden.

Die Taktik ausschließlich positive Erfahrungen mit dem Kunden zu teilen ist dem Business-Entscheider bewusst, was folgende Reaktionen in ihm hervorruft:

- Neutrale Reaktion: *„Sie [haben] bereits was gelesen, [...] ein Case [...] immer im Wissen, dass, wenn jemand eine Referenz empfiehlt, dann empfiehlt er in der Regel eine gute. Aber es muss ja nicht schlecht sein, man muss sich das dann einfach bewusst sein, dass er nicht gerade den Kunden raussucht, der ihm/mit dem er gerade vor Gericht steht oder am Streiten ist"* (INT15, zitiert in Selent, 2019).
- Negative Reaktion: *„Für mich ist das so eine Art, ein bisschen Propaganda. Also ich lege nicht so viel Wert auf die Meinungen der Kunden, weil wenn jemand jetzt irgendwie hierherkommt und mir eine Präsentation macht, der wird ja nicht mit einem schlechten Review hierherkommen"* (INT23, zitiert in Selent, 2019).
- Empfehlungen, die als realistische Erfahrungsberichte eingestuft werden können, da auch die Herausforderungen aufgezeigt werden, *„...was dem Anbieter mehr Glaubwürdigkeit bringt"* (INT40, zitiert in Selent, 2019)

Für den Business-Entscheider sind Entscheidungen anderer Kunden in seiner Buyer's Journey ein wichtiger Ansatzpunkt. Sein Interesse kann allgemein gehalten werden: *„Wo wird die Software eingesetzt, bei welchen Kunden?"* (INT11, zitiert in Selent, 2019), oder es bezieht sich auf die Kunden aus der gleichen Branche: *„Wie viele Kunden haben die, die ein ähnliches Portfolio haben wie wir?"* (INT13, zitiert in Selent, 2019) oder *„Maschinenbau wäre jetzt bei uns natürlich immer die erste Wahl"* (INT15, zitiert in Selent, 2019), auch auf die Kunden aus der geografischen Nähe: *„Hat jemand im Umkreis von 100 km so eine Lösung installiert?"* (INT15, zitiert in Selent, 2019). Der Käufer möchte ein direktes Feedback vom Kunden erhalten: *„Wie zufrieden ist er mit der Software? Wie zufrieden ist er mit dem Integrator? Was gab es für Probleme? Was gab es für Kostenabweichungen? Was gab es für Leistungsabweichungen? Ja, das sind für mich noch zwei Punkte. Also der erste, die Rolle des Integrators, wenn man denn so sagen darf, und die Referenzthematik, Referenzen, Best Practice so/das wären für mich noch zwei Punkte, die da sich lohnen"* (INT15, zitiert in Selent, 2019).

Insbesondere IT-Entscheider sind bestrebt in eine persönliche Interaktion mit Kunden zu gehen, um mehr Informationen über deren Erfahrungen zu erhalten. *„Bevor ich einen Kauf abwickle oder eine Änderung durchführe, möchte ich wissen, was andere Unternehmen getan haben und wie es für sie funktioniert hat. Ich möchte die Benutzer sprechen"* (INT45, zitiert in Selent, 2019). *„Treffen mit anderen Kunden in diesem Bereich und verstehen, was sie gemacht haben, welcher Bedarf durch das Serviceangebot erfüllt wurde und wie sich die Beziehung entwickelt hat"* (INT47, zitiert in Selent, 2019). Der DIH „Customers Who Use It" kann das Lokalisieren des relevanten Kunden unterstützen.

Der oben erwähnte direkte, positive Austausch hat einen direkten Einfluss auf den Umfang der später gekauften Software: *„Ich wäre zuversichtlicher, weitere Module hinzu-zufügen, wenn ich mit einem Benutzer sprechen könnte, der es implementiert hat und es Tag für Tag benutzt"* (INT45, zitiert in Selent, 2019). Die Referenzberichte geben außerdem einen indirekten Aufschluss über die Marktverbreitung des Produktes, was für die Kauf-entscheidung bedeutsam ist: *„Der kritischste Punkt war die Marktverbreitung. Also sprich, ist es ein Nischenprodukt oder ist es ein Produkt, das in einer breiten Anzahl von Firmen verwendet wird?"* (INT11, zitiert in Selent, 2019). Insbesondere Käufer, die als kleinere Dienstleistungsfirmen auf dem Markt agieren, wollen wissen, *„wie viel [...] [die Lösung] sich verbreitet jetzt im Vergleich mit 2015 oder 14"* (INT31, zitiert in Selent, 2019), um die Bestätigung zu haben: *„Okay, ich habe mein richtiges CAD-System gewählt"* (INT31, zitiert in Selent, 2019).

Der externe Berater konzentriert sich in seiner Suche nach Kundeninformation auf Fragen wie *„Warum ist die Lösung gut? Warum haben es andere gekauft? Wo sind sie erfolgreich?"* (INT39, zitiert in Selent, 2019). Von Bedeutung sind außerdem die Erfah-rungen mit der Lösung innerhalb der Industrie. Der externe Berater sucht explizit nach Themen wie etwa Bedarfsanalyse, relevante Beispiele mit messbaren Ergebnissen aus der Lösungsimplementierung und Investitionsrendite (INT38, D28). Auch Erfolgsbilan-zen der Anbieter sind Beispiele für die vom externen Berater gesuchten Informationen. Der externe Berater sucht die Projektbeispiele nach *„Erfolgen, nicht nur nach Branchen oder Lösungen"* aus (INT38, zitiert in Selent, 2019).

Die Relevanz im Kaufentscheidungsprozess trifft ebenso auf den Fachentscheider zu. Für ihn ist es von Interesse, wie *„andere Kunden die Software effektiv nutzen"* und *„solide Beispiele, wie die Lösung integriert ist"* (INT42, zitiert in Selent, 2019). Für ihn stellt sich die Frage nach der Branchenrelevanz: *„Lässt sich diese Lösung auf unsere Branche übertragen?"* (INT32, zitiert in Selent, 2019).

Der Endnutzer/Administrator nutzt Kundenberichte und externe Meinungen, um seine Lösungsentscheidungsprozess innerhalb des Kaufentscheidungsprozesses zu unterstützen. Seine Referenzsuche fokussiert sich daher weniger auf die unterschiedlichen Industrien und vielmehr auf die Lösung.

Dabei sind die Themen wie technische Expertise der Anbieter, Service und Trai-ning von Bedeutung (D25). Auch für diese Buyer Persona ist eine direkte Interaktion mit bestehenden Kunden kaufentscheidungsrelevant, sodass die Identifizierung der Kundenstandorte und ein direkter Austausch weitere kundenbezogene Aktionen seitens des Endnutzers/Administrators sein können:

- *„Ja, die auf den Herstellerseiten entsprechenden Referenzberichte. Ja. Also welche Firmen in [...] [welchem Gebiet] eigentlich: Wo wird die Software eingesetzt, bei welchen Kunden"* (INT11, zitiert in Selent, 2019).
- *„Also bevor die endgültige Entscheidung ansteht, ist uns ein Besuch bei einem Referenzkunden auch wichtig. Gerade wenn es um so etwas wie ein[e] [Lösung] geht. Das sind ja doch recht kräftige Investitionen, die man da tätigt"* (INT12, zitiert in Selent, 2019).
- *„Direkt mit aktuellen Kunden über ihre Erfahrungen und Produktumsetzungen sprechen"* (INT48, zitiert in Selent, 2019).

4.3.4.3 Einsatz im Kaufprozess

Das Bereitstellen von Kundenbeispielen spricht den Kunden entlang des gesamten Kaufzyklus an, wobei die intensivere Nutzung der Fallstudien in der frühen (Early Stage) und mittleren Kaufphase (Middle Stage) erfolgt (vgl. Abb. 2.13 Digital Interaction Hubs in den Phasen des B2B-Kaufzyklus).

Zum Anfang des Kaufzyklus, wo der Bedarf und die Probleme beim Kunden lokalisiert werden, sind vor allem Inhalte wie eine Kundensituationsbeschreibung sowie die geschäftlichen Herausforderungen und Ziele relevant.

Lindberg und Nordin (2008) zeigen, dass der größte Aufwand von Käuferfirmen in der frühen Phase betrieben wird mit dem Ziel die eigenen Herausforderungen und Spezifikationen zu identifizieren. Damit wird die Grundlage für eine spätere Entscheidung für eine Lösung gelegt. Die Frage, die sich der Käufer zunächst stellen muss, ist: *„Lässt sich diese Lösung auf unsere Branche übertragen?"* (INT32, zitiert in Selent, 2019). Erst danach ist er bestrebt *„Kunden [zu] finden, die gute Erfahrungen mit [...] [dem Produkt] gemacht haben oder mit PLM fortgeschritten sind"* (INT44, zitiert in Selent, 2019).

Auch in dem nächsten Schritt der Identifizierung von geeigneten potenziellen Anbietern und Integrationspartnern sowie beim Erstellen der Shortlist werden Kundenreferenzen und Empfehlungen mit einbezogen (Aarikka-Stenroos & Makkonen, 2014, S. 348).

In der späteren Phase sind weniger die Herausforderungen und Situationen der Anwender von Bedeutung, sondern die tatsächliche Projektumsetzung rückt in den Vordergrund: *„Was die anderen Kunden mit diesen Modulen machen, wie sie diese umsetzen, wie sieht die Roadmap zur Umsetzung des PLM-Projekts aus und so weiter"* (INT44, zitiert in Selent, 2019).

4.3.4.4 Gestaltungsmöglichkeiten in der Praxis

4.3.4.4.1 Hub-Content-Architektur und Navigation

Die Kundenbeispiele werden auf Grundlage verschiedener Kriterien gesucht und erkundet, weshalb verschiedene Content- und Interaktionselemente Bestandteile des Digital Interaction Hubs „Customers Who Use It" sind:

- Kundenauflistung mit Logos
- Kundenstimmen in Form von Zitaten
- Kundenreferenzen in Kurzformat, Video Case Study
- Interaktive Suchfunktion nach Branchen, Lösungen, Standorten
- Hervorhebung der ausgewählten Kundenbeispiele durch auffällige Platzierung und Gestaltung
- Landingpages der einzelnen Fallbeispiele mit ausführlichem Bericht und Downloadoption
- Kontaktmöglichkeiten (über Chat, telefonisch, per E-Mail)

Die Suchkriterien sind typischerweise „Industrie", „Produkt oder Lösung", „Standort des Kunden", „Sprache", „Produkt" und „Unternehmensgröße".

Die Interaktionsgrade der verschiedenen Formate können unterschiedlich ausfallen, angefangen vom Lesen von Berichten, bis hin zum Anschauen von Referenzvideos oder eine Interaktion mit Mitarbeiter über den Chat.

4.3.4.4.2 Interaktionsplattform

Der DIH „Customers Who Use It" ist auf der Landingpage der Anbieterwebseite zu finden und wird durch zusätzlich eingebettete Interaktionskanäle unterstützt. Diese sind in Kundenberichte oder auf Übersichtsseiten eingebettet und mit deren Share-Tasten sich eine Verbindung zu sozialen Medien wie Facebook, Twitter und LinkedIn herstellen lässt. Außerdem werden die Käufer zur Kontaktaufnahme über die Interaktionskanäle Telefon und Chat aufgefordert. In einzelnen Fällen befindet sich der DIH „Customers Who Use It" auf einer externen Referenzplattform wie z. B. Featured Customers, die sich auf die Darstellung und Verwaltung der Kundenerfolge im Bereich B2B Business Software & Services spezialisiert hat.

4.3.4.4.3 Content

Referenzen haben die Funktion Informationen über frühere Kunden und Projekte, Kundentyp und Branche, Größe und Standort, Lieferantenkompetenz und die Vorteile des Angebots zu vermitteln. Sie unterstützen die Buyer Persona dabei, den eigenen Bedarf zu identifizieren und den Weg zur passenden Lösung zu finden: *„Ich interessiere mich am meisten dafür, was die Kunden tun und wie sie ihr Unternehmen verbessert haben. Menschen kaufen, weil sie das, was sie tun, verbessern wollen"* (INT39, zitiert in Selent, 2019).

Aarikka-Stenroos und Makkonen (2014) stellen in einer empirischen Untersuchung fest, dass folgende Inhalte in den erfahrungsbasierten Quellen wie Kundenreferenzen, Reputation und mündlichen Empfehlungen seitens der Käufer gesucht werden:

- Typische Kunden sowie Nutzer der Lösung, die Erfahrungen mit dem Anbieter gemacht haben (Größe der durchschnittlichen Kundenorganisation und der Projekte)
- Lösung und/oder Service:
  - definierte und implementierte Lösung
  - Funktionalität der Lösung im Betrieb und mögliche Probleme
  - Preis und andere Kosten
- Fähigkeiten, Leistungen und Kompetenzen des Anbieters:
  - Leistungskompetenz, Prozess- und Projektmanagementkompetenz sowie Servicekompetenz
  - Spezialisierung der Anbieter
  - konstanter Erfolg
  - Preis
  - Vertrauenswürdigkeit des Anbieters
- Ähnliche komplexe Kauf- und Problemlösungssituationen

Durch die Auswertung der Best Practices wurde bestätigt, dass sich der DIH auf die oben genannten Inhalte konzentriert. Die Inhalte werden in verschiedenen Formaten dargestellt, überwiegend sind das Video-Fallstudien und ausführliche Berichte als Text auf der Webseite sowie im PDF-Format zum Herunterladen. Weitere Formate sind Pressemitteilungen über Kundengewinne, Kundenzitate und kundenspezifische Editorials sowie Artikel in einer Zeitschrift, die von dem leitenden Schreiber verfasst wurden. Auch Highlights in Form von Eckdaten bzw. kurzen Zusammenfassungen der Kundenreferenz und Hervorhebungen der Referenz auf dem DIH oder der Landingpage der Corporate Website der Anbieter sind eine Möglichkeit.

Die Inhalte der einzelnen Fallbeispiele haben überwiegend folgende Struktur:

- ein Überblick über das Unternehmen wie Unternehmensgröße, Industrie, Geschichte, Geschäftsmodell sowie seine Unternehmensziele und strategische Ausrichtung
- die geschäftlichen Herausforderungen für das Unternehmen und die Industrie, konkrete Problembeschreibung und Lösungsfindung
- definierte und realisierte Lösungen, einschließlich Produkt bzw. Lösung, Servicekomponenten, Implementierungsdetails, Beiträge der Anbieter und/oder Integrationspartner, Funktionalität im Betrieb, Kosten und potenzielle Herausforderungen
- Highlights der erzielten oder erwarteten Geschäftsvorteile (technische und betriebswirtschaftliche Ergebnisse)
- Kundenzitate über Anbieter, Prozesse und Ergebnisse

Abb. 4.12 Navigation
Patterns des DIH „Customers
Who Use It". (Quelle: Eigene
Darstellung)

**Navigation Patterns: Next Best
Interaction**

4.3.4.5 Buyer Engagement Tactics

Dieser DIH zeichnet sich durch einen vergleichsweise hohen Textgehalt aus und eignet sich damit besonders für Suchmaschinenoptimierung. Der Vorteil daran ist, dass
die Referenzen nach dem Pull-Prinzip von Interessenten und Kunden gefunden werden können. Dies kann durch Aktionen im Bereich Google AdWords, Werbekampagnen
über soziale Medien sowie Platzierung der Video-Fallstudien oder -Kundeninterviews auf
Media-Sharing-Plattformen unterstützt werden.

Damit sollen die Auffindungschancen des DIH erhöht werden, was auch von allen
Anbietern aktiv umgesetzt wird. Publikationen der Fallstudien in Industrie-, Verbands-
und Fachzeitschriften werden von Buyer Personas ebenso wahrgenommen. Auch Pressemitteilungen über Kundengewinne sowie die Bewerbung der Fallstudien über Social-
Media-Platzierungen und Blogs, Communitys und E-Mail-Kampagnen an potenzielle und
bestehende Kunden sind genutzte Taktiken der Anbieter.

4.3.4.6 Navigation Patterns: Next-Best-Interaction

„What to Buy" – „Explore & Watch" – „Ask the Community" – „Try & Buy"

Eine Navigation zu anderen DIHs sollte sich innerhalb der einzelnen Referenzberichte
befinden (vgl. Abb. 4.12).

4.3.4.7 Kritische Erfolgsfaktoren

Durch die starke Fragmentierung und Spezialisierung der Branchen ist es von Bedeutung,
dass die Kunden möglichst spezifische und genaue Informationen über die Besonderheiten
des Anbieters oder der Lösung erhalten (Aarikka-Stenroos & Makkonen, 2014, S. 348).
Dabei ist nicht nur die Suche detailliert zu gestalten, sondern auch die Darstellung der
Kundenbeispiele. Eine interaktive Suche nach Kundenbeispielen ist dafür von Vorteil:
„*Es war schwierig zu finden, wie viele Kunden an PLM-Projekten in unserer Branche beteiligt waren*" (INT44, zitiert in Selent, 2019); die Buyer Persona muss in der Lage sein,
„*die Informationen schnell und einfach zu finden, […] und die Whitepapers von echten
Kundenbeispielen zu konsumieren*" (INT45, zitiert in Selent, 2019).

Die Herangehensweise der verschiedenen Buyer Personas ist dabei von unterschiedlichen Kriterien geprägt, um an die relevanten Inhalte zu gelangen. Während der

Business-Entscheider nach Beispielen aus der gleichen Industrie sucht, prüft der IT-Entscheider auch den Standort der relevanten Kunden, der Endnutzer/Administrator filtert dagegen nach den Kunden, welche die in Frage kommenden Lösungen einsetzen.

Die Webauftritt-Analyse der Marktführer der Digitalisierung von Kundeninteraktionen deutet auf die Relevanz folgender Suchkriterien hin: Industrie und Lösung sind die am meisten verbreiteten Suchkriterien, Sprache, Region/Land und Unternehmensgröße kommen verteilt bei einzelnen Anbietern vor. Weitere mögliche Kriterien sind Umsatz, Format des Kundenbeispiels oder die Rolle der Webseitenbesucher im Unternehmen.

Bei der detaillierten Darstellung der einzelnen Kundenbeispiele sind Interessenschwerpunkte der Buyer Persona zu adressieren und visuell und inhaltlich sichtbar zu machen. Dabei ist es das Ziel den Detailgrad und die „Sprache" der zu adressierenden Informationsempfänger zu treffen. Leinemann stellte fest, dass man vor allem für die mittelständischen Unternehmen die „Sprache des Marktes" sprechen muss, um einen Markt beeinflussen zu können (Leinemann, 2011, S. 193).

Bei der Gestaltung von Case Studies ist es von Bedeutung die Aufmerksamkeitsspanne in Hinsicht auf technologiebezogenen Content zu beachten: Die Länge des Berichts sollte dabei 4,5 Seiten nicht überschreiten (IDG, 2016, S. 10).

Eine Möglichkeit, um die unterschiedlichen Präferenzen der Buyer Personas zu adressieren, ist es dasselbe Fallbeispiel in mehreren Formaten darzustellen, z. B. Kundenlisten, Kundenzitate, Kundenbeispiel als Kurzübersicht oder Infografik sowie ausführliche Case Study zum Onlinelesen oder Herunterladen.

Für mobile Nutzer des DIH ist es vorteilhaft die Fallstudien als downloadfähige Videos zur Verfügung zu stellen sowie kleine Dateigrößen für das Lesen unterwegs zu verwenden. Auch das Bereitstellen einer mobilen App erleichtert dem Nutzer den mobilen Zugriff.

4.3.5   Digital Interaction Hub „Why to Buy"

Der Steckbrief des DIH „Why to Buy" (Abb. 4.13) stellt in einem Überblick alle zentralen Aspekte und Schlüsselelemente kompakt dar.

4.3.5.1   Hub-Content-Strategie

Der Digital Interaction Hub „Why to Buy" fokussiert sich auf die Inhalte und Interaktionen rund um die Themen zur Begründung und Validierung des Kaufs.

Zur *Validierung der Anbieterauswahl* werden Themen wie Zukunftsorientierung, Innovation und Technologieführerschaft, strategische Ausrichtung und Roadmaps, Industrieerfahrungen, Differenzierungsmerkmale und Kundenmeinungen sowie Stellungnahmen der Analysten und Marktberichte in den Vordergrund gestellt.

Die *Auswahl der Integrationspartner* wird durch Expertise und Industrieerfahrungen, geografische Nähe und Unternehmensgröße sowie Referenzprojekte unterstützt.

Die *Validierung des Kundennutzens* hilft bei der Lösungsauswahl und wird in Form von marktspezifischen Kennzahlen oder kundenbezogenen Abschätzungen vermittelt. In die Abschätzung des Kundennutzens fließen unter anderem die Ermittlung des ROI, Analystenmeinungen, Business Cases, die Steigerung der betrieblichen Effizienz, die Verbesserungen der Time-to-Market, die Reduzierung der Produktionskosten und die Qualitätssteigerung mit ein.

Im Digital Interaction Hub „Why to Buy" stehen die Themen im Fokus, die die Begründung und Validierung des Kaufs unterstützen. Weitere Bezeichnungen des DIH sind „Warum [Name]" oder „Über [Name]", wie beispielhaft „Über SAP" oder „Warum Salesforce".

Die thematischen Schwerpunkte des DIH können in drei Bereiche untergeordnet werden:

- Validierung der Anbieterauswahl
- Auswahl der Integrationspartner
- Validierung des Kundennutzens

Validierung der Anbieterauswahl
Anbieterauswahlentscheidungen für komplexe Industriesoftwarelösungen können weitreichende Auswirkungen und langfristige Folgen haben. Bewertungskriterien wie Marktpräsenz der Anbieter, Stärke der Referenzkunden, Produktfunktionalität sowie zukünftige Strategien und Roadmaps helfen die beste Lösung für das Unternehmen zu identifizieren (Wildeman, 2009, S. 14). In Bezug auf den Anbieter sind Themen wie Zukunftsorientierung, Innovation und Technologieführerschaft, Erfahrung in der Industrie, Differenzierungsmerkmale, Unternehmenswerte, Referenzberichte und Kundenmeinungen sowie Inhalte, warum der Anbieter die beste Alternative ist, identifiziert worden.

Auswahl der Integrationspartner
Neben der Anbieterwahl stellen sich die Fragen *„Wer kann mir die Software zur Verfügung stellen?"* (INT27, zitiert in Selent, 2019) und *„Gibt es lokale Integratoren, die uns bei der Programmierung unterstützen können?"* (D31, zitiert in Selent, 2019). Abhängig von der Vertriebsstruktur der Anbieter, der Größe des Käuferunternehmens und der geplanten Investitionshöhe können die Begleitung der Käufer im Kaufentscheidungsprozess sowie die Lösungsintegration, Schulungen und Support von einem Integrationspartner (oder auch Solutionspartner, Value-Added Reseller (VAR) oder Businesspartner) übernommen werden.

Um die Auswahl über einen Partner treffen zu können, sind Themen wie geografische Nähe, Unternehmensgröße, technische Expertise und Industrieerfahrungen sowie Referenzkunden und -projekte von Bedeutung.

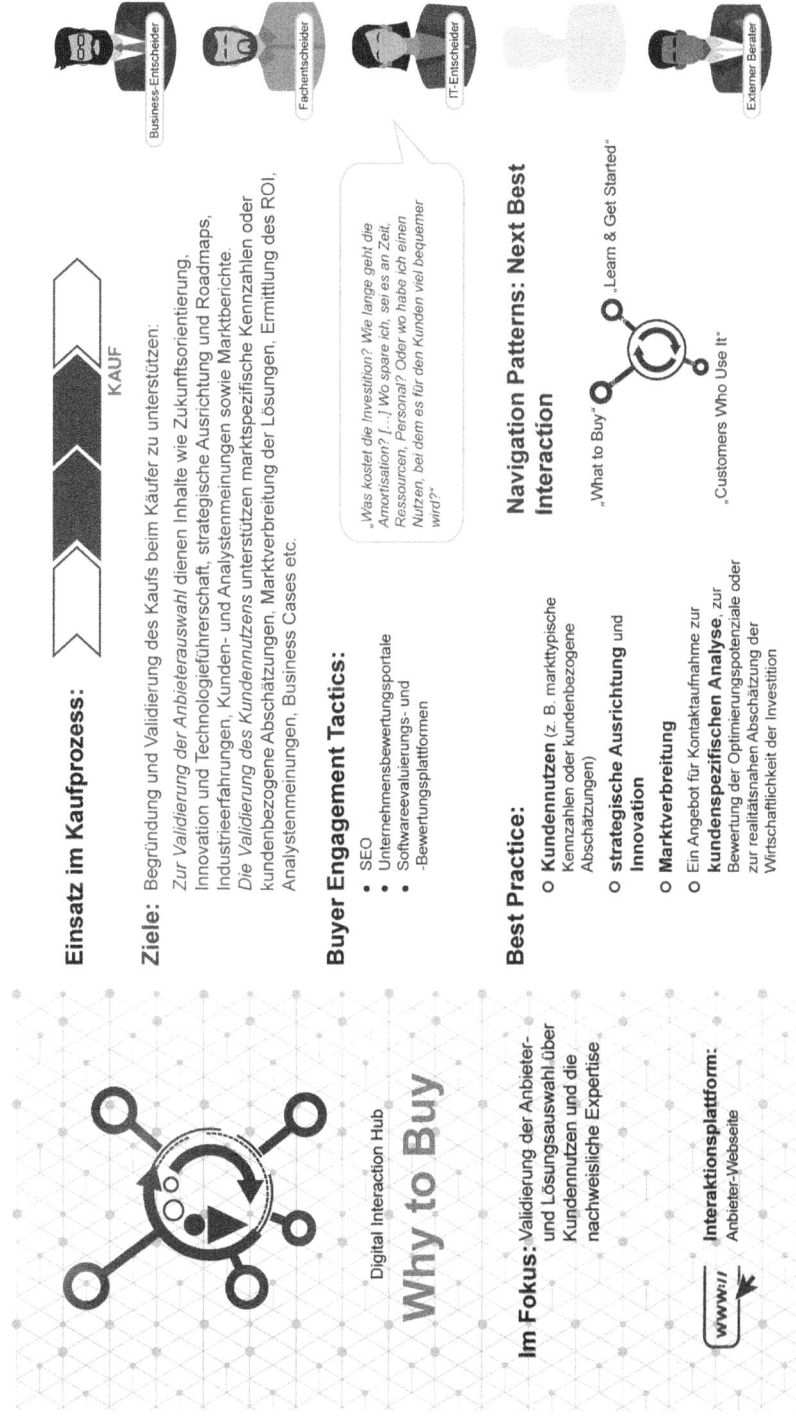

Einsatz im Kaufprozess:

Ziele: Begründung und Validierung des Kaufs beim Käufer zu unterstützen:

Zur Validierung der Anbieterauswahl dienen Inhalte wie Zukunftsorientierung, Innovation und Technologieführerschaft, strategische Ausrichtung und Roadmaps, Industrieerfahrungen, Kunden- und Analystenmeinungen sowie Marktberichte. *Die Validierung des Kundennutzens* unterstützen marktspezifische Kennzahlen oder kundenbezogene Abschätzungen, Marktverbreitung der Lösungen, Ermittlung des ROI, Analystenmeinungen, Business Cases etc.

„Was kostet die Investition? Wie lange geht die Amortisation? [...] Wo spare ich, sei es an Zeit, Ressourcen, Personal? Oder wo habe ich einen Nutzen, bei dem es für den Kunden viel bequemer wird?"

Buyer Engagement Tactics:

• SEO
• Unternehmensbewertungsportale
• Softwareevaluierungs- und -Bewertungsplattformen

Navigation Patterns: Next Best Interaction

„What to Buy"

„Learn & Get Started"

„Customers Who Use It"

Best Practice:

○ **Kundennutzen** (z. B. markttypische Kennzahlen oder kundenbezogene Abschätzungen)

○ **strategische Ausrichtung** und **Innovation**

○ **Marktverbreitung**

○ Ein Angebot für Kontaktaufnahme zur **kundenspezifischen Analyse**, zur Bewertung der Optimierungspotenziale oder zur realitätsnahen Abschätzung der Wirtschaftlichkeit der Investition

Digital Interaction Hub

Why to Buy

Im Fokus: Validierung der Anbieter- und Lösungsauswahl über Kundennutzen und die nachweisliche Expertise

Interaktionsplattform: Anbieter-Webseite

www

Abb. 4.13 Steckbrief des DIH „Why to Buy". (Quelle: Eigene Darstellung)

Validierung des Kundennutzens

Eine Investition in industrielle Softwarelösungen ist nicht unerheblich. Die Bestimmung der Wirtschaftlichkeit (Return on Investment, ROI) ist eine weit verbreitete Methode, um die Investitionsentscheidungen zu unterstützen und zu rechtfertigen, und gewinnt immer mehr an Bedeutung (Anderson, 2019, S. 11; Tirico, 2018, S. 3; Halchak, 2017, S. 3; Demand Gen Report, 2016, S. 4; Leinemann, 2011, S. 179). Dabei geht es um das „*Verständnis der tatsächlichen Betriebskosten und zwar über einen Zeitraum von etwa fünf Jahren. [...] Das ist eine Kombination aus den Angebotskosten. Das sind für die Umsetzung erforderliche interne und externe Ressourcen. Und dann die Kosten für die Änderungen. Und was ich mit Änderungen meine, sind z. B. die Upgrades. Und die Softwarewartung*" (INT38, zitiert in Selent, 2019).

Die Rentabilität von digitalen Investitionen zu messen, ist mit besonderen Schwierigkeiten verbunden (Saaksvuori & Immonen, 2008, S. 95). Das Belegen der Rentabilität mit unmittelbaren finanziellen Vorteilen variiert je nach Einsatzgebiet der Industriesoftwarelösungen. Zur Validierung der IT-Investition im Bereich des Produktlebenszyklus sollen sowohl die direkten finanziellen Vorteile aus den Zeit- und Kostenersparnissen, der Betriebseffizienz und der Reduzierung der Qualitätskosten gemessen werden als auch die indirekten Vorteile wie eine schnellere Time-to-Market der Produkteinführungen, eine schnellere Reaktionszeit auf Veränderungen im Produktentstehungsprozess sowie eine bessere Produktmarge berücksichtigt werden (Saaksvuori & Immonen, 2008, S. 95; Wildeman, 2009, S. 3). Die Anbieter, die die ROI-Analyse unterstützen oder die Business Cases bereitstellen, gehören zu den Gewinnern im Kaufprozess (Halchak, 2017, S. 3; Demand Gen Report, 2016, S. 4; Anderson, 2019, S. 11).

Wildeman (2009) stellt die wesentlichen Vorteile dar, die mit PLM-Lösungen erreicht werden können, die in Umsatzsteigerung und Kostensenkung resultieren und der ROI-Ermittlung oder Erstellung des Business Cases zugrunde gelegt werden können (vgl. Tab. 4.6):

Verbesserte der Time-to-Market

Eine stärkere Zentralisierung und Kontrolle der Produktdaten ermöglicht es, die Review-Zyklen der Entwicklungsteams für Konstruktionsänderungen zu beschleunigen und die Übertragung von Konstruktionsdaten in die Produktion zu verbessern. Das trägt dazu bei, dass neue Produkte schneller auf den Markt kommen und das Unternehmen früher und mehr Umsatz erzielen kann. Dies hilft in Märkten, wo der First-Mover-Vorteil ein kritisches Unterscheidungsmerkmal ist, Wettbewerbsvorteile und Marktanteile zu gewinnen.

Betriebliche Effizienz

Standardisierung und häufige Wiederverwendung von Konstruktionsdaten können Vorteile wie schnellere Entwicklungszeit und niedrigere Entwicklungskosten erzielen. Außerdem sollen unwirtschaftliche Aktivitäten auf ein Minimum verringert werden, wie beispielhaft die Reduzierung von Verarbeitungsfehlern und Rework-Prozessen, die mit der Bezugnahme auf

Tab. 4.6 Businessnutzen der Product-Lifecycle-Management-(PLM-)Lösung. (Quelle: Eigene Darstellung in Anlehnung an Wildeman, 2009, S. 3 f.)

Umsatzsteigerung	• Ermöglichung schnellerer Iterationen der Produktentwicklung • Optimierung des Produktdatenflusses zu nachgelagerten Anwendungen • Steigerung des Marktanteils des Unternehmens durch schnellere Einführung neuer Produkte
Kostensenkung	• Verbesserung der Produktdatenqualität • Ermöglichung einer höheren Effizienz bei der Produktentwicklung • Reduzierung der Material- und Produktionskosten • Senkung der Compliance-Risiken

veraltete Informationen zusammenhängen. Zusammen trägt dies zur betrieblichen Effizienz bei.

Geringere Material- und Produktionskosten
Senkung der Material- und Produktionskosten durch Kollaboration zwischen Konstruktion und Produktion während der Produktentwicklung, durch Reduzierung der Prototyp- oder Ausschusskosten, durch einen erhöhten Beschaffungshebel bzw. eine reduzierte Umrüstung als Ergebnis der Wiederverwendung von Produktdaten (Masterentwurf) über mehrere Produktlinien hinweg.

Geringere Compliance-Risiken
Eine gemeinsame Plattform für alle produktbezogenen Informationen und Änderungsprozesse als „einzige Version der Wahrheit" adressiert die Compliance-Risiken und zielt auf die Kostenvermeidung durch Verringerung der Fehlergefahr ab, die zu Produktrückrufen, verschrotteten Produkten, zivilrechtlichen Strafen, Anwaltskosten, Produktivitätsverlusten etc. führen können.

Diese Vorteile können Umsatzsteigerungen und Kostensenkungen bewirken (vgl. Tab. 4.6). Die genaue Abschätzung des Umfangs, Zeitpunkts und der Dauer dieser Vorteile kann durch Produktentwicklungsexperten vorgenommen werden.

4.3.5.2 Relevanz für die Buyer Personas
Die Themen, die der DIH „Why to Buy" adressiert, zeigen eine hohe Relevanz für Business-Entscheider, IT-Entscheider, für externe Berater und Fachentscheider.

Validierung der Anbieterauswahl
In der Verantwortung der Business-Entscheider liegt unter anderem, die *„Strategien für die zukünftige Entwicklung"* (D22, zitiert in Selent, 2019) zu definieren und mit dem technologischen Fortschritt Schritt zu halten. Technologieführerschaft, technische Innovationen und die Fähigkeit, Fortschritte in der Industrie voranzutreiben, sind seine Anforderungen an die Herstellerauswahl.

Auch der IT-Entscheider interessiert sich für eine strategische Partnerschaft mit einem breit aufgestellten Hersteller: *„Was wir suchten, sind strategische Partner, die eine Vielzahl von Anforderungen erfüllen konnten, anstatt sich auf eine bestimmte Branche oder eine bestimmte Art von Technologie zu spezialisieren"* (INT47, zitiert in Selent, 2019). Bei der Auswahl des Herstellers achtet er auf dessen Reputation und Erfahrung in der Industrie, die Innovation und Meinungen der Analysten zur Technologie. Er beschäftigt sich intensiver damit, da es in seiner Verantwortung liegt, die Fähigkeiten und Erfahrungen der verschiedenen Anbieter im Detail zu bewerten. Die Berichte und Meinungen der unabhängigen Analysten oder Analystenhäuser weisen in diesem Kontext der Anbieterauswahl eine hohe Relevanz für alle Buyer Personas auf, wobei der Business-Entscheider explizit an Vergleichsmöglichkeiten zwischen den Anbietern und Lösungen interessiert ist.

Eine weitere verbreitete Anforderung an Anbieter und Partner seitens aller Buyer Personas sind entsprechende Erfahrungen, insbesondere „Industrieerfahrungen".

Der externe Berater unterstützt seine Kunden bei der Recherche nach Lösungen und Anbietern. Eine informierte und fundierte Kundenberatung setzt das Verständnis der Lösungs- und Anbietervorteile, deren Differenzierungsmerkmale, der Kaufgründe und Erfolge der anderen Kunden voraus. Bei der Erstellung der Shortlist spielen die Industrie, die Lösungen und Standorte eine Rolle: *„ Wie wir in die engere Wahl kommen […] zuerst geht es darum, welche Branche und was sind ihre [Käufer] Bedürfnisse. Und wo sind sie ansässig? Diese drei Dinge allein werden die Liste von 50 [Anbietern] auf, in der Regel, irgendwo zwischen 6 und 8 einschränken. Sehr schnell"* (INT38, zitiert in Selent, 2019). Eine Reihe von weiteren erfahrungsbasierten Kriterien fließt in die detaillierte Bewertung von Anbietern ein: Das sind *„die verschiedenen Aspekte wie Interaktion mit den Anbietern, ihre Fähigkeiten, ihre Historie und Erfolgsgeschichte, ihre Vision und, was neben den Bewertungskomponenten noch wichtiger ist […], das Partnerschaftspotenzial"* (INT38, zitiert in Selent, 2019). Er interessiert sich für Inhalte zu Branding und Akquisitionen, Unternehmenswerten und strategischer Ausrichtung der Anbieter, führende Stellung sowie zu den Nachweisen der Stabilität und Leistung. *„Die Art und Weise, wie wir PLM-Auswahl betrachten, der Anbieter ist genauso wichtig wie die Technologie und manchmal noch wichtiger. Denn das wird dein Partner, hoffentlich auf lange Sicht sein"* (INT38, zitiert in Selent, 2019). Referenzberichte, Analystenberichte, Pressemitteilungen und Inhalte zur Unternehmensstruktur sind dabei die Informationsquellen für diese Bewertung.

Lösungen aus einer Hand sowie die Konsolidierung und Harmonisierung der IT-Landschaft werden von vielen Unternehmen angestrebt. Daher tendieren Käufer zu einer Partnerschaft mit einem Anbieter von End-to-End-Lösungsportfolios. Auch die Zugehörigkeit zu einem Konzern kann in diesem Zusammenhang die Lösungsauswahl beeinflussen: *„Der Einfluss vom Konzern [ist] nicht ganz unerheblich im Sinne von, dass da natürlich strategische Produkte im Einsatz sind. Und dass in erster Linie natürlich geschaut wird, dass wir auf der gleichen Produktlinie fahren wie der Konzern"* (INT15, zitiert in Selent, 2019). Es kommt aber auch vor, dass *„die Lösung mehr dominiert als der Harmonisierungsbedarf"* (INT15, zitiert in Selent, 2019), und zwar wenn der *„Integrationsaufwand oder der*

Abstimmungsaufwand" des Fachbereichs (INT15, zitiert in Selent, 2019) mit Business-netzwerk, Netzwerk mit externen Lieferanten und Businesspartnern viel kleiner ist als die konzerninternen Synergien, wie gemeinsame Datennutzung, Support oder Key-User.

Auswahl der Integrationspartner
Als Integrationspartner bevorzugt der Business-Entscheider einen Anbieter, der End-to-End-Leistungen erbringen kann:

„Also die Ansprüche an den Integrator, da der Generalunternehmer zu sein, der die Verantwortung hat für das Projekt. Man möchte eigentlich einen Ansprechpartner haben und man hat dann keine Lust, direkt zum [...] [Hersteller] zu gehen, direkt zum Lieferanten A und B, und dann vielleicht sogar noch Themen, die dann zwischendurch fallen, wo der eine sagt: ,Ja, das geht nicht, weil der andere das nicht macht.' Das sind dann diese Aufgaben, die man eigentlich als Kunde nicht machen möchte, darum nimmt man ja auch so jemanden, einen Generalunternehmer" (INT15, zitiert in Selent, 2019).

Für IT-Entscheider spielen beim Integrationspartner Faktoren wie technische Exper-tise und Erfahrung, Support, sprachliche Einbindung, das Leistungsspektrum sowie die Unternehmensgröße eine Rolle:

- *„Was für mich ganz wichtig ist, ist die Kompetenz im jeweiligen Bereich. Also sprich auch wieder in Richtung technische Erfahrung, wie viele Projekte hat man schon umgesetzt. Und wie ist das Know-how"* (INT11, zitiert in Selent, 2019).
- *„Wir sind bestrebt, die Kerntechnologie zu erweitern"* (INT47, zitiert in Selent, 2019).
- *„Sehr wichtige Kriterien sind dann: Wie ist der lokale Integrator da in der Nähe? Wie ist der aufgestellt? Wie sieht der Wissenssupport dort da aus? Wie ist die sprachliche Einbindung? Ist die Einbindung in gesetzliche/vom Gesetz her natürlich compliance-mäßig? Ist das abgebildet? Respektiert diese Umgebung nachher auch diese lokalen Gegebenheiten?"* (INT15, zitiert in Selent, 2019).
- *„Wir wollen möglichst auch einen Anbieter haben, der zu uns passt und zwar von der Firmengröße her. Viele Anbieter gehen eben auf Großkunden zu. Andere haben sich für mittelständische Unternehmen entschieden [...]. Also können Sie ja schon gezielt auch über andere Faktoren, die aus unserer Sicht, ja, für eine Investition weiter natürlich auch wichtig waren. Über diese Faktoren die Unternehmen zu bewerten. [...] Wie Betriebs-größe, auch wie sicher steht das Unternehmen. Wie viele Kunden haben die, die ein ähnliches Portfolio haben wie wir"* (INT13, zitiert in Selent, 2019).

Insbesondere die geografische Nähe scheint eines der wichtigen Auswahlkriterien für Business-Entscheider sowie IT-Entscheider zu sein:

- *„Sehr wichtige Kriterien sind dann: Wie ist der lokale Integrator da in der Nähe?"* (INT15, zitiert in Selent, 2019).

- *„Ich habe mir Systemhäuser im Internet gesucht, in unserem Umfeld, in unserem Umkreis, die eben diese Softwarelösung anbieten, den Support und die Schulung"* (INT27, zitiert in Selent, 2019).
- *„Und dann haben wir einfach im Internet recherchiert, [...], in der Umgebung und so sind wir über das Internet dann auf die Firma [...] gekommen, was achtzig Kilometer von uns weg ist, was uns auch viel lieber ist, einen Händler zu haben, der näher ist"* (INT18, zitiert in Selent, 2019).

Ähnlich wie der IT-Entscheider wirkt der Fachentscheider in der Auswahl der Integrationspartner mit. Dabei achtet er unter anderem auf die Größe und lokale Nähe der Partner, was einen Zusammenhang mit der Reaktionszeit und schnellem Support unterstellt:

- *„Die Größe des Distributors. [...] Wie nah ist sie sozusagen bei unserem Standort. [...] Wir gehen da eigentlich hauptsächlich immer auf eine gewisse gute Mittelstandsgröße. Wenn in dem Fall ein paar Außenstellen da sind, ein paar Zweigstellen da sind, wenn der Ansprechpartner entsprechend auch schnell erreichbar ist"* (INT24, zitiert in Selent, 2019).
- *„Die auch hier in der Region natürlich Niederlassungen haben und sehr schnell als Ansprechpartner erreichbar sind"* (INT19, zitiert in Selent, 2019).

Partner und Anbieter, die schnell auf die Fragen und Probleme reagieren, haben höhere Chancen im Kaufentscheidungsprozess mitzuhalten. Die erste, oft digitale Interaktion zwischen dem Käufer und Partner entscheidet häufig über die mögliche Zusammenarbeit. Die Reaktionen geben dem Business-Entscheider Hinweise auf die Arbeitsweise der Partner: *„Wir haben zunächst bei dem Händler in Hannover angefragt und hatten da den Eindruck, dass der sich nicht sehr bemüht um uns"* (INT18, zitiert in Selent, 2019). Auch die Auskünfte zu den Referenzkunden geben dem Business-Entscheider Hinweise auf die Größe und Seriosität der Partner, *„zum anderen Teil waren es Fragen nach Referenzkunden beziehungsweise [...] ja, man merkt ja sehr schnell, ob eine Struktur dahintersteht oder eine einzelne Person"* (INT27, zitiert in Selent, 2019). Der externe Berater achtet auf die Zuverlässigkeit der Partner, um das Risiko, dass seine Empfehlungen nicht erfüllt werden, zu begrenzen. *„Bessere und engere Interaktionen. Und bessere Qualifikationen im Einsatz"* (INT3, zitiert in Selent, 20.198) sind weitere Erwartungen an die Anbieter.

Validierung des Kundennutzens
Da der Business-Entscheider unter anderem für die Budgetfreigabe zuständig ist, sind Themen um die Kosten und Nutzen der Investition von hoher Bedeutung:

- Gesamtbetriebskosten: *„Was mich als dann doch irgendwo den Zahlenmensch immer noch mal interessiert, sind natürlich so gewisse Kalkulationsbeispiele für Kosten. Wo man sich zumindest schon mal so einen Daumenwert für eine gewisse Kostenstruktur von so* *einer Software holen kann"* (INT29, zitiert in Selent, 2019), *„der Gesamtbetriebskosten einschließlich des Preises für Kauf, Installation, Betrieb und Wartung"* (D33, zitiert in Selent, 2019).

- Kundengesamtnutzen: *„Es ist ja auch nicht so, dass hier dann nur der Preis, der am Schluss steht, ist ja dann der Nutzen eigentlich. Der Gesamtnutzen. […] Die stellen natürlich auch eine Zahl dar: Was kostet die Investition? Wie lange geht die Amortisation? […] Wo spare ich, sei es an Zeit, Ressourcen, Personal? Oder wo habe ich einen Kundennutzen, wo es für den viel bequemer wird? Das sind ja dann alles Dinge, die da mit reinspielen"* (INT15, zitiert in Selent, 2019).
- Produktivität und Profitabilität: *„Ich messe Erfolg an der Produktivität. Durch die Automatisierung von Prozessen […] erhöhen wir die Produktionskapazität. Dazu brauchen wir Partner, die wissen, dass das Produkt keine Rolle spielt – der Prozess, der wie geplant abläuft, zählt"* (D20, zitiert in Selent, 2019); Steigerung der Profitabilität; *„einen positiven ROI nachweisen"* (D33, zitiert in Selent, 2019).

Generell sind die Inhalte zu den Gesamtbetriebskosten und die Ermittlung des ROI, Wertanalysen, Effizienzsteigerung oder Ähnliches für alle Buyer Personas von Bedeutung.

4.3.5.3   Einsatz im Kaufprozess

Die höchste Relevanz der Themen dieses Digital Interaction Hubs wurde bei den Käufern in der mittleren Kaufphase (Middle Stage), gefolgt von der späten Kaufphase (Late Stage) identifiziert (vgl. Abb. 2.13 Digital Interaction Hubs in den Phasen des B2B-Kaufzyklus), wobei die einzelnen Themen wie Nutzwertanalysen und Kostenvorteile entlang des gesamten Kaufzyklus wiederholt auftreten (Demand Gen Report, 2016, S. 8; Selent, 2019):

- Einsparungspotenziale und Kostenvorteile für den Projekt- bzw. Investitionsantrag: *„Für jedes Projekt muss ein Projektantrag gemacht werden. […] Der beinhaltet dann auch die Kostenrechnung. Der beinhaltet die Alternativen, die möglich sind […]. Ganz zum Schluss steht dann eben die Empfehlung des Projektteams: Für welchen Softwarelieferanten haben wir uns entschieden? Warum haben wir uns für den entschieden? Was kostet das Projekt? Und amortisiert sich natürlich das Projekt? In dem Fall hatten wir keine Amortisation. Wir haben aber trotzdem Einsparungspotenziale aufgezeigt"* (INT13, zitiert in Selent, 2019).
- Nutzwertanalysen entlang des gesamten Kaufzyklus: *„Man […] macht dann einfach auf dem Weg dort entsprechende Nutzwertanalysen, macht die eigentlich auch permanent. […] das ist ein Ongoing-Prozess […]. Am Anfang ist alles noch etwas grob, man hat eine gewisse Vorstellung, was es sein könnte, und gegen den Schluss ist man relativ, ja, dann schon wieder treffsicherer. Aber sicher nicht nur am Schluss, sondern vom Groben ins Feine"* (INT15, zitiert in Selent, 2019).

- Kundennutzen als Grundlage für die Bewertung der Alternativen aus der Shortlist und Input für die finale Entscheidung (INT15): *„Wo spare ich, sei es an Zeit, Ressourcen, Personal? Oder wo habe ich einen Kundennutzen, wo es für den viel bequemer wird? […] da kommt dann natürlich die Präferenz hinzu, wo man sagt: ‚Ja, wir ziehen die Nummer 2 vor, als unsere Nummer 1, weil […] dann die Nummer 3 und dann am Schluss die Nummer 4/die Nummer 1‘, in der Reihenfolge."*
- Die Nachweise für echte Geschäftsnutzen und ROI aus den Fallstudien und dem ROI-Berechnungstool wurden als die wertvollsten Formate in den späteren Phasen der Kaufentscheidung identifiziert (Demand Gen Report, 2016, S. 8).

4.3.5.4 Gestaltungsmöglichkeiten in der Praxis
4.3.5.4.1 Hub-Content-Architektur und Navigation

Basierend auf den Erkenntnissen aus den Interviews und der Auswertung der Best Practices sind folgende inhaltliche und Interaktionselemente Bestandteile des Digital Interaction Hubs:

- Inhalte über den Anbieter (Hersteller) zu Vision, Strategie, Innovation
- Referenzen in Form von Kundenanzahl, Kundenzitaten, Auszügen aus Referenzberichten oder vollständige Berichte bzw. Verlinkung zum DIH „Customers Who Use It"
- Pressemitteilungen
- Stellungnahmen der Analysten in Form von Studien, Diskussionsbeiträgen oder Einschätzungen über den IT-Markt
- Kundennutzen in Form von KPIs aus realisierten Kundenprojekten, Werte aus Kundenumfragen
- ROI-Berechnungstool
- Partnerökosystem inklusive Suchfunktion und Webpages der einzelnen Partner mit Details und Web-Mapping-Dienst

Folgende Interaktionen können auf dem DIH realisiert werden:

- Erkunden der Webseite der Anbieter
- Download und Lesen eines Whitepapers (Artikel, Infografik, Bericht etc.)
- Anschauen eines Werbe- oder Kundenvideos
- interaktive Suchmöglichkeit von einem Partner oder Referenzkunden
- Kontaktaufnahme über Onlinechat, E-Mail oder Telefon
- Herausfinden der wertbezogenen Kennzahlen wie Gesamtbetriebskosten, Profitabilität, Produktivität, Amortisation mithilfe von ROI-Berechnungstool, interaktivem Arbeitsblatt und Taschenrechner

Die meisten Interaktionen dieses Digital Interaction Hubs unterstützen eine einseitige Kommunikation, die in einem Self-Service-Format zustande kommt. Die interaktive Suchfunktion sowie die Bedienung des ROI-Berechnungstools lösen eine automatisierte Interaktion aus. Eine eingebaute Interaktionsmöglichkeit über ein Chat-Fenster oder die Kontaktaufnahme über das Telefon initiieren eine Live-Interaktion.

4.3.5.4.2 Interaktionsplattform
Dieser Digital Interaction Hub befindet sich auf der Corporate Website der Anbieter, nimmt eine prominente Platzierung auf der ersten Ebene ein und wird mit eingebetteten Interaktionskanälen wie Onlinechat, Kontaktmöglichkeiten über das Telefon und E-Mail sowie einem Web-Mapping-Dienst erweitert.

4.3.5.4.3 Content
Die inhaltliche Gestaltung des DIH „Why to Buy" richtet sich an mehreren Zielgruppen aus, wobei die Käufer nur einen Teil des Zielpublikums darstellen. Daher werden weitere inhaltliche Schwerpunkte, wie Karriere, Investor Relations, Sponsoring oder Ähnliches, die auf dem DIH zu finden sind, im Rahmen dieser Arbeit nicht beleuchtet.

Die Themen zur Validierung des Kaufs beim Käufer beziehen sich auf die Hersteller- und Partnerauswahl sowie auf die Validierung des Kundennutzens.

Herstellerauswahl
Zur Herstellerauswahl suchen die Käufer *„eine strategische Partnerschaft mit einem Anbieter, der eine Vielzahl von Anforderungen erfüllen kann"* (INT47, zitiert in Selent, 2019). Die Marktverbreitung, die auf eine stabile Position hindeutet, kann die erste Indikation bei der Auswahl sein:

- *„Teil der Produktentscheidung, eigentlich, dass ein Anbieter ein namhafter Anbieter ist, bei dem man erwarten kann, dass er nicht in drei Jahren vom Markt verschwindet"* (INT12, zitiert in Selent, 2019).
- *„Der kritischste Punkt war die Marktverbreitung. [...] Das war ein Punkt"* (INT11, zitiert in Selent, 2019).
- *„Anzahl der Lizenzen auf dem Markt, richtig. Das grenzte irgendwie ein, zeigte, dass sie ein Marktführer sind"* (INT47, zitiert in Selent, 2019).

Ob *„der Hersteller einen guten Ruf in der Branche"* (D31, zitiert in Selent, 2019) hat und wie sein Bekanntheitsgrad ist, wird in die Evaluierung mithineingenommen. Andere Käufer achten kritisch auf den *„Anbieter, was [...] am innovativsten vorkam"* (INT11, zitiert in Selent, 2019) und auf eine zukunftssichere Technologie. Die Käufer wollen die Sicherheit haben, dass die getroffene Kaufentscheidung die *„beste Wahl für die nächsten Jahre"* ist (D33; Halchak, 2017, S. 4) und ihnen ermöglicht, *„auf dem Laufenden mit dem technologischen Fortschritt"* zu bleiben (D33). Die Positionierung der Technologieführerschaft als

Vision und strategisches Ziel des Unternehmens ist eine verbreitete Taktik der Anbieter auf dem Digital Interaction Hub (Selent, 2019):

- *„Immer meilenweit voraus – mit den neuesten Technologien".*
- *„Mehr als 40 Jahre Innovation in der Analytik".*
- *„Stetige Innovation: ‚Digital ist die Verbindung, aber digitale Intelligenz oder künstliche Intelligenz, wie es viele nennen, ist viel mehr als das. In diesem nächsten Jahrzehnt geht es darum, wie Sie beides kombinieren und ein kognitives Unternehmen werden. Es ist der Beginn einer neuen Ära‘".*
- *„an der Spitze der technologischen Innovation in Konstruktion und Fertigung".*

Die Einbeziehung der Bewertungen von Dritten ist eine weitere verbreitete Praxis zur Validierung der Lösungs- und Herstellerwahl. Renommierte Analystenhäuser veröffentlichen regelmäßig Studien und Einschätzungen zu den Entwicklungen und Trends des IT-Marktes sowie die Bewertungen und Benchmarks der einzelnen Softwarelösungen. Diese Analystenmeinungen und Technologiereviews gelten als unabhängige und unvoreingenommene Informationen, sind im Kaufentscheidungsprozess von Bedeutung und werden seitens der Anbieter auf dem DIH „Why to Buy" platziert. Insbesondere eine Art der Anbietervergleichsübersicht ist für den Käufer von Interesse, *„die es ihm ermöglicht, seine Alternativen leicht zu vergleichen und die beste Wahl für sein Unternehmen zu treffen"* (D31, zitiert in Selent, 2019). Anbieter, die führende Positionen in der Benchmark der namhaften Analystenhäuser einnehmen, stellen diese Veröffentlichungen auf dem DIH „Why to Buy" bereit.

Ein breites Produktportfolio ist ein weiterer relevanter Faktor für die Kaufentscheidung (Wildeman, 2009 S. 4; Selent, 2019). Käufer bevorzugen Anbieter, die *„für alle Bereiche hinweg geeignet sind und [...] [die Lösung] über alle Funktionen funktioniert"* (INT40, zitiert in Selent, 2019). *„Der Einkauf bei einem Technologieanbieter – aus einer Hand"* (D31, zitiert in Selent, 2019) stellt sicher, dass *„die verschiedenen Softwarepakete gut zusammenpassen"* (INT12, zitiert in Selent, 2019), und ermöglicht es *„nach Bedarf dann entsprechend leicht und ohne großen Aufwand des Herstellers dann nachrüsten [zu] lassen"* (INT20, zitiert in Selent, 2019).

Die Anbieter adressieren diese Käuferbedürfnisse mit der Darstellung ihres Leistungsspektrums als *„das komplette IT-Portfolio aus einer Hand: vom Supercomputer über Software und Dienstleistungen bis zur Finanzierung".*

Die Pressemitteilungen zu Investitionen und Akquisitionen deuten auf eine stabile Position der Anbieter und implizieren weitere Portfolio- und Leistungsentwicklungen, die somit als zukunftssicher gelten.

- *„Strategische Akquisen durch Oracle. [...] Durch Akquisen möchte Oracle sein Produktportfolio stärken, die Innovationstätigkeit beschleunigen und schneller auf die Kundenbedürfnisse eingehen. Zudem profitieren die Kunden von einem erweiterten*

Partnernetzwerk. Ein zentrales Element in der Fusions- und Übernahmephilosophie von Oracle ist [...] das stetige und zuverlässige Engagement für Kundenservice und Produktsupport".

- *„SAP will mit Übernahme von Callidus Software Inc. umfangreichste Front Office Suite bieten".*
- *„[...] schließt Übernahme von [...] ab und erweitert branchenführende digitale Innovationsplattform".*

Partnerauswahl

Das Thema Service und Support spielt bei der Auswahl der Anbieter ebenso eine wichtige Rolle. Da in vielen Bereichen die Implementierung, Schulungen und der Support der Lösungen von Integrationspartnern übernommen werden, ist ein umfassendes, flächendeckendes Netzwerk an hochqualifizierten Partnern ein wichtiger Aspekt für den Käufer. Informationen über das lokale Support-Netzwerk und die Leistungsfähigkeit der Integrationspartner werden von einigen Käufern in Anspruch genommen. Käuferrelevant sind Themen wie Partner-Anbieter-Beziehungen (wie beispielhaft der Typ und Level der Partnerschaft und die Produktautorisierung) sowie Kompetenz- und Kontaktinformationen.

„Die ersten Grundinformationen holt man sich aus dem Internet raus, ganz klar. Wie schaut die Homepage aus. Wo sind sie ansässig. Wie viel Standorte haben sie. Steht da irgendwas von, wie lange sind sie schon im Geschäft. Was haben sie noch für Nebenprodukte und so weiter. Das kann man ja im Internet ganz gut nachrecherchieren. Dann gibt es allerdings ziemlich schnell den Schritt zum persönlichen Kontakt" (INT24, zitiert in Selent, 2019).

Das Netzwerk von Partnern wird seitens der Anbieter als Teil des Ökosystems für digitale Innovationen und als Ergänzung und Unterstützung der Technologie positioniert. Auch die Käufer anerkennen die Erfolge der Partner als „Teil von dem Image und Identität der Hersteller" (INT39, zitiert in Selent, 2019). Die Informationen zum Partnernetzwerk und zur Partnersuche werden als Teil des DIH „Why to Buy" oder auch als eigenständiger Digital Interaction Hub eingesetzt. Über eine interaktive Suchmaske haben die Käufer die Möglichkeit, die passenden Partner zu identifizieren. Da insbesondere *„lokaler technischer Support"* für viele Käufer von Bedeutung ist, ist eine Suchmöglichkeit nach geografischer Lokation bei allen Suchmasken der Best Practices zu finden. Die Einbindung des Web-Mapping-Dienstes gibt dem Käufer einen umfangreichen Inhalt zu diesem Thema. Auf den Partner-Detailseiten befinden sich die Einzelheiten wie Partnerbeschreibung und Leistungsversprechen, Typ und Level der Partnerschaft mit dem Hersteller, Produktautorisierung, Schwerpunktbereiche in Bezug auf bediente Kundengröße und -industrie, Geschäftsstellen sowie Ansprechpartner und Kontaktdetails.

Die Kompetenzen und Erfahrungen der in Frage kommenden Partner werden vom Käufer genau überprüft: *„Ich habe mich informiert über den Partner. [...] Ich sage jetzt mal über bestimmte Unternehmenskennzahlen, die veröffentlicht wurden. [...] Und was für mich* *ganz wichtig ist, ist die Kompetenz im jeweiligen Bereich. Also sprich auch wieder in Richtung technische Erfahrung, wie viele Projekte hat man schon umgesetzt. Und wie ist das Know-how"* (INT11, zitiert in Selent, 2019). Außerdem achten die Käufer auf ein breites Produktportfolio des Partners sowie auf zusätzliche Produkte und Service: *„Wir haben uns speziell diesen rausgesucht, weil er auch noch weitere Möglichkeiten anbietet, die über die […] [Lösung] hinausgehen, und dass man zukünftig da auf das Angebot dieses Distributors zurückgreifen kann. […] Und halt auch die Erfahrung, die er in dem Umgang mit dem Produkt hat, und auch die Verbindung dieses Produktes mit weiteren Softwarelösungen"* (INT29, zitiert in Selent, 2019).

Eine Möglichkeit, Partnerexpertise und -erfahrungen sowie Leistungsbreite zu demonstrieren, sind die Produkt- und Industriespezialisierung der Partner sowie Awards oder Zertifizierungsauszeichnungen, die seitens der Anbieter geprüft und vergeben werden. Diese sind in der Partnerbeschreibung und Partnersuche zu finden. Auch die Darstellung von erfolgreichen Referenzprojekten, die seitens der Partner umgesetzt wurden, unterstützt die Partnervalidierung.

Validierung des Kundennutzens

Ein hohes Käuferinteresse besteht an Informationen zu den potenziellen Kosten, den Gesamtbetriebskosten, der Investitionsrentabilität und dem Gesamtnutzen, *„dann geht es darum, die gesamten Lebenszykluskosten zu definieren und dem Management zu zeigen, wie die Steigerung der Produktivität zu einem positiven ROI führt"* (D33, zitiert in Selent, 2019). Die Ausprägungen dieser Inhalte bzw. die unterstützenden Informationen variieren von Business Case und Rentabilität der Investition, Machbarkeitsstudien (Proof-of-Concept), Berechnungstools, Gesamtbetriebskosten und Zeit bis zum positiven ROI.

Zur Ermittlung dieser Kennzahlen benötigen die Käufer Kosten-Nutzen-Abschätzungen. Viele Anbieter kommunizieren die Softwarekosten nicht öffentlich und bieten an sie über eine Kontaktaufnahme zu erfragen. Die Ermittlung der Kundennutzen kann in verschiedenen Ausprägungen erfolgen. Eine kundenspezifische Analyse zur Bewertung der Optimierungspotenziale oder eine realitätsnähe Abschätzung der Wirtschaftlichkeit der Investition ist ein intensiver Vorgang, der nicht ausschließlich digital durchgeführt werden kann, und kann im Rahmen dieses DIH nur beworben und eingeleitet werden: *„Der Anbieter hat uns natürlich gesagt: ‚Wenn ihr eine Amortisation versucht zu rechnen, dann habe ich folgenden Ansatz, den ihr anwenden könnt'"* (INT13, zitiert in Selent, 2019).

Jedoch gibt es Optionen dem Käufer diesen Service auch ganz ohne persönlichen Kontakt zu ermöglichen. Dazu gehören die ROI-Berechnungstools, Marktanalysen mit markttypischen Kennzahlen sowie Kundenreferenzberichte. Einige Anbieter offerieren ROI-Berechnungstools bzw. Kosten-Nutzen-Rechner als Self-Service-Tool zur Abschätzung der Wirtschaftlichkeit von relevanten Softwarelösungen.

Die Berichte von unabhängigen Beratungsfirmen oder Marktanalysten, die verschiedene Effekte der Softwareeinführung auf die Kostenreduktion, Produktentwicklungszeiten und andere Komponenten der ROI-Bewertung untersucht haben, geben einen möglichen Markt-wert und zum Teil Vergleichstabellen und Rankings zwischen den meisten Softwareanbietern in dem bestimmten Bereich an (Wildeman, 2009, S. 8 ff.; Selent, 2019).

Eine weit verbreitete Option den Businessnutzen zu kommunizieren ist die Darstellung der Kundenerfolge mit ausgerechneten Kundennutzen, wobei der betriebswirtschaftliche Erfolg nachträglich zusammen mit den Kunden abgeschätzt und in monetären oder anderen Angaben wie beispielhaft „40 % höhere Produktivität", „Steigerung der Produktionseffizienz und -qualität um 70 %" ausgewiesen wurde.

Auch die Erfahrungen in der Industrie, die als höchst relevanter Aspekt bei der Wahl der Anbieter genannt werden (Halchak, 2017, S. 4; Selent, 2019), können über industriespezifische Referenzberichte oder industriespezifischen Content adressiert werden.

Während auf dem DIH „Why to Buy" allgemeinere und übergreifende Inhalte zum ROI und Kundennutzen platziert sind, sind die Inhalte zur produktspezifischen ROI-Bewertung und zum Kundennutzen auf dem DIH „What to Buy" zu finden.

4.3.5.5 Buyer Engagement Tactics

Neben Aktivitäten im Bereich von Suchmaschinenoptimierung sind insbesondere die Inhaltsplatzierungen in den sozialen Medien und Unternehmensbewertungsportalen für diesen DIH zu empfehlen, da sie zum Erkundigen der Meinungen von anderen über den Anbieter genutzt werden:

- „Ich benutze soziale Medien für zwei Dinge. Das eine ist, sich die besten Praktiken anzusehen, und ich denke, das andere ist zu verstehen, wer die Marktführer in der Branche sind" (INT47, zitiert in Selent, 2019).
- „Über allgemeine Unternehmensbewertung. Ich glaube Kununu heißt die Seite, genau. Dort werden ja Anbieter oder können die Mitarbeiter das eigene Unternehmen bewerten. Und da kann man, wenn es Bewertungen gibt, schon mal ein bisschen einschätzen, wie läuft es intern in der Firma ab" (INT11, zitiert in Selent, 2019).

Insbesondere Softwareevaluierungs- und -Bewertungsplattformen finden immer mehr Einsatz beim B2B-Kaufprozess. Mögliche Aktivitäten auf den neutralen Plattformen sind:

- Lösungseinträge und Anbieterprofile
- Berücksichtigung in der strukturierten Suche
- Auflistung in Rankinglisten und Werbung

4.3.5.6 Navigation Patterns: Next-Best-Interaction

Siehe Abb. 4.14.

Abb. 4.14 Navigation Patterns des DIH „Why to Buy". (Quelle: Eigene Darstellung)

4.3.5.7 Kritische Erfolgsfaktoren

Die Frage, ob der Anbieter Erfahrungen in der käuferrelevanten Industrie hat, ist eine zentrale in dem Kaufentscheidungsprozess für alle Buyer Personas, die mit Fallbeispielen und Referenzprojekten beantwortet werden kann. Weitere Aspekte sind die Marktverbreitung, die strategische Ausrichtung und Innovation sowie die Validierung des Kundennutzen in Form von markttypischen Kennzahlen oder kundenbezogenen Abschätzungen.

4.3.6 Digital Interaction Hub „What to Buy"

Der Steckbrief des DIH „What to Buy" (Abb. 4.15) stellt in einem Überblick alle zentralen Aspekte und Schlüsselelemente kompakt dar.

4.3.6.1 Hub-Content-Strategie

Der inhaltliche Fokus des Digital Interaction Hubs „What to Buy" liegt unter anderem auf Funktionalitäten, Kompatibilität und Integrationsfähigkeit, Bedienbarkeit, Skalierbarkeit, Produktivität der Lösung, Machbarkeit und Adressierung der geschäftsspezifischen Anforderungen sowie lösungsbezogenen Stellungnahmen von unabhängigen Experten und Kunden. Dies ist einer der umfangreichsten DIHs, der einer käuferorientierten Strukturierung und gekennzeichneten Adressierung der Buyer-Persona-spezifischen Fragen und Interaktionspräferenzen bedarf.

Eine Kontaktaufnahme durch den Kunden mit einem Ansprechpartner des Anbieters für produktbezogene Fragen z. B. über eine digitale Live-Interaktion unterstützt die Buyer's Journey und ermöglicht die Integration des Vertriebsmitarbeiters in den Kaufprozess.

Eine entscheidende Frage innerhalb der Buyer's Journey ist die nach der Funktionalität eines Produktes: *„Erstmal muss das Produkt technisch einwandfrei sein und das auch bringen, ja, was wir von dem Programm erwarten, bevor man sich überhaupt Gedanken über irgendwelche kaufmännischen Entscheidungen macht"* (INT23, zitiert in Selent, 2019). Diesem Thema sowie weiteren produktbezogenen Fragen kann die Buyer Persona auf dem DIH „What to Buy" nachgehen.

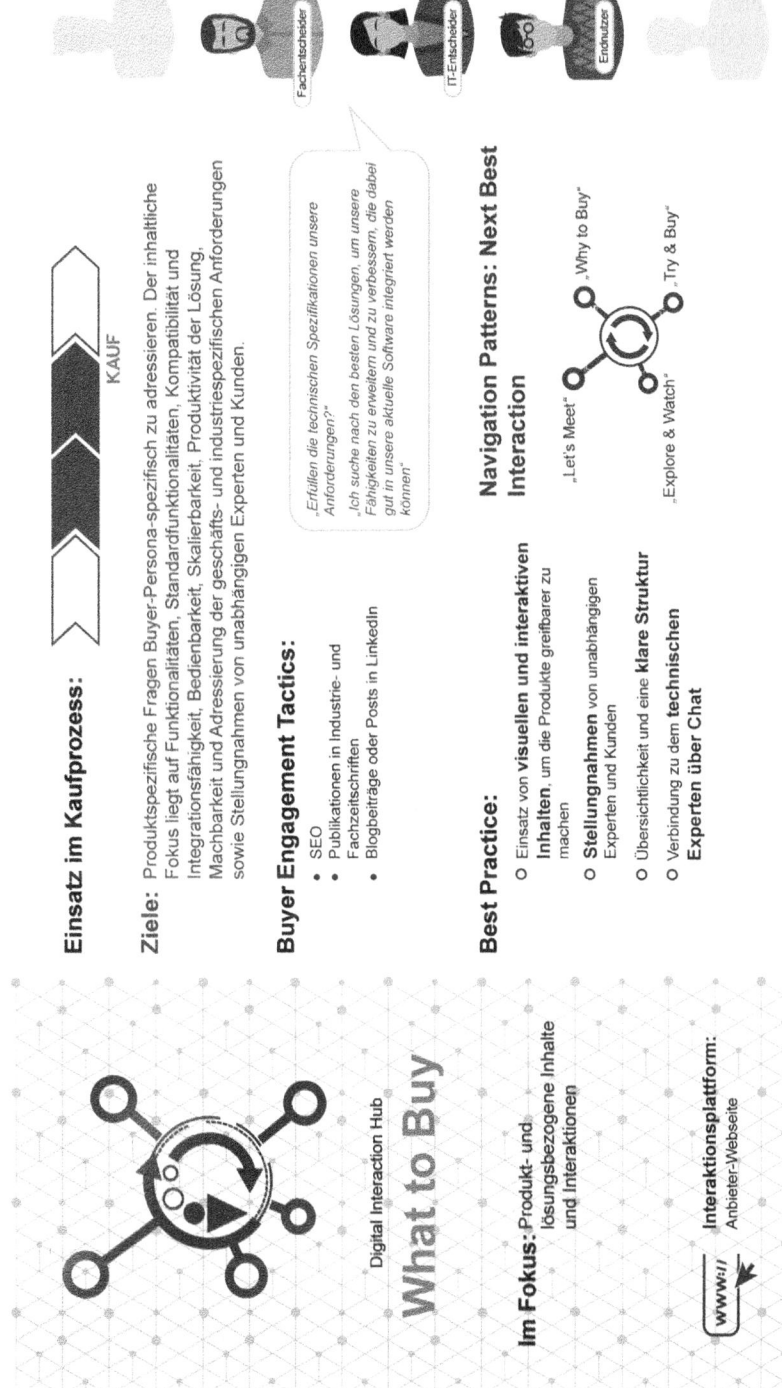

Einsatz im Kaufprozess:

Ziele: Produktspezifische Fragen Buyer-Persona-spezifisch zu adressieren. Der inhaltliche Fokus liegt auf Funktionalitäten, Standardfunktionalitäten, Kompatibilität und Integrationsfähigkeit, Bedienbarkeit, Skalierbarkeit, Produktivität der Lösung. Machbarkeit und Adressierung der geschäfts- und industriespezifischen Anforderungen sowie Stellungnahmen von unabhängigen Experten und Kunden.

„Erfüllen die technischen Spezifikationen unsere Anforderungen?"

„Ich suche nach den besten Lösungen, um unsere Fähigkeiten zu erweitern und zu verbessern, die dabei gut in unsere aktuelle Software integriert werden können"

Buyer Engagement Tactics:

- SEO
- Publikationen in Industrie- und Fachzeitschriften
- Blogbeiträge oder Posts in LinkedIn

Navigation Patterns: Next Best Interaction

„Let's Meet"   „Why to Buy"

„Explore & Watch"   „Try & Buy"

Best Practice:

○ Einsatz von **visuellen und interaktiven Inhalten**, um die Produkte greifbarer zu machen

○ **Stellungnahmen** von unabhängigen Experten und Kunden

○ Übersichtlichkeit und eine **klare Struktur**

○ Verbindung zu dem **technischen Experten über Chat**

Digital Interaction Hub

What to Buy

Im Fokus: Produkt- und lösungsbezogene Inhalte und Interaktionen

Interaktionsplattform: Anbieter-Webseite

Abb. 4.15 Steckbrief des DIH „What to Buy". (Quelle: Eigene Darstellung)

Der DIH stellt alle produkt- und lösungsbezogenen Inhalte unter der Bezeichnung „Lösungen", „Produkte", „Solutions" oder Ähnlichem zur Verfügung und ist typischerweise sehr prominent auf der Unternehmenswebsite platziert. Auf diesem DIH befinden sich Themen rund um das Produktportfolio des Anbieters. Beispielhaft können folgende Inhalte konkret genannt werden:

- Beschreibung des Produktes oder Lösungen und deren einzelne Komponenten
- Überblick über die wichtigsten Funktionen in Kurzformat sowie Produkteigenschaften im Detail
- typische Herausforderungen, die speziell mit diesen Produkten gemeistert werden können
- Beispiele der umgesetzten Projekte oder Kundenreferenzen in Form von Videos, Zitaten oder vollständigen Anwenderberichten
- Berichte und Untersuchungen der Drittanbieter oder Experten
- Vorteile und Nutzen

Dieser DIH zählt zu den umfangreichsten und benötigt deshalb eine am Käufer orientierte Strukturierung mit verständlicher Kennzeichnung der Inhalte. Je nach Breite des Angebotes können die Informationen nach Produkt- oder Lösungskategorien, einzelnen Produkten oder als Kombination aus beiden strukturiert sein.

Die Informationen und Interaktionen in diesem DIH sollen sowohl die anfänglichen Fragen wie „*Welche Möglichkeiten gibt es da? Und mit welchen Funktionen sind die versehen, diese Systeme*" (INT13, zitiert in Selent, 2019) beantworten und die darauffolgende Grobplanung fördern: „*So haben wir also 15 Hauptthemen herauskristallisiert, von denen wir gewusst haben: Die Software muss eben diese Hauptfunktionen erfüllen*" (INT13, zitiert in Selent, 2019). Auch kann dieses DIH die Erstellung oder den Abgleich einer Checkliste bzw. eines Lastenheftes unterstützen und die Frage „*Erfüllen die technischen Spezifikationen unsere Anforderungen?*" (D34, zitiert in Selent, 2019) adressieren.

Für die detaillierte Prüfung eines Produktes ist eine Sammlung der technischen Anforderungen in Form einer Checkliste oder eines Lastenhefts von Vorteil, das in einem direkten Austausch mit dem Anbieter als Grundlage genommen werden kann. Besonders bei einem hohen Formalisierungsgrad ist dies zu empfehlen:

- „*Wir haben eine Checkliste aufgestellt, was die für uns wichtigen Kriterien sind, […] eine Checkliste mit Bewertungen, mit Dringlichkeitsabstufungen*" (INT12, zitiert in Selent, 2019).
- „*ein definiertes Lastenheft, das entwickelt wurde. […] sehr umfangreich*" (INT11, zitiert in Selent, 2019).
- „*[…] haben Sie quasi ein Lastenheft erstellt. Das Lastenheft beschreibt im Detail, was Sie von der Software erwarten. So. Und diese Erwartung wird jetzt gegen ein Angebot gestellt.*

Das heißt, jeder Anbieter hat den gleichen Fragenkatalog vorliegen und beantwortet den dann dahingehend" (INT13, zitiert in Selent, 2019).

4.3.6.2 Relevanz für die Buyer Personas

Primäre Nutzer dieses Digital Interaction Hubs sind Fachentscheider, IT-Entscheider sowie Endnutzer/Administratoren.

Für den Fachentscheider steht die Produktivitätssteigerung im Fokus: *„Ich suche nach den besten Lösungen, um unsere Fähigkeiten zu erweitern und zu verbessern, die dabei gut in unsere aktuelle Software integriert werden können"* (INT42, zitiert in Selent, 2019). Die Fragen, die sich der Fachentscheider stellt, sind unter anderem (D24, zitiert in Selent, 2019): *„Entspricht die Lösung unseren technischen Anforderungen?"*, *„Ist das einfach zu bedienen, zu installieren und zu warten?"*, *„Welche Funktionen und Leistungsfähigkeit hat das Produkt?"*. *„Die Erfüllung der branchenspezifischen Standards"* (D30, zitiert in Selent, 2019) ist eine weitere Anforderung des Fachentscheiders.

Für den IT-Entscheider ist von Bedeutung, dass die Lösung schlussendlich auch unter den Unternehmensgegebenheiten tatsächlich zu realisieren ist und die Prozesse zu implementieren sind. Von Interesse ist daher beispielhaft die *„Funktionalität, die Integrationsfähigkeit zu CAD-Produkten, weil das ist für mich so ein Knackpunkt bei so Systemen, dass die CAD-Integration sauber funktioniert"* (INT11, zitiert in Selent, 2019). Es liegt in seiner Verantwortung, dass die Software wie geplant in Betrieb genommen werden kann. Die Informationen, die der IT-Entscheider folglich benötigt, sind: Details wie Datenbanken, in die die Technologie integriert werden kann, Sicherheit der übertragenen Daten, Server-Betriebssystem-Anforderungen, Kommunikationsprotokoll etc. Auch die Zukunftsorientierung steht im Interessenfokus des IT-Entscheiders: *„Was ist die Roadmap für die Thematik [...]. Wie viel hat [der Anbieter] in den Prozess des System Engineering investiert [...]. Um den Faden des Produkts, die Roadmap, die Vision zu verstehen"* (INT44, zitiert in Selent, 2019). *„Ist das Produkt skalierbar? Das heißt, wird Ihr System mit uns wachsen, wenn wir als Organisation wachsen?"* (D26, zitiert in Selent, 2019). Dieses Thema ist eng mit der Integration der Lösung in die gesamte IT-Landschaft und der Zentralisierung der Daten verbunden: *„Wir [sind] also sehr erpicht darauf, diese Gesamtsystemlandschaft nicht aus den Augen zu verlieren. Egal, was wir implementieren. [...] die Softwarekomponente muss so und so gestaltet sein, dass sie sich im Prinzip konfliktfrei integrieren lässt"* (INT13, zitiert in Selent, 2019).

Ein weiteres Thema für IT-Entscheider, das für Business-Entscheider ebenso von Interesse ist, ist der Grad der Standardisierung („Out-of-Box"-Funktionalitäten) vs. Software-Anpassungsbedarf: *„Wer passt denn im Standard zu uns? [...] Anbieter, die ÜBER 80 % [...] unserer Anforderungen abgedeckt haben [...] [sind] unsere Finalisten"* (INT13, zitiert in Selent, 2019).

Der Endnutzer/Administrator legt seinen Fokus auf die Produktivität seiner täglichen Arbeit, der sich aus der Nutzung der Software ergibt. Diese ergibt sich aus der Kompatibilität der Lösung und einer nahtlosen Datenübertragung: *„Ich kann nicht jedes Mal ein Modell generieren, das in ein anderes Programm laden und dann alle Parameter von vorne eingeben"* (INT17, zitiert in Selent, 2019). Seine Entscheidungskriterien sind Zuverlässigkeit, Benutzerfreundlichkeit, Technologie und Kompatibilität der Lösungen. Der Endnutzer/Administrator zeichnet sich durch tiefgehendes Fachwissen aus, weshalb *„die technischen Inhalte für die primären Bewertungskriterien"* (D31, zitiert in Selent, 2019) stehen. Dabei verlässt er sich teilweise auf die relevanten Webseiten: *„Für eine grobe Übersicht halt eben die Webseiten der Anbieter, also die Produktseiten"* (INT12, zitiert in Selent, 2019); *„Ich musste wissen, welche Optionen ich habe. Es gab eine Menge Informationen, die im Vorfeld gesammelt werden mussten. Aber der größte Schlüssel war zu verstehen, was die Optionen sind, und dann, welche Werkzeuge haben wir in unserem Toolkit, um überhaupt die Anforderungen zu erstellen"* (INT43, zitiert in Selent, 2019). Im weiteren Schritt erfolgt allerdings das Testen von Lösungen: *„Für eine detaillierte Entscheidung nur der eigene Test"* (INT12, zitiert in Selent, 2019).

4.3.6.3   Einsatz im Kaufprozess

Auch wenn die produktspezifischen Informationen in allen Phasen des Kaufzyklus gesammelt werden, ist eine deutliche Tendenz und Nutzungsintensität in der mittleren Kaufphase (Middle Stage) und der späten Kaufphase (Late Stage) sowie eine erkennbare Nutzung in der frühen Kaufphase (Early Stage) des Kunden in der bestehenden Kundenbeziehung (vgl. Abb. 2.13 Digital Interaction Hubs in den Phasen des B2B-Kaufzyklus) zu erkennen. In dem Kaufschritt, bei dem die Anforderungen noch geformt werden, kann der DIH für *„eine grobe Übersicht"* (INT12, zitiert in Selent, 2019) sowie die Zusammenstellung der *„ursprüngliche[n] Anforderungen"* und *„eine Grobplanung"* genutzt werden (INT13, zitiert in Selent, 2019). Der *„technische Inhalt zu den primären Bewertungskriterien für die […] Softwarezuverlässigkeit"* (D31) kann diesen Schritt ebenso unterstützen. Nach Zusammenstellung der Anforderungen an die gewünschte Softwarelösung stellen sich die Käufer die Frage: *„Erfüllen die technischen Spezifikationen [der Lösung] unsere Anforderungen?"* (D34, zitiert in Selent, 2019) und suchen nach detaillierten Produktinformationen und Spezifikationen. In der späten Kaufphase (Late Phase) kann dieser DIH ebenso genutzt werden, um das passende Produkt innerhalb des Portfolios zu identifizieren: *„Welches Produkt benötigen wir von diesem Hersteller (z. B. welches ist am besten geeignet)?"* (D30), *„Auswahl des richtigen Produkts für die richtige Anwendung"* (D31, zitiert in Selent, 2019).

4.3.6.4   Gestaltungsmöglichkeiten in der Praxis
4.3.6.4.1 Hub-Content-Architektur und Navigation
Die Bestandteile des Digital Interaction Hubs „What to Buy" sind in der Regel:

- Strukturierung des Angebotes nach Produkten und/oder Lösungen
- Dedizierte Bereiche für einzelne Produktkategorien
- Produktseiten mit einer Übersicht, den wichtigsten Leistungsmerkmalen, einem Funktionsüberblick sowie technischen Informationen
- Auflistung der Kundennutzen
- Visuelle Darstellung des Produktes (z. B. Produktbilder)
- Kundenzitate oder Referenzberichte im Text- oder Videoformat
- Videoinhalte mit Produktinformation sowie Produktdemonstration
- Angebot des interaktiven Demos oder Anfragemöglichkeit des Live-Demos
- On-Demand-Webinar mit Produkt im Fokus

Folgende Interaktionen können auf diesem Digital Interaction Hub realisiert oder initiiert werden:

- Erkunden der Webseite des Anbieters
- Erkunden einer Online-Demoversion
- Anschauen eines Werbevideos
- Download und Lesen einer statischen oder interaktiven Broschüre
- Download und Lesen eines Whitepapers

Durch die vornehmlich webgestützte Interaktion ist der Reziprozitätsgrad überwiegend niedrig. Die Interaktion „Erkunden einer Online-Demoversion" findet in einer simulierten oder virtuellen Umgebung statt und ermöglicht eine automatisierte Interaktion der Käufer mit der Software.

4.3.6.4.2 Interaktionsplattform
Der Digital Interaction Hub „What to Buy" ist auf der ersten Ebene der Unternehmenswebsite der Anbieter platziert. Die Möglichkeit weitere Interaktionskanäle einzubinden (Telefon, E-Mail oder Chat-Funktion) kann entweder durch eine Standardfunktion oder eine prominent platzierte Handlungsaufforderung eingerichtet werden. Damit kann ein Erstkontakt mit dem Vertrieb aufgebaut werden.

4.3.6.4.3 Content
Der DIH „What to Buy" orientiert sich inhaltlich an den Funktionalitäten und Eigenschaften der Produkte und Lösungen. Dabei richtet sich die Auswahl der Inhalte nach funktionalen und geschäftlichen Anforderungen der Käufer. In einer umfangreichen Literaturauswertung entwickelten Jadhav und Sonar (2009) eine Typologie der Auswahlkriterien der Inhalte für die Unternehmenssoftware, was eine übergeordnete Kategorie der industriellen Software darstellt (IDC, 2010):

- Funktionale Kriterien beziehen sich auf die funktionalen Eigenschaften der Software, die Vollständigkeit in Bezug auf die gestellten Anforderungen, Interoperabilität und Anpassungsfähigkeit der Software sowie Sicherheitsstandards und die maximale Anzahl gleichzeitiger Benutzer.
- Unter Qualitätskriterien für Software wurden Kriterien zur Personalisierbarkeit, Portabilität, Instandhaltbarkeit, Software-Gebrauchstauglichkeit, Zuverlässigkeit und Effizienz zusammengefasst.
- Herstellerbezogene Kriterien sind alle Kriterien zur Reputation, Erfahrung und zu den Kompetenzen der Hersteller sowie ihre Trainings-, Service- und Supportangebote.
- Kriterien zu Kosten- und Nutzenfaktoren schließen alle mit dem Softwareerwerb verbundenen Kosten und den daraus resultierenden direkten und indirekten Nutzen ein.
- Technische Kriterien beziehen sich auf Hardware und Software sowie die Systemkonfiguration, wie z. B. Speicherplatz, Rechenleistung oder Arbeitsspeicher.
- Kriterien in Bezug auf die Stellungnahmen der technischen und nichttechnischen Quellen, beispielhaft der firmeninternen und externen Experten, Information aus den Fachzeitschriften und Software-Produktbroschüren oder auch Meinungen der Mitarbeiter und Endanwender.
- Ausgabekriterien beschreiben die Funktionalitäten der Software in Bezug auf die Ausgabe, Darstellung und den Export der Daten sowie den Datentransfer über die Schnittstellen in die andere Software.

Auch in der vorliegenden Untersuchung finden sich diese Kriterien in den Erkenntnissen wieder. Insbesondere funktionale Kriterien, Qualitätskriterien, technische Kriterien und Ausgabekriterien sind auf dem DIH „What to Buy" adressiert. Herstellerbezogene Kriterien, Kriterien zu Kosten- und Nutzenfaktoren sowie Kriterien in Bezug auf die Stellungnahmen der technischen und nichttechnischen Quellen können auf diesem DIH in Kurzform eingebunden oder über die Verlinkung zur relevanten Webseite für die Buyer Persona sichtbar gemacht werden.

Die empirisch gewonnenen produktbezogenen Inhalte, die seitens der Buyer Personas gefragt sind, können wie in der Tab. 4.7 eingeordnet werden (Selent, 2019).

Durch die Produktvariation, die die meisten Anbieter anbieten, sind diese bei allen analysierten Anbietern nach Portfoliokategorien dargestellt, teilweise in alphabetischer Reihenfolge.

Neben den inhaltlichen Aspekten wollen die Käufer *„sehen, wie es [die Lösung] aussieht, funktioniert und sich anfühlt"* (INT40, zitiert in Selent, 2019). Dieser Informationsbedarf kann mit den visuellen oder interaktiven Inhalten wie Produktscreenshots, Produktvideos oder Produktdemonstrationen adressiert werden. Gemessen an dem Einfluss auf die Kaufentscheidung ist die Interaktion „Erkunden einer Online-Demoversion" sehr relevant in der Buyer's Journey (Kopec & Ross, 2015, S. 22), was die Mehrheit

Tab. 4.7 Kategorien der Produktanforderungen. (Quelle: Eigene Darstellung)

Kategorien	Belege aus den empirischen Daten (Selent, 2019)
Funktionalitäten (generell)	• *„Ausschlaggebende Kriterien sind Funktionalitäten"* • *„Entsprechen die technischen Spezifikationen unseren Anforderungen?"* • *„Dann unter anderem die Funktionalität"* • *„der Gesamtumfang der Software"* • *„Wir haben [uns] sehr stark zunächst mal auf Funktionalität konzentriert. Und dann in zweiter Linie oder in zweiter Hinsicht auf Kosten"* • *„Technologie"* • *„Sagen ja immer alle großen Anbieter sie können alles und wenn man dann mal in die Feinheiten schaut, dann wird halt eben vieles nicht unterstützt"*

(Fortsetzung)

Tab. 4.7 (Fortsetzung)

Kategorien	Belege aus den empirischen Daten (Selent, 2019)
Kompatibilität und Integrationsfähigkeit	IT-Entscheider und Fachentscheider • *„Kompatibilität und Zuverlässigkeit"* • *„Die Integrationsfähigkeit zu CAD-Produkten, weil das ist für mich so ein Knackpunkt bei so Systemen, dass die CAD-Integration sauber funktioniert"* • *„Deswegen sind wir sehr erpicht darauf, die Gesamtsystemlandschaft nicht aus den Augen zu verlieren, egal was wir implementieren"* • *„Wie beeinflussen unsere bestehenden Plattformen die Technologieauswahl (z. B. Datenbankarchitektur)?"* • *„Kann Ihre Technologie in unserer derzeitigen Infrastruktur integriert werden bzw. funktionieren?"* • *„Inwieweit das zu unserem CAD passt. […] ich kann nicht jedes Mal ein Modell generieren, das in ein anderes Programm laden und dann alle Parameter von vorne eingeben. […] es muss zu dem passen, was wir haben"* • *„Kann die Lösung in unsere Infrastruktur integriert werden?"* • *„Technische Publikationen, die die Flexibilität der Lösung und die Integrationsfähigkeit mit bestehenden Plattformen hervorheben"* • *„Integration mit aktueller Software, weil es sich nicht lohnt, jemanden zu kontaktieren, der keine Integration hat"* Endnutzer/Administrator: • *„Gibt es irgendetwas an dem Produkt, das die Integration mit der aktuellen Installationsbasis unserer Kunden erleichtert? Was?"* • *„Passung der Anwendungen"* • *„Die Unterstützung mehrerer CAD-Systeme [ist] wichtig, die Unterstützung anderer Informationen"* Business-Entscheider: • *„Die Anbindungsmöglichkeit an andere [Software] oder an Software anderer Anbieter"* • *„Ich möchte ein Produkt, das mit meinen aktuellen Lösungen integriert ist"*

(Fortsetzung)

Tab. 4.7 (Fortsetzung)

Kategorien	Belege aus den empirischen Daten (Selent, 2019)
Ein Anbieter: „Einkauf aus einer Hand"	• *„Können wir alle Softwarelösungen von diesem [einen] Anbieter erhalten?"* • *„Ich lege großen Wert darauf, dass die verschiedenen Softwarepakete gut zusammenpassen. Deshalb ist das für mich die letzte Wahl bei völlig anderen Anbietern anzufragen. […] dass möglichst alles bündig zusammenpasst. Möglichst sogar aus einer Hand kommt"* • *„Fachartikel über die Vorteile des Einkaufs bei einem Technologieanbieter – aus einer Hand"* • *„Dann geht man wieder ins CAD, dann muss man die, ja, Konstruktion ein bisschen abändern, dann nimmt man das Modell, schickt das wieder in das andere Programm rein, das macht keinen Sinn. Demzufolge macht das Sinn, wenn das alles aus einem Guss ist"* • *„Und dass in erster Linie natürlich geschaut wird, dass wir auf der gleichen Produktlinie fahren wie der Konzern. […] Und beim anderen (Harmonisierung der Software) ist man natürlich dann halt in ein Netzwerk eingebunden, man möchte eigentlich Daten gemeinsam nutzen"* • *„für alle Bereiche hinweg geeignet sind und […] [die Lösung] über alle Funktionen funktioniert"*
Einfache Bedienbarkeit	• Benutzerfreundlichkeit, einfache Handhabung • *„Transparenz"* • *„Die Bedienbarkeit von der Software ist mir halt wichtig, eine transparente Sache, eine vernünftige Einarbeitung […], wie viel Background braucht man, um halt mit so einer Software zu arbeiten? […] damit ziemlich viele Menschen dort aus den ganzen verschiedenen Berufsgruppen parallel und einfach einarbeiten kann. […] ist das kompliziert? Ist das leicht zu verstehen? Oder muss ich erst, wenn ich an ein Produkt will, 20 Seiten wegklicken? Oder kommt man irgendwie relativ zügig an Informationen?"* • *„Ist das einfach zu nutzen, zu installieren und zu pflegen?"*

(Fortsetzung)

Tab. 4.7 (Fortsetzung)

Kategorien	Belege aus den empirischen Daten (Selent, 2019)
Skalierbarkeit des Systems	• *„Ist die Lösung skalierbar? Wird sie mit uns wachsen, wenn wir als Organisation wachsen?"* • *„Software, die in Modulen aufgebaut ist, die sich dann nach Bedarf dann entsprechend leicht und ohne großen Aufwand des Herstellers dann nachrüsten lassen"* • *„Bietet dieser Hersteller eine Reihe von Produkten an, die es uns ermöglichen, […] uns zu vergrößern oder zu verkleinern?"* • *„[…] ohne dass wir Probleme haben. Weil dann müssen Sie gewährleisten, dass das System schnell mitwachsen kann"* • *„Wir wollten uns halt einfach die Zukunftsfähigkeit/einfach das System zu halten. Und nicht dass wir in einem Jahr, wenn wir dann ein neues ERP-System einführen, dass dann quasi unser CAD-System in der Lage ist, mit dem ERP-System zusammenzuarbeiten"* • *„Wie erweiterbar ist die Lösung"*
Produktivität	• *„Im Grunde genommen muss diese Software unseren Konstruktionsprozess erleichtern und vereinfachen"* • *„Eine Lösung, die es ihm ermöglicht, im Alltag innovativer und produktiver zu sein"* • *„eine Lizenz […], wo man dann ein kleines bisschen mehr mit machen kann"* • *„so Befehle hinterlegen kann, […] dass es völlig egal ist, mit welchem Programm ich arbeite. Ich mit jedem Programm genau gleich arbeiten kann"* • Lösung, die zu *„Zeitersparnis"* führt • Beste Lösung, um *„unsere Fähigkeiten zu erweitern und zu verbessern"*

(Fortsetzung)

Tab. 4.7 (Fortsetzung)

Kategorien	Belege aus den empirischen Daten (Selent, 2019)
Machbarkeit und Adressierung der geschäftsspezifischen Anforderungen	• Beispielhafte Machbarkeitsanalysen oder Berichte • Produktinformationen, die sich auf bestimmte Situationen und reale Erfahrungen beziehen • *„Lässt sich diese Lösung auf unsere Branche übertragen?"* • Adressierung der geschäftsspezifischen Anforderungen der Käufer wie Größe der Engineering-Abteilung mit mehreren Standorten • Anforderungen an Flexibilität, Schnelligkeit und Customization in dem Konstruktionsprozess • *„Das ist die Gesamtliste. Und diese haben wir uns dann quasi detaillierter angeschaut. Dabei sind dann einfach Anbieter rausgefallen, die z. B. keine Cloud-Lösung anbieten, die den Umfang, den wir an die Software stellen, nicht abdecken können. Also weil wir halt auf Faserverbund machen, muss es auch eine Lösung geben, wie man Faserverbunde ja konstruieren kann. Von daher sind noch mal eine ganze Menge an CAD-Lösungen rausgefallen"*
Übersicht oder Gegenüberstellung der Lösungen	• Gegenüberstellung und Vergleich der Lösungen innerhalb der Anbieterportfolios • Gegenüberstellung der Lösungen, „high-end" vs. „low-end", online und in gedruckter Form • Produktvergleichsmatrix • Produktperformance im Vergleich, in Bezug auf technische und kaufmännische Kriterien • Informationen über das Produktportfolio • Produktoptionen und Funktionalitäten in einer Übersicht

(Fortsetzung)

Tab. 4.7 (Fortsetzung)

Kategorien	Belege aus den empirischen Daten (Selent, 2019)
Stellungnahmen der technischen und nichttechnischen Quellen	• *„Bewertete Lösungen in Bezug auf Funktionen und Benutzerfreundlichkeit"* • *„Technologie oder Technologieanbieter, die empfohlen oder anerkannt von Forrester oder Gartner sind"* • *„Bewertung der Technologie durch Dritten aus Sicherheitssicht"*
Standardfunktionalitäten	• *„Informationen über die Produktstruktur und wenn etwas Standard (Out-of-Box) oder angepasst war. Es war schwierig, die richtigen Informationen in einem Dokument zu lokalisieren"* • *„Überprüfen der verfügbaren OOB-Funktionalitäten [Out-of-Box- Standard]"* • *„[…] diese Funktion, diese Anforderung kann ich im Standard erfüllen ODER ich kann die durch eine kleine Anpassung erfüllen oder ich kann die durch eine große Anpassung erfüllen"*

der Interviewteilnehmer nach eigener Wahrnehmung bestätigen konnte. Diese Interaktionen können in verschiedenen Formaten angeboten werden, wobei die Bezeichnungen einzelner Formate je nach Anbieter variieren:

- digitale Interaktion im Self-Service-Format wie Videodemonstration
- interaktive Onlinedemonstration nach Szenarien
- Demo-Produktversion
- Anfrageformular für käuferspezifische Eins-zu-eins-Interaktionen, die physisch oder digital stattfinden.

Dem Käufer werden verschiedene Möglichkeiten der Auseinandersetzung mit der Software geboten (vergleiche Abb. 4.16). Beispielhaft ist eine automatisierte interaktive Online-Demoversion oder Onlinedemonstration, worauf die Buyer Personas selbstständig zugreifen können, *„[so]dass man die Software im Browser öffnet und darstellt und dann ausprobieren kann"* (INT11, zitiert in Selent, 2019). Diese findet in einer simulierten oder virtuellen Umgebung statt und ermöglicht einen höheren Interaktivitätsgrad der Buyer Persona mit der Software. Bei einer Videodemonstration sowie einem Produktrundgang, einer Onlinetour etc. steht eine optimale Darstellung der Software und einzelner Funktionen im Fokus. Die Wahrnehmung der Formate fällt je nach Buyer Persona unterschiedlich aus: *„In Onlinedemos wird ja nur gezeigt, was schön ist"* (INT12, zitiert in Selent, 2019).

Eine Live-Demonstration gibt dem Käufer die Möglichkeit *„am Bildschirm [zu] verfolgen, wie ein Techniker der Firma […] gewisse Dinge dann mit dem […] [Produkt]*

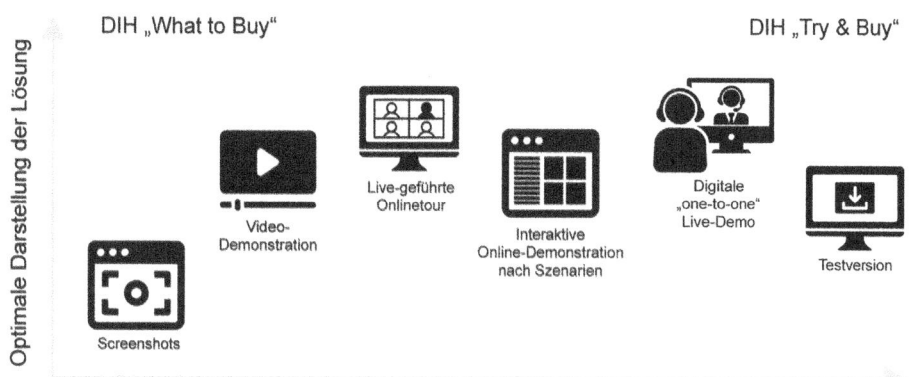

Abb. 4.16 Interaktionsgrad der produktbezogenen Interaktionen. (Quelle: Eigene Darstellung)

demonstriert" (INT18, zitiert in Selent, 2019). Diese Interaktion kann eins zu eins oder in der Gruppe stattfinden und spezifische Fragen der Käufer adressieren: *„Da ging es bei uns vor allem darum, wie können wir unsere bisherigen CAD-Daten, die mit […] [Produkt] erstellt wurden, in Zukunft in […] [Produkt-]Dateien umwandeln und was können wir/wie intelligent sind diese Dateien dann, was können wir damit machen?"* (INT28, zitiert in Selent, 2019).

Bei digitalen Demonstrationen der Software werden oft Szenarien anhand von Anbieterdaten vorgeführt. Dies kann auch mit Käuferdaten demonstriert werden, was jedoch mit einem höheren Vorbereitungsaufwand verbunden ist. Deshalb lohnt sich dies nur bei größeren Geschäften: *„Da haben wir ihm, diesem Techniker […] eine Baugruppe, das mit unserem früheren CAD-System erstellt wurde, geschickt und er hat uns dann live sozusagen am Bildschirm gezeigt, was wir damit alles machen können, wie wir das umwandeln können und so weiter. Und das war also mit sehr entscheidend für die Kaufentscheidung, diese Demonstration"* (INT18, zitiert in Selent, 2019).

Käufer wünschen sich folgende Formate für produktbezogene Inhalte:

- kurze Produktvideos oder Webinare on Demand
- Whitepapers und technische Artikel, die mit verschiedenem inhaltlichem Fokus mehrere Buyer Personas adressieren
- Datenblätter zum Produkt oder zur Produktfamilie und Broschüren zum Herunterladen
- technische Spezifikationen
- Produktabbildungen

Abb. 4.17 Navigation
Patterns des DIH „What to
Buy". (Quelle: Eigene
Darstellung)

**Navigation Patterns: Next Best
Interaction**

4.3.6.5 Buyer Engagement Tactics

Für den DIH „What to Buy" ist das Suchmaschinenmarketing am besten geeignet. Dabei sollen die Keywords und Anzeigen nicht ausschließlich produktspezifische Suchanfragen, sondern insbesondere auch die vorgelagerten Themen berücksichtigen, wie z. B. „PLM-Lösungen für Maschinenbau".

Für Social Media Tactics, wie Blogbeiträge oder Posts, sowie Publikationen in Industrie- und Fachzeitschriften sind insbesondere neue Produktversionen oder produktbezogene Analystenberichte geeignet.

4.3.6.6 Navigation Patterns: Next-Best-Interaction

Die Verlinkung zu den DIHs „Let's Meet" und „Explore & Watch" unterstützt den Käufer nach der Aufnahme der überwiegend textlichen Produktinformation dabei, die Lösung visuell zu erkunden bzw. zu „erleben" (vgl. Abb. 4.17). Die Videos aus dem DIH „Explore & Watch" können eingebunden und verlinkt werden: *„auf Anbieterseiten, aber das wird ja schnell auf YouTube verlinkt"* (INT23, zitiert in Selent, 2019).

Es besteht auch eine Verbindung zu dem DIH „Try & Buy", sodass er zusätzlich zu den theoretischen Inhalten auch eine kostenlose Testversion der Lösung zur Verfügung gestellt bekommt. Dies wirkt sich förderlich auf die Buyer's Journey aus. Auch die Verbindung zu Lizenzierungs- und Kaufoptionen für die getestete Lösung (da sich bei verschiedenen Produkten die Kaufoptionen unterscheiden können) ist für die weiteren Schritte in der Buyer's Journey ebenso relevant.

Eine Verknüpfung zum DIH „Why to Buy" adressiert die Anforderungen nach „Produktinformationen, die die Branchenerfahrung des Anbieters belegen" (INT44, zitiert in Selent, 2019), *„Einkauf bei einem Technologieanbieter – aus einer Hand"* (D31, zitiert in Selent, 2019) und Passung der Lösung für die eigene Situation oder Branche.

4.3.6.7 Kritische Erfolgsfaktoren

Durch den großen Informationsumfang dieses Digital Interaction Hubs sind die Übersichtlichkeit und eine klare Struktur sowie verschiedene Content-Formate von hoher Bedeutung:

„Es ist ein wenig umständlich zu versuchen, das zu finden, wonach man sucht. Und tatsächlich denke ich jetzt, ich habe das Produkt ausgewählt, so wie […] und das bringt mich von dem weg, was ich gesucht habe. Es ist einfach überwältigend bei der Menge an

Informationen, die es gibt. Und es dauert in der Regel ein wenig, bis ich gefunden habe, wonach ich suche" (INT43, zitiert in Selent, 2019).

Zusätzlich sollte der Content zum Download verfügbar sein, da dieser seitens der Käufer für die Ausarbeitungen im Kaufentscheidungsprozess verwendet wird: *„Auch wenn es verfügbar war, konnten wir es nicht herunterladen. […]. Wir konnten die Daten nicht herunterladen, um in unserem Unternehmen zu überzeugen. Wir müssen eine gute Präsentation mit den Informationen von der […] Webseite vorbereiten. Und wir nutzen die [Anbieter-]Seite für diese Informationen"* (INT44, zitiert in Selent, 2019).

Die Anforderung nach einem *„Zugang zu jemandem, der alle meine Produktfragen beantworten kann"* (INT45, zitiert in Selent, 2019) kann über die Verbindung zu dem Kontaktbereich oder über eine digitale Live-Interaktion erfüllt werden.

Eine Möglichkeit die umfangreichen Inhalte übersichtlich zu gestalten, kann der Einsatz von Hover- oder Mouseover-Effekten darstellen, wobei ein Anzeigebereich mit zusätzlichem Text erscheint, sobald der Webseitenbesucher mit der Maus über das dafür vorgesehene Website-Element fährt.

4.3.7 Digital Interaction Hub „Explore & Watch"

Der Steckbrief des DIH „Explore & Watch" (Abb. 4.18) stellt in einem Überblick alle zentralen Aspekte und Schlüsselelemente kompakt dar.

4.3.7.1 Hub-Content-Strategie

Der Fokus des Digital Interaction Hubs „Explore & Watch" liegt auf der Bereitstellung von Videoinhalten mit unterschiedlichen inhaltlichen Schwerpunkten, die eine Verbindung und Involvierung der Buyer Persona mit dem Produkt, der Brand oder dem Anbieterunternehmen fördern. Dazu gehören Produktübersichtsvideos, Demonstrationen, Video-Fallstudien, Aufzeichnungen der Veranstaltungen etc. Die zentrale Anforderung ist es, ein personalisiertes, interaktives und zielgerichtetes Videoerlebnis zu liefern. Dieser Hub kann auf der Anbieterwebsite platziert werden, überwiegend ist er aber auf externen Media-Sharing-Plattformen (z. B. YouTube) aufgebaut. Abhängig von der Ziel-Buyer-Persona haben die Videos einen unterschiedlichen Fokus und Detailgrad: von industriespezifischen Videos, Video-Fallstudien oder breitgefassten Webinaren für Business-Entscheider und IT-Entscheider über „Look-and-Feel" der Lösung für Fachentscheider bis hin zur Darstellung der einzelnen Funktionen für Endnutzer/Administratoren. Da dieser Hub nur Interaktionen in einem Self-Service-Format unterstützt und sich oftmals auf einer umfassenden externen Plattform befindet, ist die Sichtbarkeit und Auffindbarkeit der Videos für die relevante Buyer Persona entscheidend.

Die Buyer Persona bekommt in diesem DIH Videoinhalte mit verschiedenem thematischem Fokus bereitgestellt. Die Informationsvorbereitung im Videoformat hat mehrere

Vorteile. Videos können komplexe Themen und anspruchsvolle Produkt- und Markenge-schichten in einfachen Botschaften zusammenfassen und verständlich machen (Barber et al., 2017, S. 2). Videos können einfacher und 60.000-mal schneller als Text vom Gehirn verarbeitet werden (Margalit, 2015). Da der Mensch dazu neigt, kognitive Belas-tungen zu vermeiden und leichtere Formate der Informationsaufnahme zu wählen, werden die Videoinhalte gegenüber Text und Bildern präferiert und sind im Vergleich dazu am einprägsamsten (Margalit, 2015; Collins & Conley, 2017). Es gibt verschiedene Video-formate, die im B2B-Videomarketing zur Unterstützung des Marketings und Vertriebs eingesetzt werden. Dabei setzt das Videomarketing weniger auf die Unternehmen selbst, sondern auf einzelne Produkte (Schulz, 2013, S. 33).

4.3.7.2 Relevanz für die Buyer Personas

Für alle Buyer Personas, ausgenommen den externen Berater, haben Videoinhalte, die überwiegend über die Media-Sharing-Plattform wie YouTube bezogen werden, eine Relevanz in der Buyer's Journey. Die Videoinhalte beziehen sich fast ausschließ-lich auf die verschiedenen Formen der Produktdarstellungen. Die Business-Entscheider und IT-Entscheider präferieren eher breitgefasste Darstellungen in Form von Webi-naren, Video-Fallstudien mit realen Beispielen, Videos mit dem Produkt im Einsatz und generelle Produktvideos und -demonstrationen. Die Fachentscheider und Endnut-zer/Administratoren sind dagegen mehr an technischen Details interessiert und ziehen umfangreiche Produktdemonstrationen und Videos über den Produkteinsatz vor. Der End-nutzer/Administrator schaut Videos zum generellen Look-and-Feel der Lösung an, ist aber vor allem an detaillierten Produktvideos interessiert: Er möchte im Voraus sehen, wie das Produkt funktioniert, und die *„Funktionen der einzelnen Komponenten übers Video"* kennenlernen. In Vergleich zu anderen Buyer Personas investiert er deutlich mehr Zeit in eingehende Produktbewertungen und ist bereit mehr Zeit mit Videos und Webcasts zu verbringen (IDG, 2016, S. 10). Ähnliche Präferenzen sind beim Fachentscheider zu erkennen. Zusätzlich sind noch extensive Produktdemonstrationen und Videos über den Produkteinsatz für ihn relevant.

4.3.7.3 Einsatz im Kaufprozess

Dieser DIH ist in allen Phasen des Kaufentscheidungsprozesses vertreten, wobei eine etwas verstärkte Nutzung in der mittleren Kaufphase (Middle Stage) und der späten Kaufphase (Late Stage) zu beobachten ist (vgl. Abb. 2.13 Digital Interaction Hubs in den Phasen des B2B-Kaufzyklus). Als *„Denkanstöße"* können YouTube-Videos ganz am Anfang des Kaufzyklus zum Einsatz komme. Gerade zu Beginn des Kaufzyklus steigt die Relevanz von Produktübersichtsvideos, Interviews mit Experten, aufgenommenen Webi-naren sowie erklärenden Videos (vgl. Abb. 4.19). Fast neun von zehn Befragten der Umfrage mit Technologieentscheidern haben ein technisches Video in den letzten drei Monaten im Internet angeschaut und 57 % der Käufer sagten, dass diese Aktion dazu

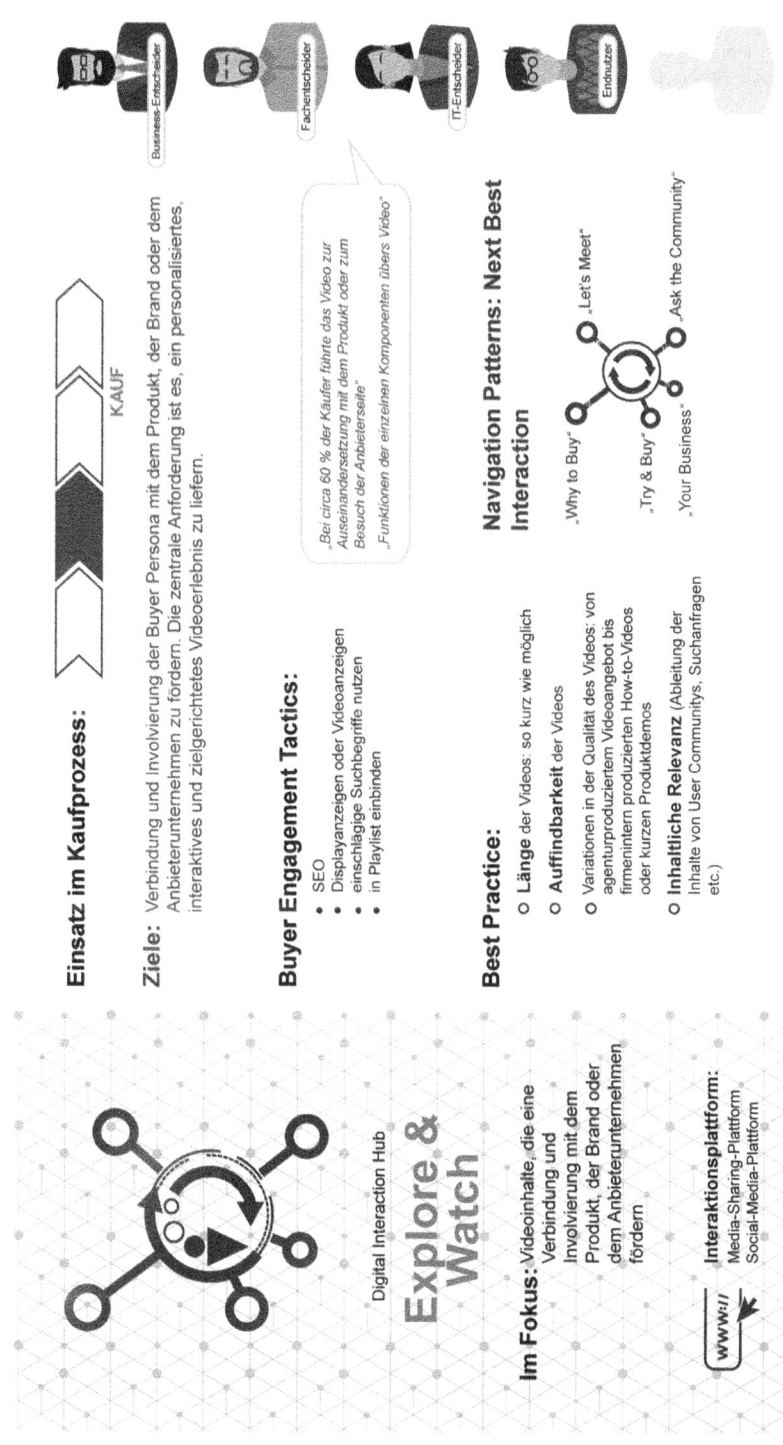

Einsatz im Kaufprozess:

Ziele: Verbindung und Involvierung der Buyer Persona mit dem Produkt, der Brand oder dem Anbieterunternehmen zu fördern. Die zentrale Anforderung ist es, ein personalisiertes, interaktives und zielgerichtetes Videoerlebnis zu liefern.

Buyer Engagement Tactics:

* SEO
* Displayanzeigen oder Videoanzeigen
* einschlägige Suchbegriffe nutzen
* in Playlist einbinden

Best Practice:

○ **Länge** der Videos: so kurz wie möglich

○ **Auffindbarkeit** der Videos

○ Variationen in der Qualität des Videos: von agenturproduziertem Videoangebot bis firmenintern produzierten How-to-Videos oder kurzen Produktdemos

○ **Inhaltliche Relevanz** (Ableitung der Inhalte von User Communitys, Suchanfragen etc.)

„Bei circa 60 % der Käufer führte das Video zur Auseinandersetzung mit dem Produkt oder zum Besuch der Anbieterseite"

„Funktionen der einzelnen Komponenten übers Video"

Navigation Patterns: Next Best Interaction

„Why to Buy"   „Let's Meet"

„Try & Buy"

„Your Business"   „Ask the Community"

Digital Interaction Hub

Explore & Watch

Im Fokus: Videoinhalte, die eine Verbindung und Involvierung mit dem Produkt, der Brand oder dem Anbieterunternehmen fördern

Interaktionsplattform: Media-Sharing-Plattform Social-Media-Plattform

Abb. 4.18 Steckbrief des DIH „Explore & Watch". (Quelle: Eigene Darstellung)

Abb. 4.19 Einordnung der Videoinhalte in den Kaufzyklus. (Quelle: Eigene Darstellung in Anlehnung an Barber et al., 2017, S. 5; Collins & Conley, 2017)

geführt hat, entweder das Produkt genauer zu erforschen oder die Anbieterwebsite (48 %) zu besuchen (IDG, 2016, S. 10).

Funktions- und modulspezifische Videos, Webinaraufzeichnungen sowie Softwaretutorials sind für eine Produktevaluierung und *„um ein Gefühl für das Neue zu bekommen"* von Bedeutung und werden in der späten Kaufphase (Late Stage) relevant. Auch in der Implementierungs- und Nutzungsphase (After Sales) ist ein Bedarf nach kurzen Videodemonstrationen vorhanden. Softwareeinstellungen, Produktkonfiguration und Befehlsstrukturen sind ebenso Beispiele der in der Implementierungs- und Nutzungsphase (After Sales) aufkommenden Fragen. Generell entwickelt sich der Fokus der Videoinhalte entlang des Kaufzyklus von übergreifenden Themen bis in die technischen Details.

4.3.7.4 Gestaltungsmöglichkeiten in der Praxis
4.3.7.4.1 Hub-Content-Architektur und Navigation
Folgende Content- und Interaktionselemente können für die Buyer's Journey relevante Bestandteile des Digital Interaction Hubs „Explore & Watch" sein:

- Markenvideos, „Thought Leadership"-Videos, industrie- oder businessspezifische Videos
- Erklärende Videos
  - Industrieforschung oder Analystenstudie
  - Expertenvideos, Experteninterviews
  - Gezeichnete, animierte Videos

- – Webinare/Webcasts (z. B. aufgezeichnete Webinare zu speziellen technologiebezogenen Themen)
- – Quick-Start-Tutorials und ausführliche Tutorials
- – How-to-Videos
- • Produktvideos:
  - – Produkt-Trailer
  - – Produktübersichtsvideo (First-Look-Produktübersicht)
  - – Produktdemo-Video (ausführliche Produktdemonstration)
  - – Modul- oder funktionsspezifische Kurzvideos
  - – „What's New"-Videos
- • Empfehlungsvideos wie Fallstudien und Kundenstimmenvideos, Produktreview
- • Veranstaltungsvideos, Eventdokus
- • Vorträge und Interviews

Dieses DIH richtet sich auf das Anschauen und Interagieren mit den Videos. Diese Interaktionen sind gekennzeichnet durch eine webgestützte, einseitige Kommunikation zwischen Menschen und Computer. Basierend auf den Interessen können die Nutzer eigene Wiedergabelisten erstellen und Kommentare zu den Videos hinzufügen oder zukünftige abonnieren. Darüber hinaus können die Nutzer Videos über geläufige soziale Medien teilen und kommentieren, was unter sozialen Interaktionen eingeordnet werden kann. Die Interaktion geschieht in einem Self-Service-Format.

Der Reziprozitätsgrad dieses DIH ist niedrig.

4.3.7.4.2 Interaktionsplattform

Der Digital Interaction Hub „Explore & Watch" ist auf der anbieterunabhängigen Media-Sharing-Plattform mit Social-Networking-Charakter YouTube zu finden. Mit der wachsenden Bedeutung von Videos im B2B-Kaufprozess steigt auch die Relevanz der Media-Sharing-Plattformen im Kaufprozess auf die obersten Plätze unter den Social-Media-Quellen (Demand Gen Report, 2016, S. 12). YouTube ist innerhalb der Media-Sharing-Plattformen mit Abstand das weltweit größte Videoportal sowie die zweitgrößte Suchmaschine. Auch im B2B wird YouTube als Standardmedium betrachtet (Kreutzer et al., 2015, S. 197 ff.; Graap, 2015, S. 10). Die Plattform ermöglicht Unternehmen und Privatpersonen Videos hochzuladen und öffentlich zugänglich zu machen. Dabei kann zwischen vom Unternehmen selbst erzeugten und vom Unternehmen unabhängigen sogenannten User Generated Content unterschieden werden (Kreutzer et al., 2015, S. 197 ff.). Die Inhalte können über die Benutzerkonten hochgeladen werden, die als Gesamtauftritt in einem Kanal (Channel) erscheinen. Der YouTube-Kanal des Unternehmens kann zwar individuell gestaltet werden, jedoch müssen die Gegebenheiten der Plattform beachtet werden. Der Kanal kann durch Änderung des Layouts durch das Logo und ein individualisiertes Hintergrundbild, eine strukturierte Darstellung des Videos durch Videokategorien,

Wiedergabelisten oder weitere empfohlene Kanäle (Featured Channels) individualisiert werden.

Interaktionskanäle werden durch Share-Tasten in das DIH eingebettet oder durch die Verbindung mit den eingegebenen Social-Media-Accounts des Anbieters.

Da das Videoformat zunehmend in den Verkaufsprozess integriert wird, ist es essenziell für die Unternehmen dieses an mehreren Fronten skalieren zu können. Laut Forrester Research (Barber et al., 2017; Barber et al., 2016) muss eine Online-Videoplattform (OVP) umfassende Techniken und Werkzeuge bereitstellen, um ein personalisiertes, interaktives und zielgerichtetes Videoerlebnis zu liefern. Die Video-Marketinginitiativen sollten über mehrere Marken, Regionen und Abteilungen hinweg skaliert werden. Analysten kritisieren dabei YouTube als OVP für Vertriebs- und Marketingzwecke des Unternehmens (Barber et al., 2016, S. 6):

- YouTube mangelt es an Sicherheit, sodass jeder die Inhalte sehen, teilen oder stehlen kann
- Es mangelt an Analysetools und Integrationsmöglichkeiten mit anderen Kanälen und Plattformen
- Die immense Menge an Inhalten macht es herausfordernd die anbietereigenen Videos für die relevante Buyer Persona sichtbar zu machen

Online-Videoplattformen der Enterprise-Klasse bieten eine bessere Alternative die Videos zu verwalten und diese im Digital Interaction Hub zu betrachten. Diese sind auf die Bedürfnisse des Unternehmensmarketings und -vertriebs ausgerichtet und können den DIH „Explore & Watch" als Erweiterung der Anbieterwebsite oder als eigenständige Plattform gestalten. Die zentrale Anforderung an OVP ist ein personalisiertes, interaktives und zielgerichtetes Videoerlebnis zu liefern.

Folgende Aspekte stehen für die Anbieter bei der Auswahl der OVP im Vordergrund:

- optimierte Self-Service-Nutzung (Benutzerfreundlichkeit, intuitives Einpflegen und Herausgeben von Content)
- aussagekräftige und valide Analytik
- Option die Inhalte für jeden Schritt der Buyer's Journey bereitzustellen
- hohe Integration mit CRM (Customer-Relationship-Management) und MAP-Tools (Marketing Automation Platform) sowie
- die Möglichkeit für einen breiteren Einsatz durch kostengünstigere Anschaffungsoptionen (Barber et al., 2016, S. 6 ff.)

In den Kunden- und Interessenteninterviews dieser Studie wurde YouTube als meistgenutzte Interaktionsplattform für Videoinhalte genannt. Daher bezieht sich die Beschreibung der Dimensionen und Gestaltungsmöglichkeiten auf YouTube als Interaktionsplattform der DIH, ist allerdings großteils auch auf Anwendungen der anderen OVP übertragbar. Auch laut einigen Umfrageergebnissen sind die Produktseiten als Quelle für die Produktvideos vergleichbar nachgefragt wie YouTube: 60 % der Befragten schauen die Produktvideos auf YouTube an, 55 % auf der Produktseite (Graap, 2015). Daher sollen die Produktvideos sowohl auf dem DIH „What to Buy" als auch auf dem DIH „Explore & Watch" (z. B. auf YouTube) platziert werden.

4.3.7.4.3 Content
Die inhaltliche Gestaltung einzelner Videos ist größtenteils aus dem Videoformat zu erschließen. Diese Arbeit bezieht sich auf verschiedene Typologien der Videoformate (Schulz, 2013; Graap, 2015, Löffler, 2014; Collins & Conley, 2017), die unterschiedlich interpretiert werden können. Basierend auf den Erkenntnissen der vorliegenden Studie können Videos in folgende Videoformate im Kontext der Industriesoftwarebeschaffung kategorisiert und als relevant eingestuft werden (vgl. Tab. 4.8).

Die einzelnen produktspezifischen Themen, die explizit im Zusammenhang mit dem Videoformat genannt wurden, sind:

- Out-of-Box-Funktionalitäten
- spezielle technologiebezogene Themen
- der Umgang mit den bisherigen in anderen Softwarelösungen erzeugten Daten
- Einblicke in die einzelnen Module der Software
- Einstellungen, Produktkonfiguration und Befehlsstrukturen
- Service und Support

Generell sind jedoch alle Themen für Videos interessant, die für die Buyer Personas bei der Produktauswahl relevant sind (siehe DIH „What to Buy").

Auch *Schulungsvideos,* die grundlegend die Implementierungs- und Nutzungsphase (After Sales) adressieren, werden auch schon vor dem Kauf in Anspruch genommen: *„Bei YouTube gibt es Tutorials zu […] [Produktnamen]. Und wenn man Zeit hat, dann setzt man sich zuhause abends hin und schaut man sich das an, um ein Gefühl dafür zu bekommen, was dort auf uns zukommt, wenn wir das oder das oder das andere nehmen"* (INT21, zitiert in Selent, 2019).

4.3.7.5 Buyer Engagement Tactics
Ähnlich wie bei allen informationsgefüllten Plattformen besteht die Herausforderung darin, die Aufmerksamkeit der potenziellen Käufer zu erreichen, die sich in der Buyer's Journey über eine Videosuche die Information beschaffen. Neben den klassischen Instrumenten des Suchmaschinenmarketings wie Bild- und Textanzeigen können auf Media-Sharing-Plattformen die kostenpflichtige Displayanzeigen oder Videoanzeigen gezeigt werden, um die Aufmerksamkeit der potenziellen Käufer zu gewinnen (Google, 2018a). Das Verwenden von einschlägigen Suchbegriffen wie Schlagworten und Tags zur Kategorisierung der Inhalte und Themen kann sich positiv auf die Auffindbarkeit

Tab. 4.8 Videoformate im Kontext der Industriesoftwarebeschaffung. (Quelle: Eigene Darstellung in Anlehnung an Schulz, 2013; Graap, 2015, Löffler, 2014; Collins & Conley, 2017)

Videoformat	Kurzbeschreibung
„Thought Leadership"-Video	Im *„Thought Leadership"-Video* steht ein Vordenker im Fokus. Das ist eine Einzelperson oder ein Unternehmen, das von Interessenten, Kunden, Referenzquellen und Wettbewerbern als einer der führenden Experten und Einflussnehmer in ausgewählten Fachbereichen anerkannt wird (Prince & Rogers, 2012). Ziel ist es durch z. B. Interviews Vertrauen und Autorität bei der Zielgruppe aufbauen
Erklärende Videos	*Erklärende Videos* werden verwendet, um den potenziellen Kunden zu helfen, zu verstehen, warum das Produkt die Lösung für ihr Problem ist. Ein Instrument kann eine fiktive Reise der typischen Buyer Persona von einem Problem bis zu dessen Überwindung mit einer Lösung oder Dienstleistung des Anbieters sein. Dies kann in Form eines animierten Videos dargestellt werden, da dadurch komplexe Konzepte und Sachverhalte auf einfache und unterhaltsame Weise vermittelt werden können. Weitere Formate der erklärenden Videos sind Experteninterviews, Webinare, Tutorials oder How-to-Videos
Webinare	*Webinare* – webbasierte Seminare oder andere Präsentationen –können in zwei Formen im DIH „Explore & Watch" erscheinen: als Aufzeichnung des Webinars oder als Teaser für bevorstehende Webinare. Der Teaser ist ein kurzes Videoelement und hat den Vorteil, dass es zum Weiterschauen animiert und somit zur Anmeldung für bevorstehende Veranstaltungen verleiten soll. Die Bedeutung der Webinare ist im DIH „Let's Meet" dargestellt
Produktdemo-Videos	*Produktdemo-Videos* adressieren direkt das Produkt und zeigen, wie dieses funktioniert. Mögliche Formate sind Produkt-Trailer, Produktübersichtsvideo, ausführliche Produktdemonstrationen, modul- oder funktionsspezifische Kurzvideos oder „What's New"-Videos, die sich nach Detailgrad, Länge und Kundenansprache unterscheiden. Mit Funktionsdarstellungen wird oft der Kundennutzen verknüpft, um Relevanz für die Buyer Persona zu generieren
Empfehlungsvideos	*Empfehlungsvideos* präsentieren tatsächliche Anwendungsfälle und beschreiben, wie die Software spezifische Probleme löst. Repräsentativ dafür sind Fallstudien und Kundenstimmenvideos. Vorteilhaft für die Darstellung sind zufriedene und treue Kunden, die sowohl Herausforderungen kennen als auch die Lösung durch den Anbieter beschreiben

(Fortsetzung)

Tab. 4.8 (Fortsetzung)

Videoformat	Kurzbeschreibung
Tutorials und How-to-Videos	*Bei Tutorials und How-to-Videos* wird eine Videoanleitung veröffentlicht, die dem Zuschauer das Problem und die dazugehörige Lösung vorstellt. Im Vergleich zu anderen Formaten fokussieren sich diese Videoinhalte auf Anwender-Nutzungsszenarien. Entweder das Produkt steht dabei im Fokus oder nur im Zusammenhang mit dem Nutzungsszenarium. Beispielhaft wird die Optimierung des Arbeitsprozesses in der Konstruktion anhand einer Simulationsfunktion aufgezeigt
Veranstaltungsvideos	*Veranstaltungsvideos* oder *Eventdokus* können in Form von Impressionsvideos, Aufzeichnungen der Interviews, Präsentationen oder Gesprächen am runden Tisch dargestellt werden. Das Ziel der Anbieter ist es, die Wirtschaftlichkeit des physischen Events zu steigern sowie die Einflussbreite des Events zu erhöhen und zu verlängern

des Videos auswirken. Es ist von Bedeutung die Suchbegriffe aus der Buyer-Persona-Perspektive zu bestimmen. Für das Bereitstellen von weiteren relevanten Informationen oder Interaktionen kann das Beschreibungsfeld des Videos genutzt werden. Außerdem bietet YouTube die Möglichkeit die Videos in einer Playlist zu erfassen oder weitere empfohlene Videos hinzufügen. Eine weitere relevante Buyer Engagement Tactic ist die Einbindung der Videos in das Social-Media-Marketing. Die Möglichkeit das Video zu teilen erhöht die Reichweite des präsentierten Videos. Durch Abonnements werden tendenziell mehr Videos angeschaut.

4.3.7.6 Navigation Patterns: Next-Best-Interaction

Je nach Art des Videos können spezifische Navigationspfade von einzelnen Videos zum relevanten DIH erstellt werden. Ein oft in Produktdemo-Videos erwähntes Anliegen oder eine Lösung kann den Impuls auslösen das Produkt genauer anzuschauen. Die Verlinkung zum Angebot einer digitalen Live-Demonstration oder Testversion des relevanten Produktes auf der DIH „Try & Buy" unterstützt weitere Schritte in der Buyer's Journey (**vgl.** Abb. 4.1).

Videoformate der frühen Kaufphase (Early Stage) und der mittleren Kaufphase (Middle Stage) können zu relevanten Bereichen des DIH „Your Business" und des DIH „What to Buy" verbunden werden.

Videos, die in der Implementierungs- und Nutzungsphase (After Sales) präferiert werden, wie Tutorials und How-to-Videos, können mit dem DIH „Ask the Community" verlinkt werden, der relevanten nutzergenerierten Content bietet.

Abb. 4.20 Navigation
Patterns des DIH „Explore &
Watch". (Quelle: Eigene
Darstellung)

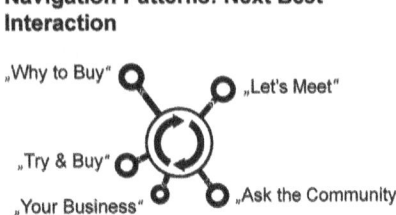

Die Verbindung von aufgezeichneten Webinaren zu dem DIH „Let's Meet" oder zum relevanten Bereich des DIH „What to Buy" ermöglicht weiteres Stöbern nach relevanten Events oder die Befassung des Käufers mit dem Produkt (Abb. 4.20).

4.3.7.7 Kritische Erfolgsfaktoren

Als Erfolgsfaktor kann die Länge des Videos genannt werden, die an die Aufmerksamkeitsspanne der Käufer angepasst ist. Die maximale Länge der Videoinhalte, die vom Käufer bevorzugt wird, hängt vom Videotyp ab und liegt zwischen 9 und 17 min (vgl. Abb. 4.21).

Laut Barber et al., (2017, S. 6) sollte die optimale Länge des Videos deutlich kürzer sein und steigt linear mit dem Fortschritt der Käufer in der Buyer's Journey: von unter 30 s am Anfang der Kaufzyklus bis zu 130 s vor der Kaufentscheidung.

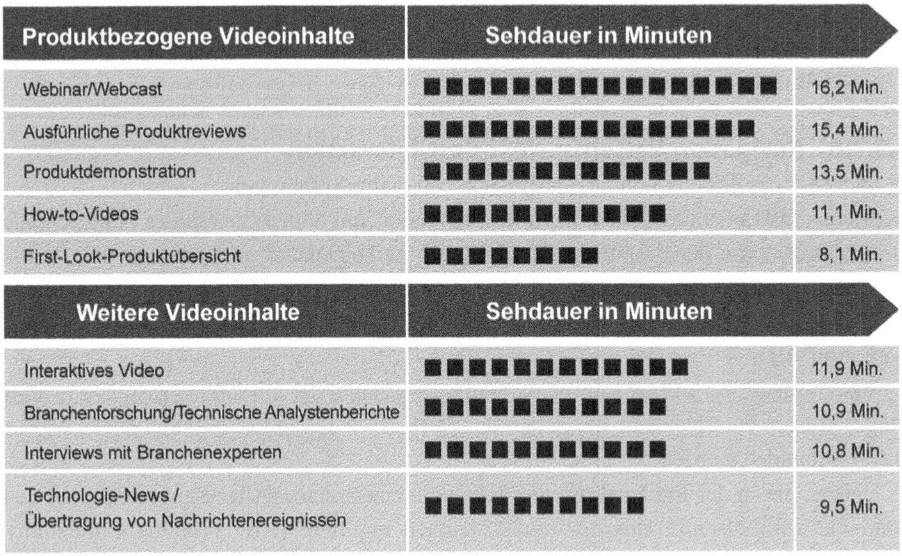

Produktbezogene Videoinhalte	Sehdauer in Minuten
Webinar/Webcast	16,2 Min.
Ausführliche Produktreviews	15,4 Min.
Produktdemonstration	13,5 Min.
How-to-Videos	11,1 Min.
First-Look-Produktübersicht	8,1 Min.

Weitere Videoinhalte	Sehdauer in Minuten
Interaktives Video	11,9 Min.
Branchenforschung/Technische Analystenberichte	10,9 Min.
Interviews mit Branchenexperten	10,8 Min.
Technologie-News / Übertragung von Nachrichtenereignissen	9,5 Min.

Abb. 4.21 Maximal bevorzugte Länge der Videoinhalte. (Quelle: In Anlehnung an IDG, 2016, S. 10)

Als weiterer kritischen Aspekt zählt die Auffindbarkeit der Videos. Die Gestaltung der Metadaten, Informationen über das Video wie etwa der Videotitel, die Beschreibung, Tags und Anmerkungen sorgen dafür, dass das Video leichter gefunden werden kann (Google, 2018c). Für ein optimales YouTube-Erlebnis sollten einerseits die vom Plattformbetrei-ber definierten Richtlinien eingehalten werden (Google, 2018c), andererseits ist es dabei wichtig, Informationen und Suchbegriffe aus der Nutzerperspektive zu wählen (Kreutzer et al., 2015, S. 200).

Es ist wichtig, käuferrelevante Inhalte zu nutzen, die durch Kundenportale oder User-Communitys identifiziert werden können. Diese können dann in den Videos adressiert und Fragen beantwortet können.

Es können Analyse- und Reportingfunktionen von YouTube zu Hilfe gezogen werden (YouTube Analytics API), um die Nutzungsintensität zu ermitteln. Auch der Erfolg ein-zelner Videos kann erfasst werden und Optimierungsbereiche können identifiziert werden (Google, 2018b). Die Nutzungsintensität kann anhand der Anzahl der Views, der Anzahl der Abonnenten sowie der Kommentare ausgewertet werden (YouTube, 2018).

Ein weiterer kritischer Faktor ist die Qualität des Videos: Während in den ersten Pha-sen ein qualitativ hochwertiges agenturproduziertes Videoangebot angemessen ist, werden firmenintern produzierte Videos wie kurze Produktdemonstrationen und How-to-Videos in den letzten Phasen des Kaufzyklus akzeptiert (Barber et al., 2017, S. 6).

4.3.8   Digital Interaction Hub „Learn & Get Started"

Der Steckbrief des DIH „Learn & Get Started" (Abb. 4.22) stellt in einem Überblick alle zentralen Aspekte und Schlüsselelemente kompakt dar.

4.3.8.1   Hub-Content-Strategie

Der Digital Interaction Hub „Learn & Get Started" setzt seinen Fokus auf Inhalte und Interaktionen rund um den erfolgreichen Lösungsanlauf und Einsatz nach dem Kauf. Dazu werden verschiedene Modelle für die Technologie-Aneignung wie User-Enablement, E-Learning und kundenspezifische und rollenbasierte Lernangebote, cloudbasierte Ler-numgebungen und Zertifizierungen dem Käufer zur Verfügung gestellt.

Der Kunde erhält Unterstützung bei der Produktimplementierung und Softwarewar-tung, was durch verschiedenste Supportmodelle und Services ermöglicht wird.

Insbesondere für den IT-Entscheider und den Endnutzer/Administrator ist dieser DIH von hoher Bedeutung.

Der DIH „Learn & Get Started" adressiert den Bedarf der Käufer nach *„Unterstützung, nachdem oder während dem das Produkt eingeführt wird"* (INT15, zitiert in Selent, 2019). Das sind Themen rund um die Leistungen in den Bereichen Training, Service und Support bei der Produktimplementierung.

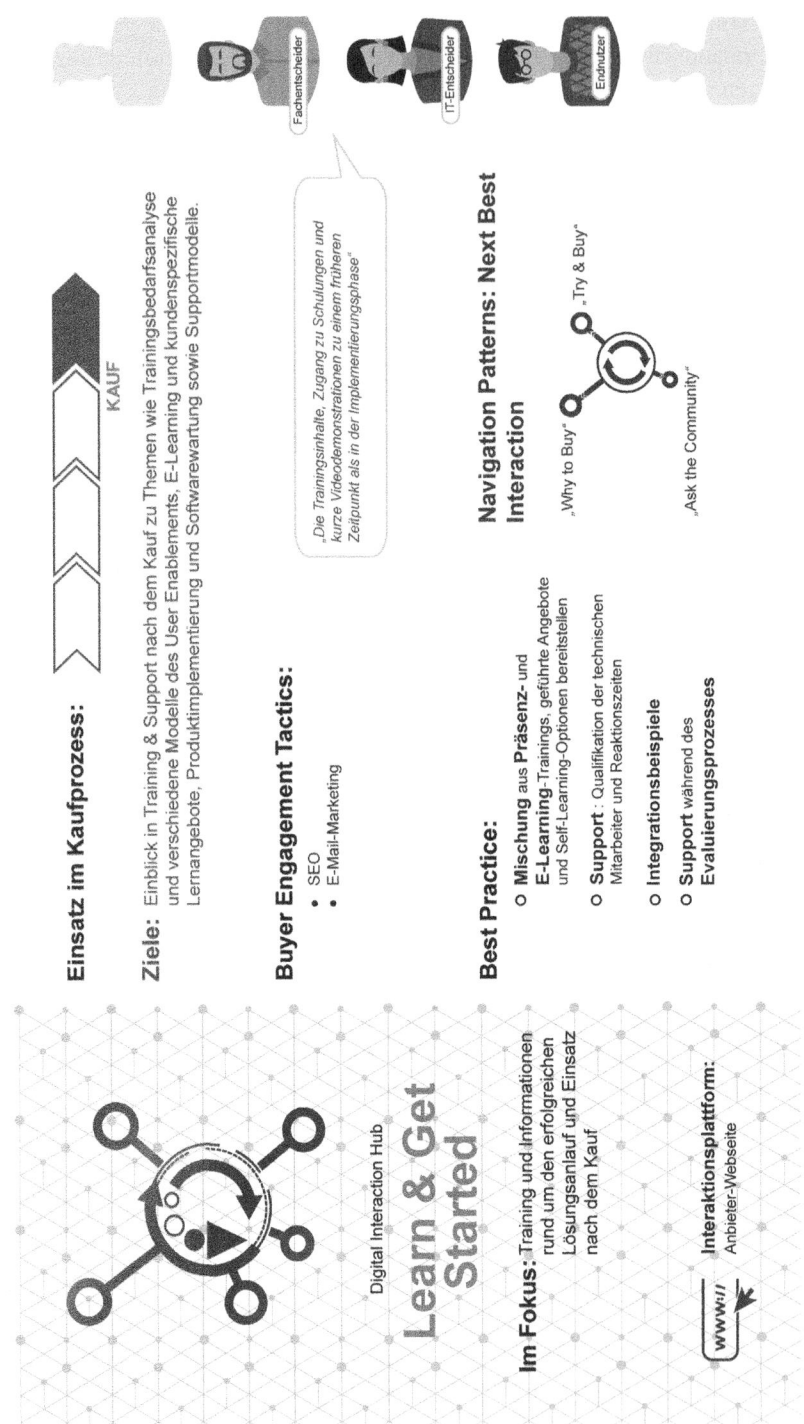

Einsatz im Kaufprozess:

KAUF

Ziele: Einblick in Training & Support nach dem Kauf zu Themen wie Trainingsbedarfsanalyse und verschiedene Modelle des User Enablements, E-Learning und kundenspezifische Lernangebote, Produktimplementierung und Softwarewartung sowie Supportmodelle.

„Die Trainingsinhalte, Zugang zu Schulungen und kurze Videodemonstrationen zu einem früheren Zeitpunkt als in der Implementierungsphase"

Buyer Engagement Tactics:

- SEO
- E-Mail-Marketing

Best Practice:

o **Mischung** aus **Präsenz-** und **E-Learning**-Trainings, geführte Angebote und Self-Learning-Optionen bereitstellen

o **Support** : Qualifikation der technischen Mitarbeiter und Reaktionszeiten

o **Integrationsbeispiele**

o **Support** während des **Evaluierungsprozesses**

Navigation Patterns: Next Best Interaction

„Why to Buy"

„Try & Buy"

„Ask the Community"

Digital Interaction Hub

Learn & Get Started

Im Fokus: Training und Informationen rund um den erfolgreichen Lösungsanlauf und Einsatz nach dem Kauf

Interaktionsplattform: Anbieter-Webseite

www://

Abb. 4.22 Steckbrief des DIH „Learn & Get Started". (Quelle: Eigene Darstellung)

Im Bereich „Training" geht es vor allem darum den Kunden bei einem erfolgreichen Produktivstart zu unterstützen, indem Lern- und Adoptionsprogramme bzw. Serviceleistungen zur Verfügung gestellt werden.

Zu „Services" gehören Themen wie der Beratungsservice und Technologieservice. Diese richten sich auf die Unterstützung der Kunden bei Fragen der digitalen Transformation, Innovation und Beratungsangeboten sowie bei der Implementierung und der Weiterentwicklung sämtlicher betrieblichen und technologischen Aspekte.

Beim „Support" handelt es sich tendenziell um langfristige Supportpläne, Unterstützung durch Teams vor Ort und Online-Support, Datenbanken (Support-Portal) mit relevanter Dokumentation und Software-Upgrades. Technologieservice (auch Implementierungsservice genannt) legt den Fokus auf die Entwicklung, Erstellung und Ausführung grundlegender Systeme sowie die Implementierung, Migration und Einführung von Lösungen. Die Kunden können das Fachwissen und Best Practices der Servicedienstleister nutzen, was entweder als „Service" oder im Rahmen der Support-Thematik adressiert wird. Es gibt keine klare Abgrenzung dieser Bereiche auf dem Markt, was dazu führt, dass die einzelnen Themen mehrfache Überschneidungen in ihren Leistungen und ihrer Kommunikation aufzeigen.

Das Ziel der Käufer ist es, die Rückschritte in den Arbeitsleistungen, die während der Integrations- und Schulungsperiode auftreten, möglichst kurz zu halten und schnell zum optimalen Einsatz der Lösung zu kommen: *„Dann macht man ja oft dann am Anfang mal einen kleinen Schritt zurück, hoffentlich nicht zu groß, und hat dann nach einer gewissen Zeit dann eigentlich das alte System dann überholt"* (INT15, zitiert in Selent, 2019).

Die Abschätzung des Aufwands, der mit der Einführung und Nutzung der neuen Lösung verbunden ist, sowie der Support in der Nutzung des Produktes seitens des Anbieters oder Integrationspartners, sind für den Käufer von hoher Relevanz:

- *„Was ist der Aufwand? Und dieses, einerseits zu unterhalten, das Paket. Wie ist der Aufwand für die einzelnen Leute? Wie ist dann der Schulungsaufwand? Oder täte dann der Migrationsaufwand/das sind ja dann auch immer so Punkte, die man dann gerne mal unterschätzt, dass da eigentlich sehr viel Schulung und Migrationsaufwand da ist für die Mitarbeiter, bis sie sich dann in dieser neuen Umgebung wieder [einarbeiten]"* (INT15, zitiert in Selent, 2019).
- *„Ist das einfach zu installieren, nutzen und warten?"* (D34, zitiert in Selent, 2019).
- *„Wer hat entsprechend den Support, den wir brauchen? Und eben, kann zusätzlich die Schulung anbieten für unsere Mitarbeiter?"* (INT27, zitiert in Selent, 2019).
- *„Überwiegende Mehrheit [der Käufer] sehen den technischen Support als kritischen Faktor im Entscheidungsprozess"* (D29, zitiert in Selent, 2019).

4.3.8.2 Relevanz für die Buyer Personas

Die Themen, die der DIH „Learn & Get Started" adressiert, zeigen eine hohe Relevanz für IT-Entscheider, Endnutzer/Administratoren sowie Fachentscheider.

Der IT-Entscheider hat das Bedürfnis nach *„Unterstützung, nachdem oder während dem das Produkt eingeführt wird"* (INT15, zitiert in Selent, 2019) und interessiert sich vor allem für Themen rund um die Produktimplementierung. Ziel ist es „die Dinge effizienter gestalten und schnell zu ändern" (INT45). Damit sind der Service und der Support, die mit dem Produkt bereitgestellt werden, für ihn von entscheidender Bedeutung, da er die Verantwortung für die gesamte Planung der Ausfallzeiten und für die Prozessbetriebszeit trägt.

- *„Ich muss auf alle auftretenden Krisen reagieren, und sicherstellen, dass die Software ordnungsgemäß funktioniert"* (D34, zitiert in Selent, 2019).
- *„Erfolg ist für mich die Lösung, die implementiert und wie geplant betrieben wird – ohne Verzögerungen bei der Inbetriebnahme. Ich muss sicherstellen, dass die Bedienoberfläche nahtlos ist und dass die Bediener mit der Lösung zufrieden sind. Es ist mir auch wichtig, dass die Lösung auch nach der Implementierung mit minimalem Wartungsaufwand funktioniert"* (D35, zitiert in Selent, 2019).

Der IT-Entscheider interessiert sich für Themen wie Einfachheit der Implementierung, Support-Provider, Einzelheiten der technischen Supportvereinbarungen (z. B. Supportpakete, Reaktionszeiten, lokaler vs. Online-Support etc.) sowie verschiedene Servicepakete und Preise nicht nur des Anbieters selbst, sondern auch des Integrationspartners:

- *„Wie viel Ausfallzeit ist erforderlich?"* (D32, zitiert in Selent, 2019).
- Unterstützungsart: *„Welche Art der Unterstützung bieten sie an? Gibt es verschiedene Ebenen der Unterstützung?"* (D26, zitiert in Selent, 2019).
- *„Wie gewährleistet ihr dann den Service? Wo habt ihr eure Eskalationszeiten liegen? […] Viele Unternehmen machen auch übers Internet zwischenzeitlich über eine WebX/ Eine Schulung. Das sind Fragen da gewesen: Wie macht ihr eure Eskalation? Wenn wir beispielsweise irgendwelche Incidents melden oder Fehler festgestellt haben: Manche sagen: ‚Wir haben überhaupt kein System. Ihr ruft uns an und wir kommen dann und lösen das Problem.' Andere haben gesagt: ‚Nee, da haben wir ein festgeschriebenes Prozedere. Ihr meldet den Fehler über einen Sharepoint und dann haben wir eine Reaktionszeit von drei Stunden, die wir euch garantieren.' Also die volle Bandbreite ist da von den Anbietern dann abgedeckt gewesen"* (INT13, zitiert in Selent, 2019).
- *„Das Thema rund um den Support, also die Unterstützung, nachdem oder während dem das Produkt eingeführt wird. Weil wir dort natürlich dann lieber jemand aus der Nähe haben, sei es von den Anfahrtswegen her, sei es von der Unterstützung her, halt die ganz/ relativ einfachen, auf relativ tiefem Niveau angelegten Bedürfnisse"* (INT15, zitiert in Selent, 2019).

- *„Persönlicher Kontakt für Probleme"* (INT44, zitiert in Selent, 2019).
- *„Kosten der Wartung mehrerer Softwarepakete"* (D35, zitiert in Selent, 2019).
- *„Wir nutzen […] [das technische Servicezentrum mit Fernunterstützung] für Implementierung, Lernprozess und Produktunterstützung"* (INT44, zitiert in Selent, 2019).

Auch die trainingsbezogenen Inhalte sind für IT-Entscheider von Bedeutung, diese werden schon im Voraus für die Planung der Trainingskurse aufgesucht. Dabei sind *„die Trainingsinhalte, Zugang zu Schulungen und kurze Videodemonstrationen zu einem früheren Zeitpunkt als in der Implementierungsphase wünschenswert"* (INT47, zitiert in Selent, 2019).

Es ist von Bedeutung, dass die Benutzeroberfläche der Lösung sowie die dazugehörigen Materialien in der lokalen Sprache angeboten werden:

- *„Die Bedürfnisse, die sind im Grunde genommen aus meiner Sicht relativ einfach. Und zwar das eine ist das sprachliche Problem, das, solange wir von Software sprechen wie in Amerika oder von Seiten Amerikas kommt, ist halt sehr viel in Englisch. Das ist bei uns/nicht in allen Bereichen kommt das sehr gut an"* (INT15, zitiert in Selent, 2019).
- *„Dann geht es darum, welche Sprachen können die. Haben die Handbücher vorliegen? In welchen Sprachen? […] Die einen haben gesagt: ,Ja, wir haben gedruckte Handbücher, die haben wir in drei Sprachen vorliegen.' Wir haben eine Produktionsstätte in Slowenien. Da spielt auch das Slowenisch für uns auch eine Rolle"* (INT13, zitiert in Selent, 2019).

Der Endnutzer/Administrator stellt sicher, dass das Produkt funktioniert, die Mitarbeiter wissen, wie man es benutzt, installiert Softwareaktualisierungen oder -korrekturen sowie neue Versionen und kümmert sich um die Schulungen. Er möchte ab dem ersten Tag informiert und produktiv sein sowie alle Vorteile der neuen Lösung voll ausschöpfen können: *„Es ist mir auch wichtig, mit allen technologischen Fortschritten Schritt zu halten. Vieles von diesem Zeug ist neu für mich und es ist/man muss auf dem Laufenden bleiben, wenn man damit beschäftigt ist, Feuer zu bekämpfen"* (D27, zitiert in Selent, 2019). In diesem Zusammenhang sind auch für den Endnutzer/Administrator die Themen Training und Support von hoher Bedeutung.

Beim Support ist von Relevanz, dass er eine lokale und kompetente Unterstützung darstellt sowie eine einfache Bedienung und schnelle Reaktionsfähigkeit (Selent, 2019):

- *„Wie schnell, wie kompliziert ist dann die Einführung dieser Software? Und dann kommt noch die Betreuung dieser Software, nicht?"* (INT21, zitiert in Selent, 2019).
- *„Kann der Hersteller uns […] schnelle Reaktionszeiten für den technischen Support garantieren?"* (D31, zitiert in Selent, 2019).
- *„Ja, das ist ja ein Teil der Produktentscheidung, eigentlich, dass ein Anbieter ein namhafter Anbieter ist, bei dem man erwarten kann, dass er nicht in drei Jahren vom Markt*

verschwindet. Also die langlebige Unterstützung […]. Und natürlich die Erwartung eines guten Supports. Das sind so die Anforderungen" (INT12, zitiert in Selent, 2019).

- *„Wie nah ist der technische Support, wie wird er bereitgestellt und wie kompetent sind die Techniker?"* (D25, zitiert in Selent, 2019).
- *„Schneller und zuverlässiger Support übers Telefon oder Website"* (INT41, zitiert in Selent, 2019).
- *„Ich vertraue […] [dem technischen Servicezentrum mit Fernunterstützung]. Ich habe selten ein Problem und wenn ich es habe, dann ist es schnell gelöst"* (INT42, zitiert in Selent, 2019).

Auch der Endnutzer/Administrator legt viel Wert auf das Trainingsangebot: *„Schulungen sind sehr wichtig, um praktische Produktkenntnisse zu bekommen"* (INT43, zitiert in Selent, 2019). Dabei wird der DIH genutzt, um die Zeitpläne von Präsenztrainings nachzuschlagen sowie Onlinetrainings wahrzunehmen: *„Ich suche nach dem Stundenplan, um Mitarbeiter zu Präsenztrainings zu schicken"* (INT43, zitiert in Selent, 2019).

Ein ähnliches Interesse besteht beim Fachentscheider. In Bezug auf den Support interessiert den Fachentscheider das Beantworten der Produktfragen während des Evaluationsprozesses. Im zweiten Schritt, bei der Produkteinführung, will der Fachentscheider wissen, ob *„der Hersteller oder der Lösungspartner einen Plan für die Migration/ Implementierung [hat], der zu einem Minimum an Ausfallzeiten […] führt"* (D30, zitiert in Selent, 2019) und welche Art von Support während der Produkteinführung gewährleistet wird. Für ihn sind eine fortlaufende Unterstützung, die Kosten für den Support und die Reaktionszeiten von Bedeutung.

Die Fragen rund um das Training beziehen sich auf das Ersttraining der Fachkräfte sowie auf die damit verbundenen Budgets und Zeitressourcen. Auch die Trainings in der Nutzungsphase der Lösung, die mit Upgrades bzw. neuen Versionen der Lösungen verbunden sind, sind für Fachentscheider relevant.

4.3.8.3 Einsatz im Kaufprozess

In der späten Kaufphase (Late Stage) und der Implementierungs- und Nutzungsphase (After Sales) treten Fragen zur Implementierung der potenziellen Softwarelösung, zum Training der Mitarbeiter und zur Unterstützung nach dem Kauf auf (vgl. Abb. 2.13: Digital Interaction Hubs in den Phasen des B2B-Kaufzyklus). Trainingsbezogene Inhalte sind relevant, um die Softwareumgebung zu testen und zu erlernen sowie um neue Mitarbeiter, die neu in das Tool einsteigen, schnell einzuarbeiten, was signifikant für die späte Kaufphase (Late Stage) und die Implementierungs- und Nutzungsphase (After Sales) ist. Das Thema rund um Service und Support tritt in der Implementierungs- und Nutzungsphase (After Sales) auf: *„Die Unterstützung nachdem oder während dem das Produkt eingeführt wird"* (INT15, zitiert in Selent, 2019).

4.3.8.4 Gestaltungsmöglichkeiten in der Praxis

4.3.8.4.1 Hub-Content-Architektur und Navigation

Interaktionen dieses DIH richten sich auf das Suchen und Erkunden der Inhalte rund um die Themen Service, Training und Support. Folgende Content- und Interaktionselemente sind oft Bestandteile dieses DIH:

- Strukturierung des Trainings- und Supportangebotes
- Kalender mit bevorstehendem Trainingsangebot
- interaktive Gestaltung eines E-Learning-Angebotes
- Kontaktmöglichkeiten zu Supportmitarbeitern über Chat, Telefon oder E-Mail

Folgende Interaktionen können auf diesem DIH realisiert oder initiiert werden:

- Erkunden der Webseite des Anbieters
- Lesen von Broschüren und Marketingunterlagen
- Anschauen von Videos
- Dialog mit einem Supportmitarbeiter

Der höchste Grad der Wechselseitigkeit wird durch die personalisierte Live-Interaktion mit dem Supportmitarbeiter erreicht. Die Interaktion im Rahmen des E-Learning-Angebotes ist typischerweise eine automatisierte Interaktion. Weitere Interaktionsangebote haben einen niedrigeren Interaktivitätsgrad.

4.3.8.4.2 Interaktionsplattform

Der DIH „Learn & Get Started" ist auf der ersten Ebene der Anbieterwebseite zu finden. Je nach Anbieter gibt es verschiedene Variationen, wie diese Themen zusammen oder getrennt dargestellt sind:

Alle drei Themen sind in einem Hub zusammengefasst und im zweiten Schritt nach Themen aufgeteilt, Training & Service sind Bestandteile eines Hubs, Support wird separat behandelt, Training und Support sind zwei Hubs, Service & Support sind in einem Hub kommuniziert oder das Training wird separat behandelt. Durch das Bereitstellen von dedizierten Kontaktdaten für Trainings-, Support- oder Serviceanfragen wird eine direkte Interaktion geboten und das Ziel verfolgt schnell auf Kundenanfragen reagieren zu können. Es können auch externe Plattformen eingesetzt werden, um E-Learnings anzubieten oder Schulungen zu verwalten. Diese Learning Management Systems (LMS) sind Software-(Web-)Anwendungen zur Planung, Implementierung und Bewertung von Lernprozessen, die für die Bereitstellung von Lerninhalten und zur Organisation von Lernvorgängen dienen.

4.3.8.4.3 Content

Die inhaltliche Gestaltung des DIH „Learn & Get Started" richtet sich sowohl an den Käufern als auch den bestehenden Kunden aus.

Training

Käufer wünschen sich eine klare Empfehlung der Trainingskurse. Dies wird von mehreren Anbietern in Form von Lern- und Adoptionsprogrammen, positions- und rollenspezifischen Lernpfaden sowie vordefinierten Sammlungen von Lernmaterialien und Tools adressiert.

Auch die verschiedenen Schulungsarten sowie Schulungsmedien und -tools sind für den Käufer von Interesse. Durch Übersichtsinformationen zu den Trainingsmöglichkeiten mit verschiedenen Schulungsarten und Lernkonzepten wird dieses Bedürfnis durch den Anbieter adressiert:

- Präsenztrainings:
  - Schulungen in den Schulungszentren der Anbieter oder Integrationspartner
  - Vor-Ort-Schulungen im Unternehmen des Käufers
  - Workshops
  - kundenspezifische Angebote mit Lernprogrammen
  - Schulungskonferenzen
- E-Learning
  - produktspezifische Kurse
  - Teilnahme an den Präsenztrainings übers Internet
  - Anschauen von aufgezeichneten Präsenztrainings
  - Selbstlernkurse

Der DIH „Learn & Get Started" wird außerdem für das Nachschlagen der Kurse und Stundenpläne aufgesucht. Je nach Anbieter und Kundenverhältnissen sind diese Seiten öffentlich zugänglich oder Teil des passwortgeschützten Kundenbereichs.

Unternehmen, die Dienstleistungen anbieten, zeigen ihr Interesse an Zertifizierungsoptionen: *„Kann man online eine Prüfung machen und Zertifikate bekommen [...] Denn kriege ich auch ein Zertifikat [...] mit Stempel drauf und mit allem Drum und Dran, das heißt, ich habe dieses Programm gelernt"* (INT31, zitiert in Selent, 2019). Die Mehrheit der Anbieter erfüllt diesen Bedarf.

Support

Beim Support und Service ist eine generelle Übersicht über die Leistungen für den Käufer von Interesse. Mögliche Themenschwerpunkte sind ein Überblick des 24/7/365 Remote Managements und Support Centers, was überwiegend auf dem DIH „Learn & Get Started" prominent platziert ist. Auch eine Differenzierung der Service- und Supportleistungen ist von Bedeutung, was seitens der Anbieter als verschiedene Support-Levels und Servicepakete adressiert ist.

Die Darstellung der Inhalte im Videoformat ist eine weitere erwähnte Option. Einige Anbieter stellen ihre Leistungen in einem Video- oder einem „Guided Tour"-Format vor, in dem sie alle oben genannten Themenschwerpunkte adressieren.

Die Lösungsimplementierungsphase ist eine sensible Phase für jedes Unternehmen. Themen wie Machbarkeit und Komplexität der Integration, Optionen und Kosten für Implementierungsservice sowie ein gut begleitender Support sind von hoher Bedeutung: *„Und was mir halt ganz wichtig wäre, so in den ersten sechs bis zwölf Monaten ein guter Support, damit wir dementsprechend auch nicht so lange warten müssen, wenn wir mal nicht weiterkommen"* (INT20, zitiert in Selent, 2019). Dieses Bedürfnis adressieren Anbieter mit supportrelevanten Kundenzitaten oder Referenzberichten mit Stellungnahmen zum Service und Support.

Die Machbarkeit und Komplexität der Lösungsintegration hängen stark von der bestehenden IT-Landschaft des Unternehmens ab. Eine Abschätzung davon kann den Käufer in dem Kaufentscheidungsprozess unterstützen: *„Erstellung von Machbarkeitsberichten auf bestehender Plattform und Integration neuer Technologien – sehr wichtig, dass dazu eine Empfehlung für den bestmöglichen Integrationsplan gehört"* (D30, zitiert in Selent, 2019). Durch eine produkt- und industriespezifische Roadmap kann dem Käufer ein ungefährer Planungshorizont gegeben werden, auch wenn zu beachten ist, dass ein Machbarkeitsbericht und Integrationsplan sehr kundenindividuell ist. Diese können durch ein Self-Service-Tool zur Bewertung der aktuellen IT-Landschaft und Geschäftsstrategie ergänzt werden. Anschließende Erstellung der kostenlosen, kundenspezifischen Lösungs- und Integrations-Roadmap können in dieser Hinsicht als Best Practices genannt werden (WP6-79).

Des Weiteren suchen die Buyer Personas nach Service- und Supportkontakten, wobei es verschiedene Möglichkeiten geben sollte, um den Support zu kontaktieren:

- Persönlicher Kontakt: *„Nutzen unseren […] [Anbieter-]Vertreter für Probleme"* (INT44, zitiert in Selent, 2019).
- Anruf des technischen Supports: *„Anrufe, um mit einem Menschen zu sprechen, um schnelle Unterstützung zu erhalten"* (INT41, zitiert in Selent, 2019).
- Onlinechat oder Remote Management: *„Ich wünsche mir einen Online-Supportmitarbeiter, damit ich nicht anrufen muss"* (INT41, zitiert in Selent, 2019).
- Online über die Nutzung des Support-Portals: *„Ein guter Service wäre mir wichtig, der in der Regel dann online geht, wo man dann direkt seine Fragen und Probleme erläutern kann"* (INT20, zitiert in Selent, 2019).

Direkte Kontaktmöglichkeiten über das Telefon, E-Mail oder Chat sind nur teilweise vom Anbieter prominent auf dem DIH platziert.

Darüber hinaus von Interesse für die Käufer ist die Qualität der Unterstützung, die durch die Qualifikationen und Kompetenz der technischen Mitarbeiter, das Eskalationsprozedere oder die Reaktionszeit auf die Problemmeldungen bereitgestellt wird:

- Qualifikationen und Kompetenz der technischen Mitarbeiter: *„Die Mitarbeiter des Support-Centers sind Ingenieure, die [...] [Lösung] entwickeln und unterstützen"* (D27, zitiert in Selent, 2019).
- Eskalationsprozedere und Reaktionszeiten: *„Wie gewährleistet ihr dann den Service? [...] Wie macht ihr eure Eskalation? Wenn wir beispielsweise irgendwelche Incidents melden oder Fehler festgestellt haben: Manche sagen: ‚Wir haben überhaupt kein System. Ihr ruft uns an und wir kommen dann und lösen das Problem.' Andere haben gesagt: ‚Nee, da haben wir ein festgeschriebenes Prozedere. Ihr meldet den Fehler über einen Sharepoint und dann haben wir eine Reaktionszeit von drei Stunden, die wir euch garantieren.' Also die volle Bandbreite (lacht) ist da von den Anbietern dann abgedeckt gewesen"* (INT13, zitiert in Selent, 2019).

Diese Inhalte können in verschiedenen Formaten adressiert werden: als Text auf der Webseite, als Video-Fallstudie mit dem Fokus auf Kompetenzen der Anbieter, die Lösung in der benötigten Zeit bereitzustellen, oder auch als Kundenservicevideo mit Hervorhebung von Support vor Ort, Remote-Support und Notfallhilfe.

4.3.8.5 Buyer Engagement Tactics

Da dieser DIH überwiegend in der zweiten Hälfte der Buyer's Journey wahrgenommen wird, sind Outbound-Maßnahmen, wie E-Mail-Marketing an die Kontakte, die sich im Kaufprozess befinden, sinnvoll. Die Information zum Training & Support kann in der Kombination mit dem Angebot der Testversion erfolgen.

Auch die Produktreleases oder Versionsupdates können in Kombination mit Themen des DIH „Learn & Get Started" mittels E-Mail-Marketing an (potenzielle) Kunden erfolgen. Die Maßnahmen der Suchmaschinenoptimierung unterstützen eine schnelle Auffindung und den schnellen Support mit relevanten Informationen.

4.3.8.6 Navigation Patterns: Next-Best-Interaction

Während der detaillierten Auseinandersetzung mit supportbezogenen Fragen kann der Informationsbedarf durch die Verlinkung zum DIH „Ask the Community" und relevanten Blogs und Produktforen adressiert werden, um zu erfahren, *„wie andere Nutzer dieses Problem gelöst haben"* (INT19, zitiert in Selent, 2019).

In Verbindung mit einem neuen Produktrelease kann die Verlinkung zum DIH „Try & Buy" die Evaluierung des Produktes in Form einer Testversion unterstützen.

„Ask the Community" – „Try & Buy" – „Why to Buy" (Navigation zum „Partner Finder") (vgl. Abb. 4.23).

4.3.8.7 Kritische Erfolgsfaktoren

Ein schneller und zuverlässiger Support ist eine häufige Käuferanforderung:

Abb. 4.23 Navigation
Patterns des DIH „Learn & Get
Started". (Quelle: Eigene
Darstellung)

**Navigation Patterns: Next Best
Interaction**

- „*Zuverlässigkeit, Servicereaktion, solche Dinge spielen da eine Rolle*" (INT32, zitiert in Selent, 2019).
- „*Schneller und zuverlässiger Support*" (INT41, zitiert in Selent, 2019).
- „*Rückruf innerhalb einer Stunde*" (D27, zitiert in Selent, 2019).

Durch langsames oder keine Antworten im Supportbereich entsteht Frustration. „*Support vom Anbieter und schnelle Beantwortung der Fragen während des Evaluierungsprozesses*" (INT42, zitiert in Selent, 2019) lassen Annahmen über den Support nach dem Kauf treffen. Eine Möglichkeit, den Support über verschiedene Wege, wie Telefon, Webseite, Chat, Support-Portal etc., kontaktieren zu können, ist eine weitere Erwartung, die an den Anbieter gestellt wird und kommuniziert werden sollte.

„*Lokale Techniker vor Ort*" (D25, zitiert in Selent, 2019), „*jemand aus der Nähe*" (INT15, zitiert in Selent, 2019), „*lokale Integrationspartner*" (D30, D31, zitiert in Selent, 2019), bundesweiter technischer Kundendienst oder technische Unterstützung sind Beispiele von weiteren oft vorkommenden Käuferanforderungen, die seitens der Anbieter wenig Beachtung in dem DIH „Learn & Get Started" finden und nur in dem DIH „Why to Buy" erfüllt sind. Eine Berücksichtigung durch *Navigation Patterns: Next-Best-Interaction* kann diese Lücke schließen.

4.3.9   Digital Interaction Hub „Ask the Community"

Der Steckbrief des DIH „Ask the Community" (Abb. 4.24) stellt in einem Überblick alle zentralen Aspekte und Schlüsselelemente kompakt dar.

4.3.9.1   Hub-Content-Strategie

Der Digital Interaction Hub „Ask the Community" ist eine Antwort auf den Bedarf der heutigen Zeit nach virtuellen Gemeinschaften. Er beschreibt die direkte oder auch indirekte Interaktion zwischen verschiedenen B2B-Akteuren im digitalen Raum. Dazu wird eine Internetplattform zur Kommunikation und Interaktion zwischen den Nutzern (Communitys, Blogs, Gruppen in den sozialen Netzwerken) eingerichtet und verwaltet. Ziel ist es durch den Aufbau und die Betreuung einer Community die Kundenvernetzung, eine aktive Nutzerbeteiligung sowie die Förderung des Austauschs und der Erzeugung kollektiven Wissens zu erreichen.

Durch virtuelle Gemeinschaften hat sich die Art und Weise revolutioniert, wie Unternehmen kommunizieren und interagieren, Informationen und Wissen austauschen sowie ihre Geschäftsbeziehungen aufbauen und pflegen. Sie werden auch als B2B-Online-Communitys bezeichnet (Gharib et al., 2017, S. 516). Die virtuelle Gemeinschaft wird als „ein Netzwerk von Personen bzw. Nachfragern im Internet [definiert], die aus einem gemeinsamen Interesse heraus themenspezifisch miteinander kommunizieren" (Meyer, 2004, S. 34). Die Online-Communitys ermöglichen ihren Nutzern, die an gleichen Sachverhalten interessiert sind, einen intensiven sowie orts- und zeitunabhängigen Informations- und Erfahrungsaustausch (Sands, 2003, S. 29; Kreutzer et al., 2015, S. 209). Der Austausch von Informationen und Wissen ist einer der Hauptgründe für die Existenz vieler Online-Communitys im B2B-Bereich (Erat et al., 2006; Koh & Kim, 2004; Chiu et al., 2006; Bieber et al., 2002). Dabei reicht der Austausch von interessierten Nichtkennern, über erfahrene Mitglieder bis zu Experten sowie zwischen den Gruppen (Kreutzer et al., 2015, S. 209).

Koh et al., (2007, S. 70) unterscheiden zwischen reinen Online-Communitys und Communitys, deren Mitglieder sowohl online als auch offline auf den physischen Events interagieren können. Durch verschiedenste Funktionen, wie Diskussionsforen, Blog-Räume und Echtzeit-Chats, wird eine digitale Interaktion ermöglicht. Das am häufigsten verwendeten Instrument ist das Diskussionsforum. Dieses ermöglicht den Mitgliedern selbst Fragen, Informationen und Wissen zu veröffentlichen und mit denen anderer zu interagieren. Demnach sind Posting und Viewing grundlegende Elemente der virtuellen Gemeinschaft (Koh et al., 2007, S. 70).

Zu den häufigsten Interaktionen zählen (Koh et al., 2007, S. 70):

- Teilen von Nachrichten und Informationen, wie Ankündigungen zu Veranstaltungen, „Was ist neu?"
- Problemlösungen, wie Fragen und Antworten, Frequently Asked Questions (FAQ), Diskussionen und Best Practices
- Routinekommunikation (z. B. E-Mail- und Echtzeit-Chat)

Aus der Anbietersicht bieten Online-Communitys eine stärkere und kostengünstigere Möglichkeit, um Verbindungen und Beziehungen zu den Kunden und Partnern aufzubauen (Roberts, 2006; Salo et al., 2015, S. 1147). Die Vorteile der Online-Communitys für die Bereiche des Kundendienstes und der Produktentwicklung wurden schon früh erkannt (Roberts, 2006). Die Bedeutung der Rolle der Communitys bei dem Vermarkten der Produkte steigt: Communitys tragen dazu bei, die zukünftigen Käufer von Produkten und Dienstleistungen anzuziehen, zu überzeugen, zu gewinnen und zu unterstützen (Ramos, 2010; Michaelidou et al., 2011, S. 1156; Salo et al., 2015, S. 1147). Auch in Deutschland

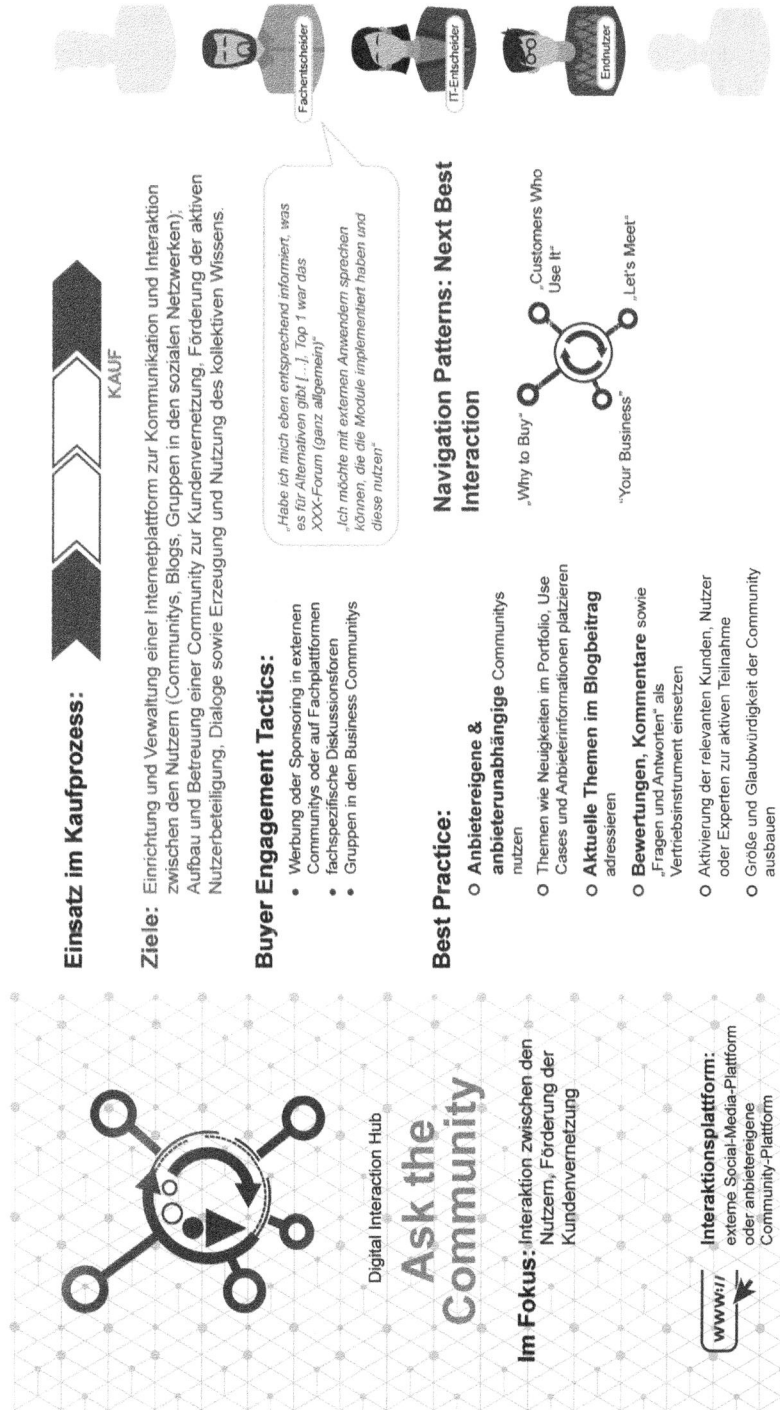

Einsatz im Kaufprozess:

KAUF

Ziele: Einrichtung und Verwaltung einer Internetplattform zur Kommunikation und Interaktion zwischen den Nutzern (Communitys, Blogs, Gruppen in den sozialen Netzwerken); Aufbau und Betreuung einer Community zur Kundenvernetzung, Förderung der aktiven Nutzerbeteiligung, Dialoge sowie Erzeugung und Nutzung des kollektiven Wissens.

Fachentscheider — IT-Entscheider — Endnutzer

„Habe ich mich eben entsprechend informiert, was es für Alternativen gibt [...]. Top 1 war das XXX-Forum (ganz allgemein)"

„Ich möchte mit externen Anwendern sprechen können, die die Module implementiert haben und diese nutzen"

Buyer Engagement Tactics:

- Werbung oder Sponsoring in externen Communitys oder auf Fachplattformen
  - fachspezifische Diskussionsforen
  - Gruppen in den Business Communitys

Navigation Patterns: Next Best Interaction

„Why to Buy" „Customers Who Use It"

„Your Business" „Let's Meet"

Best Practice:

o **Anbietereigene & anbieterunabhängige** Communitys nutzen

o Themen wie Neuigkeiten im Portfolio, Use Cases und Anbieterinformationen platzieren

o **Aktuelle Themen im Blogbeitrag** adressieren

o **Bewertungen, Kommentare** sowie „Fragen und Antworten" als Vertriebsinstrument einsetzen

o Aktivierung der relevanten Kunden, Nutzer oder Experten zur aktiven Teilnahme

o Größe und Glaubwürdigkeit der Community ausbauen

Digital Interaction Hub

Ask the Community

Im Fokus: Interaktion zwischen den Nutzern, Förderung der Kundenvernetzung

www:// **Interaktionsplattform:** externe Social-Media-Plattform oder anbietereigene Community-Plattform

Abb. 4.24 Steckbrief des DIH „Ask the Community". (Quelle: Eigene Darstellung)

stehen die Online-Communitys als Teil der sozialen Medien im Fokus. Die aktuelle Forschung stellt fest, dass die Kundenbindung, Neukundengewinnung und die Steigerung der Marken- und/oder Produktbekanntheit sowie die Unterstützung des Onlinemarketings die häufigsten Ziele des Social Media Marketings von deutschen Unternehmen sind (DIM, 2016, S. 8).

Auch wenn die Relevanz der sozialen Medien im B2B als immer höher eingestuft wird, befindet sich die akademische Forschung immer noch am Anfang (Wiersema, 2013; Siamagka et al., 2015; Salo, 2017). Laut „B2B Social Technographics", Forrester-Untersuchungen zur Nutzung der sozialen Medien im Geschäftskontext, werden soziale Medien wie folgt genutzt (Reiss-Davis, 2013):

- 100 % aller Entscheidungsträger nutzen soziale Medien für ihre Arbeit
- 98 % der Entscheider lesen Blogs, sehen sich Videos oder hören Podcasts an
- 79 % sind Mitglieder auf Social-Networking-Sites
- 75 % kommentieren Blogs und geben Beiträge und Bewertungen ab

Die Auswahl von Communitys ist dabei nicht universell: Die Nutzung von sozialen Netzwerken und Communitys unterscheidet sich je nachdem, ob der Nutzer einem persönlichen oder beruflichen Interesse nachgeht. Die meistgenutzten Communitys im Geschäftskontext sind keine öffentlichen sozialen Netzwerke, sondern eher Nischen-Communitys, die sich auf spezifische Themenbereiche konzentrieren (vgl. Abb. 4.25).

Steward et al. (2018) berichten von Präferenzen der B2B-Käufer für Communitys von Industrieverbänden, deren Mitgliedschaft auf Fachkollegen beschränkt ist; darüber hinaus treten viele aus nicht exklusiven Communitys mit offener Mitgliedschaft aus.

Im Kontext der Buyer's Journey ist das Thema Vernetzung, Identifizierung und Verbindung zu den Personen und Organisationen innerhalb der Community für viele Käufer zentral, um Informationen, Hilfe oder Empfehlungen zu erhalten. Communitys sind ein anerkanntes Werkzeug, um sich mit Produktanwendern aus den gleichen oder anderen Branchen zu vernetzen. Sie bieten dem Käufer während der verschiedenen Phasen des Kaufentscheidungsprozesses Zugang zur Beurteilung der Anbieter, deren Produkte und Services. Die Erfahrungen und Beiträge anderer Kunden haben in diesem Zusammenhang eine hohe Bedeutung. Dabei kann sich der Käufer auf die Informationssuche und das Lesen von relevanten Beträgen begrenzen oder gezielte Fragen an andere Anwender stellen (Selent, 2019, S. 196). Henning-Thurau und Walsh (2003, S. 71) fanden in einer empirischen Studie heraus, dass die wichtigsten Motive für das Lesen von Kundenbewertungen die Risikominimierung und das Erzielen von besseren Kaufentscheidungen sowie das Verkürzen der Suchzeit bei kaufrelevanten Recherchen sind. Der Käufer begrenzt seine Suche nicht auf eine Community. Beispielsweise können Käufer von Geschäftstechnologien die IT Central Station oder Spiceworks besuchen, um etwas über mehrere konkurrierenden Technologien gleichzeitig zu erfahren, sowie über eine Community, die von einem Anbieter oder einer Marke verwaltet wird, wie z. B. SAP Community Network (SCN) (Reiss-Davis, 2013). Kundenbeiträge können dabei eine wichtige Rolle für

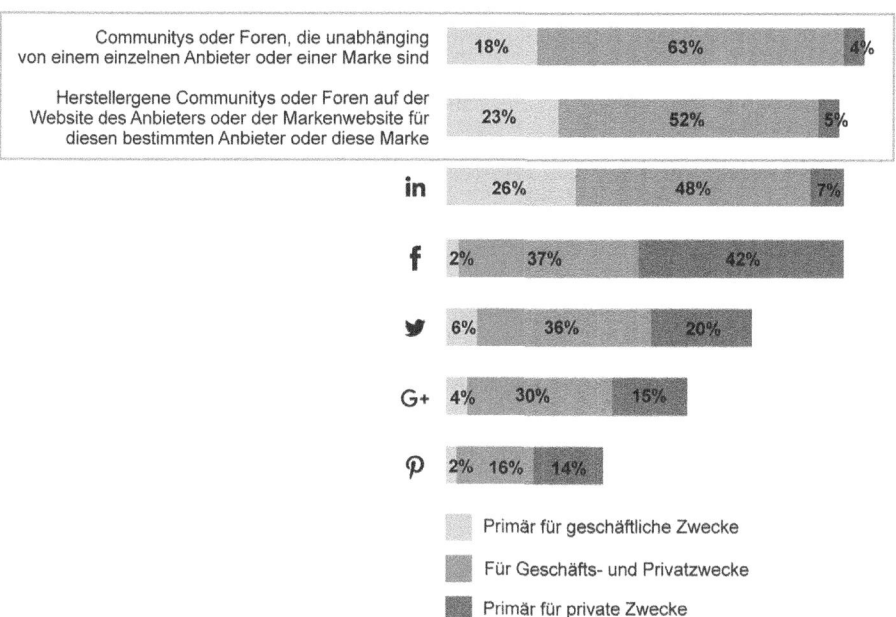

Abb. 4.25 Nutzung der sozialen Netzwerke von Business-Entscheidern; Befragte, die „mindestens einmal monatlich" geantwortet haben. (Quelle: Eigene Darstellung in Anlehnung an Reiss-Davis et al., 2013)

den Anbieter spielen: Die Beiträge von Referenzkunden wie Erfolgsgeschichten und Einblicke fördern einerseits die Interaktionen zwischen den Mitgliedern der Community und schaffen einen Mehrwert für den Käufer, anderseits bestätigen sie die Gültigkeit der Produktaussagen und straffen den Verkaufsprozess (Ramos, 2010).

Communitys und Foren können durch Anwender, Hersteller oder Drittparteien initiiert sein, anbieterabhängig oder -unabhängig agieren und eine exklusive oder offen zugängliche Mitgliedschaft bieten (Erichsson, 1994; Salo et al., 2015, S. 1139). Eine Differenzierung zwischen anbietereigenen und -unabhängigen Communitys hat Einfluss auf die Anbieteraktivitäten (Meyer, 2004, S. 194). Sowohl anbietereigene als auch anbieterunabhängige Communitys weisen eine hohe Nutzung auf (Reiss-Davis et al., 2013; Selent, 2019) und werden gleichzeitig im Kaufprozess verwendet. Die Informationssuche kann dabei dupliziert werden: *„Im Prinzip waren das die gleichen Informationen. Nur habe ich dann noch in den Benutzerforen der einzelnen Hersteller nachgeschaut"* (INT11, zitiert in Selent, 2019).

Beispiele von unabhängigen Online-Communitys im Industriesoftwarekontext sind cad.de, eine deutschsprachige CAD-CAM-CAE-Community, oder engineering.com, eine globale Ingenieur-Community. Ein anderes Beispiel von unabhängigen Communitys sind

User Groups, die Lösungen eines Herstellers einsetzen. Die User Groups sind Anwenderforen, die insbesondere in der IT-Industrie zu finden sind (Rothschild, 1988, S. 18; Leinemann, 2011, S. 151). Die Experten aus Anwenderunternehmen treffen sich zum Informations- und Erfahrungsaustausch über die Beschaffung, Implementierung oder Anwendung von innovativen Technologien (Strothmann, 1989, S. 119). Der thematische Fokus erstreckt sich von rein fachlichen Themen, die primär Spezialisten adressieren, bis zu strategischen Themen, die das Management der Fachabteilungen ansprechen (Hünnies-Stemann, 2010 S. 35). Die Communitys agieren autonom, allerdings hat der Anbieter die Gelegenheit, in verschiedenen Formaten mit den Mitgliedern zu interagieren. Die Angebote sind sowohl physischer als auch digitaler Natur, wie jährliche Konferenzen, Arbeitskreise, Diskussionsforen oder Publikation der Fachbeiträge; die digitalen Angebote werden dabei komplementär betrachtet (Hünnies-Stemann, 2010, S. 36). In einer empirischen Studie überprüfte Erichsson (1994) die Rolle der User Group für Kaufentscheidungen: Knapp 80 % der Mitglieder bestätigten die hohe Bedeutung der User Group als Informationsquelle für Investitionsentscheidungen (Erichsson, 1994).

4.3.9.2 Relevanz für die Buyer Personas

Die Buyer Personas nutzen alle Communitys und Foren. Insbesondere Endnutzer/ Administratoren und Fachentscheider zeigten sich als regelmäßige Nutzer dieser Art von Informationsquellen. Auch IT-Entscheider erklären eine hohe Relevanz der Vernetzung und des Austausches mit Peers. Jedoch fehlen in vielen Fällen Personen, die relevanten, fachlichen Content liefern können: *„Das Wichtigste sind die Leute, die Antworten haben. Und meiner Meinung nach die Leute, die die Antworten und die Lösungen haben, sich nicht die Zeit nehmen, darauf [auf der Community] zu sein"* (INT47, zitiert in Selent, 2019).

Besondere Relevanz hat dieser DIH für den Endnutzer/Administrator: Dieser möchte vom ersten Tag an informiert, produktiv und vernetzt sein, um alle Vorteile der neuen Lösung voll auszuschöpfen. Er interessiert sich für die *„Vernetzungsmöglichkeiten mit Leuten, die ähnliche Lösungen in verschiedenen Branchen implementiert haben"* und findet Communitys *„ein gutes Werkzeug für die Zusammenarbeit mit anderen Nutzern und Branchen, die das gleiche Produkt einsetzen"* (INT48, zitiert in Selent, 2019). Blog-Inhalte sind eine sehr wertvolle Ressource für Endnutzer/Administratoren, die über neue Module und Anpassungen informiert werden möchten. Diskussionsforen, FAQ, Produktdemonstrationen und Problemlösungsmethoden sind weitere als relevant bezeichnete Bereiche der Online-Community. Der Endnutzer/Administrator mit hoher fachlicher Kompetenz nimmt eine aktive unterstützende Rolle in der Community ein. Dadurch ist der Einfluss einer Community auf den Kaufentscheidungsprozess in diesem Kontext eher gering: *„Ja, ich bin beispielsweise auf* www.cad.de *sehr aktiv, aber da gebe ich mehr anderen Unterstützung, als dass ich Unterstützung von anderen bekomme (lacht). Das sind Plattformen, die man natürlich auch im Auge hat, die aber nur einen vagen Anhaltspunkt geben. Die sind also nicht von entscheidender Bedeutung"* (INT12, zitiert in Selent, 2019).

„*Online-Communitys, die eine Gemeinschaft von Nutzern und aktives Engagement von [...] [Anbieter] nachweisen*" (D30, zitiert in Selent, 2019) spielen auch für den Fachentscheider eine wichtige Rolle. Er weist eine hohe Nutzung der Produktforen von unabhängigen Communitys sowie anbietereigener Communitys als seine üblichen Informationsquellen auf: „*Ich bin ein häufiger Besucher der Community, [...], wann immer ich eine oder zwei Minuten habe, nutze ich sie*" (INT42, zitiert in Selent, 2019).

Das Thema Austausch mit außenstehenden Nutzern der Software ist auch für die IT-Entscheider relevant: „*Ich möchte wissen, was andere Unternehmen umgesetzt haben und was für sie funktioniert. Ich möchte mit externen Anwendern sprechen können, die die Module implementiert haben und diese nutzen*" (INT45, zitiert in Selent, 2019). Ziel ist es, sich mit den Peers in der Community zu vernetzen. Unabhängige Communitys wurden dabei explizit als Topquelle in dem Kaufentscheidungsprozess genannt. Die relevanten Inhalte und Peers sind dabei entscheidend und können Ausschlusskriterien der Nutzung der Community für den IT-Entscheider sein: „*Ich bin in der Community, bekomme aber keine sehr wertvollen Inhalte über die Gruppe*" (INT44, zitiert in Selent, 2019); „*Ich war nicht mehr auf der Seite, weil sie meinen Bedürfnissen nicht entsprach. Die Leute, die die Lösung haben, nehmen sich nicht die Zeit, auf der Seite zu sein [Community]*" (INT47, zitiert in Selent, 2019).

Der externe Berater kann ebenso Foren und Communitys als unterstützende Informationsquellen nutzen, um Kundeneinblicke zu gewinnen; diese beziehen sich auf die Kundenmerkmale, die gewählten Lösungen, Begründungen für den Kauf und Umsetzungserfolge.

4.3.9.3   Einsatz im Kaufprozess

Der Einsatz von sozialen Medien, wie Online-Communitys, ist zu Beginn des Kaufzyklus am höchsten. Vor allem die frühe Kaufphase (Early Stage) kennzeichnet eine sehr ausgeprägte Nutzung von Social-Media-Kanälen (LinkedIn, 2015, S. 17; Celestre et al., 2011; Trifonova, 2019). Je weiter der Kaufentscheidungsprozess fortschreitet, desto geringer wird der Einfluss der sozialen Medien auf die Kaufentscheidung und andere Informations- und Interaktionsaktivitäten gewinnen an Bedeutung. 33 % der Käufer nutzen Social Media in der mittleren Kaufphase z. B. für Preisvergleiche (Trifonova, 2019). Nur 19 % der Käufer nutzen laut Trifonova (2019) Social Media in der späten Kaufphase für die endgültige Kaufentscheidung. Die Ergebnisse einer empirischen Studie von LinkedIn (2015) über die B2B Buyer's Journey zeigen etwas andere Zahlen, nämlich dass soziale Medien unter den Top-3-Informationsquellen in allen Phasen des Kaufentscheidungsprozesses zu finden sind, wobei die sozialen Medien in der frühen Kaufphase (Early Stage) von 67 % der Befragten genutzt werden, in der mittleren und späten Kaufphase von 40 % und in der Implementierungs- und Nutzungsphase (After Sales) von 32 % der Käufer. Die Studie von Celestre et al. (2011) mit Differenzierung nach Social-Media-Kanal stellte fest, dass Diskussionsforen und professionelle Communitys den höchsten Einfluss von allen sozialen Medien auf die Kaufentscheidung haben, gefolgt von Blogs, virtuellen Events und

Onlinevideos, die in dem Ranking nach dem Kaufentscheidungseinfluss je nach Kaufphase variieren. Auch nach dem Kauf oder nach dem Release einer neuen Produktversion
werden Diskussionsforen und Online-Communitys verstärkt genutzt: *„Nachdem eine neue
Version veröffentlicht wurde, ist es nützlich zu sehen, welche Probleme andere damit haben"*
(INT42, zitiert in Selent, 2019). Die empirischen Ergebnisse aus den Interviews haben
eine andere Tendenz aufgezeigt und auf eine verstärkte Nutzung von Communitys in
der späten Kaufphase (Late Stage) und in der Implementierungs- und Nutzungsphase
(After Sales) verwiesen (vgl. Abb. 2.13 Digital Interaction Hubs in den Phasen des
B2B-Kaufzyklus). Diese Diskrepanzen offenbaren weiteren Forschungsbedarf mit der
Fokussierung der Untersuchung auf die Nutzung und den Einfluss der Communitys im
Kaufentscheidungsprozess.

Online-Communitys bieten für den Käufer eine erhöhte Effizienz bei der Informationssuche und -verarbeitung. Außerdem kann auf die wechselnden Bedürfnisse entlang
der gesamten Buyer's Journey eingegangen werden: Die gelieferten Informationen bieten einen guten Ausgangspunkt der kaufbezogenen Recherche; die Erfahrungen und
Berichte anderer Anwender unterstützen die Bildung und Evaluation von Auswahlkriterien und Kaufalternativen; das kumulierte Wissen unterstützt die Auswahl und die finale
Kaufentscheidung (Gropp & Rösger, 2012, S. 349).

Bei der ersten, eher breit gehaltenen Informationssuche nehmen anbieterunabhängige
Online-Communitys und Foren eine größere Rolle ein. Wobei im zweiten Schritt die
anbietereigenen Communitys und Foren zum Einsatz kommen: *„Habe ich mich eben entsprechend informiert, was es für Alternativen gibt [...]. Häufig über Kontakte von anderen
Firmen. Also sprich dort Bekannte sozusagen. Und sehr viel über das Internet eigentlich,
sprich über Foren, über Videos, über Broschüren direkt von den Herstellern. [...] Ich habe
mir ganz allgemein die Information zusammengesucht. [...] Top 1 war vermutlich das cad.de-
Forum [anbieterunabhängige Community]. [...] Also ich habe mich intensiv noch mal mit
den drei Systemen [auseinandergesetzt]. Ich habe quasi die erste Suche, die ich schon mal
gemacht habe, noch mal gemacht [...]. Im Prinzip waren das die gleichen Informationen. Nur
habe ich dann noch in den Benutzerforen der einzelnen Hersteller nachgeschaut"* (INT11,
zitiert in Selent, 2019).

4.3.9.4   Gestaltungsmöglichkeiten in der Praxis
4.3.9.4.1 Hub-Content-Architektur und Navigation

Dieser DIH zeichnet sich durch einen hohen Grad an Interaktion aus. Die Teilnahme
an einer berufsbezogenen Community ist eine der bedeutsamsten Interaktionen in der
frühen Kaufphase (Early Stage), ebenso das Erkunden von sozialen Medien (LinkedIn, Facebook, Twitter etc.). Das Interaktionsangebot einer Community hängt von den
Werkzeugen der Community ab, die das Format der Benutzerinteraktion gestalten. Oft
werden Communitys mit Diskussionsforen, Knowledge Base und Live-Events ausgestattet und nach Kategorien, produktorientiert oder themenorientiert, organisiert (Selent,
2019, S. 201). Alle produktorientierten Kategorien haben mindestens ein Diskussionsforum, oft einen Blog und Knowledge Base. Themenorientierte Kategorien haben

häufig einen „Thought Leadership"-Blog, „Big Data"-Blog und Unternehmensblog. Formate wie „Wettbewerb", „Ideenbörse" und private Gruppen werden punktuell eingesetzt. Abhängig von den integrierten Werkzeugen und Formaten der Benutzerinteraktion finden in der Community soziale Interaktionen, Live-Interaktionen oder personalisierte Live-Interaktionen statt. Die Software-Communitys integrieren häufig folgende Tools und Formate der Benutzerinteraktion (vgl. Tab. 4.9):

4.3.9.4.2 Interaktionsplattform

Online-Communitys werden mithilfe der Community-Technologie konzipiert, die entweder serverbasiert oder auch als Cloud-Lösungen realisiert werden können. Eine Differenzierung zwischen anbietereigenen und -unabhängigen Communitys unterliegt den Marketingaktivitäten der Anbieter (Meyer, 2004, S. 194). Eine anbietereigene Community-Plattform kann eng mit der Webseite des Anbieters verbunden werden und einen individuellen Aufbau und eine entsprechende Gestaltung ermöglichen. Der Fokus von anbietereigenen Communitys liegt eher auf der Vermarktung der eigenen Leistungen. Sie besitzen einen hohen Kostenfaktor. Es fallen Kosten für die Konzeption und das Betreiben der Community, Softwarelizenz- und Community-Manager-Kosten sowie Kosten für IT- und Entwicklungsressourcen an (Kreutzer et al., 2015, S. 209; Forrester, 2013). Auch die Zusammenarbeit zwischen unabhängigen Communitys und Anbietern ist mit einer Investition von Zeit und Geld, z. B. in Form von Sponsoringaufwendungen oder Eintrittsgebühren, verbunden (Leinemann, 2011, S. 201). Die Einflussmöglichkeiten sind jedoch begrenzt und oft auf die zielgruppenspezifische Werbung sowie Marktforschungsdaten limitiert (Kreutzer et al., 2015, S. 209; Leinemann, 2011, S. 201).

4.3.9.4.3 Content

Es werden nicht ausschließlich allgemeine Geschäfts- und Technologiethemen durch Communitys adressiert, sondern sie werden typischerweise in produktspezifische Foren und Blogs unterteilt. Die Kommunikation zwischen den Anwendern hat oft einen technischen Schwerpunkt und bezieht sich auf erfahrungsbasiertes Wissen sowohl über die Qualität der Anbieterleistungen als auch die von konkurrierenden Anbietern.

Der Einfluss der Anbieter auf den Content in der Community ist begrenzt. Jedoch ist je nach Format und Gestaltung der Community eine aktive Teilnahme in den Forendiskussionen, Blogpublikationen, die Platzierung und Promotion von Produkten und Branchenpublikationen, die Nutzung der Newsletter sowie die Durchführung von Webinaren möglich. Unterschiede gibt es zwischen den registrierten Mitgliedern und freien Nutzern: Die registrierten und aktiven Community-Mitglieder sind überwiegend bestehende Kunden und Nutzer der Produkte oder Services; die freie Nutzung geschieht hauptsächlich durch Interessenten ohne bestehende Erfahrung mit dem Anbieter oder Produkten. Oft agieren diese auch nur als passive Zuhörer. Diese Rollenunterschiede

Tab. 4.9 Tools und Formate der Benutzerinteraktion der Software-Communitys. (Quelle: Eigene Darstellung in Anlehnung an Burkhardt, 2015; Celestre, 2014; Bullinger et al., 2002)

Tools und Formate der Benutzerinteraktion	Kurzbeschreibung
Diskussionsforum	Ein *Diskussionsforum* ist eine nutzerorientierte, nutzergenerierte Diskussion. Die Grundstruktur einer Forumsdiskussion ist der Diskussionsthread
Blog	Ein *Blog* ist eine regelmäßig aktualisierte Webseite, die chronologisch dargestellte Beiträge wie Statusmeldungen, Highlights, Kommentare oder Meinungen von einer Person oder zu einem bestimmten Thema enthält (Burkhardt, 2015, S. 25). In der Branche der Industriesoftware sind Themen wie Produktneuheiten, Ankündigungen, „Thought Leadership"-Inhalte sowie Tipps & Tricks typische Inhalte der Blogs. Der Blog hat sich als effektiver und kostengünstiger Kanal für die Veröffentlichung von „Thought Leadership"-Content für die Käuferinteraktionen bewährt (Celestre, 2014, S. 6)
Chat	Ein *Chat* dient der synchronen Kommunikation mehrerer Benutzer, wobei einzelne Nutzer in dem Eingabefenster eigene Beiträge und Kommentare erfassen und publizieren können und in dem Ausgabefenster alle Beiträge aller Teilnehmer sehen können (Bullinger et al., 2002, S. 407)
Knowledge	*Knowledge Base* ist eine Seite für Wissensaustausch, Handbücher und Anleitungen, übliche Probleme oder Aufgaben, die seitens der Anbieter in einer logischen, kontextabhängigen Darstellungsstruktur organisiert sind
Wettbewerb	*Wettbewerb* ist eine Aktion oder eine Seite für Text-, Bild- oder Videowettbewerbe zwischen den Benutzern
Private Gruppe	Eine *private Gruppe* ist ein stark fokussiertes Forum mit speziellen Privatsphäreeinstellungen und die typische Interaktionsform bei Veranstaltungen
Ideenbörse	Eine *Ideenbörse* ist ein Austauschbereich für Anwender, um Ideen über ein Produkt, eine Veranstaltung oder ein Leistungsmerkmal zu posten und eine Community-Abstimmung durchzuführen

(Fortsetzung)

Tab. 4.9 (Fortsetzung)

Tools und Formate der Benutzerinteraktion	Kurzbeschreibung
Event	*Events* können sowohl interaktive Webcasts, community-spezifische Events als auch ein Bereich für Industrieveranstaltungen oder Veranstaltungen der physischen Communitys sein, die üblicherweise in geschlossenen Gruppen rund um eine Veranstaltung organisiert sind und zum Austausch von wichtigen Neuigkeiten, Entwicklungen und Eventpräsentationen dienen. Mitglieder der Gruppe sowie der Community-Administrator können über Beiträge und Antworten miteinander ins Gespräch kommen. Es ist ein dynamisches und zugängliches Format für den Wissensaustausch
Weitere Formate	Weitere Werkzeuge einer Software-Community sind 1-to-1-Internet-Conferencing, Webcasts, Poll-Abstimmungen, Demos, Newsletter oder My-Profile (Bullinger et al., 2002, S. 50 ff.)

müssen seitens der Anbieter in der Ansprache und Themenauswahl des anbieterinitiierten Contents berücksichtigt werden.

Inhaltlich können die gesuchten Informationen in folgende Kategorien eingeteilt werden:

- Neue produktbezogene Informationen:

„*Blog-Inhalte [...] über neue Module und Anpassungen*" (INT11, zitiert in Selent, 2019).

- Darstellung der Implementierungsprobleme und -erfolge anderer Kunden:

„*[Wir] durchsuchen die Community nach Migrationsprojekten*" (INT45, zitiert in Selent, 2019).

„*Das Gespräch über die Herausforderungen, die der Anwender hatte; das bringt dem Unternehmen Glaubwürdigkeit*" (INT40, zitiert in Selent, 2019).

„*Ich schaue immer auf Community-Foren nach neuen Informationen und wie andere damit umgehen. Es ist wichtig, dass andere Anschaffungen mit unserer aktuellen Software integriert werden können*" (INT42, zitiert in Selent, 2019).

- Möglichkeit, sich mit den Kunden, die das gleiche Produkt verwenden, zu verbinden und ihre Erkenntnisse zu erfahren:

„Menschenbezogene Artikel, also Dinge, die unsere Kunden [...] hervorheben" (D37-G, zitiert in Selent, 2019).

„Ich möchte wissen, was andere Unternehmen getan haben und was für sie funktioniert. Ich möchte mit externen Anwendern sprechen können, die die Module implementiert haben und diese nutzen. Ich wäre zuversichtlicher, mehr Module hinzuzufügen, wenn ich mit einem Benutzer sprechen könnte, der es implementiert hat und es Tag für Tag benutzt" (INT45, zitiert in Selent, 2019).

„Ein Ort, um Ideen darüber zu diskutieren, was andere mit der Software gemacht haben" (INT41, zitiert in Selent, 2019).

„Recherchieren in Onlineforen und -Communitys ist wertvoll, um die Customer Insights zu gewinnen. Möchte herausfinden, warum es gut ist. Warum haben es andere gekauft? Wo sind sie erfolgreich?" (INT39, zitiert in Selent, 2019).

- Nutzung der Software:

„Wie man die Software benutzt und speziell Best Practices und häufige Fragen, Dinge wie die Tastenkombinationen, andere ähnliche Beiträge, die ein großes Publikum ansprechen und wirklich hilfreich sind" (D37-G, zitiert in Selent, 2019).

„Themen sind Problemlösungen zu einem speziellen Fall oder spezielle Lösungsansätze für ein Problem" (INT24, zitiert in Selent, 2019).

„Was gut funktioniert, was schlecht funktioniert, habe ich mich eben entsprechend informiert, was es für Alternativen gibt. [...] wie das andere System oder wie Alternativen das machen, Bereich für Bereich durchgesucht. Also das war schon sehr intensiv. Also sprich, wenn ich jetzt eine Kategorie z. B. rausnehme: die CAD-Integration, wie funktioniert die beim ein oder anderen System? Wie sind da die Erfahrungen?" (INT11, zitiert in Selent, 2019).

„Zugang zum Online-Benutzerforum mit FAQs, Produktdemos, Troubleshooting-Techniken und mehr" (D31, zitiert in Selent, 2019).

- Anbieterbezogene Information:

„Hat dieser Hersteller einen guten Ruf in der Branche für seine Software?" (D31, zitiert in Selent, 2019).

„Online-Communitys [...], die eine Gemeinschaft von Nutzern und aktives Engagement [...] [der Anbieter] demonstrieren" (D30, zitiert in Selent, 2019).

Für die globale Community sind die *„internationalen Bereiche, also Foren und Blogs, die auf Französisch und Spanisch sind usw."* (D37-G, zitiert in Selent, 2019) wichtiger Bestandteil. Diese Bereiche binden Anwender verschiedener Länder mit ein, die sonst nicht bereit sind auf Englisch zu kommunizieren.

Bei der Gestaltung der Community empfehlen Reiss-Davis et al. (2013) auf den Kundenlebenszyklus und die damit verbundenen einzelnen Bedürfnisse einzugehen:

- Das anfängliche Käuferbedürfnis nach Einsichten zu einem aktuellen Thema und einer Perspektive kann in einem Unternehmensblog adressiert werden, damit kann der Anbieter seine Perspektive und Vordenkerposition („Thought Leadership") kommunizieren. Dies unterstützt den Käufer bei der Ausarbeitung seiner Kaufvision.
- Durch Förderung der Onlinekonversationen in Form von Bewertungen, Rezensionen und Kommentaren kann der Anbieter auf das Käuferbedürfnis nach Information und Erfahrungen über die einzelnen Produkte und Nutzungsfälle eingehen.
- Die darauffolgende Fragestellung „Welches Produkt passt am besten zu mir?" unterstützt die Interaktionen mit bestehenden Kunden und kann in den Bereichen „Fragen und Antworten", der Online-Community und im Diskussionsforum angegangen werden.

4.3.9.5 Buyer Engagement Tactics

Die für den Anbieter relevanten Buyer Personas können sowohl auf fachspezifischen Diskussionsforen oder Gruppen auf den Business-Communitys wie LinkedIn oder XING erreicht werden als auch in fachspezifischen Communitys: *„Es gibt eine Menge Inhalte in LinkedIn und anderen, ähnlichen Seiten, wo Leute fragen und sagen, nun, hat diese Technologie wirklich diese Fähigkeit oder nicht? Was hast du festgestellt? Läuft die Implementierung okay? Wir haben festgestellt, dass dies und das wahr sind, das ist es, was der Anbieter uns sagt. Also es gibt viele solche Interaktionen, die die Leute auf eine andere Detailebene bringen"* (INT38, zitiert in Selent, 2019).

Die Anbieter können mithilfe verschiedener Mittel aktiv auf sich aufmerksam machen. Sie können an Diskussionen teilnehmen oder durch eine Verlinkung zur eigenen Community oder relevante Blogbeiträge, mit Werbung und Sponsoring, oder mit Artikeln in Newslettern auf sich aufmerksam machen. Anzumerken ist, dass die meist zeitlich begrenzten Werbemaßnahmen überwiegend die regelmäßigen Nutzer der Community erreichen, während durch regelmäßige Teilnahme an den Community-Aktivitäten sowie Blogs- und Diskussionsbeiträge auch die sporadischen Besucher der Community erreicht werden können.

4.3.9.6 Navigation Patterns: Next-Best-Interaction

Das Interesse an allgemeinen Blogbeiträgen deutet auf die ersten Phasen der Buyer's Journey hin. Eine Verbindung zum DIH „Your Business" unterstützt die Suche nach aktuellen Themen und Perspektiven, wo die Themen kundensegmentspezifisch adressiert werden.

Die produktspezifischen Foren und Diskussionen zeigen das Interesse an einzelnen Produkten auf und können durch Verlinkung zu den relevanten Produktbereichen in „What to Buy" oder „Let's Meet" sowie über die Verlinkung zu „Customers Who Use It" mehr Informationen und Erfahrungen über die einzelnen Produkte und Nutzungsfälle liefern.

„Your Business" – „What to Buy" – „Let's Meet" – „Customers Who Use It" (vgl. Abb. 4.26).

Abb. 4.26 Navigation
Patterns des DIH „Ask the
Community". (Quelle: Eigene
Darstellung)

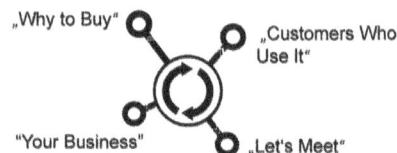

4.3.9.7 Kritische Erfolgsfaktoren

Online-Communitys sind häufig ein Einstiegspunkt bei einer Buyer's Journey und werden wiederholt während der Journey genutzt. Neben dem Aufbau einer eigenen Community sind auch die Nutzung einer existierenden anbieterunabhängigen Community und der Ausbau eines oder mehrerer (Produkt-) Diskussionsforen eine mögliche Option. Insbesondere für die kleineren und mittelständischen Anbieter und Vertriebspartner sind die Identifizierung der für die Zielgruppe relevantesten Community-Plattformen und die aktive Teilnahme an der Kommunikation und den Interaktionen eine passende Alternative. Die aktive Teilnahme der Anbieter an relevanten Blogs und Foren der anbieterunabhängigen Communitys wird seitens der Buyer Personas als hochrelevant bewertet.

Eine Reihe von Faktoren beeinflusst den Erfolg der Online-Communitys. Die aktive Teilnahme der relevanten Peers sowie relevanter Content sind entscheidend für die Buyer Personas:

- *„Ich war nicht mehr auf der Seite, weil sie meinen Bedürfnissen nicht entsprach. Die Leute, die die Lösung haben, nehmen sich nicht die Zeit, auf der Seite zu sein [Community]. Andere auf der Seite erleben das gleiche Problem"* (INT47, zitiert in Selent, 2019).
- *„Ich bin Teil einer Community, aber ich bekomme keine sehr wertvollen Inhalte durch die Gruppe"* (INT44, zitiert in Selent, 2019).

Daraus folgend gehören relevante Inhalte und die Aktivierung der relevanten Personen zu den wichtigen Zielen der Anbieter (D37-G, zitiert in Selent, 2019):

- *„Erhöhung der Reichweite der Community [...] durch gezielte, relevante Inhalte für diese Zielgruppe."*
- *„Entwicklung von Fans und wirklich starken Kundenbefürwortern, also Menschen, die die Community durch die Beantwortung von Fragen anderer Nutzer unterstützen und auch voranbringen."*
- *„Um all jene Menschen, die die Community aktiver nutzen, dazu zu bringen, sich wirklich für den Aufbau von Vertrauen und Markentreue zu engagieren."*

Dieses Verhalten der Community-Mitglieder wird in der Literatur als „aktive Teilnahme" gedeutet und gilt als zentraler Erfolgsfaktor von Online-Communitys (Ardichvili et al., 2003). Aktive Teilnahme bedeutet, dass sich der große Teil der Mitglieder in der Community durch das regelmäßige (z. B. tägliche oder wöchentliche) Ausführen folgender Aktivitäten engagiert: sich auf der Community-Website einloggen, das Profil auf dem neuesten Stand halten, die Regeln und Vorschriften der Community einhalten, Qualitätsnachrichten posten, Diskussionen auslösen und Fragen beantworten (Ray et al., 2014, S. 541 f.; Gharib et al., 2017, S. 517). Die Förderung der aktiven Teilnahme soll daher in der Community-Strategie der Anbieter verankert werden. Gharib et al. (2017) stellen in einer empirischen Studie fest, dass die aktive Teilnahme an B2B-Online-Communitys über generalisierte Reziprozität, Hilfsbereitschaft für die anderen Mitglieder, die mit erlebter oder erwarteter Unterstützung von anderen Mitgliedern zusammenhängt, und affektive Verpflichtung sowie ein starkes Gefühl der Verbundenheit und der Zugehörigkeit zur Community beeinflusst werden kann. Die Steigerung der Wahrnehmung der Mitglieder über den Nutzen, den sie aus der Gemeinschaft ziehen, und die Motivierung zur Hilfe und Unterstützung der anderen Mitglieder sind mögliche Taktiken der Anbieter. Der Grad der aktiven Teilnahme kann auch durch gezieltes Einbeziehen der relevanten Zielgruppen, wie bestehenden Kunden, Vertriebspartnern und Anbietermitarbeitern, beeinflusst werden. Dadurch wird auch die Vertrauenswürdigkeit der Community erhöht, die ebenso einen wichtigen Erfolgsfaktor der Online-Communitys darstellt (Gharib et al., 2017, S. 517): *„Je mehr Stimmen und Autoren, desto mehr Glaubwürdigkeit hat Ihr Blog"* (D37-G). Dabei stehen vor allem die Kunden im Vordergrund, da *„sie mehr Glaubwürdigkeit bei unserem Publikum haben"* (D37-G, zitiert in Selent, 2019).

Die Größe der Community ist ebenso ein kritischer Faktor für die Online-Community, die unter anderem durch deren Geschlossenheit bzw. Offenheit beeinflusst werden kann: *„Je verschlossener und privater die Community ist, desto mehr lenkt sie die Leute davon ab, dorthin zu gehen. Es stellt eine wirklich hohe Eintrittsbarriere dar"* (D37-G, zitiert in Selent, 2019).

Bei dem Content der Community spielen der Mehrwert des Inhalts sowie die Anzahl der einzelnen Artikel und Posts eine wichtige Rolle (D37-G, zitiert in Selent, 2019):

- *„Beiträge, die wir teilen, sind wirklich wertvoll, um unseren Nutzern zu helfen und ihnen Informationen zu geben, die sie wollen."*
- *„Je mehr Inhalte sie haben, die den Nutzern einen Mehrwert bieten, desto mehr können sie tatsächlich in die Community zurückkehren und diese nutzen."*
- *„Eine Sache, die direkt damit [Besucherzahl der Community-Seiten] zusammenhängt, ist die Anzahl der Beiträge, die sie veröffentlichen. [...] es erfordert eine Erhöhung der Autorenzahl. Die stärksten Communitys posten pro Monat zwischen 15 und 20 Artikel."*

Weitere wichtige Anforderungen an Communitys sind die *Navigation* in der Community und in den Diskussionsforen sowie eine effektive *Suchfunktion*:

- *„Die Navigation auf der Community-Seite muss sauberer sein und die ungelesenen Post-Tickets sollten auf allen Seiten erscheinen, während Sie durch das Forum navigieren. […] sollte schöner sein und mehr ins Auge springen. Ich möchte […] visuell sehen, wo ich im Forum bin"* (INT42, zitiert in Selent, 2019).
- Dabei kann das Diskussionsforum einer anbieterunabhängigen Community als ein gewünschtes Navigationsbeispiel dienen: *„Die Eng-tips.com [ist] ein großartiges Forum […] sehr einfach zu lesen und zu navigieren"* (INT42, zitiert in Selent, 2019).
- Eine Suchfunktion und der Einsatz der Tags sind erforderlich, um in der Community nach *„wie Sie etwas tun können [zu suchen]"* sowie in einer *„Referenzbibliothek von grundlegenden Dingen [zu surfen]"* (INT47, zitiert in Selent, 2019). Dies wird seitens der Community-Betreiber mit dem Einsatz von Metadaten und Tags realisiert. Metadaten sind der Mechanismus zum Organisieren und Auffinden von Informationen in der Community; Tags werden verwendet, um Inhalte in der Community zu strukturieren, zu aggregieren und zu finden.
- Die Auswahl der Tags sollte an den Nutzerbedarf angepasst sein, der auch über die technischen Anfragen hinausgehen kann, wie beispielhaft die Suche nach Firmen, die dieselben Produkte einsetzen.
- Platzierung von neuen Posts und Kommentaren: *„Im Wesentlichen interessiere ich mich für die neuen Beiträge und neuen Kommentare […], sie sollten nach oben verschoben werden"* (INT42, zitiert in Selent, 2019).

Der Aufbau und die Aufrechterhaltung einer Community liegt in der Verantwortung des Anbieters. Demnach muss er verschiedene Personalressourcen in den *Rollen* Community Manager, Moderator, Blog-Autoren und Super User einsetzen.

4.3.10 Digital Interaction Hub „Try & Buy"

Der Steckbrief des DIH „Try & Buy" (Abb. 4.27) stellt in einem Überblick alle zentralen Aspekte und Schlüsselelemente kompakt dar.

4.3.10.1 Hub-Content-Strategie

Ziele des Digital Interaction Hubs „Try & Buy" sind die Unterstützung der Kunden in der praktischen Evaluierung der Software mithilfe von Produktdemonstrationen und Testversionen (Free Trial) des Produktes, die Bereitstellung der Inhalte rund um die Pakete, Lizenzierungen und Kaufoptionen sowie unterstützende Inhalte zur Förderung des abschließenden Kaufschrittes.

Steckbrief

Der Digital Interaction Hub „Try & Buy" ist auf die Optionen der praktischen Erfahrungen mit der Software vor dem Kauf, aber auch auf die kaufrelevanten Informationen rund um die

Softwarelösung oder auf die verfügbaren Kaufoptionen ausgerichtet. Test- oder Demoversionen erfüllen den Zweck, dass die Softwarekäufer praktische Erfahrungen mit der Software sammeln und die Funktionen und Bedienbarkeit näher kennenlernen können. Sie stellen eine der relevantesten Interaktionen gemessen an ihrem Einfluss auf die Kaufentscheidung der Buyer's Journey dar (Kopec & Ross, 2015, S. 22).

Generell sind in diesem DIH die Themen Produktinformation, Produkterlebnis (Produktvorführung und Produkteinsatz) sowie Kaufinformation und -optionen in der Buyer's Journey eng miteinander verbunden. Der dazugehörige Content und die Interaktionen gehen fließend ineinander über. Bei der Analyse der Webpräsenz der Best Practices wurde festgestellt, dass der zu diesen Themen zugehörige Content und die Interaktionen in einem oder zwei Digital Interaction Hubs gebündelt sein können:

Variante 1: Zusammenfassung aller Interaktionen in einem produktbezogenen Digital Interaction Hub für die gesamte Produktinformation, Interaktionen zu dem Produkterlebnis, Produktvorführung und -einsatz (Testversion, Demonstration und kostenlose Software) und kaufbezogene Interaktionen (kaufbezogene Produktinformation, Kaufmöglichkeiten).

Variante 2: Aufteilung der Interaktionen auf zwei Hubs: Der Digital Interaction Hub „What to Buy" umfasst Content und Interaktionen rund um Produktinformation sowie die Produktdemonstrationen; der Digital Interaction Hub „Try & Buy" befasst sich mit den Themen des Produkterlebnisses wie Test- oder Demoversion sowie mit kaufbezogenen Themen und teilweise dem Onlineshop.

Die Zusammenfassung aller Themen in einem Hub findet bei den Anbietern statt, bei denen keine digitale Kaufoption angeboten wird und der Kaufabschluss durch die Einbindung eines Vertriebsmitarbeiters erfolgt. Die Ausgrenzung der kaufrelevanten Interaktionen sowie deren Ergänzung mit auf den Produkteinsatz ausgerichteten Interaktionen finden bei Anbietern statt, die eine „Self-Service"-Kaufabwicklung über das Internet ermöglichen oder das Thema „Kaufen" fokussiert betrachten. Diese Variante ist stärker auf die Digitalisierungstrends im Vertrieb sowie Änderungen im Kaufverhalten der B2B-Käufer ausgerichtet. Die Studie von Hoar (2015) ergab, dass drei von vier B2B-Käufern lieber über eine Webseite als über einen Verkäufer einkaufen würden. Des Weiteren bieten immer mehr Anbieter von Industriesoftware neue Geschäftsmodelle wie z. B. SaaS (Software-as-a-Service) an, die eine automatisierte Kaufabwicklung übers Internet erfordern. Daraufhin wird im Rahmen dieser Abhandlung die Variante 2 mit dem Content und der Interaktionen rund um die Themen Produkterlebnis und Onlinekauf fokussiert betrachtet vorgenommen und als Digital Interaction Hub „Try & Buy" analysiert.

Das SaaS-Geschäft gehört zu den am schnellsten wachsenden Marktsegmenten (Gartner, 2022; Gartner, 2019) und SaaS-Lösungen ersetzen „On-Premise"-Installationen. SaaS stellt eine neue Option für Unternehmen dar, die ihre bestehenden IT-Systeme ersetzen oder neue Geschäftsprozesse automatisieren wollen. Es handelt sich um cloudbasierte Anwendungen, auf die über das Internet zugegriffen wird und die über „Pay-as-you-go"-Abonnementgebühren abgerechnet werden (Bhardwaj et al., 2010). Die klassischen „On-Premise"-Softwareversionen werden lokal installiert und durch den Kauf von Softwarelizenzen erworben (D'Souza et al., 2012; Bhattacherjee & Park, 2014). Eine

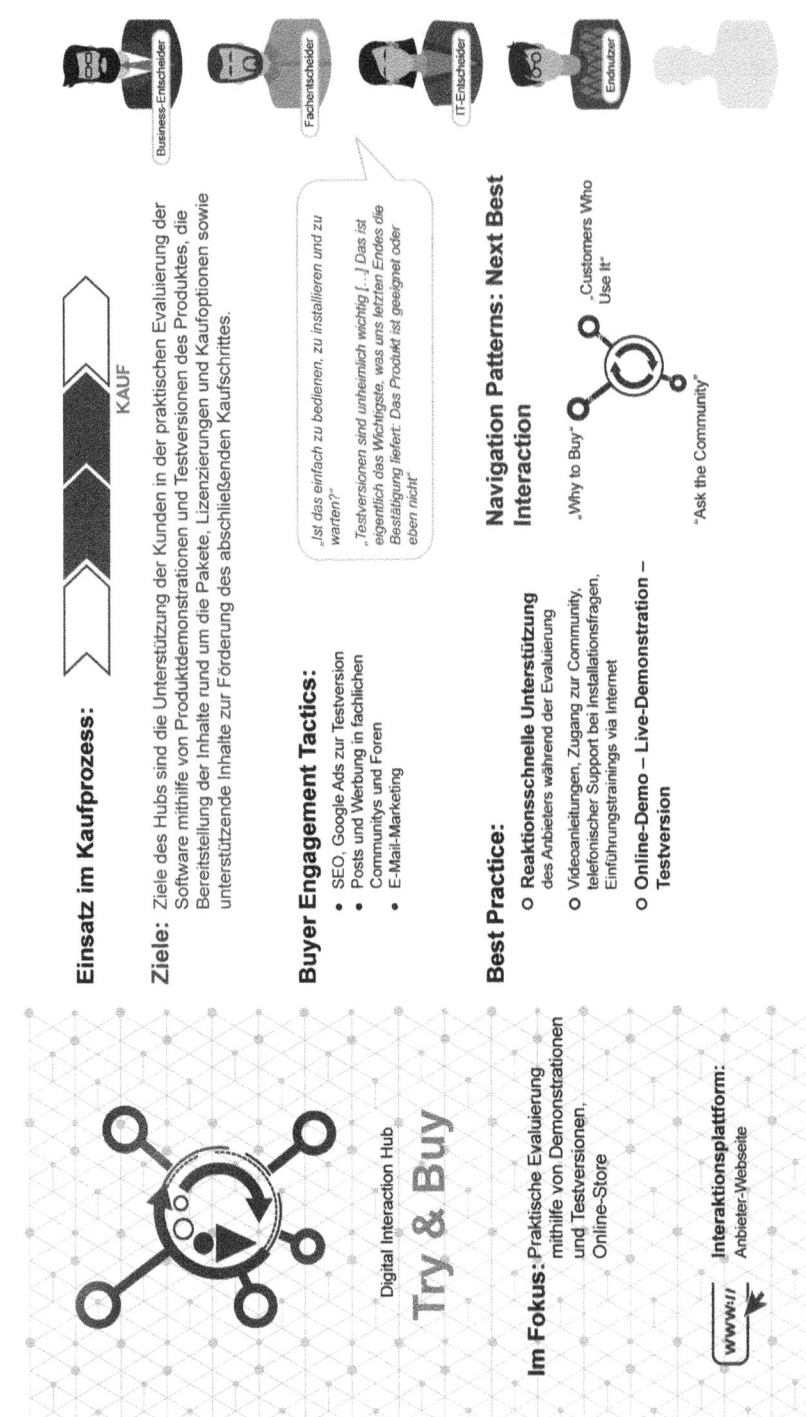

Business-Entscheider · Fachentscheider · IT-Entscheider · Endnutzer

Einsatz im Kaufprozess:

KAUF

Ziele: Ziele des Hubs sind die Unterstützung der Kunden in der praktischen Evaluierung der Software mithilfe von Produktdemonstrationen und Testversionen des Produktes, die Bereitstellung der Inhalte rund um die Pakete, Lizenzierungen und Kaufoptionen sowie unterstützende Inhalte zur Förderung des abschließenden Kaufschrittes.

„Ist das einfach zu bedienen, zu installieren und zu warten?"

„Testversionen sind unheimlich wichtig [...] Das ist eigentlich das Wichtigste, was uns letzten Endes die Bestätigung liefert: Das Produkt ist geeignet oder eben nicht"

Buyer Engagement Tactics:
- SEO, Google Ads zur Testversion
- Posts und Werbung in fachlichen Communitys und Foren
- E-Mail-Marketing

Navigation Patterns: Next Best Interaction

„Why to Buy"

„Customers Who Use It"

"Ask the Community"

Best Practice:
o **Reaktionsschnelle Unterstützung** des Anbieters während der Evaluierung
o Videoanleitungen, Zugang zur Community, telefonischer Support bei Installationsfragen, Einführungstrainings via Internet
o **Online-Demo – Live-Demonstration – Testversion**

Digital Interaction Hub

Try & Buy

Im Fokus: Praktische Evaluierung mithilfe von Demonstrationen und Testversionen, Online-Store

Interaktionsplattform: Anbieter-Webseite

www.!!

Abb. 4.27 Steckbrief des DIH „Try & Buy". (Quelle: Eigene Darstellung)

solche Vor-Ort-Installation erfordert eine Kombination aus Softwarelizenzen, Hardware, Infrastruktur und Systemintegratoren (Somers & Nelson, 2004; Howcroft & Light, 2006). Jedes neue Upgrade der Software ist für den Systemintegrator und die IT-Organisation mit viel Aufwand verbunden (Raghavan, et al., 2020). SaaS folgt einem Paradigma der Softwarebereitstellung (Raghavan, et al., 2020). Die SaaS-Versionen bieten ähnliche Funktionen und Vorteile wie „On-Premise"-Lösungen, allerdings wird die Software außerhalb des Unternehmens gehostet und über das Internet bereitgestellt (Godse & Mulik, 2009; Katzmarzik, 2011). Dabei ist der Anbieter und nicht mehr der Käufer für die Sicherung und Verwaltung der Anwendung, der Daten und der zugrunde liegenden Infrastruktur verantwortlich (Kaplan, 2007).

Die Auseinandersetzung mit der potenziellen Lösung aus *„technischer und kaufmännischer Sicht"* (INT23, zitiert in Selent, 2019) steht im Vordergrund der Käuferinteraktionen auf diesem Digital Interaction Hub. Neben der Einschätzung, ob *„dieses System [...] gut für uns oder dieses System [...] schlecht für uns"* ist (INT23, zitiert in Selent, 2019), beschäftigen die Käufer Fragen wie *„Was kostet die Investition?"* (INT13), *„Wie sieht der Preis im Vergleich aus?"* (D33, zitiert in Selent, 2019) und *„Wo können wir die Software kaufen?"* (INT18, zitiert in Selent, 2019).

Die Interaktionen und der Content sind in der Regel nach einzelnen Produkten strukturiert. Da die Geschäftsmodelle und somit die Kaufoptionen, die Produktkomplexität und demnach die Form der Demonstration und Verfügbarkeit einer Testversion nach Produkten variieren, können sich die Informationen und Interaktionsangebote bei den einzelnen Produkten stark unterscheiden.

4.3.10.2   Relevanz für die Buyer Personas

Es ist eine hohe Relevanz des DIH für die Buyer Personas Business-Entscheider, Fachentscheider, IT-Entscheider und Endnutzer/Administrator zu erkennen. Dies ist darauf zurückzuführen, dass es für Business-Entscheider und Fachentscheider wichtig ist, dass sie und ihr Team das Produkt kennenlernen und ausprobieren, indem sie die Angebote für Produktdemonstrationen sowie für Testversionen nutzen. Viele Business-Entscheider wollen den Einsatz und die Evaluierung einer Testversion im Kaufentscheidungsprozess miteinbeziehen. Je nach Unternehmensgröße und eigener Rolle wird das Testen selbständig vorgenommen oder an Mitarbeiter delegiert: *„Die Leute, die damit auch Erfahrung haben, [...] könnten dieses Ding [...] testen"* (INT23, zitiert in Selent, 2019). Man *„versucht mit seinen Mitarbeitern dann die Sachen zu erörtern und diese Erfahrung, die sie gemacht haben, dieses Wissen [...] in einer kompensierten Form"* zu bekommen (INT15, zitiert in Selent, 2019). Das Testen des Programms wurde in der Regel durch den Nutzer/Administrator vorgenommen und die Ergebnisse werden an den Business-Entscheider zurückgegeben: *„Ich habe halt diese Testversion halt durchgetestet. [...] Und habe dann [...] an die Geschäftsleitung weitergeleitet"* (INT36, zitiert in Selent, 2019).

Auch die 1-to-1-Onlinedemonstrationen mit einem technischen Experten haben eine ähnliche Bedeutung seitens der Business-Entscheider und Nutzer/Administratoren. Während der Business-Entscheider an der Teilnahme an einer Demonstration interessiert ist, übernehmen seine Mitarbeiter alle dazugehörigen operativen Aufgaben: *„Ich stand dabei, das habe ich mir mit angeschaut, aber diese ganzen vorbereitenden Maßnahmen, die ganze Informationsbeschaffung, das lief alles über meine Mitarbeiter"* (INT18, zitiert in Selent, 2019). Auch eine formalisierte Bewertung der Demonstration oder Testversion kommt vor und erfolgt durch Fachmitarbeiter, IT-Mitarbeiter oder Nutzer/Administratoren, wobei die Untersuchungsergebnisse mit dem Business-Entscheider geteilt werden.

Die Testversion wird auch von den Fachentscheidern getestet, um mit tiefgehenden Möglichkeiten mit dem Produkt vertraut zu werden, wie eine umfangreiche Demonstration oder Testversion. Dieser Produktzugang ermöglicht ihm und seinem Team die Lösungen aus erster Hand *„zu sehen, zu spüren und zu erleben"* (D30, zitiert in Selent, 2019). Er würde kein Produkt empfehlen, das er nicht aus erster Hand erlebt hat, daher sind die Demonstration und die Möglichkeit, Produkte zu testen, für ihn entscheidend. Der Fachentscheider achtet auch darauf, dass mehrere Produkte getestet werden. Zwei der zentralen Fragen, die sich ein Fachentscheider stellt, lauten: *„Erfüllen sie die technischen Spezifikationen unserer Anforderungen?"* (D24, zitiert in Selent, 2019) und *„wie dann auch entsprechend Installationen funktionieren"* (INT24, zitiert in Selent, 2019).

Auch der IT-Entscheider nutzt die Demoversion in seiner Buyer's Journey. Der IT-Entscheider sucht überwiegend eine virtuelle Produktdemonstration mit einem Fokus auf das Look-and-Feel sowie die Einfachheit der Interaktion mit den Daten. Die Testversion wird nicht in der Tiefe, wie z. B. beim Nutzer/Administrator, evaluiert, sondern wird auf das Look-and-Feel hin getestet. Die Frage, die sich der IT-Entscheider stellt, lautet: *„Ist das einfach zu bedienen, zu installieren und zu warten?"* (D34, zitiert in Selent, 2019).

Der Nutzer/Administrator ist die Person, die tatsächlich die Tests und die Evaluierung der Lösung anhand der Demo- oder Testversion durchführt. Die technischen Aspekte stehen für ihn im Vordergrund, die übergreifende Frage des Nutzers/Administrators ist, ob die Lösung ihm helfen wird, seine Arbeit besser zu machen und seine Ziele zu erreichen (Papertsian, 2015, S. 14). Durch die Demo- oder Testversion wird eine intensive Beschäftigung mit der Lösung ermöglicht. Das ist unter anderem auch der Grund, warum seitens des Nutzers/Administrators so eine hohe Bedeutung auf die Testversion gelegt wird: *„Testversionen sind unheimlich wichtig [...] Das ist eigentlich das Wichtigste, was uns letzten Endes die Bestätigung liefert, das Produkt ist geeignet oder eben nicht"* (INT12, zitiert in Selent, 2019). Dabei werden mehrere in Frage kommende Softwarelösungen durchgetestet – bis zu vier Lösungen meldeten die Interviewpartner. Teilweise sind mehrere Personen an der Evaluierung der Software beteiligt, um eine Empfehlung nach der Testphase gemeinsam abzugeben: *„Wir sind fünf Personen, wie gesagt, wir entscheiden das demokratisch"* (INT21, zitiert in Selent, 2019).

Auch der Business-Entscheider stellt Alternativen gegenüber, die bei der technischen und wirtschaftlichen Beschreibung infrage kommen können: *„Wir wollen eigentlich nicht nur einen Weg, sondern wir wollen mal zwei, drei Wege sehen"* (INT15, zitiert in Selent, 2019).

4.3.10.3   Einsatz im Kaufprozess

Eine hohe Relevanz und Nutzung der Test- und Demoversionen wird allen Phasen des Kaufzyklus zugeschrieben: Jeweils 39 %, 22 % und 18 % der Käufer nehmen die Testversion in der frühen (Early Stage), mittleren (Middle Stage) und späten Kaufphase (Late Stage) des Kaufentscheidungsprozesses in Anspruch (de Martini & Rediker, 2017, S. 23). Diese intensive Nutzung der Test- und Demoversionen kann durch die empirische Forschung gestützt werden (vgl. Abb. 2.13 Digital Interaction Hubs in den Phasen des B2B-Kaufzyklus).

Der Einsatz einer Demo- oder Testversion erfolgt früh im Kaufentscheidungsprozess: *„Demoversionen sind [...] immer ein beliebter erster Schritt"* (INT24, zitiert in Selent, 2019), der auch in weiteren Schritten des Kaufzyklus wie etwa beim Vergleich der potenziellen Lösungen aus der Shortlist oder auch für die finale Entscheidung zustande kommt.

In der mittleren Phase werden Informationen zu den Kosten gesucht, auch bevor potenzielle Lösungen gesammelt wurden: *„Wir haben uns sehr stark zunächst mal auf Funktionalität konzentriert. Und dann [...] auf Kosten. [...] Und die haben wir nebeneinandergestellt und haben angefangen, weiter zu recherchieren. Das heißt, unser Ziel war es eigentlich, drei bis vier Finalisten herauszuarbeiten, mit denen wir dann sehr in die Tiefe gingen"* (INT13, zitiert in Selent, 2019).

4.3.10.4   Gestaltungsmöglichkeiten in der Praxis

4.3.10.4.1 Hub-Content-Architektur und Navigation

Folgende Informations- und Interaktionsangebote sind Bestandteile des Digital Interaction Hubs „Try & Buy":

- Strukturierung des Angebotes nach Produkten oder Lösungen
- Automatisierte Onlinedemonstration im freien Zugang oder über ein Registrierungsformular sowie ein Angebot für eine 1-to-1-Demonstration über das Registrierungsformular
- Angebot einer Testversion über das Registrierungsformular
- Vergleichsdiagramm der Lizenz- oder Kaufoptionen mit Funktionenvergleich
- Vertriebsförderungsmaßnahmen zur Beschleunigung der Kaufentscheidung
- Interaktive Gestaltung des Warenkorbs (Anzahl von Nutzern, Lizenzart, Abonnementzeitraum, Zahlungsart etc.)

Folgende Interaktionen können auf diesem Digital Interaction Hub realisiert oder initiiert werden:

- Erkunden der Webseite des Anbieters
- Erkunden einer Online-Demoversion
- Inanspruchnahme einer kostenlosen Testversion

- Schauen von Videos zu Produktdemonstrationen
- Lesen einer statischen Broschüre oder einer interaktiven Broschüre mit Lizenz- oder Kaufoptionen oder Produktfunktionalitäten
- Anwendung von Nutzenrealisierungstools

Durch die Realisierung mehrerer Interaktionstypen werden verschiedene Grade an Reziprozität zwischen dem Käufer und Anbieter bereitgestellt. Der Content rund um die Funktionalitäten und Kaufthemen hat einen niedrigen Interaktivitäts- und Reziprozitätsgrad. Die Interaktionen rund um das Produkterlebnis wie „Inanspruchnahme einer kostenlosen Testversion" oder „Erkunden einer Online-Demoversion" ermöglichen eine automatisierte Interaktion. Eine digitale 1-to-1-Demonstration mit einem technischen Experten realisiert eine personalisierte Live-Interaktion mit dem höchsten Grad der Wechselseitigkeit. Der Kaufabschluss über einen Onlineshop mit einem interaktiven Warenkorb-Konfigurator stellt ebenso eine automatisierte Interaktion dar.

4.3.10.4.2 Interaktionsplattform
Dieser Digital Interaction Hub ist üblicherweise auf der Webseite der Anbieter zu finden. Auch die technische Realisierung des Onlineshops über eine E-Commerce-Plattform ist möglich, doch nach außen wird dies als Anbieterwebsite kommuniziert. Im Gegensatz zur Online-Demoversion wird die Testversion als Download angeboten, somit erfolgt die Interaktion mit der Software auf dem Rechner der Käufer.

Interaktionskanäle wie Onlinechat und Telefon für die Kontaktmöglichkeit mit einer Differenzierung der Anfrage nach technischem oder kaufmännischem Support sind eine Möglichkeit, den Käufer in der Produkttestphase oder im Kaufvorgang zu unterstützen.

4.3.10.4.3 Content
Testlizenz, Online-Demoversion und Onlinedemonstrationen
Durch Interaktionen wie „Inanspruchnahme einer Testversion" oder „Erkunden einer Online-Demoversion", die über Onlinekanäle zur Verfügung gestellt werden, wird dem Käufer die Möglichkeit gegeben, sich in einer realitätsnahen bzw. simulierten Umgebung intensiv mit dem Produkt zu beschäftigen. Dabei sind voll funktionsfähige Testversionen am wertvollsten bei der Bewertung eines neuen Produkts oder einer neuen Dienstleistung (IDG, 2017). Gemessen an dem Einfluss auf den Kaufentscheidungsprozess sind beide Interaktionen sehr relevant, wobei die „Inanspruchnahme einer Testversion" eine der wichtigsten Interaktionen während der Buyer's Journey ist (Kopec & Ross, 2015, S. 22). Ergänzend dazu oder alternativ werden Videodemonstrationen angeboten, überwiegend ist diese Interaktion auf dem DIH „What to Buy" zu finden. Bei einer Testversion handelt es sich um die Software in vollem Funktionsumfang mit eingeschränkter Laufzeit, beispielhaft begrenzt auf 30 Tage, oder mit Einschränkungen in bestimmten Funktionalitäten, z. B. Speichern oder Drucken. Danach werden einige Funktionen oder das Gesamtprogramm gesperrt. Ein wichtiges Unterscheidungsmerkmal dieser Interaktion liegt in der möglichen Nutzung

der käufereigenen Daten bei dem Testen der Software und der Selbständigkeit der Vorgänge. Einige Anbieter bieten eine Online-Demoversion als eine Softwareprobe an. In einer Online-Demoversion wird der Käufer in interaktiven Testszenarien bei der Durchführung einiger üblicher Geschäftsprozesse mit dieser Software gesteuert. Dies erfolgt entlang den vordefinierten Schritten und kann je nach Anbieter auf Beispieldaten oder auf käufereigenen Daten erfolgen. Eine andere Möglichkeit, die Software näher kennenzulernen, ist eine Produktdemonstration. Dabei wird die Software ohne aktive Teilnahme der Käufer entlang der vordefinierten Schritte und basierend auf Beispieldaten vorgeführt und kann als gestützte Interaktion in Form einer Video-Produktdemonstration oder als eine (personalisierte) Live-Interaktion stattfinden.

Die zeitliche Komponente spielt bei der Testversion eine Rolle. Die Länge der Probenutzung kann je nach Anbieter und Produkt variieren. Eine 30-Tage-Testperiode ist üblich für Lösungen der Industriesoftware und wird in Form einer „Self-Service"-Interaktion angeboten: *„kann man ja bei anderen Anbietern teilweise 30-Tage-Testversionen direkt runterladen"* (INT12, zitiert in Selent, 2019). Teilweise können die Käufer eine längere Testperiode, bis zu zwei Monaten, vereinbaren. Der Anbieter möchte dem potenziellen Käfer genug Zeit geben, um ein intensives Produkterlebnis zu ermöglichen. Andersets möchte er sie so begrenzen, dass eine kommerzielle Nutzung der Software durch die Länge der Testperiode begrenzt oder nicht möglich ist.

Einige Anbieter haben die Interaktion und Prozesse rund um den Erhalt und die Installation einer Testversion oder den Zugriff auf eine Online-Demoversion vollständig automatisiert und setzen sie aktiv als Marketinginstrument ein. Andere stellen die Testversion nach einer Anfrage über das Kontaktformular zur Verfügung und setzen dieses Marketinginstrument begrenzt ein. Dies ist insbesondere bei Softwarelösungen mit hohem Standardisierungsgrad geeignet. Je mehr Kundenanpassungen der Einsatz einer Software benötigt, umso wichtiger ist der punktuelle Einsatz von Service und Support, um eine erfolgreiche Testphase zu absolvieren Daher kann die Nutzung der Testversion per Teilnahmekriterien auf potenzielle Geschäftskunden einer bestimmten Größe limitiert sein. Knapp (2018) weist auf die Wichtigkeit der reibungslosen Produkterfahrung mit der Test- und Trialversion hin:

- Erwerb und Download der Software sollen so reibungslos wie möglich und ohne Hindernisse erfolgen
- Die Software sollte sehr schnell und ohne einen aufwendigen Einrichtungsprozess in Betrieb genommen werden können
- Der gesamte Prozess sollte online abgewickelt werden können
- Die Webseite, die zum Download/Kauf der Software führt, sollte einfach zu navigieren sein
- Bei komplexer Software sollen Schulungen angeboten und Ressourcen für die Planung der Implementierung bereitgestellt werden

Es ist erkennbar, dass die Lösungen für die kleineren Kundensegmente, die einen höheren Standardisierungsgrad aufweisen, eine Testversion anbieten. Die Eindrücke über die Softwarelösungen, die eine hohe Komplexität aufweisen und eine erhebliche Kundenanpassung benötigen, werden öfter mithilfe einer Demonstration geschaffen.

Die Testversion (oder Trial genannt) ermöglicht eine intensive Auseinandersetzung mit der Software: *„Die Leute, die damit auch Erfahrung haben, […] zwei Monate könnten dieses Ding auf Herz und Nieren testen"* (INT23, zitiert in Selent, 2019). Dabei geht es dem Käufer darum die Software innerhalb der eigenen Organisation und Prozesse zu prüfen. Der Einsatz und die Intensität der Auseinandersetzung mit der Software variieren von intensiv und strukturiert – *„Ich habe […] meine eigenen Kriterien festgelegt und halt auch die Kriterien, die wir halt haben an diese CAD-Station"* (INT36, zitiert in Selent, 2019) – bis zu oberflächlich – *„Dann habe ich […] einfach mal probiert, was man da so alles Schönes zeichnen kann"* (INT36, zitiert in Selent, 2019).

Die Dringlichkeit bei dem Kauf kann diese Interaktion als überflüssig erweisen: *„Wir haben uns keine Testversion geholt, […] weil wir keine Zeit aufbringen hätten können"* (INT19, zitiert in Selent, 2019). Teilweise werden die Tests mithilfe eines Fragenkatalogs formalisiert, um dadurch die Bewertung abzuleiten, ob *„dieses System gut für uns oder schlecht für uns ist"* (INT23, zitiert in Selent, 2019). Eine Unterstützung der Nutzer bei dieser Interaktion und während der Testperiode ist erfolgskritisch, um negative Produkterlebnisse zu vermeiden (Selent, 2019).

Eine weitere Option ist eine 1-to-1-Live-Demonstration, die auf dem DIH über ein Kontaktformular angefragt werden kann. Vor allem der Fachentscheider interessiert sich für eine umfangreiche Live-Produktdemonstration. Formen der Live-Demonstration sind abhängig von den Anbietervertriebstaktiken und können standardisiert oder kundenspezifisch, über das Internet oder persönlich, erfolgen. Eine 1-to-1-Live-Demonstration, die übers Web und *„in Telefonkonferenz mit einem Techniker"* (INT19, zitiert in Selent, 2019) stattfindet, kann als eine digitale Interaktion realisiert werden. Dabei können käuferspezifische Informationsbedürfnisse und Fragen adressiert werden: *„[Er hat] am Bildschirm vorgeführt, was uns halt wirklich interessiert hat"* (INT19, zitiert in Selent, 2019).

Automatisierte interaktive Online-Demoversionen oder Onlinedemonstrationen, *„[so]dass man die Software im Browser öffnet und darstellt und dann ausprobieren kann"* (INT11, zitiert in Selent, 2019), sind weitere gern verwendete Möglichkeiten für einen Business- oder IT-Entscheider, um zu *„sehen, wie es [die Software] aussieht, funktioniert und sich anfühlt"*, ohne Kontakt zu einem Vertriebsmitarbeiter zu haben. Für einen Nutzer/Administrator, der über tiefe Fachkenntnisse verfügt, kann dies weniger vertrauenswürdig erscheinen: *„Onlinedemos sind natürlich immer eine fragwürdige Geschichte. […] In Onlinedemos wird ja nur gezeigt, was schön ist"* (INT12, zitiert in Selent, 2019).

Das Angebot mehrerer Interaktionsarten rund um die Produkterfahrung ist daher erfolgskritisch, um die Unterschiede in den Informations- und Interaktionserwartungen der Buyer Personas zu adressieren.

Inhaltlich wird sich auf die Darstellung und Erklärung des Produktportfolios oder einzelner Lösungen, eine Funktionsübersicht, Vorteile der Lösung, eine detaillierte Produktvorführung und die Anbindung an andere gängige Softwarelösungen konzentriert. Die Ansprache der käuferrelevanten Ziele und Herausforderungen der Industrie oder Buyer Personas erhöht den Wirkungsgrad der Demonstration. Die Lösung kann anhand von gängigen Geschäftsprozessen sowie die Nutzendarstellung und Validierung durch bestehende Kunden aus vergleichbaren Branchen und mit den Inhalten der Produktvideos verglichen werden.

Kauf- und Lizenzierungsoptionen

Von Bedeutung sind auch die unterschiedlichen Lizenzierungsoptionen und Kaufmöglichkeiten. Der Käufer *„möchte alle [meine] Optionen für das Produkt im Voraus verstehen"* (INT43, zitiert in Selent, 2019). Dazu gehören *„Auflistungen, welche Pakete gibt es, welche Lizenzverschlüsselungen gibt es, produktspezifisch"* (INT24, zitiert in Selent, 2019). Die detaillierten Spezifikationen und Zeichnungen, Kauf- und Lizenzierungsoptionen sowie Kostenstrukturen sind vor allem für den Fachentscheider von hohem Interesse. Eine typische Frage dabei ist: *„Können wir durch Bündelung [von Softwarelösungen] Skaleneffekte erzielen?"* *(D24, zitiert in Selent, 2019).*

Viele Anbieter kommunizieren die Softwarepreise nicht öffentlich und bieten an, sie über eine Kontaktaufnahme anzufragen. Viele Käufer wollen jedoch frühzeitig einen Einblick in ihre Kaufoptionen erhalten. Die Lizenzierungsstruktur, auch ohne Preisgestaltung, schafft ein Verständnis, wie die Software verkauft wird, und bereitet den Käufer besser für den Kontakt mit dem Anbieter vor.

Die Softwareanbieter haben verschiedene Geschäftsmodelle, aus denen sich verschiedene Lizenzkaufoptionen ergeben:

- Dauerlizenzen („perpetual licenses"). Dies kann als traditionelles Geschäftsmodell beschrieben werden. Die Softwarelizenz wird durch eine Einmalzahlung gekauft und die Wartung und der Support der Software werden durch eine jährliche Gebühr gewährleistet.
- Software-Abonnements („subscription"). Bei diesem Lizenzierungsmodell wird die Software gemietet, wobei der Käufer ein Lizenznutzungsrecht für eine bestimmte Laufzeit erwirbt. Die Zahlungen erfolgen monatlich, quartalsweise oder jährlich. Die Wartung und der Support sind für die Abo-Laufzeit mit diesen Zahlungen ebenso abgedeckt.
- Software-as-a-Service (SaaS). Die Software wird online über einen Browser ausgeliefert und vom Softwareanbieter (Hersteller oder einem anderen Dritten) gehostet. Dabei mietet der Käufer nicht nur Software, sondern auch zusätzliche Services (beispielsweise Bereitstellung der IT-Infrastruktur wie Server, Rechenzentrum oder Administratoren).

In den letzten Jahren ist in dieser Hinsicht viel Dynamik bei den Anbietern zu beobachten und gibt dem Käufer eine Auswahlmöglichkeit abhängig von dessen Bedarf. Eine *„restriktive Lizenzierungspolitik"*, das Umstellen der Lizenzierungsmodelle, stößt auf negative Reaktionen der Kunden und kann ein kritisches Argument gegen eine bestimmte Lösung oder einen Anbieter sein: *„Es ist schade, dass ich so viele [...] [Produktname-]Kunden habe, [...], sonst hätte ich wirklich gesagt, ich schalte das Ding ab"* (INT22, zitiert in Selent, 2019). Das Hervorheben des Nutzens der neu eingeführten Lizenzkaufoptionen und das Aufzeigen der Käufervorteile kann in Form einer textlichen Ausführung oder eines auf eine bestimmte Zielgruppe ausgerichteten Animationsvideos zwischen den Technologieführerbeispielen gefunden werden.

Eine detaillierte Darstellung der Lizenz- oder Abonnementoptionen, deren Vergleiche in Bezug auf Leistungsmerkmale und Preise sowie eine Differenzierung nach Käuferprofilen (nach Geschäftstyp, Funktion oder Industrie) geben dem Käufer eine Orientierungshilfe bei der Wahl seiner Software. Dies kann z. B. durch interaktive Gestaltungselemente oder durch textliche Hinweise (z. B. „beliebt bei kleinen und mittelständischen Unternehmen") unterstützen und in Form einer Broschüre zum Herunterladen angeboten werden.

Der Content-Asset-Typ „Broschüre" eignet sich gut für umfangreiche Inhalte und zählt zu den meistgenutzten im Kaufprozess (de Martini & Rediker, 2017, S. 30 f.). Teilweise sind die Inhalte direkt auf den einzelnen Webseiten platziert. Diese Variante benötigt eine benutzerfreundliche Webseitengestaltung, die z. B. in Form einer komprimierten Übersicht und durch eingebaute Texterscheinungseffekte interaktiv gestaltet wird, um eine Auseinandersetzung der Käufer mit dem umfangreichen Text zu unterstützen.

Da der Softwarekauf oft eine wesentliche Investition für ein Unternehmen ist, adressieren die Anbieter diesen Aspekt mit Angeboten rund um die Finanzierungsmöglichkeiten. Auch Preisaktionen, platziert auf diesem Interaction Hub, sind eine Taktik, um die Kaufentscheidung zu beeinflussen.

Der Kaufabschluss kann entweder im Onlineshop erfolgen oder über eine Anfrage initiiert werden. Eine Anfrage, die anschließend über den Direktvertrieb oder ein Partnerunternehmen der Anbieter abgewickelt wird, kann durch ein Kontaktformular oder einen Anruf platziert werden, die als Interaktionsmöglichkeit mit dem Vertrieb oder Service gekennzeichnet sind.

Immer mehr Anbieter führen einen Onlineshop für einen Self-Service-Kaufabschluss ein. Die Einbindung telefonischer Hilfestellung beim Kaufen oder die Möglichkeit einer telefonischen Bestellung geben dem Käufer die Kanal- und Interaktionswahl. Die Realisierung einer umfassender Onlineshop-Erfahrung durch einen interaktiven Warenkorb-Konfigurator und die Berücksichtigung aller für die Bestellung relevanten Aspekte bietet zwar dem Käufer eine B2C-ähnliche Onlineshopping-Erfahrung, wird aber in keinem Interview als kaufentscheidungsrelevant erwähnt.

4.3.10.5 Buyer Engagement Tactics

Die Buyer-Engagement-Taktiken für die Testversion oder die Preis-Promotions zu diesem DIH seitens der Anbieter sind folgende:

- Outbound-E-Mails mit dem Angebot einer Produktdemonstration und einer Testversion.

Abb. 4.28 Navigation
Patterns des DIH „Try & Buy“.
(Quelle: Eigene Darstellung)

Navigation Patterns: Next Best Interaction

- Anzeigen in Suchmaschinen mit der Promotion einer Testversion.
- Anzeigen und Platzierungen der Posts und Werbung in relevanten fachlichen Communitys bzw. in relevanten Foren.

Anders als bei anderen DIHs ist es wichtig, nicht nur die Aufmerksamkeit der Käufer zu gewinnen und diese zu dem Digital Interaction Hub zu führen, sondern auch eine durchgehende Begleitung der Käufer bei der Inanspruchnahme der Testversion zu gewährleisten. Regelmäßige E-Mails mit Hinweisen und Links unterstützen den Käufer bei Self-Service-Interaktionen mit der Software und ermöglichen ein erfolgreiches Produkterlebnis. E-Mails mit einem Hinweis auf eine kostenlose Remote-Unterstützung und Support verhindern eine negative Produkterfahrung im Falle technischer Herausforderungen.

4.3.10.6 Navigation Patterns: Next-Best-Interaction

Das positive Produkterlebnis kann durch die Verlinkung zum DIH „Ask the Community“ und zu relevanten Blogs und Produktforen unterstützt werden.

Die Beschäftigung mit den Kaufoptionen soll mit der Validierung des Kaufs durch die Verlinkung zu den DIHs „Why to Buy“ und „Customers Who Use It“ gefördert werden.

„Ask the Community“ – „Why to Buy“ – „Customers Who Use It“ (vgl. Abb. 4.28).

4.3.10.7 Kritische Erfolgsfaktoren

Viele der Personen, die eine Testversion herunterladen, installieren und nutzen sie nicht. Es ist eine aktive Ansprache und Motivation der Nutzer erforderlich, um die Interaktion mit der Software zu fördern und den Raum für das Produkterlebnis zu sichern. Negative Produkterfahrungen werden durch Probleme mit der Installation und bei der Nutzung ausgelöst und können durch den aktiven Support seitens des Anbieters adressiert werden (Selent, 2019):

- *„Ich habe es installiert [...] das hat nicht mit unserer Firewall funktioniert“* (INT40, zitiert in Selent, 2019).
- *„Dann ging es halt hauptsächlich weiter mit einer Testversion. [...] Die wurde auch hier einwandfrei installiert. Dann habe ich halt ohne irgendwie großartige Anleitung einfach mal probiert, was man da so alles Schönes zeichnen kann. Unten die Mitarbeiter*

im technischen Verkauf haben es auch mal probiert, das ist allerdings total in die Hose gegangen" (INT36, zitiert in Selent, 2019).

- Eine reaktionsschnelle Unterstützung des Anbieters während der Evaluierung und schnelle Antworten auf Fragen sind erforderlich.
- *„Kostenloser Support für Testversion in der Evaluierungsphase muss enthalten sein"* (D26, zitiert in Selent, 2019).

Daher sollen die Anbieter versuchen alle Fragen des Käufers während der Testperiode zu beantworten und durch verschiedene Marketingmaßnahmen Erfahrungsberichte von früheren zufriedenen Kunden bereitstellen (Knapp, 2018).

Neben dem Self-Service-Portal könnten auch Hilfestellungen in Form von Screenshots und Anleitungen erfolgen. Zum Beispiel für die Fehlerbehebung, Antworten zu häufig gestellten Fragen oder auch Kontaktdetails für den Support. Eine weitere Möglichkeit ist eine proaktive telefonische Kontaktaufnahme, um bei der Installation und Einstellungen zu unterstützen, damit kann eine erfolgreiche Nutzererfahrung sichergestellt werden.

Der Content für die Produktdemonstration muss darauf ausgelegt sein die Aufmerksamkeitsspanne der Käufer nicht zu überschreiten und die Länge unter 14 min zu halten (IDG, 2016, S. 10).

Durch die Aufforderung, eine Live-Demonstration nach der Onlinedemo anzufragen, werden die Buyer Personas zu Folgeinteraktionen motiviert und bringen dadurch die Buyer's Journey voran. Der Fallstudienanbieter nutzt einen mehrstufigen Prozess, um ein optimales Produkterlebnis während der Testperiode zu gewährleisten: von der wöchentlichen Kommunikation via E-Mails, Videoanleitungen, Zugang zur Community, telefonischem Support bei Installationsfragen, Einführungstrainings via Internet bis zu Schritt-für-Schritt-Anleitungen für Nutzungsfallbeispiele.

Einsichten und Skalierbarkeit nach Kundensegment (z. B. der Kundengröße) in die Lizenzoptionen und preislichen Komponenten sind weitere kritische Aspekte in diesem DIH.

Um dem Käufer die Kaufentscheidung zu erleichtern und zu fördern, könnte eine weitere gute Taktik darin bestehen, Vergleiche zwischen dem Unternehmen und seinen Wettbewerbern anzubieten (Knapp, 2018).

Literatur

Aarikka-Stenroos, L., & Jaakkola, E. (2012). Value co-creation in knowledge intensive business services: A dyadic perspective on the joint problem solving process. *Industrial Marketing Management, 41*(1), 15–26. https://doi.org/10.1016/j.indmarman.2011.11.008.

Aarikka-Stenroos, L., & Makkonen, H. S. (2014). Industrial buyers' use of references, word-of-mouth and reputation in complex buying situation. *Journal of Business & Industrial Marketing, 29*(4), 344–352. https://doi.org/10.1108/JBIM-08-2013-0164.

Anderson, B. (2019). 2019 B2B Buyers survey report, demand gen report. https://www.demandgen report.com/resources/research/the-2019-b2b-buyers-survey-report/. Zugegriffen: 16. Dez. 2020.

Ardichvili, A., Page, V., & Wentling, T. (2003). Motivation and barriers to participation in virtual knowledge-sharing communities of practice. *Journal of Knowledge Management, 7*(1), 64–77. https://doi.org/10.1108/13673270310463626.

Behrens, B. (2021). B2B-Marketing in sozialen Business-Plattformen am Beispiel LinkedIn. In E. Lammenett (Hrsg.), *Praxiswissen Online-Marketing* (S. 489–521). Springer Fachmedien Wiesbaden.

Bhardwaj, S., Jain, L., & Jain, S. (2010). An approach for investigating the perspective of cloud software-as-a-Service (SaaS). *International Journal of Computer Applications, 10*(2), 44–47. https://doi.org/10.5120/1450-1962.

Barber, N., Powers, S. & Galan, J. (2016). The forrester wave™: Online video platforms for sales and marketing, Q4 2016. Forrester Research. https://www.forrester.com/report/The+Forrester+Wave+Online+Video+Platforms+For+Sales+And+Marketing+Q4+2016/-/E-RES121294. Zugegriffen: 12.Nov. 2018.

Barber, N., Milender, J. & Ramos, L. (2017). A blueprint for successful B2B video marketing. drive revenue and buyers' engagement with effective use of video. Forrester Research. https://www.forrester.com/report/A+Blueprint+For+Successful+B2B+Video+Marketing/-/E-RES122967. Zugegriffen: 30. Sept. 2018.

Bhattacherjee, A., & Park, S. C. (2014). Why end-users move to the cloud: A migration- theoretic analysis why end-users move to the cloud: A migration-theoretic analysis. *European Journal of Information Systems, 23*(3), 357–437. https://doi.org/10.1057/ejis.2013.1.

Bialek, C. & Scheppe, M. (2021). LinkedIn gegen Xing: Die Online-Karriere-Netzwerke im Zweikampf. Handelsblatt. https://www.handelsblatt.com/karriere/karriere-netzwerke-linkedin-waechst-schneller-alsxing-und-setzt-die-konkurrenz-unter-druck/26860566.html. Zugegriffen 27. Aug. 2022.

Bieber, M., Engelbart, D., Furuta, R., Hiltz, S. R., Noll, J., Preece, J., et al. (2002). Toward virtual community knowledge evolution. *Journal of Management Information Systems, 18*(4), 11–35.

Bizzabo. (2021). What we've learned about hybrid events and what it means for 2022, Bizzabo. https://www.bizzabo.com/blog/hybrid-events-forrester-webinar/. Zugegriffen: 1. Sept. 2022.

Brashear-Alejandro, T. B., Kowalkowski, C., Ritter, T., Marchetti, R. Z., & Prado, P. H. (2010). Information search in complex industrial buying: Empirical evidence from Brazil. *Industrial Marketing Management, 40*(1), 17–27. https://doi.org/10.1016/j.indmarman.2010.09.006.

Brossard, H. L. (1998). Information sources used by an organization during a complex decision process: An exploratory study. *Industrial Marketing Management, 27,* 41–50. https://doi.org/10.1016/S0019-8501(97)00003-5.

Bryan, J. (2018). What sales should know about modern B2B buyers. Gartner. https://www.gartner.com/smarterwithgartner/what-sales-should-know-about-modern-b2b-buyers/. Zugegriffen: 1. Sept. 2020.

Bullinger, H.-J., Baumann, T., Fröschle, N., Mack, O., Trunzer, T. & Walter, J. (2002). *Business Communities. Professionelles Beziehungsmanagement von Kunden, Mitarbeitern und B2B-Partnern im Internet.* Galileo Press.

Bunn, M. D. (1993a). Information search in industrial purchase decisions. *Journal of Business-to-Business Marketing, 1*(2), 67–102. https://doi.org/10.1300/J033v01n02_04.

Bunn, M. D. (1993b). Taxonomy of buying decision approaches. *Journal of Marketing, 57*(1), 38–56. https://doi.org/10.2307/1252056.

Celestre, K. (2014). *Benchmark B2B social marketing efforts.* Forrester Research.

Celestre, K., Burris, P. & Hsieh, E. (2011). Social technographics® For business technology buyers. Forrester Research. https://www.forrester.com/report/2011+Social+Technographics+For+Business+Technology+Buyers/-/E-RES58564. Zugegriffen: 10. Febr. 2017.

Chiu, C.-M., Hsu, M.-H., & Wang, E. T. (2006). Understanding knowledge sharing in virtual communities: An integration of social capital and social cognitive theories. *Decision Support Systems, 42*(3), 1872–1888. https://doi.org/10.1016/j.dss.2006.04.001.

Collins, A., & Conley, M. (2017). Video marketing. The complete guide to creating a video marketing strategy. Hubspot. https://blog.hubspot.com/marketing/video-marketing. Zugegriffen: 20. Dez. 2018.

Copans, V. (2022). Hybrid case study: How forrester is approaching hybrid events in 2022. XLIVE. https://www.xliveglobal.com/b2b-experience/hybrid-case-study-how-forrester-approaching-hybrid-events-2022. Zugegriffen: 1. Sept. 2022.

De Martini, C. & Rediker, C. (2017). *Making personas personal: SiriusDecisions buyer insights 2017.* SiriusDecisions.

Demand Gen Report. (2016). The 2016 B2B buyer's survey report. Demand Gen Report. http://e61c88871f1fbaa6388d-c1e3bb10b0333d7ff7aa972d61f8c669.r29.cf1.rackcdn.com/DGR_DG043_SURV_B2BBuyers_Jun_2016_Final.pdf. Zugegriffen: 3. Apr. 2018.

DIM. (2016). Social Media Marketing in Unternehmen 2016. Studie, Deutsches Institut für Marketing. Köln. https://www.marketinginstitut.biz/fileadmin/user_upload/DIM/Dokumente/DIM_Kurzzusammenfassung_Studie_Social_Media_Marketing_2016_160407.pdf. Zugegriffen: 11. Juni 2018.

D'souza, A., Kabbedijk, J., Seo, D., Jansen, S. and Brinkkemper, S. (2012). Software-as-a-service: Implications for business and technology in product software companies, Proceedings of the Pacific Asia Conference on Information Systems (PACIS). Paper 140. http://aisel.aisnet.org/pacis2012/140.

Erat, P., Desouza, K. C., Schäfer-Jugel, A., & Kurzawa, M. (2006). Business customer communities and knowledge sharing: Exploratory study of critical issues. *European Journal of Information Systems, 15*(5), 511–524. https://doi.org/10.1057/palgrave.ejis.3000643.

Erichsson, S. K. (1994). *User Groups im Systemgeschäft. Ansatzpunkte für das System-marketing.* Deutscher Universitätsverlag.

Forrester. (2013). The ROI Of „Owner" Communities. https://www.forrester.com/blogs/13-02-14-the_roi_of_owner_communities/. Zugegriffen: 24. Mai 2023.

Gartner. (2019). Gartner forecasts worldwide public cloud revenue to grow 17.5 percent in 2019. Gartner. https://www.gartner.com/en/newsroom/press-releases/2019-04-02-gartner-forecasts-worldwide-public-cloud-revenue-to-g. Zugegriffen: 6. Juni 2019.

Gartner. (2020). Wie Kunden weltweit Software kaufen – Analyse und Vergleich. Gartner. https://www.gartner.com/ngw/globalassets/en/digital-markets/documents/global-buyer-journey-e-book.pdf?utm_source=linkedin&utm_medium=cpc&utm_campaign=germany_strategic_global_software-buyer-journey-ebook. Zugegriffen: 18. Nov. 2022.

Gartner. (2022). Gartner forecasts worldwide public cloud end-user spending to reach nearly $500 billion in 2022. Gartner. https://www.gartner.com/en/newsroom/press-releases/2022-04-19-gartner-forecasts-worldwide-public-cloud-end-user-spending-to-reach-nearly-500-billion-in-2022. Zugegriffen: 13. Aug. 2022.

Gharib, R. K., Philpott, E., & Duan, Y. (2017). Factors affecting active participation in B2B online communities: An empirical investigation. *Information & Management, 54*, 516–530. https://doi.org/10.1016/j.im.2016.11.004.

Godse, M. & Mulik, S. (2009). An approach for selecting software-as-a-Service (SaaS) product. 2009 IEEE International Conference on Cloud Computing. *IEEE,* 155–158. https://doi.org/10.1109/CLOUD.2009.74.

Google. (2018a). AdWords-Hilfe. Anzeigen für Displaynetzwerk auf YouTube schalten. https://sup
port.google.com/adwords/answer/2456100?hl=de. Zugegriffen: 25. Apr. 2018.

Google. (2018b). YouTube. Analytics and reporting APIs. https://developers.google.com/youtube/
analytics/. Zugegriffen: 25. Apr. 2018.

Google. (2018c). YouTube-Hilfe. Best practices für metadaten. https://support.google.com/youtube/
answer/7002331?hl=de. Zugegriffen: 25. Apr. 2018.

Google. (2018d). Einführung in die Suchmaschinenoptimierung (SEO). https://support.google.com/
webmasters/answer/7451184?hl=de. Zugegriffen: 7. April 2018.

Graap, A. (2015). Video-Marketing: Erfolgreicher Content für YouTube & Co. Mitp Verlag.

Gropp, T. A., & Rösger, J. (2012). Blogs und Foren, die neue Herausforderung für Unternehmen. In
H. Bauer & Hans (Hrsg.), Interactive Marketing im Web 2.0+. Konzepte und Anwendungen für
ein erfolgreiches Marketingmanagement im Internet. Verlag Franz Vahlen.

Halchak, M. (2017). The 2017 B2B Buyer's survey report. Demand Gen Report. Demandbase.
https://www.demandgenreport.com/resources/research/2017-b2b-buyers-survey-report.
Zugegriffen: 25. Apr. 2018.

Halvorson, K., & Rach, M. (2012). *Content strategy for the Web* (2. Aufl.). New Riders.

Handley, A., & Chapman, C. C. (2012). *Content Rules*. Wiley.

Hoar, A. (2015). Death of a B2B Salesman. Forrester. https://go.forrester.com/blogs/15-04-14-
death_of_a_b2b_salesman/. Zugegriffen: 10. Okt. 2020.

Holliman, G., & Rowley, J. (2014). Business to business digital content marketing: Marketers' perceptions of best practice. *Journal of Research in Interactive Marketing, 8*(4), 269–293. https://
doi.org/10.1108/JRIM-02-2014-0013.

Howcroft, D., & Light, B. (2006). Reflections on issues of power in packaged software selection. *Information Systems Journal, 16*(3), 215–235. https://doi.org/10.1111/j.1365-2575.2006.
00216.x.

Hughes, T. & Reynolds, M. (2016). *Social selling. Techniques to influence buyers and changemakers.*
Kogan Page.

Hünnies-Stemann, J. (2010). *Herstellerunabhängige Anwendervereinigungen als strategisches Kun-
denbindungsinstrument im Systemgeschäft.* Logos-Verlag.

IDG. (2016). Enterprise technology decisions become a business priority. Role & influence of the
technology decision-maker. International Data Group. https://cdn2.hubspot.net/hubfs/1624046/
offers/white_papers/RI_whitepaper_2016_digital-1.pdf. Zugegriffen: 8. Jan. 2018.

IDG Enterprise. (2017). 2017 Customer Engagement Research, International Data Group. http://
www.idgenterprise.com/resource/research/ce-2017-customer-engagement/. Zugegriffen: 23.
März 2017.

Ihlenburg, D. (2012). *Interaktionsplattformen und Kundenintegration in Industriegütermärkten.
Akzeptanzfaktoren, Wettbewerbsvorteile und Kundennutzen am Beispiel des Maschinen- und
Anlagenbaus.* Springer Gabler.

Jadhav, A. S., & Sonar, R. M. (2009). Evaluating and selecting software packages: A review. *Information and Software Technology, 51*(3), 555–563. https://doi.org/10.1016/j.infsof.2008.09.003.

Johnson, J. (2017). Three concepts for data-driven adaptive content delivery, siriusdecisions.
https://www.siriusdecisions.com/blog/three-concept-data-driven-adaptive-content-delivery.
Zugegriffen: 23. Juli 2018.

Kaplan, J. (2007). Saas: Friend or foe? *Business Communications Review, 37*, 48.

Katzmarzik, A. (2011). Product differentiation for software-as-a-service providers. *Business & Information Systems Engineering, 3*(1), 19–31. https://doi.org/10.1007/s12599-010-0142-4.

Keinänen, H., & Kuivalainen, O. (2015). Antecedents of social media B2B use in industrial marketing context: Customers' view. *Journal of Business & Indus-trial Marketing, 30*(6), 711–722.
https://doi.org/10.1108/JBIM-04-2013-0095.

Knapp, S. (2018). Mapping out the SaaS customer journey. Big Drop Inc. https://www.bigdropinc. com/blog/saas-customer-journey/. Zugegriffen: 6. Febr. 2021.

Koh, J., & Kim, Y. G. (2004). Knowledge sharing in virtual communities: An e-business perspective. *Expert Systems with Applications, 26*(2), 155–166. https://doi.org/10.1016/S0957-4174(03)001 16-7.

Koh, J., Kim, Y.-G., Butler, B., & Bock, G.-W. (2007). Encouraging participation in virtual communities. *Communications of the ACM, 50*(2), 68–73. https://doi.org/10.1145/1216016.1216023

Kopec, M. (2015). SiriusDecisions unveils results from new study on B-to-B Buying, Business-Wire. https://www.businesswire.com/news/home/20150514005804/en/SiriusDecisions-Unveils-Results-New-Study-B-to-B-Buying. Zugegriffen: 28. Nov. 2017.

Kopec, M., & Ross, J. (2015). *Demystifying B-to-B demystifying B-to-B buying for 2015 and beyond.* SiriusDecisions.

Kreutzer, R. T. (2014). *Praxisorientiertes Online-Marketing. Konzepte – Instrumente – Checklisten* (2. Aufl.). Springer Gabler.

Kreutzer, R. T., Rumler, A., & Wille-Baumkauff, B. (2015). *B2B-Online-Marketing und Social Media: Ein Praxisleitfaden.* Springer Gabler.

Kreutzer, R. T., Rumler, A., & Wille-Baumkauff, B. (2020). *B2B-Online-marketing und social media 2020. Handlungsempfehlungen und Best Practices.* Springer Gabler.

Lachenmaier, S. (2017). Webnutzung deutscher B2B Entscheider. VI Studie. Freiburg: Virtual identity. http://virtual-identity.com/story/wissen/webnutzung-deutscher-entscheider. Zugegriffen: 18. Dez. 2017.

Leinemann, R. (Hrsg.). (2011). *IT-Berater und soziale Medien. Wer beeinflusst Technologiekunden?* Springer.

LinkedIn. (2015). Rethink the B2B Buyer's journey. The transformed relationship between buyers, marketers and salespeople. LinkedIn. https://business.linkedin.com/content/dam/business/mar keting-solutions/global/en_US/campaigns/pdfs/rethink-b2b-buyers-journey-v03.09-eng-us.pdf. Zugegriffen: 24. Mai 2018.

LinkedIn Corporation. (2022). Über LinkedIn. LinkedIn. https://about.linkedin.com/de-de?lr=1. Zugegriffen: 27. Aug. 2022.

Löffler, M. (2014). *Think Content! Grundlagen und Strategien für erfolgreiches Content-Marketing* (1. Aufl.). Rheinwerk-Verlag.

Makkonen, H., Olkkonen, R., & Halinen, A. (2012). Organizational buying as muddling through: A practicetheory approach. *Journal of Business Research, 65*(6), 773–780. https://doi.org/10.1016/ j.jbusres.2010.12.015.

Margalit, L. (2015). Video vs text: The brain perspective, psychology today blog. https://www. psychologytoday.com/blog/behind-online-behavior/201505/video-vs-text-the-brain-perspective. Zugegriffen: 15. Mai 2015.

McBain, J. (2017). Death of the traditional IT channel. Address new hyperspecialized shadow channels to succeed in the age of the customer. Forrester Research. https://www.forrester.com/report/ death-of-the-traditional-it-channel/RES122461?ref_search=1305524_1684939189525.

Meyer, J. (2004). *Mundpropaganda im Internet. Bezugsrahmen und empirische Fundierung des Einsatzes von Virtual Communities im Marketing.* Kovač.

Michaelidou, N., Siamagka, N. T., & Christodoulides, G. (2011). Usage, barriers and measurement of social media marketing: An exploratory investigation of small and medium B2B brands. *Industrial Marketing Management, 40,* 1153–1159. https://doi.org/10.1016/j.indmarman.2011. 09.009.

Mills, C., & Rampley (2022, 2.–4. Mai). Reimagine B2B Events: Selecting An Event Mix To Drive Engagement And Impact. [Konferenzbeitrag]. B2B Summit Forrester Research. Online.

Molenaar, C. (2010). *Shopping 3.0. Shopping, the internet or both?* Gower Publishing.

Money, R. B. (2000). Word-of-mouth referral sources for buyers of international corporate financial services. *Journal of World Business, 35*(3), 314–329. https://doi.org/10.1016/S1090-9516(00)000 41-9.

Moriarty, R. T., & Spekman, R. E. (1984). An Empirical investigation of the information sources used during the industrial buying process. *Journal of Marketing Research, 21*(2), 137–147. https://doi.org/10.2307/3151696.

Ney, M. (2006). *Wirtschaftlichkeit von Interaktionsplattformen. Effizienz und Effektivität an der Schnittstelle zum Kunden* (1. Aufl.). Deutscher Universitätsverlag.

NTT. (2021). What is the future of virtual events? Q&A with our guest Laura Ramos, P & Principal Analyst at Forrester Research, NTT. https://services.global.ntt/-/media/ntt/global/insights-and-resources/data-sheets/what-is-the-future-of-virtual-events-forrester-datasheet.pdf?rev=c973a4 20174045998132855f6bf3bd15. Zugegriffen: 2. Sept. 2022.

Papertsian, M. (2015). *B-to-B Alignment: Core models and concepts.* SiriusDecisions.

Parry, D., & Ferron, P. (2022, 2.–4. Mai). Connecting the dots: Tying portfolio marketing's insights to campaign execution. Forrester Research. [Konferenzbeitrag]. B2B Summit Forrester Research. Online.

Prince, R. A., & Rogers, B. (2012). what is a thought leader?, Forbes Insight. https://www.forbes.com/sites/russprince/2012/03/16/what-is-a-thought-leader/#544fa0b47da0. Zugegriffen: 29. Jan. 2019.

Rabe, L. (2022). Statistiken zu LinkedIn. Statista. https://de.statista.com/themen/700/linkedin/#dos sierContents__outerWrapper. Zugegriffen: 12. Nov. 2022.

Raghavan, S. R., Jayasimha, K. R., & Nargundkar, R. V. (2020). Impact of software as a service (SaaS) on software acquisition process. *The Journal of Business and Indus-trial Marketing, 35*(4), 757–770. https://doi.org/10.1108/JBIM-12-2018-0382.

Ramos, L. (2010). Moving customer references into community marketing, Forrester Research. https://centerforcustomerengagement.com/2014/06/01/moving-customer-references-into-com munity-marketing-chat-with-forresters-laura-ramos/. Zugegriffen: 22. Mai 2018.

Ray, S., Kim, S., & Morris, J. (2014). The central role of engagement in online communities. *Information Systems Research., 25*(3), 528–546. https://doi.org/10.1287/isre.2014.0525.

Reiss-Davis, Z. (2013). In business, everybody uses social media for work; The question is how. Forrester Research. https://go.forrester.com/blogs/13-07-17-in_business_everybody_uses_social_media_for_work_the_question_is_how/. Zugegriffen: 23. Mai 2018.

Reiss-Davis, Z., Truog, D., Celestre, K. & Takvorian, S. (2013). The social behaviors of your B2B customers. A B2B-focused analysis of the landscape for the social marketing playbook. Forres-ter Research. https://www.forrester.com/report/The+Social+Behaviors+Of+Your+B2B+Custom ers/-/E-RES99721. Zugegriffen: 23. Mai 2018.

Roberts, J. (2006). Limits to communities of practice. *Journal of Management Studies, 43*(3), 623–639. https://doi.org/10.1111/j.1467-6486.2006.00618.x

Rothschild, K. (1988). the age of Influence. *Datamation, 34*(25), 18–24.

Saaksvuori, A., & Immonen, A. (2008). *Product lifecycle management.* Springer-Verlag.

Salo, J. (2017). Social media research in the industrial marketing field: Review of literature and future research directions. *Industrial Marketing Management, 66,* 115–129. https://doi.org/10.1016/j.indmarman.2017.07.013.

Salo, J., Lehtimäki, T., Simula, H., & Mäntymäki, M. (2015). Social Media marketing in the Scandinavian industrial markets. In Information Resources Management Association (Hrsg.), *Marketing and consumer behavior. Concepts, methodologies, tools, and applications* (S. 1136–1152). IGI Global.

Sands, M. (2003). Integrating the Web and e-mail into a push-pull strategy. *Qualitative Market Research, 6,* 27–37. https://doi.org/10.1108/13522750310457357.

Schulz, A. (2013). *Marketing mit Online-Videos. Planung, Produktion, Verbreitung.* Hanser.

Selent, A. (2019). Digitalisierung von Kundeninteraktionen – „Digital Interaction Hubs" im Vertrieb von Industriesoftware. Dissertation, Universität St. Gallen.

Siamagka, N.-T., Christodoulides, G., Michaelidou, N., & Valvi, A. (2015). Determinants of social media adoption by B2B organizations. *Industrial Marketing Management, 51,* 89–99. https://doi.org/10.1016/j.indmarman.2015.05.005.

SiriusDecisions. (2015). The SiriusDecisions B-to-B buying decision process framework. Research Brief. SiriusDecisions. https://www.siriusdecisions.com/Research-Articles/T/TheSiriusDecisionsBtoBBuyingDecisionProcessFramework. Zugegriffen 10. Dez. 2016.

SiriusDecisions. (2018). *Webinar technologies: A Sirius perspective. Technology Perspective.* SiriusDecisions.

Somers, T. M., & Nelson, K. G. (2004). A taxonomy of players and activities across the ERP project life cycle. *Information & Management, 41*(3), 257–278. https://doi.org/10.1016/S0378-7206(03)00023-5.

Strothmann, K.-H. (1989). *Innovationsmarketing. Markterschließung für Systeme der Bürokommunikation und Fertigungsautomation.* Springer Gabler.

Steward, M., Narus, J. A., & Roehm, M. L. (2018). An exploratory study of business-to-business online customer reviews: External online professional communities and internal vendor scorecards. *Journal of the Academy of Marketing Science, 46,* 173–189. https://doi.org/10.1007/s11747-017-0556-3.

Tirico, K. (2018). The 2018 B2B buyer's survey report. Demand Gen Report. Demand-base. https://www.demandgenreport.com/resources/reports/2018-b2b-buyers-survey-report. Zugegriffen: 10. Dez. 2020.

Trifonova, V. (2019). Does social media matter in the B2B purchase journey? GWI. https://blog.gwi.com/chart-of-the-week/social-and-the-b2b-purchase-journey/. Zugegriffen: 10. Dez. 2021.

Walser, K. (2006). *Auswirkungen des CRM auf die IT-Integration.* Eul-Verlag.

Webster, F. E., Jr. (1965). Modeling the industrial buying process. *Journal of Marketing Research, 2*(4), 370–376. https://doi.org/10.2307/3149483.

White, J. (2015). B2B sales process: The buyer journey has changed, HireVue. https://www.hirevue.com/blog/coach-blog/b2b-sales-rep-buyer-journey. Zugegriffen: 3. Apr. 2018.

Wiersema, F. (2013). The B2B agenda: The current state of B2B marketing and a look ahead. *Industrial Marketing Management., 42*(4), 470–488. https://doi.org/10.1016/j.indmarman.2013.02.015.

Wildeman, R. C. (2009). The ROI of product life-cycle-management. Forrester Research. https://cdn2.hubspot.net/hub/93903/file-17508374-pdf/docs/roi_of_product_life-cycle_management.pdf?t=1539074543638. Zugegriffen: 10. Okt. 2018.

Wirtz, B. W. (Hrsg.). (2007). *Handbuch Multi-Channel-Marketing.* Springer Gabler.

YouTube. (2018). Leistung überprüfen – und noch besser werden, YouTube. https://www.youtube.com/intl/de_ALL/yt/advertise/resources/optimizing-your-video-marketing-campaigns/. Zugegriffen: 25. Apr. 2018.

Betriebliche Voraussetzungen und phasenweise Realisierung des Konzeptes in der Praxis

5

Zusammenfassung

Dieses Kapitel zeigt auf, was bei der Realisierung der „Digital Interaction Hubs" seitens der Anbieter zu beachten ist. Im ersten Schritt wird das phasenweise Realisierungsvorgehen erläutert. Die Darstellung der Grund- und Ausbauelemente der neun Digital Interaction Hubs gibt eine konkrete Praxisanleitung zum Aufbau des Grundgerüstes der Hubs. Danach wird der Frage nachgegangen, wie die betrieblichen Voraussetzungen für die Umsetzung und den Ausbau der Digital Interaction Hubs und der digitalen Kundeninteraktionen sein können. Dabei wird auf folgende Themen eingegangen: (1) Interaktionsangebot & KPIs (Key Performance Indicators), (2) Technologien & Lösungen, (3) Personalressourcen & -fähigkeiten, (4) Intelligence (organisationsinterne Ressourcen) & Support, (5) Netzwerkkollaboration mit externen Ressourcen und Partnern, sowie (6) Sales Involvement zur Realisierung der Live-Interaktionen und zur Verzahnung mit dem Vertrieb. Eine Gesamtübersicht der Gestaltungsempfehlungen schließt das Kapitel ab.

Das folgende Kapitel zeigt auf, was bei der Realisierung der „Digital Interaction Hubs" seitens der Anbieter zu beachten ist, und erläutert die Vorgehensweise mit konkreten Schritten zur Umsetzung. Folgende Fragen werden im Beitrag adressiert:

- Welche Anpassungen und Ergänzungen zu den Buyer-Persona-Profilen und Digital Interaction Hubs müssen anbieterspezifisch erfolgen?
- Wie können die betrieblichen Voraussetzungen für die Umsetzung der Digital Interaction Hubs sein?

A. Selent, *Digital Interaction Hubs für B2B-Kundeninteraktionen*,
https://doi.org/10.1007/978-3-658-42366-7_5

Die Zielsetzung des Kapitels ist es, im Rahmen der systematisierten Bewertung der Käufer, des Kaufumfeldes und der Selbstbewertung ein unternehmensspezifisches DIH-Profil zu entwickeln sowie Optimierungsbedarf und -maßnahmen für die Gestaltung der digitalen Interaktionen abzuleiten. Die Gestaltungsparameter veranschaulichen die Anbieterperspektive und gehen auf technologische, personelle und organisatorische Aspekte ein, die das Unternehmen beim Aufbau der Digital Interaction Hubs adressieren sollte.

5.1   Vorgehensweise bei der Realisierung des „Digital Interaction Hubs"-Konzeptes

Die neun Digital Interaction Hubs stellen ein Grundgerüst für die Digitalisierung von Kundeninteraktionen im Vertrieb von Industriesoftware dar. Mit wenigen unternehmensspezifischen Anpassungsschritten sind diese auf andere B2B-Lösungen und B2B-Branchen übertragbar. Besonderheiten des Informations- und Interaktionsverhaltens von relevanten Buyer Personas, das digitale Kaufumfeld sowie das Lösungsangebot des Anbieters bestimmen die unternehmensspezifische Gewichtung und den Gestaltungsraum einzelner Digital Interaction Hubs (vgl. Tab. 5.1). In den ersten vier Schritten sind die Anpassungsschritte erläutert. Daraufhin folgt das Umsetzungsvorgehen.

Schritt 1: Anpassungen und Ergänzungen zu den Buyer Personas
Im ersten Schritt werden die Anpassungen und Ergänzungen zu den Buyer-Persona-Profilen und folglich der Digital Interaction Hubs unternommen. Die in Kap. 3 beschriebenen Buyer Personas gilt es auf Anbieterbranche und -geschäft zu überprüfen und bei Bedarf anzupassen. Typischerweise betrifft es Fachentscheider und Endnutzer. Die neuidentifizierten Informations- und Interaktionspräferenzen sollen in den Hubs eingearbeitet werden.

Schritt 2: Auswertung der bestehenden Webseite
Die bestehende Internetpräsenz des Unternehmens als Ausgangslage beeinflusst den Umfang der Umsetzungsmaßnahmen. Eine bestehende Webseite beinhaltet typischerweise einzelne DIHs oder DIH-Elemente. Nach der Anpassung der Buyer-Persona-Profile werden die bestehenden Interaktionsangebote in Bezug auf ihre Nutzungshäufigkeit und Käuferrelevanz ausgewertet, was beispielhaft mit Hilfe von Web Analytics oder anderen Analysetools umgesetzt werden kann. Die Ergebnisse fließen in die Neugestaltung ein.

Schritt 3: Analyse des digitalen Kaufumfeldes der Käufer
Der Digitalisierungswandel und die digitalen Erfahrungen der betroffenen B2B-Käufer prägen ihre Präferenzen und verändern ihre Erwartungen an den Anbieter (Casey, 2020). Das Nichtbeachten von digitalen Gegebenheiten des Kaufumfeldes, in dem sich der Käufer während seiner Buyer's Journey bewegt, kann zu Käufer-Disengagement führen und die

Verkaufschancen stark beeinträchtigen. Im Kontext der unternehmensspezifischen Realisierung der Digital Interaction Hubs sind die industrierelevanten Best Practices von Bedeutung. Eine Bestandsaufnahme des digitalen Angebotes von Mitbewerbern und weiteren relevanten externen Plattformen (z. B. Industrie- und Businessplattformen) gibt eine Einschätzung des Kaufumfeldes.

Schritt 4: Selbstbewertung des eigenen Lösungsangebotes
Im nächsten Schritt erfolgt die Selbstbewertung des eigenen Lösungsangebotes. Die Komplexität der Lösungen, deren Marktreife und der damit verbundene Informations- und Wissensbedarf beim Käufer, aber auch die potenziellen Auswirkungen des Lösungsansatzes auf die Käuferorganisation sind relevante Faktoren in der Gestaltung der Marketing- und Vertriebsstrategien (Wizdo, 2016a, S. 3 ff.; O'Neill, 2012) und folglich des digitalen Informations- und Interaktionsangebotes. Dieser Schritt gibt Differenzierungshinweise zur Gestaltung des Interaktionsangebotes einzelner DIHs für verschiedene Lösungssegmente bezüglich des relevanten Interaktionstyps, Contents und der Vertriebseinbindung. Die Standardlösungen im etablierten Markt können über webgestützte sowie automatisierte Interaktionen im Self-Service-Format und den punktuellen Einsatz von personalisierten Live-Interaktionen mit dem Innendienst vermarktet werden. Dabei stehen die Produktfunktionalitäten im Vordergrund der Content- und Interaktionsgestaltung. Die komplexen Lösungen mit hohem Innovationsgrad benötigen einen verstärkten Fokus auf die menschlichen Interaktionen im digitalen und persönlichen Format, die als Interaktions- oder Kontaktoption in DIHs eingebunden sind. Der inhaltliche Fokus liegt dabei auf industrierelevantem Content, „Thought Leadership"-Inhalten, aber auch auf den Lösungsfunktionalitäten.

Schritt 4: Erstellung des unternehmensspezifischen „Digital Interaction Hubs"-Modells
Basierend auf den ausführlichen Darstellungen von neun Hubs in Kap. 4 sowie unternehmensspezifischen Anpassungen aus den oben genannten Schritten 1 bis 3 sind alle Hubs in Form einer Sitemap für die eigene Webseite sowie für die relevante externe Plattformen (z. B. YouTube und B2B-Communities) zu erstellen. Damit ist eine vollständige hierarchisch strukturierte Darstellung aller Hubs und dazugehörigen Unterseiten gemeint. Anschließend folgt die Erstellung von Wireframes, die die Informationsarchitektur (Information- und Interaktionsangebot), die Benutzerführung (Next Best Interaction) und die Navigation repräsentieren.

Schritt 5: Realisierung des „Digital Interaction Hubs"-Modells
Die Realisierung des „Digital Interaction Hubs"-Modells erfolgt vertikal in vier Phasen (vgl. Abb. 5.1 und 5.2):

- Basiselemente: Überprüfung und Ausbau der Basiselemente aller Hubs

Tab. 5.1 Angebots- und kaufsituationsspezifische Differenzierung der DIH-Gestaltung. (Quelle: In Anlehnung an O'Neill, 2012; Wizdo, 2016a, S. 4 ff.)

Komplexität des Angebotes (Marktreife, Lösungskomplexität, Wissenstransfer vom Anbieter an den Käufer)	Portfoliobeschaffung Primäre Buyer Persona: Fachentscheider auf hoher Hierarchieebene bzw. Business-Entscheider mit technischem Hintergrund Interaktionsangebot: Automatisierte und Live-Interaktion (z. B. Expert Demos), personalisierte Live-Interaktion Interaktion mit Fach- und teilweise mit Innendienst Inhaltlicher Fokus: Unternehmenswerte, Lösungsvorteile und Funktionalitäten	Geschäftstransformation Primäre Buyer Persona: Business-Entscheider Interaktionsangebot: Live-Interaktionen, Interaktion mit Fachvertrieb mit Expertenkompetenzen Inhaltlicher Fokus: Thought Leadership Content, Unternehmenswerte, Kundenreferenzen, Lösungsvorteile
	Produktbeschaffung Primäre Buyer Persona: Fachentscheider auf mittlerer Hierarchieebene Interaktionsangebot: webgestützte und automatisierte Interaktionen im Self-Service-Format, soziale und Live-Interaktion; Interaktion mit Innendienst, bei Bedarf mit Außendienst Inhaltlicher Fokus: Produktfunktionalitäten, Geschäftsvorteile	Geschäftsprozessoptimierung Primäre Buyer Persona: Business-Entscheider, IT-Entscheider Interaktionsangebot: automatisierte und Live-Interaktionen, Interaktion mit Fach- und teilweise mit Innendienst Inhaltlicher Fokus: industrierelevanter Content, Thought Leadership Content, Produktfunktionalitäten, Lösungsvorteile, Kundenreferenzen
	Kaufsituation (Neuheit, Komplexität, Implementierungsauswirkungen, wahrgenommenes Risiko)	

- Vernetzung & Buyer Engagement Tactics: Vernetzung der Digital Interaction Hubs zur Förderung der Buyer's Journeys
- Sales Involvement: Implementierung des Sales Involvement zur Verzahnung von digitalen Interaktionen mit Live-Interaktionen
- Ausbau: Ausbau der Digital Interaction Hubs

Die Umsetzung aller Hubs von den Basiselementen hin zum Ausbau vs. eines Vorgehens „von Hub zu Hub nacheinander" ist von Bedeutung. Da neun Digital Interaction Hubs

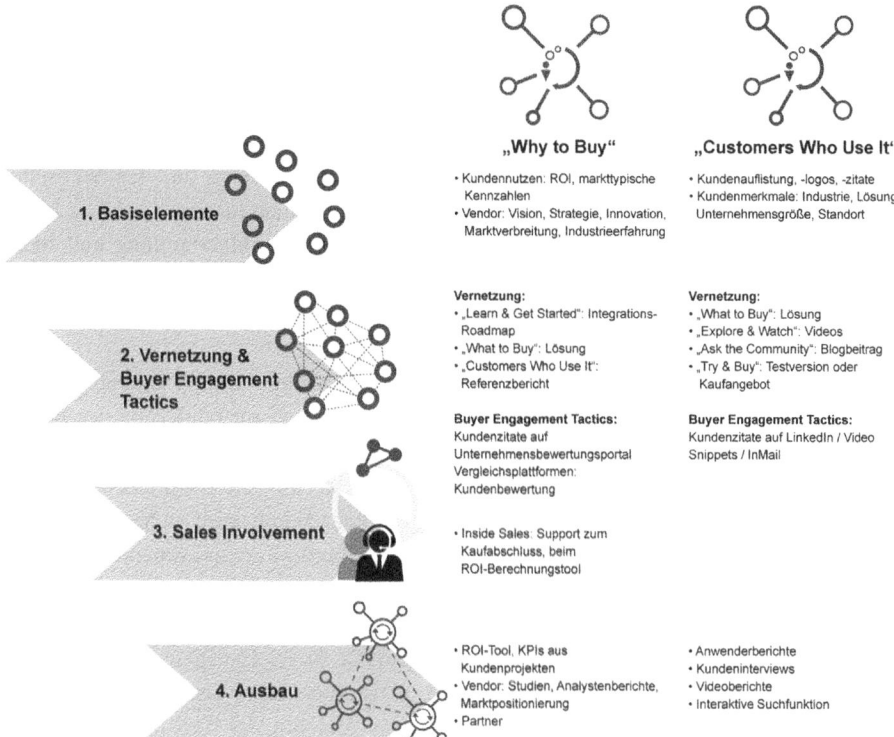

Abb. 5.1 Stufenweise Realisierung der DIH „Why to Buy" und „Customers Who Use it". (Quelle: Eigene Darstellung)

unterschiedliche Informationsziele im Kaufentscheidungsprozess der Käufer adressieren, würde eine nacheinander folgende Umsetzung einzelner Hubs die Informationslücken in der Buyer's Journey vergrößern.

Die Ausgangslage in Bezug auf die Anbieter-Webseite beeinflusst den Umfang der Umsetzungsmaßnahmen. Eine neue Webseite bedarf einer umfangreicheren Konzeption und Ausarbeitung des Contents und Interaktionsangebotes. Bei Aktualisierung oder Relaunch der bestehenden Webseite gibt es die Möglichkeit einen Teil des Contents wiederzuverwenden oder auf den bestehenden Content-Fundus aufzubauen. Mitunter können einzelne Hubs zum Teil oder gänzlich vorhanden sein.

1. In der ersten Phase werden die Basiselemente der neun Digital Interaction Hubs – die Interaktions- und Inhaltsangebote in Grundform – erstellt bzw. bei einer bestehenden Webseite überprüft.

Beispiel DIH „Customers Who Use It": Kundennamen und Kundenzitate stellen Basiselemente des Hubs dar. Typischerweise ist dieses Hub auf den bestehenden Webseiten in unterschiedlichen Ausprägungen schon vorhanden. Eine Überprüfung der veröffentlichten Kundennamen, -logos, -zitaten vs. relevanten Zielgruppen lässt die fehlenden Kundenbeispiele erkennen und nachfüllen.

Beispiel DIH „Why to Buy": Dieses Hub fehlt dagegen oft auf den Webseiten. Dabei geht es um die Validierung der Anbieter und Lösungen für den Kauf. Die Inhalte zum Anbieter über seine Vision, Strategie, Innovation, Marktverbreitung und Industrieerfahrung bzw. zu seinen Lösungen über Marktverbreitung, Auszeichnungen und Evaluierungen seitens namhafter Analysten oder Experten sind die Basiselemente des Hubs.

2. Die zweite Phase richtet sich auf die Vernetzung einzelner Digital Interaction Hubs und einzelner Interaktionsangebote (Next Best Interaction) zur Förderung der Buyer's Journey zwischen den DIHs und auf die Aufstellung der Inbound- und Outbound-Marketingmaßnahmen (Buyer Engagement Tactics), um die Aufmerksamkeit der Käufer zu erregen und diese zu den Hubs zu leiten. Damit wird sichergestellt, dass unterbrochene oder wiederaufgenommene Buyer's Journeys ebenso unterstützt werden.

Beispiel: Ein Beitrag auf LinkedIn mit dem Kundenzitat und Verlinkung zum „Customers Who Use It"-Hub, zum relevanten Kundenbeispiel sowie zum „Try & Buy"-Hub zur relevanten Lösung sind Beispiele der Buyer Engagement Tactics. Eine Verlinkung des Kundenzitats aus dem DIH „Customers Who Use It" zur relevanten Produktseite des DIH „What to Buy" und zum Angebot des Testlizenz-Downloads bzw. zum Kaufangebot des DIH „Try & Buy" fördert weitere Schritte der Buyer's Journey.

3. In der dritten Phase ist das Sales Involvement an den DIHs und somit die Verzahnung von digitalen Interaktionen mit Live-Interaktionen zu gewährleisten. Eine direkte aktive Teilnahme in den Interaktionen ist hier von Bedeutung.

Beispiel DIH „Why to Buy": Ein Mitarbeiter des Innendienstes kann einen Interessenten beim Bedienen des digitalen ROI-Berechnungstools unterstützen und eine Gelegenheit für vertriebliche Folgemaßnahmen oder -gespräche schaffen. Somit kann ein Übergang vom digitalen zum direkten Vertrieb gewährleistet werden.

Beispiel DIH „Try & Buy": Ein Mitarbeiter des Innendienstes kann beim Download der Testlizenz oder beim Kaufabschluss in Echtzeit über Chat oder Telefon unterstützen und eine optimale Kunden- und Verkaufserfahrung sichern.

4. Anschließend findet der Ausbau der Digital Interaction Hubs statt, der einen kontinuierlichen Prozess darstellt und mit Fokus auf die in Kap. 4 beschriebenen Dimensionen und Gestaltungsmöglichkeiten der einzelnen DIHs stattfindet.

Beispiel DIH „Try & Buy": Eine Ausbaumöglichkeit dieses Hubs ist ein Onlineshop oder eine Testversion von dem Produkt oder von der Lösung, falls diese noch nicht angeboten wurde.

Beispiel DIH „Customers Who Use It": Die Erstellung eines ausführlichen Anwenderberichts oder einer Video-Case Study ist beispielhaft eine Erweiterung zum Basiselement „Kundenzitat".

Die Grundelemente und Ausbaumöglichkeiten der neun Digital Interaction Hubs sind in Abb. 5.2 abgebildet. Diese sind entsprechend den oben genannten Schritten unternehmensspezifisch zu validieren und zu gewichten.

5.2   Das DIH-Managementmodell

Ein Unternehmen muss verschiedene technologische, personelle und organisatorische Voraussetzungen erfüllen, um als Anbieter ein optimales digitales Käufererlebnis bieten zu können. Diese sind beispielhaft die Beschaffung von notwendigen Technologien, der Aufbau von personellen Ressourcen und Fähigkeiten oder der Zugang zu externen Ressourcen und Partnern. Nachstehend erfolgen die Darstellung aller Gestaltungsparameter im Gesamtbild des DIH-Managementmodells sowie eine Gesamtübersicht der vorgeschlagenen Gestaltungsempfehlungen (vgl. Abb. 5.3 und 5.4) sowie die Abgrenzung und Beschreibung der einzelnen Gestaltungsparameter. Abzugrenzen ist die Kategorie „Netzwerkkollaboration" als organisationsextern und die restlichen Kategorien als organisationsintern.

Abb. 5.4 gibt eine Gesamtübersicht der Gestaltungsempfehlungen für die DIHs im Vertrieb von Industriesoftwares:

5.2.1   Interaktionsangebot und KPIs (Key Performance Indicators)

Diese Kategorie beschreibt die DIH-spezifische Gestaltung des Informations- und Interaktionsangebots, das den Gestaltungsentscheidungen weiterer Parameter zugrunde liegt. Die ausführliche Beschreibung dieses Parameters für einzelne DIHs ist Abschn. 4.2 bis Abschn. 4.11, Abschnitt „Gestaltungsmöglichkeiten in der Praxis", zu entnehmen.

KPIs (Key Performance Indicators)
Im B2B-Marketing gelten die Überwachung, Messung und Bewertung der digitalen Aktivitäten als eine Herausforderung (Valos et al., 2010; Ramos, 2016, S. 1). Im Folgenden werden die Leistungsindikatoren aufgezeigt, die zur Bewertung und Optimierung der Digital Interaction Hubs herangezogen werden können.

Folgende Kennzahlen können zur Bewertung der einzelnen DIHs und der dazugehörigen Unterseiten und Landingpages hinzugezogen werden (Rabsch et al., 2019, S. 612 ff.):

Kennzahlen zur Messung des Besucheraufkommens:

- Visitors (Besucher oder Nutzer)

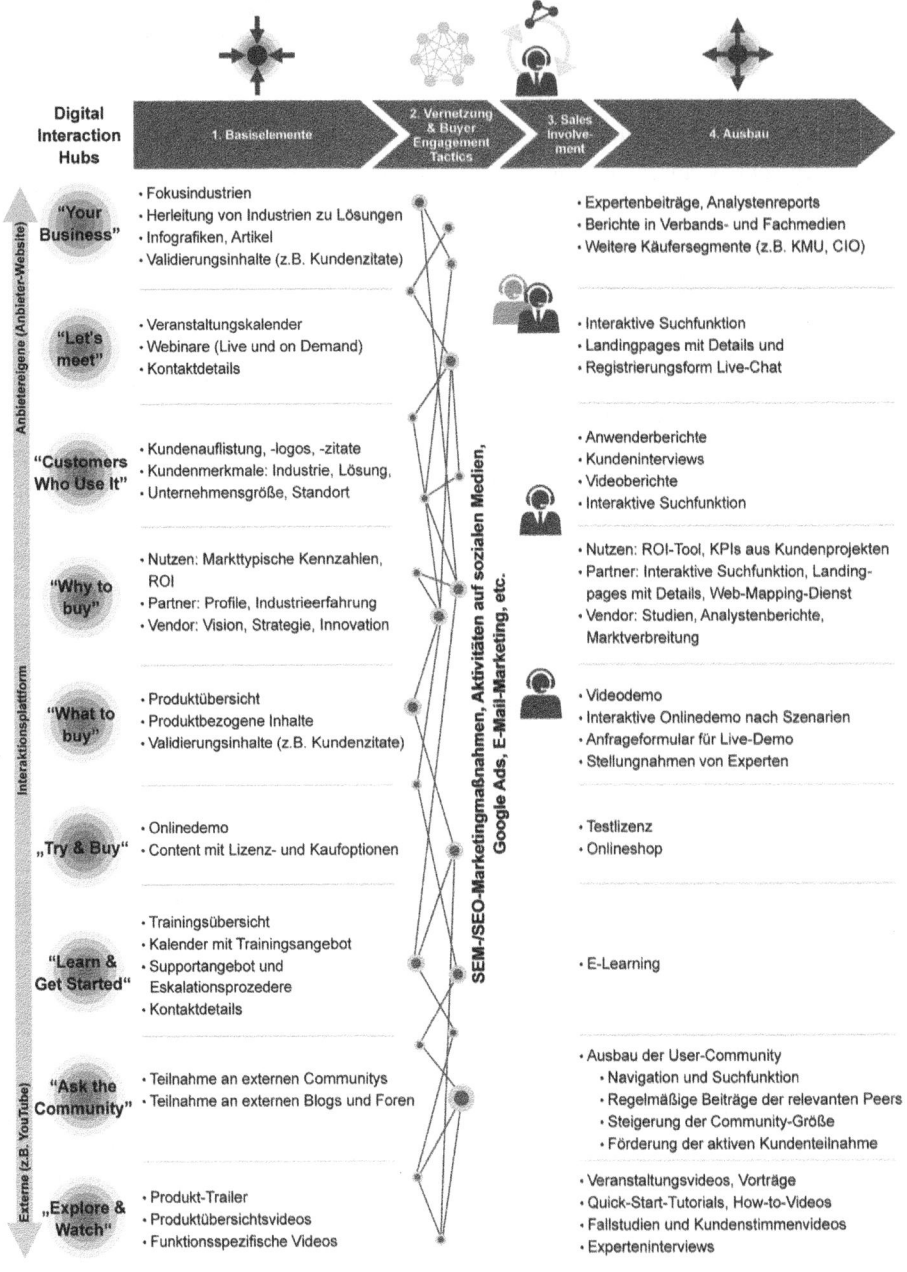

Abb. 5.2 Grund- und Ausbauelemente der neun Digital Interaction Hubs. (Quelle: Eigene Darstellung)

I	Interaktionsangebot & KPIs (Key Performance Indicators)	Wie sieht das Informations- und Interaktionsangebot der einzelnen DIHs aus? Anhand welcher KPIs kann der Erfolg von DIHs gemessen und Optimierungsbedarf abgeleitet werden?
II	Technologien & Lösungen	Welche Technologien unterstützen Digital Interaction Hubs?
III	Personalressourcen & Fähigkeiten	Welche Personalressourcen und Fähigkeiten sind für die erfolgreiche Gestaltung und das Management von DIHs notwendig?
IV	Intelligence & Support	Die Unterstützung welcher weiteren organisationsinternen Ressourcen ist für die Gestaltung der DIHs notwendig?
V	Netzwerkkollaboration	Welche externen Ressourcen und Partner sind wesentlich für die erfolgreiche Umsetzung der DIHs?
VI	Sales Involvement	Die Einbindung welcher weiteren Interaktionskanäle (Telefon, E-Mail oder Chat-Funktion) und des Vertriebs ist für die Realisierung der Live-Interaktionen notwendig?

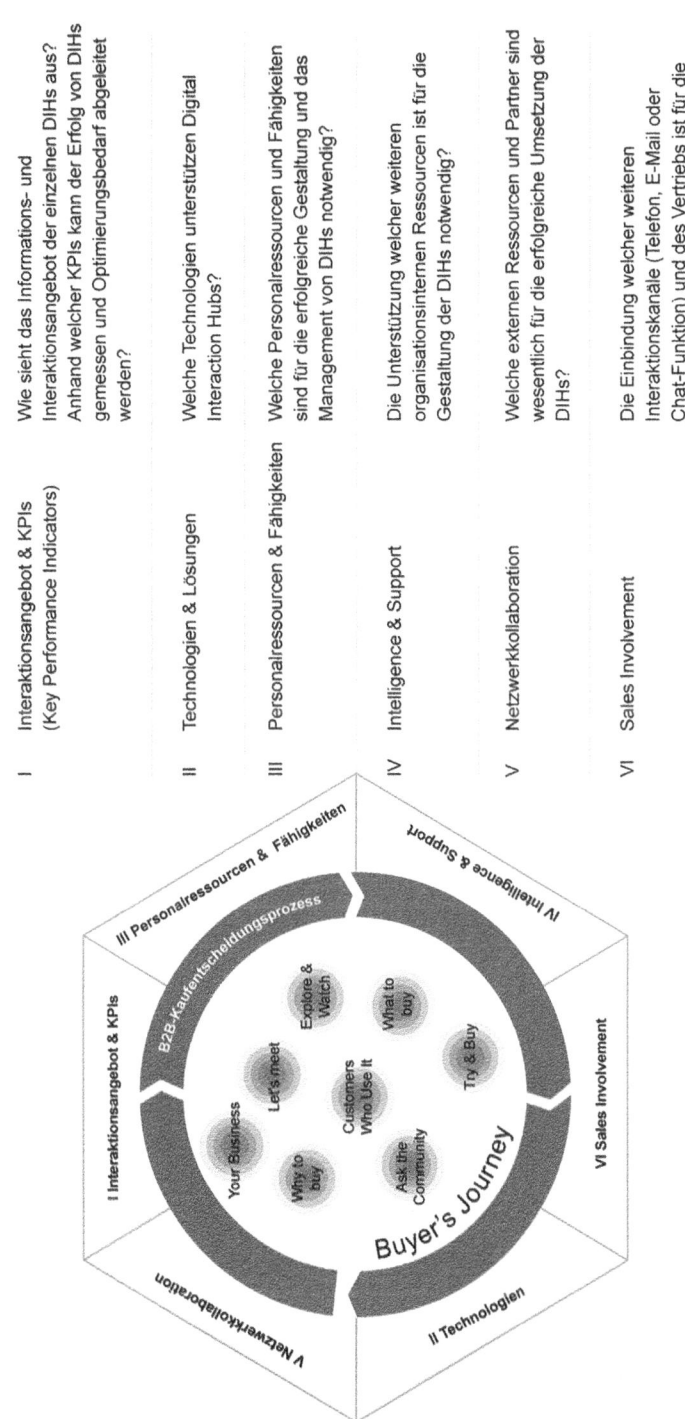

Abb. 5.3 „Digital Interaction Hubs"-Managementmodell. (Quelle: eigene Darstellung)

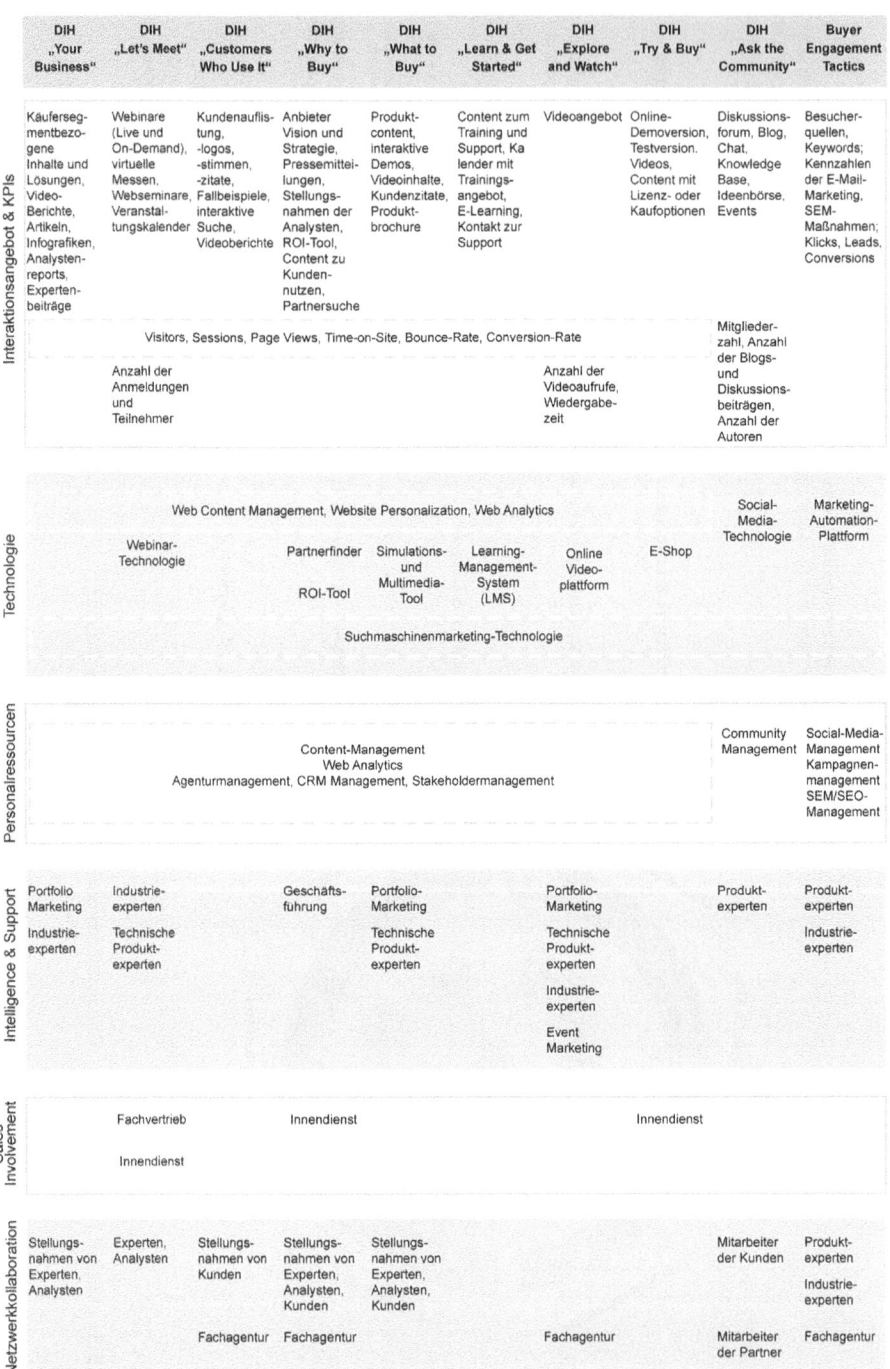

Abb. 5.4 Gestaltungsempfehlungen des „Digital Interaction Hubs"-Managementmodells. (Quelle: Eigene Darstellung)

- Sessions (Besuch oder Sitzung)

Kennzahlen des Besucherverhaltens:

- Page Views (Seitenaufrufe)
- Time-on-Site (Sitzungsdauer)
- Bounce-Rate (Absprungrate)

Kennzahl zur Attraktivität der einzelnen Interaktionsangebote:

- Conversion-Rate (Konversionsrate)

Interaktionsangebote im Videoformat, die sowohl auf dem DIH „Explore & Watch" als auch auf weiteren DIHs platziert werden können, sind über die Anzahl der Aufrufe des Videos sowie die Wiedergabezeit zu bewerten.

Die Evaluierung der Interaktionsangebote auf dem DIH „Let's Meet" erfolgt über die Anzahl der Anmeldungen und Teilnehmer sowie über die E-Mail-KPIs.

Leistungsindikatoren des DIH „Ask the Community" beziehen sich auf die Kennzahlen, die den Traffic und das Engagement der Community wiedergeben. Dazu gehören beispielhaft die Anzahl von Mitgliedern, die Anzahl der Artikel pro Monat, die Anzahl der Autoren (Personen, die im Blog posten) und die Anzahl der Threads (Diskussionen oder Konversationen) im Forum.

Besucherquellen und Keywords sind relevante Indikatoren zur Gestaltung und Optimierung der Buyer Engagement Tactics. Die Bezeichnungen der Besucherquellenindikatoren variieren je nach verwendeter Technologie, z. B. sind diese Angaben unter „Verweis-Websites", „Referrer" oder „Kanäle" im Trackingtool Google Analytics zu finden.

Die Kennzahlen zur Evaluierung der Buyer Engagement Tactics hängen von den eingesetzten Taktiken ab. Beispielsweise sind im Bereich des E-Mail-Marketings Kennzahlen wie Öffnungsrate, Klickrate, Lesedauer oder Abmelderate von Bedeutung. Taktiken in sozialen Medien oder SEM-Maßnahmen sind durch klickbezogene Kennzahlen wie Anzahl von Klicks, Leads, Conversions sowie Kosten pro Klick, Lead und Conversions zu evaluieren. Der Erfolg von SEO-Maßnahmen ist vor allem am Rankingstatus in Suchergebnissen und an der Zahl der Conversions auf den DIHs aus der organischen Suche zu messen.

Die oben genannten Leistungsindikatoren erheben keinen Anspruch auf Vollständigkeit und sind in Abhängigkeit von den umgesetzten Interaktionsangeboten und Buyer Engagement Tactics zu definieren. Weitere Mechanismen wie Webanalyse-Anbindungen oder Post-Click-Tracking ermöglichen die Verknüpfung und anschließende Bewertung der einzelnen Taktiken. Mit fortgeschrittenem Web-Controlling können die Daten mithilfe der Segmentierung sowie unter der komplexen Betrachtung von mehreren Kanälen analysiert werden, was tiefere Erkenntnisse über die Buyer's Journey ermöglicht (Rabsch et al., 2019, S. 639 ff.).

Das Zusammenführen und Verknüpfen der Aktivitäten und Kennzahlen mit den Daten des CRM-Systems ermöglicht Auswertungen auf der Kampagnenebene, Personenebene oder Unternehmensebene, was zu einem besseren Verständnis der Buyer Personas und der Buyer's Journey beiträgt. Außerdem unterstützt dies die Optimierung des DIH-Angebots sowie die Auswertungen zum Return on Investment.

5.2.2 Technologien & Lösungen

Die Herausforderung liegt von allem in der Vielfalt und der Komplexität der Marketingtechnologielandschaft: Im Jahr 2020 zählen 8.000 Lösungen dazu (Brinker, 2020). Damit einhergehend zählen die Technologieinfrastruktur und die Datenressourcen als kritische Faktoren.

Als Grundlage für die Gestaltung der Digital Interaction Hubs können folgende Technologien bzw. Lösungen berücksichtigt werden (vgl. Abb. 5.5):

- Web Content Management-Software
- Webinar-Technologie
- Online-Videoplattform
- Marketing-Automation-Plattform
- Website Personalization-Technologie
- Web Analytics Software
- Suchmaschinenmarketing-Technologie
- Social-Media-Technologie
- E-Shop
- Partnerfinder
- ROI-Berechnungstool
- Simulations- und Multimedia-Tool

Abb. 5.5 Technologiegrundlage für Digital Interaction Hubs. (Quelle: Eigene Darstellung)

Der Einbezug von Marketing- und Vertriebstechnologien geht über den Rahmen dieses Forschungsvorhabens hinaus. Jedoch ist die Erläuterung der Schlüsseltechnologien für das Verständnis dieses Werkes essenziell.

Eine unternehmensspezifische Technologielandschaft sollte in einer strukturierten Evaluierung der bestehenden Infrastruktur und der organisatorischen Prozesse unter Berücksichtigung der aktuellen technologischen Fortschritte, der regulatorischen Marktveränderungen und der Unternehmensgeschäftsmodelle erarbeitet werden.

Laut Einschätzung von B2B-Analystenhäusern beschränkt sich die Marketingtechnologienutzung von B2B-Unternehmen noch oft auf Basistechnologien, wie Web-Content-Management, Web Analytics, SEO und E-Mail-Marketing als Teil der Marketingautomation und sind nur die wachsenden Unternehmen durch die Zunahme des Technologieeinsatzes für das Automatisieren der manuellen Methoden und die Unterstützung der Marketing- und Vertriebsfunktionen gekennzeichnet (Yates, 2017).

Web Content Management (WCM)

Web Content Management (WCM) wird als Grundlage für den Aufbau von Webseiten und digitalen Erfahrungen verwendet. Gartner (2018) definiert WCM als Prozess der Content-Kontrolle durch den Einsatz spezifischer Managementlösungen, wobei der Content auf einem Kernressourcenspeicher basiert und über einen oder mehrere digitale Kanäle genutzt wird. Unternehmen verwenden WCM, um Websites und Onlineerlebnisse zu erstellen, Content zu erstellen, zu verwalten, zu speichern und zu veröffentlichen und die Erfahrungen über Web-, Mobil- und andere digitale Kanäle zu optimieren (Karcher, 2015, S. 8). Indem der beste Web-Content dynamisch, benutzerfreundlich und über Kanäle und Geräte hinweg integriert wird, wird die Relevanz für die Webseitenbesucher erhöht und die Benutzererfahrung optimiert.

Die Funktionalität von WCM-Lösungen geht über die reine Veröffentlichung von Webseiten hinaus und beinhaltet auch Folgendes (Gartner, 2018):

- Funktionen zur Inhaltserstellung
- Repositorien, die Metadaten über Inhalte organisieren und bereitstellen
- Bibliotheksdienste
- Websitemanagementfunktionen
- Echtzeit-Personalisierung von Besucherinteraktionen
- Integrationsfunktionalitäten

Webinar-Technologie

Webinar-Technologien ermöglichen das Webcasting, also die Organisation und Verwaltung von Onlineveranstaltungen und Meetings. Im Gegensatz zu Webkonferenzen, die zu personalisierten Live-Interaktionen eingesetzt werden, ist Webcasting für ein größeres Publikum geeignet und verfügt über mehr Funktionen für Kampagnenmanagement und Reporting

(Karcher, 2015, S. 8). Die Funktionalitäten der Webinar-Technologien umfassen Folgendes (SiriusDecisions, 2018, S. 1; Karcher, 2015, S. 8):

- Funktionen zur Online-Veranstaltungsplanung, zum Einladungsmanagement und zur Registrierung
- Online-Veranstaltungshosting mit Audio-, Video- und Bildschirm-Sharing
- Funktionen, die die Interaktion mit den Teilnehmern fördern, beispielsweise Kommentierung, Umfragen und den Zugriff auf Inhalte
- Optionen für die Aufzeichnung von Sitzungen zur späteren Ansicht oder Wiederverwendung des Contents als Webinar on Demand
- Berichterstattung und Analytik der Teilnehmerbeteiligung und der Abbruchquoten

Außerdem können die oben genannten Funktionalitäten durch folgende erweitert werden (SiriusDecisions, 2018, S. 3):

- die Möglichkeit zum Aufbau von Videobibliotheken
- die Unterstützung der Hybrid- oder Live-Veranstaltungen mit Event-Streaming oder Hosting der Onlinemessen
- das Angebot von zusätzlichen Dienstleistungen wie Bereitstellung des technischen Supports oder der Moderatoren
- Funktionalitäten zur Bearbeitung von Webinaren
- Einbindung der sozialen Medien in den Einladungsmanagementprozess und der Teilnehmerregistrierung

Online-Videoplattform (OVP)

Online-Videoplattformen (OVP) sind auf das Videohosting spezialisiert und werden von Unternehmen in allen Branchen benutzt, um kundenorientierte Videoinhalte für die traditionellen und mobilen Webkanäle bereitzustellen (Karcher, 2015, S. 5). Die anbieterunabhängige Media-Sharing-Plattform YouTube wird von Unternehmen eingesetzt, um mit ihr Videomarketingstrategien zu starten; die Plattform bietet grundlegende Werkzeuge für den Einstieg und die Kunden sind mit ihrer Nutzung vertraut. Kommerzielle Videoplattformen ermöglichen mehr Kontrolle über das Branding und das Videoplayer-Design, ermöglichen die Weiterleitung der Zuschauer zu geänderten Inhalten und bieten eine Integration mit Digital Asset Management (DAM), Web Content Management (WCM) und Analytik (Karcher, 2015, S. 5). Der Aufbau des Digital Interaction Hubs „Explore & Watch" auf der kommerziellen Videoplattform ist als Erweiterung zu dem DIH „Explore & Watch" auf der anbieterunabhängigen Media-Sharing-Plattform zu sehen und zu platzieren. Das Ziel ist, mit der Buyer Persona auf der anbieterunabhängigen Media-Sharing-Plattform zu interagieren und sie auf die kommerzielle anbietereigene Videoplattform weiterzuleiten.

Zu den Funktionalitäten der OVP zählen das Bereitstellen der Videos im traditionellen und mobilen Web, Funktionalitäten der Videoplayer, Encoder, einfache Videobearbeitungswerkzeuge und Medienmanagement sowie Hosting und Bereitstellung des Videos durch Partnerschaften mit Content Delivery Networks (CDN) (Karcher, 2015, S. 4 ff.).

Marketing-Automation-Plattform (MAP)
„Unter Marketing Automation versteht man die IT-gestützte Durchführung wiederkehrender Marketingaufgaben mit dem Ziel, die Effizienz von Marketingprozessen und die Effektivität von Marketingentscheidungen zu steigern" (IFSMA, 2018). Marketing Automation bietet die Vorteile einer stärkeren Kanalintegration, Verhaltens-Targeting (Behavioral Targeting) und Interaktionsmanagement.

Funktionalitäten der Marketing-Automation-Plattform können in die drei Gruppen Kampagnenmanagement, Lead Management und Plattformmanagement eingeteilt werden (Famico, 2014), die im Kontext der Digital Interaction Hubs verschiedene DIHs sowie Buyer Engagement Tactics unterstützen können:

- Kampagnenmanagement ermöglicht die Entwicklung, Ausführung und Verwaltung von Inbound- und Outbound-Marketingtaktiken (E-Mail-Marketing, Erstellung der Landingpages und Web-Formulare) sowie die Aufstellung der automatisierten Workflows zur Kampagnenausführung. Während E-Mail-Marketing ein Bestandteil der Buyer Engagement Tactics für alle Digital Interaction Hubs darstellt, wird die Erstellung der Landingpages und Web-Formulare zur Gestaltung der einzelnen DIHs wie „Explore & Watch", „What to Buy", „Try & Buy" oder „Your Business" eingesetzt.
- Lead Management bezieht sich auf Aktivitäten wie Lead-Erfassung, Lead Nurturing, Lead Scoring und Integration mit CRM-Systemen, was die vertriebsbezogene Validierung und Messung von Buyer Engagement Tactics und Digital Interaction Hubs unterstützt.
- Plattformmanagement unterstützt die Integration von Webseiten, die Erfassung der Kontakte und ihre Interaktionen in Datenbanken sowie die Verknüpfung zu Vertriebstechnologien, was zum einen die Erfassung und Auswertung der Besucherinteraktionen auf der Website ermöglicht, zum anderen die Umsetzung und Auswertung der Buyer Engagement Tactics unterstützt.

Zwar bieten die Marketing-Automation-Technologien aussichtsreiche Chancen für Marketing und Vertrieb, doch ist das Nutzungsausmaß in der Praxis ausbaufähig. Viele Unternehmen haben nur einzelne Teilaspekte ihres Marketings automatisiert, z. B. durch einen automatischen Newsletter-Versand oder die automatisierte Integration von Datenquellen in Dashboards (Järvinen & Taiminen, 2016, S. 165; Vormelcher & Hoffmann, 2017, S. 139).

Website Personalization

Website-Personalisierung sorgt für eine gezielte und personalisierte Zustellung der Inhalte für jeden einzelnen Websitebesucher. Dadurch können dynamische Inhalte erzeugt und für den Käufer bereitgestellt werden, zugeschnitten auf seine Buyer's Journey, die aus seinen Aktivitäten auf der Webseite erschlossen wird. Während einige Web-Content-Management-Systeme und Marketing-Automation-Plattformen die Funktion der Website-Personalisierung ebenso anbieten, offerieren Stand-alone-Tools nicht-technischen Marketingspezialisten eine Möglichkeit, die Content-Bereitstellung einfach zu testen, zu optimieren und somit die Marketingaktivitäten entlang der Buyer's Journey zu unterstützen. Zu den wichtigsten Funktionen der Lösungen gehören Content-Personalisierung, dynamische Content-Bereitstellung, Content-Bereitstellungskonzepte, Content-Tests und Analytik. Insbesondere für umfangreiche Digital Interaction Hubs auf der Anbieterseite wie z. B. „What to Buy" oder „Customers Who Use It" bietet diese Funktion bzw. Lösung eine bessere Erfahrung der Websitebesucher und steigert die Relevanz des Informations- und Interaktionsangebots.

Web Analytics (WA)

Web Analytics sind definiert als die Erfassung, Zusammenstellung, Analyse und Berichterstattung von Internetdaten zum Zwecke des Verständnisses und der Optimierung der Webnutzung (Digital Analytics Association, 2008, S. 3). Als Software zur Auswertung von Clickstream-Daten beantworten Web Analytics Fragen wie: Wer besucht die Website? Wie lange bleiben sie? Was schauen sie sich an? Was war der Pfad des Besuchers? Welche Seiten ziehen die meisten Besucher an? Was sind die wichtigsten Ein- und Ausstiegspunkte der Website? Welche Funktionen der Website werden am häufigsten genutzt? Im Vergleich zu herkömmlichen Messmethoden, wie z. B. Kundenumfragen und -interviews, die subjektiv und anfällig für Verzerrungen sind, liegt der Vorteil von WA in der Sammlung von objektiven Daten zum echten Online-Kundenverhalten und zu den daraus resultierenden (Geschäfts-)Ergebnissen. Diese können sowohl für die Optimierung der Digital Interaction Hubs als auch zur Analyse der Buyer Engagement Tactics eingesetzt werden.

Suchmaschinenmarketing-Technologie

Die Funktion von Suchmaschinenmarketing (SEM) besteht darin das Relevanzranking in wichtigen Suchmaschinen zu erhöhen. Dazu gehören Suchmaschinenoptimierung (SEO) und Suchmaschinenwerbung (SEA) – Marketingtechniken, die stark auf Keywords angewiesen sind, um den Traffic zu den Landingpages und der Corporate Website zu steigern. Sie zählen zu den wichtigsten Buyer Engagements Tactics der Digital Interaction Hubs (vgl. Abschn. 3.6.3).

SEO ist die Praxis der Entwicklung von Inhalten und Architekturen einer Webseite, sodass die Webseite in Suchmaschinen wie Google hohe Platzierungen in den organischen Suchergebnissen erzielt. In die Bewertung fließen Keyword-Erwähnungen sowie Verlinkungen (wie viele andere Seiten darauf verweisen) als Vertrauensbeweis des Wertes mit ein. SEO-Plattformen sind sowohl auf technische als auch inhaltliche Suchmaschi-nenoptimierung ausgerichtet. Sie helfen dem Anbieter den SEO-Prozess zu automatisieren, wie z. B. im Projektmanagement des SEO-Workflows, beim Erkennen der technischen SEO-relevanten Fehlerbehebungen sowie in der Vermarktung von Content, indem sie die Inhalte der Website im Vergleich zu Wettbewerbern analysieren, die Keyword-Recherche unterstützen und Vorschläge für zusätzlichen Content unterbreiten (Colburn, 2018b, S. 6 f.).

Suchmaschinenwerbung (SEA) ist eine Marketingtechnik, bei der die Werbung neben organischen (nicht gesponserten) Web-Suchergebnissen platziert wird (Ghose & Yang, 2009, S. 1605). Das Ziel der SEA ist es, den Suchenden von Inhalten zu überzeugen und zum Digital Interaction Hub zu führen. Das Abrechnungsmodell der SEA beruht auf den auf die Anzeigen erfolgten Klicks (Rabsch et al., 2019, S. 200).

Für den Bereich Suchmaschinenmarketing gibt es inzwischen eine große Zahl von spezialisierten Tools (beispielhaft für die Keyword-Recherche) sowie komplette Technologie-suiten auf dem Markt. Google Ads ist im Suchmaschinenmarketing das meistgenutzte Werbeprogramm (Rabsch et al., 2019, S. 1019). Generell benötigt Suchmaschinenmarketing Ressourcen und Fachwissen, das von darauf spezialisierten Agenturen geliefert wird und deshalb in der Regel an Agenturen ausgelagert wird (Colburn, 2016).

E-Shop
Im Rahmen des E-Commerce kann ein elektronischer Shop (E-Shop) eingesetzt werden. Damit können internetbasierte Transaktionen abgewickelt werden (Kreutzer, 2014, S. 472). Die verschiedenen elektronischen Shopsysteme reichen von kostenlosen Lösungen als Open-Source-Programmen bis hin zu umfangreichen und kostenintensiven Standardprodukten (Meier & Stormer, 2012, S. 4).

Neben den Basisfunktionalitäten wie dem Betrieb eines Onlinekatalogs, Einkaufswagen und Unterstützung der Werbeaktionen benötigen B2B-Anbieter Technologien, die Folgendes bereitstellen (Hoar et al., 2017, S. 2 f.):

- Unterstützung der kompletten Bandbreite der Vertriebssituationen, die den individuellen Anforderungen der Kunden entsprechen, wie Self-Service ohne die Vertriebsunter-stützung und Full-Service mit Einbindung der Vertriebsmitarbeiter bei komplexeren und komplizierteren Einkäufen, sowie Abdeckung mehrstufiger Vertriebskanäle wie des direkten Verkaufs über die eigene Website oder des indirekten Vertriebs über Vertriebspartner.
- Personalisierung der Kauferfahrungen wie Durchführung von gezielten Promotionen und Fulfillment-Garantie.
- Datengesteuerte Anbietertools sowie Reporting und Analytik als Entscheidungshilfe und zur Unterstützung der Automatisierung.
- Agilität und schnellere Time-to-Market durch cloudbasierte, serviceorientierte Architek-turen, die eine moderne und modulare Implementierung ermöglichen.

Social-Media-Technologie

Abhängig vom Einsatz und von der Nutzung der sozialen Netzwerke oder dem Aufbau einer eigenen Community variiert der Technologiebedarf. Eine eigene Online-Community erfordert in der Regel ein hohes Budget und viel Personal, resultiert aber in positiven Auswirkungen auf die Lead-Generierung und die Umsatzziele (Celestre, 2014, S. 6). Darüber hinaus hat sich das Umsetzen von Blogs in der Käuferinteraktion als eine effektive und kostengünstige Taktik bewährt (Celestre, 2014, S. 6). Social Suites helfen dem Anbieter Social-Marketing-Kampagnen durchzuführen, Communitys aufzubauen und Blogs zu betreiben, Content-Hubs zu entwickeln oder die Markenpräsenz in sozialen Netzwerken zu koordinieren (Liousas, 2016, S. 2). Der Bedarf und Einsatz von Social-Media-Technologien richtet sich dabei nach den Käuferaktivitäten und der Relevanz für die Digital Interaction Hubs (vgl. Tab. 5.2).

Partnerfinder

Mithilfe des Partnerfinders kann der Anbieter sein Partnerverzeichnis und seine Partnerbeschreibung im Internet und in der Community für Interessenten und Kunden zugänglich machen und damit die Suche nach Integrationspartnern unterstützen. Die Auswahlkriterien und das Layout können standardmäßig oder anbieterspezifisch sein.

ROI-Berechnungstool

Das ROI-Berechnungstool ermöglicht eine Wirtschaftlichkeitsrechnung der angestrebten Softwarelösung im Self-Service-Format. Die Kalkulation basiert auf den erfahrungsgemäßen Grundannahmen der Anbieter sowie den unternehmensspezifischen Ist- und Soll-Angaben und den zu erwartenden Szenarien. Die Ergebnisse werden in Form von mittel- und langfristigen Einsparpotenzialen und Umsatz- oder Produktivitätssteigerungen errechnet (Gottwald, 2009; SalesForce, 2018).

Tab. 5.2 Einsatz von Social-Media-Technologien vs. Käuferaktivitäten. (Quelle: Eigene Darstellung in Anlehnung an Liousas, 2016, S. 4)

Käuferaktivitäten	Einsatz in DIHs	Social-Media-Technologie
Entdecken Recherchieren	Buyer Engagement Tactics	Word-of-Mouth-Plattformen (Advocacy-Plattform, Influencer-Plattform)
Entdecken Recherchieren	Buyer Engagement Tactics	Social Adtech
Erkunden Kaufen Verwenden Fragen	DIH „Ask the Community"	Community-Plattformen
Engage	Buyer Engagement Tactics	Social-Media-Engagement-Tools

Simulations- und Multimedia-Tool

Produktdemonstrationen für die Onlinenutzung im Self-Service-Format werden mit dem Einsatz von Multimediatechnologien erstellt, um sie visuell ansprechend und interaktiv zu gestalten. Die Applikationen zur Erstellung von Softwaredemonstrationen variieren von Echtzeit-Screenrecording-Programmen für die Aufnahme und Bearbeitung von Bildschirmaufnahmen bis zu Programmen zur Simulation der Softwareanwendung, wobei die gesamte Maus- und Bildschirmaktivität dupliziert wird (Brandall, 2018).

5.2.3 Interne Personalressourcen

Folgende drei Gestaltungsparameter umfassen interne Personalressourcen zur Realisierung des DIH-Ansatzes und sind in direkte Ressourcen für das Betreiben der DIH (IV Personalressourcen & Fähigkeiten), unterstützende Ressourcen (V Intelligence & Support) und vertriebliche Ressourcen (VI Sales Involvement) zu unterscheiden (vgl. Abb. 5.6).

5.2.3.1 Personalressourcen & Fähigkeiten

Die größten Veränderungen innerhalb von Marketingorganisationen betreffen die Fähigkeiten mit den Kunden auf eine neue Art zu interagieren, die Fähigkeit neue Kundensegmente zu erreichen sowie Kundendaten zu generieren und zu nutzen. Als wichtigste Folge der Internetverbreitung und des Aufkommens von sozialen Medien ist die Möglichkeit die Kundeninteraktionen messen und analysieren zu können (Lemon & Verhoef, 2016). Webseiten-Tools, Suchanfragen und Social-Media-Plattformen liefern detaillierte Informationen, um das digitale Verhalten der Webbesucher zu analysieren und kundenorientierte Weberfahrung, z. B. durch Personalisierung des Angebots zu ermöglichen. Mit einem besseren Zugang zu mehr Daten und Informationen ergeben sich jedoch immer mehr Herausforderungen, unter anderem in Bezug auf die beruflichen Fähigkeiten und Kompetenzen, die von Marketingfachleuten benötigt werden. Fähigkeiten zur Erstellung der Webseiten, zur Maximierung des Social-Media-Potenzials, Suchmaschinenoptimierung, Kundenkonvertierung und Kenntnisse der digitalen Analytik zur Bewertung der Effektivität digitaler Ansätze gehören zu den wichtigsten digitalen Marketingfähigkeiten (Royle & Laing, 2014, S. 67). Die Ergänzung des technischen Wissens mit breitem Verständnis der Unternehmensprozesse, angemessene Kenntnisse des Geschäftskontexts und Fähigkeiten zur Kommunikation der Ergebnisse an die Entscheidungsträger adressieren die Qualifikationslücke in diesem Bereich (Webber, 2013; Preston et al., 2009).

Im Kontext der Gestaltung, Instandhaltung und Optimierung der Digital Interaction Hubs sind folgende Aufgabenbereiche von Bedeutung, die abhängig von der Unternehmensgröße und dem Produktportfolio in diversen Marketingfunktionen gebündelt bzw. aufgeteilt werden können:

	DIH "Your Business"	DIH "Let's Meet"	DIH "Customers Who Use It"	DIH "Why to Buy"	DIH "What to Buy"	DIH "Learn & Get Started"	DIH "Explore and Watch"	DIH "Try & Buy"	DIH "Ask the Community"	Buyer Engagement Tactics
Personalressourcen	Content-Management / Web Analytics / Agenturmanagement, CRM Management, Stakeholdermanagement								Community Management	Social-Media-Management / Kampagnen-management / SEM/SEO-Management
Intelligence & Support	Portfolio Marketing / Industrie-experten	Industrie-experten / Technische Produkt-experten		Geschäfts-führung	Portfolio-Marketing / Technische Produkt-experten		Portfolio-Marketing / Technische Produkt-experten / Industrie-experten / Event Marketing		Produkt-experten	Produkt-experten / Industrie-experten
Sales Involvement	Fachvertrieb / Innendienst			Innendienst			Innendienst	Innendienst		

Abb. 5.6 Personalressourcen zur Realisierung des DIH-Ansatzes. (Quelle: Eigene Darstellung)

- Content Management
- Web Analytics
- Social Media Management oder Community Management
- Kampagnenmanagement
- SEM/SEO-Management

Für die Gestaltung und Pflege aller DIHs außer des DIH „Ask the Community" sind die Aufgabenbereiche Content Management und Web Analytics von zentraler Bedeutung. Der Aufgabenbereich Social Media Management oder Community Management bezieht sich auf den DIH „Ask the Community" und teilweise auf die Gestaltung und Umsetzung der Buyer Engagement Tactics. Kampagnenmanagement und SEM/SEO-Management sind notwendig, um die Buyer Engagement Tactics zu adressieren.

Content Management
Das Content Management umfasst die Erstellung, Verteilung und Weiterverbreitung von relevantem, überzeugendem und aktuellem Content, um die Kunden an der richtigen Stelle in ihrem Kaufentscheidungsprozess einzubeziehen und zu einem Kauf zu bewegen (Holliman & Rowley, 2014, S. 285). In Bezug auf die Gestaltung und Pflege der DIHs umfasst dieses Aufgabengebiet das Recherchieren, Schreiben, Korrekturlesen und Veröffentlichen von ansprechendem DIH-Content. Außerdem muss sichergestellt werden, dass alle Webinhalte optimiert sind und die Buyer's Journey nahtlos, ansprechend und interaktiv verläuft. Relevante Fähigkeiten für diesen Aufgabenbereich sind die Denkweise eines Herausgebers, das Verständnis der Bedürfnisse des Zielpublikums (Buyer Personas) und das „journalistische" Storytelling (Davis, 2012; Handley & Chapman, 2012; Wuebben, 2012). Die verantwortliche Person arbeitet eng mit Produktmarketingmanagern, Industrie- und Fachexperten als Content-Lieferanten zusammen und muss in der Lage sein, die komplexen Technologie- und Geschäftsthemen, industrielle Trends und Chancen in hochwertige Marketinginhalte für eine Vielzahl von Zielgruppen zu übersetzen. Diese Rolle ist auch mit einer engen Interaktion mit Verantwortlichen für die Buyer Engagement Tactics verbunden, um den relevanten Content an Interessenten und Kunden zu liefern und sie zu den DIHs zu leiten.

Web Analytics
Im Zeitalter von Big Data ist das Marketing darauf angewiesen, die Analysekonzepte und -tools auf Marketingherausforderungen anzuwenden, aus Daten umsetzbare Erkenntnisse abzuleiten und diese Erkenntnisse für die Marketingentscheidungen aufzubereiten. Der damit verbundene Bedarf nach weiterführenden analytischen Fähigkeiten ist deutlich geworden (Webber, 2013, S. 308). Immer mehr Positionen mit Beschreibungen wie Datenspezialisten, Business- oder Market-Intelligence-Analysten sowie Marketing-Insight-Analysten sind im Zusammenhang mit diesem Trend entstanden (Stone & Woodcock, 2014, S. 13 f.).

Im Kontext der Digital Interaction Hubs muss die verantwortliche Person in der Lage sein, die relevanten Daten- und Geschäftsinformationen zu sammeln und den datengesteuerten Entscheidungsansatz zu optimieren, um ein tieferes Verständnis der Buyer's Journey zu vermitteln. Daraus lassen sich folgende Tätigkeiten ableiten:

- Analyse der Leistungen von einzelnen DIHs
- regelmäßige Traffic-Überwachung der DIHs und Konversionsoptimierung des Interaktionsangebots
- Empfehlung von Änderungen an der Architektur des Contents, Links und anderen Inhalten
- Entwicklung der DIH-relevanten Buyer Engagement Tactics im Zusammenhang mit der DIH-Performance

Relevante Fähigkeiten für diesen Aufgabebereich sind unter anderem Qualifikationen in multivariater Statistik, Programmiersprachen, Web-Analyse-, Bid-Management- und Testing-Tools sowie Datenvisualisierungstechniken.

Social Media Management und Community Management
Mit der Entwicklung der Online-Communitys haben die Community-Nutzer begonnen die Informationen untereinander auf horizontale Weise auszutauschen. Diese Entwicklung hat zur Folge, dass ein Kontrollverlust über die Marketingbotschaften seitens der Anbieter entsteht (Berthon et al., 2008, S. 7). Die Teilnahme und Mitgestaltung der Kommunikation in einer stark interaktiven Umgebung einer Online-Community bedarf einer weiteren Anpassung der Kompetenzen und Fähigkeiten der zuständigen Marketingmitarbeiter, Community- oder Social Media Manager, deren Rolle aufgrund des Umfangs oft als Hauptaufgabe und nicht als Nebenaufgabe ausgeführt wird. Technisches Verständnis, ausgeprägte Netzwerkfähigkeiten für die Zusammenarbeit mit Entwicklern und Key Usern in Kombination mit hervorragenden Schreibfähigkeiten zeichnen diesen Aufgabenbereich aus. Die übergreifenden Ziele sind dabei die Erweiterung der Community-Benutzer-Basis, die Entwicklung von Produktfans und die Erweiterung der Reichweite der Community auf potenzielle Kunden. Zu den typischen Aufgaben zählen (Selent, 2019, S. 243):

- Benutzersupport
- Moderation des Forums
- Identifizierung der richtigen Produktexperten zur Beantwortung von Fragen
- Content Management wie das Verfassen von Blog-Posts oder die Identifizierung und Verwendung von Drittanbieterinhalten
- Identifizierung und Rekrutierung neuer Autoren
- Ausbau der Beziehungen zu wichtigen Influencern, Bloggern und anerkannten Fachexperten
- Analyse und Überwachung der Leistungskennzahlen

Kampagnenmanagement

Kampagnenmanagement beinhaltet die Entwicklung und Implementierung von digitalen Marketingstrategien zur Optimierung der Online-Nutzererfahrung und Steigerung der Marketingeffektivität. Im Rahmen des DIH-Konzeptes umfasst das Kampagnenmanagement die Entwicklung und Umsetzung der Buyer Engagement Tactics als Teil der übergreifenden Programme oder als einzelne Aktivitäten. Das Ziel ist es die potenziellen Kunden auf die DIHs aufmerksam zu machen und zu den DIHs zu lenken. Daraus abzuleiten sind folgende Aktivitäten:

- E-Mail-Kampagnen
- Webinare
- Vermarktung des geschützten Contents („Gated Content")
- SEO- und SEM-Aktivitäten
- Affiliate-Marketing
- Social und virales Marketing
- die Durchführung von A/B-Testkampagnen
- regelmäßiges Tracking und Analyse der KPIs

Tiefes Verständnis der Buyer's Journey, Vertrautheit mit HTML und Datenbanksegmentierungen, Kenntnis der Prinzipien und Best Practices der Marketingkommunikation sind weitere typische Anforderungen an den Kampagnenmanagementspezialisten. Dieser Aufgabenbereich ist durch eine enge Zusammenarbeit mit Produktmarketing, Analytics-Verantwortlichen, Community-Manager, SEO/SEM-Manager sowie Partnermarketing gekennzeichnet.

SEO/SEM-Management

Historisch gesehen wurden die Kompetenzen im Bereich des Suchmaschinenmarketings an Agenturen ausgelagert. Jedoch beginnen Anbieter damit einzelne oder auch alle SEO-Aktivitäten zurück ins Haus zu bringen und stellen interne Ressourcen ein, um ihren SEO-Prozess effizienter und agiler zu gestalten (Colburn, 2018a, S. 1). Allerdings wird der Ressourcenaufwand, um die Agenturleistungen zu ersetzen, auf ca. zwei Vollzeitmitarbeiter geschätzt (Colburn, 2018a, S. 1). Dabei sind Kompetenzen erforderlich im Bereich des technischen SEO, wie der Kodierung und Auditierung der Website, sowie des Content-SEO, wie Unterstützung bei der Erstellung von Inhalten, die suchmaschinenfreundlich sind. Bei einem kombinierten Ansatz umfasst das SEO/SEM-Management die Zusammenarbeit mit spezialisierten Agenturen sowie Web- und Content-Teams und bedarf starker Analytik-Expertise, Kampagnenmanagementqualifikationen, Wissen und Erfahrungen um die Customer Experience sowie Projektmanagementqualifikationen.

5.2.3.2 Intelligence & Support

Dieser Gestaltungsparameter bezieht sich auf die Unterstützung weiterer organisationsinterner Ressourcen für die erfolgreiche Gestaltung der Digital Interaction Hubs.

In der Gestaltung des DIH „Your Business" ist ein tiefes Verständnis des Geschäftskontextes der Käufer hinsichtlich der Industrieeinsichten und -trends, der unterschiedlichen Kundensegmente sowie Expertenwissen zu übergreifenden Fragestellungen über Technologien und Trends von hoher Bedeutung. Eine enge Zusammenarbeit mit den Industrieexperten, dem Portfoliomarketing oder weiteren Funktionen mit umfangreichem Käuferwissen unterstützt die Entwicklung des Contents und gewährleistet die inhaltliche Relevanz für den Käufer.

Der DIH „What to Buy" vermittelt Inhalte rund um das Lösungsangebot und bedarf der Zusammenarbeit und des Supports seitens des Portfoliomarketings zur Erstellung des DIH-Informations- und Interaktionsangebots. Die Erstellung von Produktdemonstrationen benötigt den Support von technischen Produktexperten.

Die Verantwortung für die Erstellung der Videos für den DIH „Explore & Watch" hängt von dem inhaltlichen Fokus ab. Erklärende Videos mit Experteninterviews oder Webinaren können von organisationinternen Industrie- oder Produktexperten supportet werden. Produktübersichtsvideos, Produktdemovideos sowie Tutorials oder How-to-Videos können von technischen Produktexperten erstellt werden. Veranstaltungsvideos oder Eventdokus entstehen in der Zusammenarbeit mit dem Eventmarketing. Die Aufzeichnung von Vorträgen bedarf der Zustimmung und Unterstützung der Redner.

Eine erfolgreiche Community (DIH „Ask the Community") erfordert die kontinuierliche Unterstützung der Produktexperten in der Rolle des Moderators, der sich auf die Überwachung oder Verwaltung von bestimmten Community-Bereichen konzentriert, sowie in der Rolle des Autors, der die Fachartikel regelmäßig in Blogs publiziert (D37-G). Außerdem können zur Beantwortung der Fragen von Community-Nutzern auch weitere Fachexperten aus den unterschiedlichen Funktionen herangezogen werden, wie beispielsweise dem Support oder Vertrieb.

Die Gestaltung von käuferrelevanten Buyer Engagement Tactics ist von der Zusammenarbeit mit den Industrie- oder Produktexperten abhängig, z. B. bei der Identifizierung der industrierelevanten Informationsquellen oder zum Definieren der relevanten Keywords.

5.2.3.3 Sales Involvement

Dieser Gestaltungsparameter bezieht sich auf die Einbindung der Vertriebsmitarbeiter zur Realisierung der Live-Interaktionen. Insbesondere Anbieter von komplexen Lösungen und mit starkem Fokus auf den Direktvertrieb benötigen eine enge Verzahnung der automatisierten Interaktion und der Live-Interaktionen, indem der Vertriebsmitarbeiter eingebunden wird, wie beispielhaft bei Live-Webinaren. Ziel ist eine frühzeitige Einbindung des Vertriebsmitarbeiters beim Käufer in der Buyer's Journey (Wanga et al., 2017).

Bei der aktiven Teilnahme des Vertriebs an den DIHs ist zwischen dem Fachvertrieb und dem Innendienst mit verschiedenen Aufgabenschwerpunkten zu unterscheiden.
Während der Fachvertrieb als Sprecher oder Moderator bei den Webinaren des DIH „Let's
Meet" auftreten kann, übernimmt der Innendienst eine anschließende Nachverfolgung der
entstandenen Kontakte. In dem DIH „Why to Buy" ist die Einbindung des Innendienstes
für eine direkte Interaktion und Käuferunterstützung während der Nutzung der ROI-
Berechnungstools notwendig. Auch die Nachverfolgung der Nutzer von automatisierten
Interaktionen im Self-Service-Format ist erforderlich. Der DIH „Try & Buy" erfordert
eine Unterstützung der Transaktionen von Innendienstmitarbeitern oder Chatagenten.

Generell können die Aufgabenschwerpunkte des Innendienstes mit Fokus auf Nachverfolgung und Qualifizierung, Innenvertrieb sowie Akquise unterschieden werden.

Innendienst mit Fokus auf Nachverfolgung und Qualifizierung

Diese Innendienstmitarbeiter adressieren die Interaktionen auf den DIHs „Let's Meet",
„Why to Buy", „Your Business" und „Try & Buy" (Testlizenz-Anfragen) sowie Kon-
taktanfragen. Die DIH-Besucher bekunden ihr Interesse an dem Angebot, während ihrer
Buyer's Journey, durch das Hinterlassen ihrer Kontaktdetails, beispielsweise im Rahmen der Webinar-Registrierung, eines Whitepaper- oder Testlizenz-Downloads oder durch
die Kontaktaufnahme über ein Kontaktformular oder telefonisch. Der Innendienst nimmt
diese eingehenden Anfragen (Inbound-Inquiries) mit personalisierten Live-Interaktionen an
oder adressiert diese mit einer zeitversetzten Interaktion und sichert somit eine schnelle
Nachverfolgung und Qualifizierung der entstandenen Kontakte.

Der Arbeitsumfang dieser Innendienstmitarbeiter kann durch eine hohe Anzahl der Anfragen gekennzeichnet sein. Eine Priorisierung der Anfragen in Abstimmung mit Marketing
und Vertrieb, sowie mithilfe eines intelligenten Scoringmodells, ist entscheidend für die
Auswahl der kaufrelevanten Anfragen und somit für die Effizienz in der Nachverfolgung und
Qualifizierung. So können die Kontakte mit höherer Kaufrelevanz (hohe Scoringstufe) pri-
orisiert werden und durch eine Direktansprache des Innendienstmitarbeiters in einen aktiven
Vertriebsprozess aufgenommen werden. Kontakte mit niedriger Kaufrelevanz (niedrige
Scoringstufe) können mit webgestützten Marketingaktivitäten nachverfolgt werden. Die
Dokumentation der Aktivitäten und die Übergabe an Fachvertrieb, Service oder Marketing
schließt diesen Aktivitätsbereich ab.

Innenvertrieb

Der Innenvertrieb fokussiert sich auf die Interaktionen zum Kaufabschluss über das Internet oder das Telefon. Die relevanten Interaktionen (Kaufanfragen) entstehen auf dem DIH
„Try & Buy" und können mit Live-Interaktionen über Chat oder Telefon adressiert werden.
Dieses Vertriebsmodell ist insbesondere für die kleineren Transaktionen sowie Kauftransak-
tionen aus den neuen Geschäftsmodellen wie Software-as-a-Service (SaaS), Lösungen aus
der Cloud, Freemium- und Abomodellen geeignet. Der Innenvertrieb fokussiert sich auf den

Kundensupport bei den Online-Kaufabschlüssen oder auf das Verkaufen und den Kaufabschluss am Telefon und stellt somit ein effizientes Vertriebsmodell im Segment der kleinen Aufträge dar.

Innendienst mit Fokus auf Akquise

Innendienstmitarbeiter mit Fokus auf Akquise stellen das Frontend des Verkaufsprozesses dar und führen die Outbound-Aktivitäten zur proaktiven Ansprache der relevanten Unternehmen durch. Die Vornahme der ersten Schritte des Vertriebsprozesses sowie die Generierung der Vertriebschancen zur Nachverfolgung durch den Fachvertrieb sind die Hauptziele dieser Innendienstmitarbeiter. Dazu gehören unter anderem die Kontaktaufnahme, die Gewinnung von Einblicken in das Unternehmen, die Identifizierung der relevanten Ansprechpartner in Bezug auf potenzielle Kaufentscheidungen, die Platzierung der relevanten Portfolioelemente sowie die Vereinbarung der Vertriebstermine mit den Buyer Personas „Business Entscheider", „Fachentscheider" oder „IT-Entscheider", die anschließend durch den Fachvertrieb realisiert werden sollen.

Die Identifizierung der relevanten Unternehmen ist ein Schlüsselelement für die Aktivitäten dieser Innendienstmitarbeiter und stellt die Ergebnisse der datenbasierten Entscheidungen dar. Die Unternehmensauswahl erfolgt auf Basis von Auswertungen der Industrie, Unternehmensbewertung und Auswertung der Onlineaktivitäten der einzelnen Unternehmen. Somit adressieren diese Innendienstmitarbeiter nicht die Interaktionen aus einzelnen DIHs, sondern die ausgewählten Unternehmen, wobei die digitalen Interaktionen aus einzelnen DIHs zur Auswahlentscheidung beitragen.

Fachwissen des Innendienstes

Der Innendienst mit Fokus auf die Nachverfolgung und Qualifizierung der eingehenden Anfragen soll in der Lage sein, alle Fokusbranchen und Lösungen abzudecken, um die relevanten nächsten Schritte zu identifizieren und Anfragen korrekt an Vertrieb, Service oder Marketing weiterzuleiten. Regelmäßige Schulungen zu Portfolioelementen und Fokusbranchen sowie dedizierte Briefings zu priorisierten Aktivitäten wie Webinaren, Messen, Testlizenz-Download oder Verkaufsförderungsmaßnahmen sichern eine bessere Qualifizierung der Anfragen.

Der Innenvertrieb der DIH „Try & Buy" sowie der Innendienst mit Fokus auf Akquise müssen ein tieferes Vertriebs- und Angebotswissen vorweisen können. Eine Fokussierung der Mitarbeiter nach Branchen oder Lösungen ermöglicht es, das notwendige Spezialwissen aufzubauen. Neben dem Produkttraining sind Informationen wie industriespezifische Ansprache, Value Selling Proposition, Wettbewerbsinformationen, Einwandbehandlung und Gesprächsleitfäden von Bedeutung.

Datenbasis

Oft werden die Marketing- und Vertriebsaktivitäten durch verschiedene IT-Systeme unterstützt. Die Effizienz und Qualität des Sales Involvements steht in einem direkten Zusammenhang mit der Integration der Daten aus Vertriebs- und Marketingsystemen sowie einer kontakt- und unternehmenszentrierten Darstellung aller relevanten Daten. Die Übersicht der digitalen Aktivitäten des Kontaktes und das Verständnis seiner Buyer's Journey sowie der Vertriebshistorie seines Unternehmens ermöglichen es, eine relevante Live-Interaktion als Telefongespräch oder Onlinechat zu führen und den Vertriebsprozess voranzutreiben.

5.2.4 Netzwerkkollaboration

Hier wird erläutert, welche externen Ressourcen und Partner für die erfolgreiche Umsetzung der DIHs wesentlich sind (Abb. 5.7).

Die Inhalte mit den Stellungnahmen der technischen und nicht-technischen Quellen, Personen oder Organisationen, die eine hohe Reputation und eine große Bekanntheit in der Branche oder branchenübergreifend genießen, sind kritisch für die DIHs „Your Business", „Why to Buy" und „What to Buy". Relevante Berichte, Beiträge von und in der Fachpresse können in der Zusammenarbeit mit externen Experten, Analysten und Verbänden entwickelt oder erworben werden.

Die Bereitschaft und die aktive Zusammenarbeit seitens der Kunden sowie die Freigabe für die Veröffentlichung der firmeninternen Informationen sind notwendig für die Entwicklung von Stellungnahmen von Kunden und Referenzgeschichten für die DIHs „Why to Buy" und „Customers Who Use It".

Die aktive Teilnahme der Kundenmitarbeiter in der Rolle „Super User" ist ebenso erforderlich bei der Gestaltung des DIH „Ask the Community". Super User sind einzelne Mitglieder der Community, die sich in der Community überdurchschnittlich engagieren. In ihren Aktivitäten unterstützen sie sowohl andere Mitglieder, indem sie deren Fragen beantworten, nützliche Links und Ressourcen austauschen und die Community am Laufen halten, als auch die Community-Betreiber, indem sie mit den Community-Managern

	DIH „Your Business"	DIH „Let's Meet"	DIH „Customers Who Use It"	DIH „Why to Buy"	DIH „What to Buy"	DIH „Learn & Get Started"	DIH „Explore and Watch"	DIH „Try & Buy"	DIH „Ask the Community"	Buyer Engagement Tactics
Netzwerkkollaboration	Stellungnahme von Experten, Analysten	Experten, Analysten	Stellungsnahmen von Kunden	Stellungsnahmen von Experten, Analysten, Kunden	Stellungsnahmen von Experten, Analysten, Kunden				Mitarbeiter der Kunden	Produktexperten
										Industrieexperten
			Fachagentur	Fachagentur			Fachagentur		Mitarbeiter der Partner	Fachagentur

Abb. 5.7 Netzwerkkollaboration zur Realisierung des DIH-Ansatzes. (Quelle: Eigene Darstellung)

zusammenarbeiten, Feedback zu Neuerungen geben oder Fehler identifizieren. Ein aktives Engagement der Integrationspartner in der Community unterstützt den Erfolg des DIH.

Darüber hinaus werden einige Aktivitäten ausgelagert und in Zusammenarbeit mit externen Agenturen umgesetzt. Das gilt für die Erstellung der Referenzgeschichten für die DIHs „Customers Who Use It" und „Why to Buy", die Erstellung einiger Videoinhalte wie z. B. Veranstaltungsvideos und Eventdokus, Fallstudien- und Kundenstimmenvideos oder auch die Markenvideos, „Thought Leadership"-Videos und industrie- oder businessspezifische Videos. Auch die Erstellung und Umsetzung der SEM/SEO-Aktivitäten wird oft von externen Agenturen übernommen.

Literatur

Berthon, P. R., Pitt, L., & Campbell, C. (2008). When Customers Create the Ad. *California Management Review, 50*(4), 6–31. https://doi.org/10.2307/41166454.

Brandall, B. (2018). How to Create Your First Product Demo Video as a Total Newbie.. https://www.process.st/product-demo-video/. Zugegriffen: 30. Dezember 2018.

Brinker, S. (2020). Marketing Technology Landscape Supergraphic (2020): Martech 5000 — really 8,000, but who's counting? https://chiefmartec.com/2020/04/marketing-technology-landscape-2020-martech-5000/. Zugegriffen: 05. November 2022.

Casey, S. (2020). The B2B Consumer Grows Up. Marketers Need To Adapt Now Or Get Left Behind. Forrester Research. https://www.forrester.com/report/the-b2b-consumer-grows-up/RES 134322?ref_search=1305524_1684940364516. Zugegriffen: 24. May 2023.

Celestre, K. (2014). Benchmark B2B Social Marketing Efforts. Forrester Research.

Clark, D. (2013). Using social media to map the consumer journey to the customer experience, MyCustomer. https://www.mycustomer.com/experience/engagement/using-social-media-to-map-the-consumer-journey-to-the-customer-experience. Zugegriffen: 05. November 2022.

Colburn, C. (2016). The Forrester Wave™: Search Marketing Agencies, Q1 2016. The 10 Providers That Matter Most And How They Stack Up. Forrester Research. https://www.forrester.com/report/the-forrester-wave-search-marketing-agencies-q1-2016/RES122874?ref_search=1305524_1 684940364516. Zugegriffen: 24. May 2023.

Colburn, C. (2018a). The Five Search Marketing Trends To Know In 2018a. Forrester Research. https://www.forrester.com/report/the-five-search-marketing-trends-to-know-in-2018a/RES133 303?ref_search=1305524_1684940364516. Zugegriffen: 30. Dezember 2018a.

Colburn, C. (2018b). The Forrester Wave™: Search Engine Optimization (SEO) Platforms, Q3 2018b. Forrester Research. https://www.forrester.com/report/The+Forrester+Wave+Search+Engine+Optimization+SEO+Platforms+Q3+2018b/-/E-RES142751. Zugegriffen: 25. Januar 2019.

Davis, A. M. (2012). Brandscaping. Cleveland, OH.: Content Marketing Institute.

Digital Analytics Association. (2008). Web Analytics Definitions, Digital Analytics Association. https://www.digitalanalyticsassociation.org/Files/PDF_standards/WebAnalyticsDefinitions.pdf. Zugegriffen: 12. Januar 2018.

Famico, J. (2014). Marketing Automation Platforms: Minimum Requirements. Wilton, CT: SiriusDecisions. https://www.siriusdecisions.com/blog/marketing-automation-platforms-minimum-requirements. Zugegriffen: 12. Dezember 2018.

Gartner. (2018). Web Content Management (WCM), Gartner. https://www.gartner.com/it-glossary/wcm-web-content-management. Zugegriffen 30. Dezember 2018.

Ghose, A., & Yang, S. (2009). An empirical analysis of search engine advertising: Sponsored search in electronic markets. *Management Science, 55*(10), 1605–1622. https://doi.org/10.1287/mnsc. 1090.1054.

Gottwald, M. (2009). Entscheidungshilfe oder Lockmittel der Industrie? ROI-Bewertung von ERP-Software, IDG Business Media. https://www.computerwoche.de/a/entscheidungshilfe-oder-loc kmittel-der-industrie,1884626. Zugegriffen: 30. Dezember 2018.

Handley, A., & Chapman, C. C. (2012). *Content Rules.* Hoboken, NJ: Wiley & Sons.

Hoar, A., Yakkundi, A., Swerdlow, F., Wolken, S. & Sjoblom, S. (2017). The Forrester Wave™: B2B Commerce Suites, Q1 2017. The 11 Providers That Matter Most And How They Stack Up, Forrester Research. https://www.forrester.com/report/The+Forrester+Wave+B2B+Commerce+ Suites+Q1+2017/-/E-RES136174. Zugegriffen: 11. September 2017.

Holliman, G., & Rowley, J. (2014). Business to business digital content marketing: Marketers' perceptions of best practice. *Journal of Research in Interactive Marketing, 8*(4), 269–293. https:// doi.org/10.1108/JRIM-02-2014-0013.

IFSMA. (2018). Marketing Automation, Institut für Managementinformationssysteme. http:// imis.de/portal/ifsma/de/dt.jsp%3Fseite%3Dinstitut_fuer_sales_und_marketing_automation. Zugegriffen 30. Dezember 2018.

Järvinen, J., & Taiminen, H. (2016). Harnessing marketing automation for B2B content marketing. *Industrial Marketing Management, 54,* 164–175.

Karcher, P. (2015). Market Overview: Online Video Platforms For Sales And Marketing. Forrester Research. https://www.forrester.com/report/Market+Overview+Online+Video+Platforms+ For+Sales+And+Marketing/-/E-RES118928. Zugegriffen: 01. Januar 2019.

Kreutzer, R. T. (2014). *Praxisorientiertes Online-Marketing. Konzepte – Instrumente – Checklisten* (2. Aufl.). Wiesbaden: Springer Gabler.

Lemon, K. N., & Verhoef, P. C. (2016). Understanding Customer Experience Throughout the Customer Journey. *Journal of Marketing, 80*(6), 69–96. https://doi.org/10.1509/jm.15.042.

Liousas, E. A. (2016). Unraveling The Social Technology Web. Tools And Technology: The Social Marketing Playbook. Forrester Research.

Meier, A., & Stormer, H. (2012). *eBusiness & eCommerce. Management der digitalen Wertschöpfungskette* (3. Aufl.). Berlin: Springer Gabler.

O'Neill, P. (2012). Yes, Brand Matters In B2B Marketing — Especially For Technology Brands. Forrester Research. https://go.forrester.com/blogs/12-08-30-yes_brand_matters_in_b2b_marketing_ especially_for_technology_brands/. Zugegriffen: 15. November 2018.

Preston, P., Kerr, A., & Cawley, A. (2009). Innovation and knowledge in the digitalmedia sector. *Information, Communication and Society, 12*(7), 994–1014. https://doi.org/10.1080/136911808 02578150.

Rabsch, S., Mandic, M., & Keßler, E. (2019). *Erfolgreiche Websites. SEO, SEM, Online-Marketing, Kundenbindung, Usability* (4. Aufl.). Bonn: Rheinwerk Verlag.

Ramos, L. (2016). Metrics That Matter For B2B Marketers. Performance Management: The B2B Marketing Playbook. Forrester Research.

Royle, J., & Laing, A. (2014). The digital marketing skills gap: Developing a Digital Marketer Model for the communication industries. *International Journal of Information Management, 34*(2), 65–73. https://doi.org/10.1016/j.ijinfomgt.2013.11.008.

SalesForce. (2018). Business Value Calculator, SalesForce. https://platform-roi-calculator.salesf orce.com/main. Zugegriffen: 30. Dezember 2018.

Selent, A. (2019). Digitalisierung von Kundeninteraktionen – „Digital Interaction Hubs" im Vertrieb von Industriesoftware. Dissertation. Universität St. Gallen.

SiriusDecisions. (2018). Webinar Technologies: A Sirius Perspective. Technology Perspective. SiriusDecisions.

Stone, M., & Woodcock, N. (2014). Interactive, direct and digital marketing: A future that depends on better use of business intelligence. *Journal of Research in Interactive Marketing., 8*(1), 4–17. https://doi.org/10.1108/JRIM-07-2013-0046.

Valos, M. J., Ewing, M. T., & Powell, I. H. (2010). Practitioner prognostications on the future of online marketing. *Journal of Marketing Management, 26*(3–4), 361–376. https://doi.org/10.1080/02672571003594762.

Vormelcher, T. & Hoffmann, U. (2017). Evaluation von Marketing-Automation-Systemen. In U. Hannig (Hrsg.), Marketing und Sales Automation. Grundlagen – Tools – Umsetzung. Alles, was Sie wissen müssen. Wiesbaden: Springer Gabler. 137–147.

Wanga, W.-L., Malthouse, E. C., Calder, B., & Uzunoglu, E. (2017). B2B content marketing for professional services: In-person versus digital contacts. *Industrial Marketing Management*. https://doi.org/10.1016/j.indmarman.2017.11.006.

Webber, R. (2013). The evolution of direct, data and digital marketing. *Journal of Direct, Data and Digital Marketing Practice, 14*(4), 291–309. https://doi.org/10.1057/dddmp.2013.20.

Wizdo, L. (2016a). Scale Your B2B Customer Obsession With A Go- To-Customer Strategy. Forrester Research. https://www.forrester.com/report/Scale+Your+B2B+Customer+Obsession+With+A+GoToCustomer+Strategy/-/E-RES118070. Zugegriffen: 24. Januar 2019.

Wuebben, J. (2012). *Content is Currency*. Boston, MA: Nicholas Brealey.

Yates, S. (2017). Marketing Technology 2017: (Or How I Learned To Stop Worrying And Love The Platform), Gartner. https://blogs.gartner.com/simon-yates/2017/01/06/marketing-technology-2017-or-how-i-learned-to-stop-worrying-and-love-the-platform/. Zugegriffen: 12. Januar 2019.

Fazit

6

Zusammenfassung

Das Buch behandelt die Herausforderungen des digitalen Wandels im Vertrieb. Durch die fortschreitende Digitalisierung und die eigenständige Informationsbeschaffung der Käufer verlieren traditionelle Vertriebsansätze an Einfluss. Digitale Kundeninteraktionen gewinnen an Bedeutung, erfordern jedoch ein besseres Verständnis der Kaufprozessveränderungen und der relevanten Buyer Personas. Das vorgestellte Konzept, basierend auf Digital Interaction Hubs, bietet praxisorientierte Empfehlungen für Vertriebs- und Marketingführungskräfte. Es legt einen Fokus auf den strukturierten Aufbau solcher Hubs, um Ressourcen zu optimieren und Kundeninteraktionen effektiv zu gestalten. Die fortlaufende datenbasierte Entwicklung und Integration neuer Technologien wird als Schlüssel zur Bewältigung der Herausforderungen im digitalen Marketing betont.

Die zunehmende Digitalisierung aller Branchen, die autonome Informationsbeschaffung der Käufer und der spätere Einstieg der Vertriebsbeauftragten in den B2B-Kaufprozess schwächen die Einflussmöglichkeiten und Erfolgschancen des persönlichen Vertriebs. Digitale Kundeninteraktionen gewinnen an Bedeutung. Das Verständnis der Veränderungen im Kaufprozess, der relevanten Buyer Personas und deren Buyer's Journey ist zur Notwendigkeit geworden. Allerdings verkompliziert sich die digitale Buyer's Journey immer mehr und ist für den Anbieter immer weniger als Prozess ersichtlich. Die Anbieter schaffen es oft nicht, Käufer mit relevanten Inhalten zu erreichen. Die Herausforderungen sind für viele Industriemärkte typisch.

Um die Ressourcenzuteilung zu optimieren, die Kundeninteraktionen zu messen und das digitale Kundenerlebnis zu verwalten, benötigen die Vertriebs- und Marketing-Führungskräfte eine praxisorientierte Gestaltungs- und Handlungsempfehlung, die das vorliegende Buch darstellt.

Zunächst werden die wichtigsten Buyer Personas im B2B-Kaufentscheidungsprozess innerhalb des Industriesoftwarekontextes beschrieben. Sodann werden die kaufbezogenen Interaktionen zwischen Käufer und Anbieter systematisiert und neun Digital Interaction Hubs identifiziert und beschrieben. Diese stellen die zentralen Informations- und Interaktionszentren in der Buyer's Journey über verschiedene Phasen der Entscheidungsfindung hinweg dar. Ein DIH-Framework, wie es hier dargestellt wurde, kann zu mehreren Buyer's Journeys führen. Diese Art Hubs-Netzwerk kann von den Käufern in einer strukturierten Suche oder auch in einer gelegentlichen, sporadischen Suche erkundet werden, sodass sie ihre Interaktionen bzw. ihre Buyer's Journeys zeit- und hub-unabhängig starten oder auch wiederaufnehmen können.

Damit werden Buyer Personas in verschiedenen Phasen der Kaufentscheidung mit dem relevanten Content, in dem präferierten Format und auf den bevorzugten Plattformen adressiert. Schließlich wird eine Schritt-für-Schritt-Anleitung zur Realisierung des Konzeptes in der Praxis beschrieben; zudem werden betriebliche Voraussetzungen mit technologischen, personellen und organisatorischen Aspekten dargestellt, die das Unternehmen im Aufbau der Digital Interaction Hubs adressieren soll.

Die vorgestellten Komponenten sind ein bedeutender Hebel im Kontext der Digitalisierung der Kundeninteraktionen, um die Herausforderungen im Dschungel des digitalen Marketings zu bewältigen. Anstatt sich mit allen Facetten des digitalen Marketings und Vertriebs zu befassen, empfiehlt die Autorin den Unternehmen, sich zunächst auf den Aufbau dieser Hubs und Hubs-Netzwerke zu konzentrieren. Wenn dieses Konstrukt aus relevanten Hubs geschaffen ist, sollte der weitere Ausbau kontinuierlich datenbasiert erfolgen. Die technologischen Innovationen, der Einsatz weiterer relevanter Softwarelösungen und Data Science sowie Fortschritte im Bereich künstlicher Intelligenz können die Produktivität bei der Umsetzung steigern und die Customer Experience sowie die Kundeninteraktion kontinuierlich verbessern.

GPSR Compliance

The European Union's (EU) General Product Safety Regulation (GPSR) is a set of rules that requires consumer products to be safe and our obligations to ensure this.

If you have any concerns about our products, you can contact us on ProductSafety@springernature.com

In case Publisher is established outside the EU, the EU authorized representative is:

Springer Nature Customer Service Center GmbH
Europaplatz 3
69115 Heidelberg, Germany

The manufacturer's authorised representative in the EU is Springer
Nature Customer Service Centre GmbH, Europaplatz 3, 69115 Heidelberg,
Germany. If you have any concerns regarding our products, please
contact ProductSafety@springernature.com

Printed and bound by CPI Group (UK) Ltd, Croydon, CR0 4YY

24/04/2026

02096365-0017